HISTOIRE
DE FRANCE

VI

Cet ouvrage a obtenu
de l'Académie des Inscriptions et Belles-Lettres
LE GRAND PRIX GOBERT;
et il a été ensuite couronné quatre fois
par l'Académie Française.

HISTOIRE DE FRANCE

DEPUIS LES TEMPS LES PLUS RECULÉS JUSQU'EN 1789

PAR

HENRI MARTIN

Pulvis veterum renovabitur.

TOME VI

—

QUATRIÈME ÉDITION

PARIS
FURNE LIBRAIRE-ÉDITEUR

Se réserve le droit de traduction et de reproduction
à l'Étranger.

M DCCC LV

HISTOIRE DE FRANCE

TROISIÈME PARTIE.

FRANCE DU MOYEN AGE. — GUERRES DES ANGLAIS.

(*SUITE.*)

LIVRE XXXIV.

Nouvelle invasion anglaise. Charles VI (suite). Henri V de Lancastre descend en Normandie. Prise de Harfleur. Désastre d'Azincourt. — Guerre civile et guerre étrangère. Lutte de Jean-sans-Peur et de Bernard d'Armagnac. — Conquête de la Normandie par les Anglais. — Les Cabochiens recouvrent Paris. Armagnac égorgé. Massacres des prisons. La guerre civile continue hors Paris. Dauphinois et Bourguignons. — Défense héroïque de Rouen contre les Anglais. Rouen succombe. Alain Blanchard. — Traité de réconciliation entre le dauphin et Jean-sans-Peur. Entrevue de Montereau. Assassinat de Jean-sans-Peur. L'héritier de Jean-sans-Peur, Philippe le Bon, s'unit aux Anglais. La reine Isabeau de Bavière s'unit aux Anglais. Traité de Troies. Le dauphin exhérédé au nom de Charles VI et Henri V déclaré héritier de la couronne de France. Paris subit et un simulacre d'États-Généraux ratifie le traité. — Prise de Melun. — Victoire des Dauphinois à Baugé. — Prise de Meaux par Henri V. — Mort de Henri V. — Mort de Charles VI. Deux rois en France : Charles VII et Henri VI de Lancastre.

1415 — 1422.

Les catastrophes politiques s'étaient précipitées en France pendant la longue session du concile de Constance. La paix d'Arras avait été à peine une trêve de quelques jours et n'avait rien changé à la situation, toujours enfermée dans le même cercle : aucun des deux partis, Armagnacs et Bourguignons, faction du sud et faction du nord, ne pouvait écraser l'autre. Les forces de la France s'usaient de plus en plus ; la dissolution sociale semblait ne pouvoir plus s'accroître et pourtant s'accroissait sans cesse ; l'autorité souveraine se donnait à chaque instant de sanglants démentis à elle-même ; on ne savait plus ce qui était crime ou devoir : ce qui était *féauté* la veille devenait *félonie* le lendemain. Jusqu'alors un concours de circonstances singulières avait mis les nations étrangères hors d'état de profiter de la désorganisation de la France ; ces circonstances n'existaient plus : l'Angleterre, sous le gouvernement énergique des Lancastre, sortait retrempée de ses crises intérieures, tandis que la France s'abîmait dans les siennes. Tout le règne de Henri IV avait été employé à l'affermissement de la nouvelle dynastie ; Henri V put reporter au dehors les forces de la nation. Henri IV avait jugé d'un ferme coup d'œil la position de l'Angleterre, profondément remuée par les Lollards ou disciples de Wickleff : il avait reconnu dans le wicklefisme l'ennemi de la société féodale et catholique tout entière, et il n'avait pas voulu se lancer dans l'inconnu à la tête des novateurs. Prince et chef de parti, il les avait protégés ; roi, il s'associa contre eux au clergé, et les grands laïques suivirent l'exemple du roi : ils commençaient à se sentir aussi menacés que les gens d'église par les prédicants d'égalité. Les principales forces de la propriété passèrent ainsi à la disposition de la couronne ; le clergé seul possédait au moins la moitié du territoire anglais[1]. En vain les communes, gagnées sinon par les théories religieuses, au moins par certaines idées politiques des Lollards, voulurent-elles engager le roi à s'emparer des revenus du clergé ; Henri IV resta fidèle à l'alliance ecclésiastique[2] et lui donna un gage sanglant par le supplice d'un célèbre prédicateur wicklefite. Henri V continua la politique de son père. Durant son orageuse jeunesse, dans les intervalles des bruyantes débauches qui semblaient annoncer à l'Angleterre un Charles VI ou un Louis d'Orléans, il

---

1. 28,000 fiefs de haubert sur 53,000 ! Turner, cité par Michelet, t. IV, p. 276.
2. Il déclara qu'il ne demanderait rien à l'Église que ses prières. *Ibid.* p. 277. En même temps, comme le remarque M. Michelet, il nationalisa son clergé en repoussant les collations de bénéfices faites à Rome, et en soutenant les évêques contre les moines. Oter au pape toutes collations de bénéfices était une très grande révolution.

s'était affilié aux conciliabules des Lollards et s'était étroitement lié avec leur principal chef, John Oldcastle, lord Cobham. Aussitôt après la mort de son père, il congédia ses compagnons de plaisir, s'entoura des plus graves conseillers de Henri IV, affecta une dévotion rigoureuse, rendit des statuts terribles contre l'hérésie, manda Oldcastle à Windsor et s'efforça de le ramener dans le giron de l'Église. Oldcastle refusa et fut livré au tribunal du primat d'Angleterre : condamné, il s'échappa, appela aux armes les wicklefites et tenta d'enlever le roi et de s'emparer de Londres. Les bandes wicklefites, avant d'avoir pu se réunir en corps d'armée, furent surprises et dispersées par Henri V (7 janvier 1414). Oldcastle subit le supplice réservé aux criminels de lèse-majesté[1]. La faction wicklefite ne se releva pas de ce grand revers : une législation de fer acheva l'œuvre de la victoire.

Dès lors Henri V eut les bras libres. Il avait éteint, par un mélange de clémence et de sévérité, les restes des vieux partis de Richard II et du comte de March ; le clergé lui était dévoué ; il était sûr d'acquérir la noblesse et la portion énergique du peuple par la guerre étrangère : il se rejeta avec allégresse dans la voie d'Édouard III, dont il avait le génie.

Ce qui se passait en France était bien propre à l'encourager : une nouvelle révolution de palais venait de ravir aux princes d'Orléans et à leurs alliés le pouvoir dont ils avaient dépouillé le duc de Bourgogne, et le gouvernement se trouvait en des mains pires encore, s'il était possible. Le duc de Guyenne, las du contrôle des princes, les attira tous à Melun, résidence habituelle de la reine Isabeau, sous prétexte d'affaires importantes ; puis, dit Monstrelet, « tandis que lesdits seigneurs étoient en besogne avec la reine, le duc d'Aquitaine s'en alla à Paris, d'où il fit savoir aux seigneurs dessusdits que point ne retournassent à Paris jusques à tant que le roi ou lui les mandât, et qu'ils s'en allassent chacun en son pays (avril 1415). Et, après, il fit appeler au Louvre les

---

1. Les ennemis du parti vaincu travestirent le nom et la mémoire d'Oldcastle, et en firent l'ivrogne et libertin Falstaff, ce grotesque personnage si populaire dans le vieux théâtre anglais (Lingard, *Hist. d'Angl.* t. V, p. 4, trad. de M. de Roujoux). On regrette que Shakespeare ait adopté cette tradition injurieuse au souvenir d'un homme de conviction et de courage. Shakespeare n'a pas été plus juste envers une martyre bien autrement illustre, notre immortelle Jeanne Darc.

prévôts de Paris et des marchands avec l'université et grand nombre de bourgeois », et là l'évêque de Chartres, chancelier de Guyenne[1], exposa à l'assemblée comment, depuis le sacre du roi régnant, « toute la finance du roi et du royaume avoit été traite (soutirée) et exilée (perdue) » par le fait des ducs d'Anjou, de Bourgogne et d'Orléans trépassés, et des ducs de Berri et de Bourgogne présentement vivants, et conclut « que ledit duc d'Aquitaine, dauphin de Viennois, ne vouloit plus souffrir si grand destruction des biens du royaume, et prenoit le gouvernement et la régence d'icelui afin d'y pourvoir seul ». Le dauphin commença la réformation financière par enlever à main armée tout le trésor et « chevance » de sa mère, qu'elle avait déposé chez trois bourgeois de Paris. Les grandes sommes amassées par l'avare Isabeau furent bientôt gaspillées en tournois, en banquets, en profusions de tout genre. C'était là tout ce qu'aimait le jeune prince dans l'exercice du pouvoir : il avait les affaires en horreur, et ne tarda pas à rappeler le duc de Berri, malgré les invectives qu'il lui avait adressées, et à lui rendre la direction du conseil. Le duc de Guyenne ne craignait pas d'avoir beaucoup de représentations à essuyer de la part de ce vieillard vicieux et rapace, pourvu qu'il lui fît part au butin. Il redoutait et haïssait au contraire le sombre duc de Bourgogne, père de sa femme, qu'il tenait dans une sorte d'exil à Saint-Germain.

Jean-sans-Peur avait toujours différé de jurer la paix d'Arras jusqu'à ce qu'on l'eût modifiée dans le sens de ses réclamations : il pria ou plutôt somma le duc de Guyenne de révoquer les sentences de proscription portées contre les cinq cents bannis du parti de Bourgogne, de reprendre sa femme et de « débouter de sa compagnie une sienne amie qu'il tenoit en lieu de sa dite femme ». Les envoyés bourguignons signifièrent au jeune prince que, s'il refusait, leur seigneur ne tiendrait pas la paix d'Arras et ne s'armerait pas pour servir l'héritier du trône « s'il étoit travaillé des Anglois ». Le jeune prince eût peut-être cédé sur le rappel des

---

1. Juvénal des Ursins venait d'être révoqué de la chancellerie pour avoir refusé de sceller les dons exorbitants que le duc faisait chaque jour à ses familiers aux dépens du peuple, sur lequel on levait « tailles grandes et excessives ». (Juvénal; *ap.* collection Michaud et Poujoulat, t. II, p. 502.)

bannis; mais la sommation de renvoyer sa maîtresse le mit en fureur, et il ne répondit aux Bourguignons qu'en faisant proclamer à son de trompe dans Paris la confirmation du bannissement des cinq cents (23 juillet 1415).

Jean-sans-Peur ne se contenta pas « de ne point s'armer pour servir le duc de Guyenne » : il renoua avec le roi d'Angleterre des relations qui avaient été poussées fort avant l'année précédente, à l'époque des siéges de Soissons et d'Arras. Rymer (t. IX, p. 138) cite des pouvoirs donnés par Henri V, le 4 juin 1414, à plusieurs prélats et seigneurs anglais pour recevoir l'hommage-lige du duc de Bourgogne, hommage qui toutefois ne fut point accordé. Henri V, depuis un an, poursuivait avec le conseil de Charles VI des négociations qui n'avaient d'autre but que de persuader au peuple anglais la nécessité de la guerre et d'endormir la France sur les vastes préparatifs qui la menaçaient. Il avait débuté, durant le siége d'Arras, par réclamer non pas telle ou telle cession de territoire, non pas même le retour au traité de Bretigni, mais la couronne et le royaume de France, qui lui appartenaient, disait-il, du chef d'Édouard III; puis ses ambassadeurs s'étaient rabattus sur le rétablissement du traité de Bretigni, plus la cession de la Normandie, de la Picardie maritime, de l'Anjou, du Maine et de la Touraine, la suzeraineté de la Bretagne et de la Flandre et le paiement de 1,600,000 écus d'or que Henri V prétendait redus à l'Angleterre sur la rançon du roi Jean; les 1,600,000 écus en dehors de la dot de Catherine de France, fille de Charles VI, dont Henri V demandait la main. Le vieux duc de Berri, à qui les ambassadeurs s'étaient adressés, écouta sans colère ces insolentes propositions et offrit, au nom du roi son neveu, toutes les régions aquitaniques au midi de la Charente, y compris le Rouergue et le Querci, plus qu'on n'eût dû céder après une guerre malheureuse, avec 600,000 écus d'or de dot pour la fille du roi. Une seconde ambassade anglaise vint débattre ces offres, en février 1415, sans rien conclure, et les deux rois échangèrent des lettres où Henri V protestait de son amour pour la paix et l'union de l'Église et des couronnes chrétiennes; mais ses actes démentaient ses paroles : il ne cessait « de préparer provisions, de lever finances, d'assembler gens d'armes, de louer navires en Hollande et en Zélande »; il exerçait en tous lieux, privilégiés ou non, la presse non-seulement des matelots, mais des faiseurs d'arcs, des charpentiers, des serruriers, des maçons, de toute espèce d'ouvriers nécessaires à la suite d'une armée. La noblesse, le clergé, la jeunesse des communes secondaient le roi avec une égale ardeur. Dès le mois d'avril, Henri annonça ouvertement au parlement anglais qu'il ferait une prochaine descente en France pour recouvrer son héritage, et publia son ban de guerre. Le parlement avait voté, dès le mois de novembre précédent, un énorme subside[1].

Les négociations continuaient toutefois : les ducs de Guyenne et de Berri envoyèrent à leur tour une grande ambassade proposer à Henri V le Limousin pour compléter la restitution des provinces aquitaniques au sud de la Charente, et une dot de 850,000 écus d'or pour la princesse Catherine, sans les joyaux et le trousseau. Henri parut un moment disposé à accepter, et demanda que les villes et pays, deniers et joyaux qu'on lui offrait fussent remis en ses mains avant la Saint-André (30 novembre); le mois de juillet était déjà commencé. Henri accordait, à ce prix, une trêve de cinquante ans, sous toute réserve de son droit et de celui de ses successeurs à la couronne de France. Les pouvoirs des ambassadeurs n'étaient pas suffisants pour conclure à de telles conditions; s'ils y eussent souscrit, le roi d'Angleterre eût probablement soulevé quelque difficulté nouvelle. Il se hâta de les congédier, en leur déclarant qu'il les suivrait de près, et expédia à Charles VI une dernière sommation de lui restituer « son héritage ». Une lettre de Charles VI accepta la guerre dénoncée par l'Anglais[2]; mais, le 23 août, jour où cette lettre fut écrite, la guerre avait déjà commencé, et les Anglais étaient descendus sur le sol de la France depuis une semaine entière. Henri V, après avoir muni ses frontières contre les Écossais et les rebelles gallois, conclu

---

1. Rymer, t. IX, p. 200-312. — *Religieux de Saint-Denis*, l. XXXIV, c. 13; l. XXXV, c. 1.
2. *Religieux de Saint-Denis*, l. XXXV, ch. 2-3. — Les historiens anglais prétendent que le duc de Guyenne ne répondit aux menaces de Henri V qu'en lui envoyant des balles de paume, par allusion aux dissipations de sa première jeunesse. Henri aurait répliqué qu'il porterait lui-même à son ennemi des balles d'une autre espèce, et que les portes de Paris ne seraient pas des raquettes capables de les renvoyer.

une trêve avec le duc de Bretagne et confié la régence d'Angleterre au duc de Bedford, un de ses frères, s'était embarqué, le 13 août, à Southampton avec six mille lances et vingt-quatre mille archers, tous gens d'élite, engagés pour un an à la solde du roi, sans les canonniers et « autres usant de fondes[1] et engins dont ils avoient grande abondance ». Des milliers d'artisans et « de menues gens » suivaient cette armée, la plus redoutable qui fût encore sortie des ports d'Angleterre. La mer était couverte, l'espace de plusieurs lieues, par la multitude des navires de guerre et de transport : les ports anglais n'avaient pu en fournir un nombre suffisant, et plusieurs centaines de vaisseaux avaient été loués par les armateurs de Hollande et de Zélande, sujets du comte de Hainaut, beau-père du second fils du roi de France. La flotte anglaise aborda dès le 14 août, le lendemain de son départ, « à un havre étant entre Harfleur et Honfleur, où l'eau de Seine *chet* en la mer ». L'armée d'invasion descendit sur la plage où devait s'élever, un siècle après, la cité du Havre-de-Grâce, et investit sur-le-champ Harfleur, qui disputait alors à Dieppe le premier rang entre les ports de la Normandie.

Personne n'essaya d'empêcher le débarquement des Anglais; l'armée française n'était pas prête : quoique les préparatifs de Henri V eussent duré plusieurs mois, aucune mesure n'avait été prise par le conseil avant le retour des ambassadeurs (fin juillet). Jamais la France ne s'était trouvée dans de pareilles mains : au moment d'être assaillie par un nouvel Édouard III, elle ne se voyait de chefs et de défenseurs qu'un jeune libertin hébêté par la débauche et qu'un égoïste et lâche vieillard qui n'avait de son âge que la faiblesse, mais non la prudence ni l'expérience. Philippe de Valois et le roi Jean avaient été du moins des chevaliers, des soldats! Le trésor était vide : on se hâta de le remplir par de larges exactions; c'était la seule partie du gouvernement que comprissent les princes. On leva une décime sur le clergé, des emprunts forcés sur les prélats et les gros bourgeois, et l'on écrasa

---

1. *Fonde* (fronde) est ici pour toute espèce de machine propre à lancer des pierres. C'est Monstrelet (l. I, ch. 149) qui nous a fourni le chiffre de l'armée anglaise. D'autres lui donnent 30,000, 40,000 et jusqu'à 50,000 archers, ce qui est évidemment exagéré.

le peuple sous une taille énorme, qui ne sauva pas les campagnes des déprédations des gens de guerre. Les hommes d'armes, en se rendant au ban du roi, qui n'avait été publié que le 23 août, pillaient tout sur leur passage, jusqu'aux églises : les paysans s'enfuyaient dans les bois; le plat pays subissait d'avance tous les maux de l'invasion, et les peuples ne pouvaient rien craindre de plus de leurs ennemis que de leurs défenseurs. (Relig. l. XXXV, c. 4.)

Le duc de Guyenne et le conseil du roi essayèrent de regagner Jean-sans-Peur, accordèrent enfin l'amnistie aux bannis, sauf aux quarante-cinq les plus compromis, firent quelques autres concessions à Jean et lui envoyèrent une députation, qui le trouva dans la forêt d'Argilli, près de Beaune, vivant sous la tente un mois durant et passant ses nuits à « ouïr les cerfs bramer au fond des bois[1] ». Jean s'était, à ce qu'il semble, éloigné à dessein du théâtre des événements : il consentit enfin à jurer la paix d'Arras (4 septembre), mais ne rompit point ses secrètes relations avec le roi d'Angleterre. La direction de la guerre, confiée à ses plus grands ennemis, n'était pas propre à le ramener à de meilleurs sentiments : le conseil du roi venait de décider que « messire Charles d'Albret, connétable de France, auroit en cette guerre semblable puissance comme le roi pour ordonner et disposer tout à sa pleine volonté ». Boucicaut, maréchal de France, fut fait gouverneur de Normandie, et l'amiral Clignet de Brabant fut gouverneur de Picardie (Monstrelet). On ne pouvait s'arrêter à un plus mauvais choix que celui d'Albret, qui n'avait eu d'autre titre au rang de connétable que sa parenté avec la maison royale. C'était un petit homme de mauvaise mine, chez qui le dedans répondait au dehors; il n'avait ni les qualités d'un capitaine ni même celles d'un soldat. Le meilleur historien du temps, le Religieux de Saint-Denis, prétend qu'Albret eût pu opposer de sérieux obstacles à la descente des Anglais, rien qu'en armant les populations maritimes de la Normandie, qui se montraient pleines de zèle : il n'en fit rien, resta inactif à Rouen et se conduisit de manière à se faire accuser publiquement de trahison, bien qu'il

---

1. Lefèvre de Saint-Remi, c. 51.

n'y eût de sa part que négligence et incapacité. (Relig., l. XXXV, c. 4.)

Les Normands ne s'abandonnèrent pas eux-mêmes : la garnison et les bourgeois de Harfleur se défendirent avec une extrême vaillance ; trois cents chevaliers et écuyers, l'élite de la noblesse normande, s'étaient jetés dans la place, sous les ordres du sire d'Estouteville, et semblèrent se multiplier dans les assauts et dans les sorties. La garnison et les habitants, harassés, épuisés, ne se décidèrent à capituler qu'au bout d'un mois de siége, lorsqu'ils virent une grande partie de leurs tours, de leurs portes et de leurs murailles abattues par la puissante artillerie des Anglais. Henri V avait des pierriers qui lançaient des pierres grosses comme des meules de moulin et qui écrasaient tout, remparts et maisons. Les gens de la ville avaient député à plusieurs reprises vers le conseil de France, sans obtenir autre chose que de belles paroles : « Prenez courage, leur disait-on, fiez-vous à la prudence du roi. » Sanglante dérision ! Le roi, qui était dans un intervalle lucide, alla enfin chercher l'oriflamme à Saint-Denis le 10 septembre, et vint joindre son fils aîné à Vernon, où était assigné le rendez-vous général de l'armée de France. Le roi et le duc de Guyenne ne tardèrent pas à voir paraître à Vernon de nouveaux députés de Harfleur, qui annoncèrent que « ceux de la ville » avaient promis, le 18 septembre, de rendre Harfleur et de se rendre, « sauves leurs vies », le 22, s'ils n'étaient secourus dans l'intervalle.

Plus de quatorze mille lances, sans les autres milices, couvraient le pays entre Vernon et Rouen. L'armée anglaise souffrait beaucoup d'une épidémie meurtrière : il y avait bonne chance à l'attaquer, et le salut de Harfleur valait bien qu'on risquât une bataille. Aucun ordre ne fut donné : les troupes françaises restèrent immobiles[1]. Les défenseurs de Harfleur ne pouvaient croire à ce lâche abandon : le jour fatal arrivé, ils ne voulaient pas encore se rendre, bien qu'ils eussent prêté serment et donné des otages ; une partie de la garnison refusa de livrer les portes ; les Anglais furent obligés

---

1. Henri V avait écrit le 16 au duc de Guyenne, qu'il qualifiait seulement de dauphin, pour lui proposer un duel qui déciderait de leurs droits respectifs à la couronne de France. Henri V voulait bien attendre la mort de Charles VI pour se mettre en possession de la couronne, si le sort du combat la lui adjugeait. Rymer, t. IX, p. 313.

de recourir à la force et commencèrent un assaut qui ne cessa que par l'ouverture d'une porte, de l'autre côté de la ville. Les plus déterminés des assiégés se retirèrent dans « deux tours moult fortes qui étoient sur la mer », et y tinrent encore deux jours. Henri V cependant observa la capitulation : il voulait gagner les cœurs de « ses sujets de Normandie »; les Anglais, en recevant à reddition les gens de Harfleur, avaient affecté de dire « qu'ils étoient bons chrétiens et qu'on ne feroit pas comme à Soissons [1] » (Juvénal).

« On ne fit pas comme à Soissons », mais on fit comme à Calais : tout ce qui ne voulut pas prêter serment à Henri V, « roi de France et d'Angleterre », fut expulsé de la ville; tous les biens trouvés dans Harfleur furent partagés entre le roi, les capitaines et les soldats anglais; les gentilshommes et les principaux bourgeois furent envoyés prisonniers à Calais ou en Angleterre pour être mis à rançon. Le reste des citoyens qui préférèrent la France à leur ville natale quittèrent Harfleur avec leurs femmes, leurs enfants et les prêtres : il sortit plus de quinze cents femmes. On ne leur laissa emporter à chacun que cinq sous avec leurs vêtements et ce qu'ils pouvaient prendre sur eux « sans fardeaux ni charrettes [2] ». Quand on vit arriver à Rouen ces malheureux exilés, un long cri d'indignation s'éleva dans toute la Normandie contre le connétable et le conseil du roi. La noblesse française, qui n'avait pas secouru Harfleur, « en fut moquée, sifflée, chansonnée chez les nations étrangères [3] ».

C'était un beau succès pour l'Angleterre, un succès plus important même que la prise de Calais; Harfleur, moins facile à garder

1. *v.* notre t. V, p. 545. — Quand on amenait à Henri V des bourgeois ou des paysans pris sur les chemins, « il les prêchoit, disant qu'il savoit bien comme ils avoient été longtemps en oppression et travail; qu'il étoit venu en sa terre, en son pays et en son royaume pour les mettre en franchise et liberté, telle que le roi saint Louis avoit tenu son peuple » (Juvénal, p. 307). Les populations de la Normandie furent peu sensibles aux avances du roi anglais : elles se joignaient partout aux gens de guerre pour repousser ou enlever les détachements qui s'écartaient du camp de Henri V.

2. Monstrelet, c. 149. — Lefèvre de Saint-Remi, c. 56-57. — Juvénal des Ursins, p. 506-508. — *Religieux de Saint-Denis*, l. XXXV, c. 4-5. — Pierre de Fénin. — Berri, roi d'armes. — Barante, *Ducs de Bourgogne*, t. III, p. 227. — Walsingham, p. 390.

3. *Religieux de Saint-Denis.*

que Calais, il est vrai, donnait aux Anglais l'embouchure de notre grand fleuve national, l'entrée dans le cœur même de la France !

Ce triomphe avait coûté cher à Henri V : sans parler des pertes causées par les armes, une dyssenterie, engendrée par le mauvais air de la plage et par l'usage immodéré du cidre et des fruits, avait enlevé aux Anglais plus de deux mille bons combattants ; un nombre bien plus grand étaient si malades et si épuisés que Henri V les renvoya en Angleterre. La moitié de l'armée anglaise se trouvait hors de service, et Henri reconnut l'impossibilité de pousser plus loin ses conquêtes cette année-là : il résolut de terminer la campagne par une marche hardie à travers le territoire français, de Harfleur jusqu'à Calais, où il voulait prendre ses quartiers d'hiver ; il laissa dans Harfleur cinq cents hommes d'armes et mille archers, et, à la tête d'environ deux mille lances et treize mille archers, les meilleurs soldats de l'Angleterre, il se dirigea vers la Somme, en côtoyant la mer, par Fécamp, Dieppe et Eu. Partout les garnisons inquiétaient sa marche par des sorties vigoureuses ; il les repoussait sans s'arrêter et suivait rapidement sa route, imposant à ses soldats une sévère discipline et excitant chez eux, par tous les moyens, une vive exaltation religieuse et patriotique ; le catholicisme anglais avait été ravivé par la lutte avec les wicklefites : l'armée anglaise avait à sa suite beaucoup de prêtres et point de filles. Le pillage, le viol, l'abandon du drapeau, la désobéissance aux chefs étaient punis de mort ou de dégradation : l'on ne demandait aux petites villes et aux bourgades que des rations de pain et de vin.

Le connétable était parti pour Abbeville, et il avait été publié derechef « par toute la France que tous nobles hommes, accoutumés de porter armes, voulant avoir honneur, allassent nuit et jour devers le connétable, où qu'il fût » ; mais les Anglais arrivèrent aux bords de la Somme huit jours au moins avant que la cohue féodale se fût rassemblée en Picardie autour d'Albret. Henri V avait projeté de traverser la Somme au gué de la Blanque-Taque, célèbre par le passage d'Édouard III en 1346 : au moment où il s'approchait de la rivière, on lui amena un gentilhomme du sire d'Albret qui venait d'être pris ou qui s'était fait prendre à dessein par les Anglais : cet homme affirma sur sa tête que le gué était gardé par six mille combattants[1]. Ce mensonge, inspiré par un sentiment généreux, eut de fatales conséquences : Henri V, se croyant obligé de quitter le droit chemin de Calais, rentra dans l'intérieur des terres et se mit à remonter la Somme, afin de trouver quelque autre passage. A cette nouvelle, Albret et les princes et seigneurs qui l'avaient rejoint envoyèrent en toute hâte vers le roi et le duc de Guyenne pour demander congé de combattre. Le conseil du roi « s'y accorda » malgré les remontrances du duc de Berri, que la peur rendait clairvoyant et qui se souvenait de Poitiers. Le vieux duc empêcha du moins le roi et l'héritier du trône de se rendre à l'armée. « Mieux vaut, disait-il, perdre la bataille que le roi et la bataille. » (Berri, roi d'armes.)

Les Anglais cependant continuaient péniblement leur route le long de la Somme. Après avoir essayé en vain de traverser la rivière de vive force à Pont-Remi, qui fut bravement défendu, ils passèrent du Ponthieu dans l'Amiénois, de l'Amiénois dans le Santerre, et s'avancèrent jusqu'aux confins du Vermandois sans trouver un pont qui ne fût pas coupé, un gué qui ne fût pas gardé. Leur position devenait très périlleuse. Henri V avait compté sur ses intelligences avec le duc de Bourgogne, presque aussi puissant en Picardie que dans ses domaines propres. Le conseil du roi avait signifié aux ducs de Bourgogne et d'Orléans d'envoyer seulement chacun cinq cents lances et quelques gens de trait à l'armée, sans y paraître de leur personne, de peur que leur rencontre ne renouvelât les anciennes querelles. Jean-sans-Peur s'était montré fort blessé de ce procédé et avait invité non-seulement les feudataires de ses seigneuries, mais la noblesse de Picardie à n'obéir à aucun autre ban que le sien ; la plupart avaient déféré à son mandement, et Jean, quoique, dans une lettre au roi, du 24 septembre, il eût vivement réclamé contre la défense de venir servir l'État en personne, ne faisait aucun mouvement pour prendre part à la guerre. Les Picards néanmoins se montraient mal disposés pour l'étranger. La frayeur et la colère commençaient à s'emparer des soldats anglais ; ils « crioient, dit le Reli-

---

1. Lefèvre de Saint-Remi, c. 58.

gieux de Saint-Denis, contre les traîtres de France qui les avoient appelés »; ils se relâchaient de leur discipline, ils saccageaient et brûlaient les villages et les faubourgs des villes. Ils allaient être enfermés entre la Somme, les places fortes de Péronne, de Ham et de Saint-Quentin et l'armée du connétable, que le duc d'Orléans avait jointe sans se soucier des défenses du conseil.

Dans ce moment critique, un paysan, aposté peut-être par ceux qui ne voulaient pas laisser aux *Armagnacs* l'honneur d'une grande victoire, vint enseigner au roi Henri un gué parmi les marais de la Somme[1] : c'était près du village de Béthencourt, à une lieue de Ham. Le gouverneur de Saint-Quentin n'avait point exécuté l'ordre qu'on lui avait donné de barrer ce gué. Les Anglais démolirent à moitié le village et jetèrent dans l'eau échelles, portes et fenêtres, pour passer plus à leur aise; cela dura tout un jour (19 octobre). Le connétable était à Péronne avec force gens d'armes, et avait la plus belle occasion de tomber sur les Anglais et de détruire au moins leur arrière-garde; mais sa négligence était telle que toute l'armée anglaise fut campée à Athies, au nord de la Somme, avant qu'il eût reçu la première nouvelle du passage de Henri V.

Le connétable et les « princes de France » dépêchèrent trois hérauts à Henri V pour l'inviter à « prendre jour et place pour eux combattre ». Le roi anglais répondit qu'il « n'étoit nécessité de prendre ni jour ni place, car, tous les jours, le pouvoient trouver à pleins champs et sans frémetés (fortifications) aucunes ». Le connétable et les princes se portèrent de Péronne sur Bapaume, et de là tournèrent vers le comté de Saint-Pol afin de devancer les Anglais. Ils envoyèrent à Arras vers le comte de Charolais, fils unique du duc de Bourgogne, qui avait autour de lui un grand corps de noblesse flamande, artésienne et picarde; mais les « gouverneurs » que le duc Jean avait mis auprès de son fils l'empêchèrent, tout désireux qu'il en fût, de rejoindre l'*host* de France. La chevalerie rassemblée à Arras n'y put tenir : elle s'en alla par bandes à l'armée; les deux frères de Jean-sans-Peur, le duc de Brabant et le comte de Nevers suivirent leurs amis et leurs vas-

---

[1]. Turner, t. II, p. 423, cité par Michelet.

saux. Quelques serviteurs de la maison de Bourgogne se rendirent cependant, par contre, à l'armée de Henri V. L'historien picard Lefèvre de Saint-Remi, qui fut depuis héraut de l'ordre de la Toison-d'Or, avoue qu'il était parmi les Anglais. Les deux armées cheminèrent parallèlement pendant quatre jours. Le connétable et les princes ne tentèrent rien, durant cette marche, pour profiter de la supériorité de leurs forces, laissèrent les Anglais s'éparpiller la nuit dans les villages, puis franchir tranquillement la petite rivière du Ternois, et ne les arrêtèrent qu'entre Azincourt et Tramecourt, à quelques lieues au nord de Saint-Pol, de Hesdin et du trop fameux champ de bataille de Créci. La cohue féodale s'entassa dans une petite plaine resserrée entre deux bois, où il lui était impossible de déployer ses masses. Il y avait là, sans la valetaille, au moins cinquante mille combattants, dont quatorze mille lances nobles[1] : le reste, au témoignage du Religieux de Saint-Denis, n'était guère qu'un ramassis de bandits, de « bâtards », de gens de sac et de corde qui avaient pris les armes non par patriotisme ou par amour de la guerre, mais pour se livrer impunément à toutes leurs viles et brutales passions. Les gens des communes étaient peu nombreux. La bourgeoisie, à laquelle les discordes civiles avaient rendu l'habitude des armes, eût pu fournir une assez bonne infanterie. Paris avait offert un corps de six mille hommes parfaitement équipés; mais les ducs de Bourbon et d'Alençon[2] et la jeune noblesse de leur parti avaient fait rejeter dédaigneusement cette offre, malgré le maréchal Boucicaut et même malgré le connétable, plus sensé en cette occasion qu'à son ordinaire. L'autorité d'Albret n'était que nominale : les jeunes princes n'écoutaient personne, et le peu de capitaines qui conservaient les traditions de la science guerrière des Du Guesclin et des Clisson n'obtenaient aucun crédit.

Le jeudi 24 octobre au soir, les Anglais se logèrent dans le petit village de Maisoncelle et aux alentours; les Français s'établirent en plein champ, près du village d'Azincourt, que traversait la

---

1. *Religieux de Saint-Denis.* — Lefèvre de Saint-Remi. — Ce sont les chiffres les plus modérés. — Monstrelet parle de cent cinquante mille *chevaucheurs*, ce qui est absurde.

2. Le comte d'Alençon avait été récemment fait duc.

route de Calais. La nuit fut froide, sombre et pluvieuse. Les Français, les pieds dans la boue, le corps battu du vent et de la pluie, attendirent une tardive aurore d'automne autour de grands feux allumés près des bannières des chefs. C'était parmi eux un grand bruit de pages, de varlets et de « toutes manières de gens », s'appelant et criant; « néanmoins avoient-ils peu d'instruments de musique pour eux réjouir, et à peine hennissoient nuls de leurs chevaux toute la nuit, dont plusieurs avoient grand'merveille (grand étonnement) et disoient que c'étoit signe de chose à venir. Les Anglais, au contraire, toute cette nuit sonnèrent leurs trompettes et plusieurs manières d'instruments de musique, tellement que toute la terre entour d'eux retentissoit de leurs sons, nonobstant qu'ils fussent moult lassés et travaillés de faim, de froid et autres mésaises, et faisant leur paix avec Dieu, confessant leurs péchés en pleurs et prenant plusieurs d'iceux le corps de Notre-Seigneur, car le lendemain sans faute attendoient la mort ». On n'entendait pas un cri, pas une parole inutile entre eux : les hommes d'armes remettaient en bon état les aiguillettes qui attachaient leurs armures; les archers renouvelaient les cordes de leurs arcs.

Le jour se leva enfin. L'armée française se forma en trois épaisses batailles, rangées à la suite l'une de l'autre dans l'étroite plaine d'Azincourt, de façon à ne pouvoir se porter aucune assistance. La petite armée anglaise présentait un front égal à celui de cette multitude, qui n'avait aucun avantage à tirer de la profondeur de ses files[1]. Presque tous les princes, les seigneurs, la haute noblesse avaient voulu prendre place à l'avant-garde; ils en avaient renvoyé l'infanterie, les gens de trait et probablement aussi l'artillerie, car il n'en est pas du tout question dans cette journée. Huit mille gentilshommes, magnifiquement « harnoyés », se pressaient dans la première bataille, avec le connétable, les ducs d'Orléans et de Bourbon, les comtes d'Eu et de Richemont, le maréchal Boucicaut, le grand maître des arbalétriers. Parmi ces huit mille nobles, cinq cents s'étaient fait donner, depuis la

---

1. Trente-deux files! Turner, *Hist. of England during the middle age*, t. II, p. 443.

veille au soir, l'ordre de chevalerie ; le duc d'Orléans et le comte de Nevers étaient du nombre. Les ducs d'Alençon et de Bar et le comte de Nevers s'étaient résignés à grand'peine à ne commander que la seconde bataille ; l'arrière-garde avait été confiée aux comtes de Dammartin, de Marle et de Fauquemberg ; mais ces princes et seigneurs et les gens de leurs maisons abandonnèrent bientôt leurs postes pour courir accroître l'encombrement de l'avant-garde. A l'exception de deux ailes, formées chacune de quelques centaines de lances et destinées à « férir » sur les archers anglais pour « rompre leur trait », tous les gens d'armes des deux premières batailles étaient descendus de leurs chevaux et avaient raccourci leurs lances afin de combattre à pied. Ces guerriers, pesamment armés, enfonçaient jusqu'au mollet dans les terres labourables, détrempées par la pluie et piétinées par les chevaux depuis la veille. On ne pouvait bouger. On résolut d'attendre l'ennemi au lieu de l'attaquer. Une tristesse vague se répandit parmi les Français ; des scènes touchantes se passèrent dans les rangs : les gentilshommes « se pardonnèrent les haines qu'ils avoient les uns aux autres ; plusieurs s'embrassoient, s'accoloient en faisant paix, que c'étoit pitié de les voir » (Lefèvre de Saint-Remi). La solennité de la situation réveillait les bons sentiments, la sympathie et la vieille cordialité gauloises au fond de ces âmes livrées à toutes les démences de l'orgueil et de la sensualité ; ces hommes devenaient enfin sérieux en face de la mort.

Les Anglais s'étaient mis en ordre, plaçant en avant la masse de leurs archers, en arrière les gens d'armes à pied, et, sur les ailes, des gens d'armes et des gens de traits entremêlés. Les archers étaient protégés par une palissade mobile ; chacun d'eux avait un pieu aiguisé des deux bouts, qu'il fichait devant lui, la pointe inclinée vers l'ennemi. Les Anglais présentaient un étrange contraste avec la noblesse française, toute resplendissante sous ses plastrons d'acier et ses cottes d'armes brodées d'or et d'argent et bariolées d'éclatantes couleurs. Les archers avaient tant souffert durant cette campagne qu'ils ressemblaient à une troupe de truands et de vagabonds : beaucoup allaient nu-pieds et sans chaperons ; d'autres avaient des « capelines » (chaperons) de cuir bouilli ou d'osier avec une simple « croisure de fer » ; la plupart n'avaient ni plaques ni lames de fer à leurs pourpoints : ils n'en étaient que plus agiles pour combattre sur ce terrain fangeux et glissant, et, si leurs « jaques » étaient usées et déchirées et leurs chausses « avalées » (tombantes), leurs armes étaient en bon état; ils le prouvèrent sur l'heure.

Le roi Henri avait commencé la journée par ouïr trois messes l'une après l'autre; puis il mit son casque surmonté d'une couronne d'or, « cerclée comme impériale couronne », enfourcha une haquenée et fit avancer ses gens sur un champ de jeunes blés verts, où le sol était moins détrempé qu'ailleurs. Il parcourut leurs rangs et leur rappela les « belles besognes que les rois ses prédécesseurs avoient eues sur les François... En outre leur disoit et remontroit que les François se vantoient que tous les archers qui seroient pris ils leur feroient couper les trois doigts de la main dextre ». Les Anglais répondirent par un grand cri : « Sire, nous prions Dieu qu'il vous donne bonne vie et la victoire! »

Les deux armées n'étaient qu'à une portée d'arc. Henri V hésita au moment d'engager l'action avec treize ou quatorze mille combattants contre cinquante mille. Quelques pourparlers avaient déjà eu lieu les jours précédents. Le roi anglais dépêcha vers les chefs de l'*host* de France, et offrit, dit-on, de renoncer à ses prétentions sur la couronne de France et de rendre Harfleur si l'on voulait lui restituer le comté de Ponthieu, cinq cités qui devaient appartenir au duché de Guyenne, et lui donner en mariage madame Catherine de France avec 800,000 écus d'or. Les Français exigèrent Harfleur et la renonciation à la couronne de France sans compensation. Ils ne consentaient à laisser aux Anglais que Calais et ce qu'ils tenaient en Guyenne (Saint-Remi). Les Anglais refusèrent.

Il était onze heures du matin. Aussitôt la conférence rompue, le maréchal de l'armée d'Angleterre, sir Thomas Erpingham, exhorta de nouveau les Anglais « à bien faire »; puis il jeta en l'air un bâton qu'il tenait à la main, en criant : « *Ne strecke!* » (*Now strike*, maintenant frappez!) L'armée anglaise poussa un grand cri et fit quelques pas en avant. L'armée française resta immobile; elle était dans la boue jusqu'à mi-jambe. Les Anglais jetèrent un second cri, approchèrent encore, et les archers engagèrent la bataille par une volée de dix mille flèches, qui fut suivie de bien d'autres. Les Français s'ébranlèrent enfin, et, baissant la tête pour que les flèches ne pénétrassent point par les trous des ventaux et des visières, ils s'avancèrent pesamment vers l'ennemi et l'obligèrent à reculer un peu, tandis que les deux ailes de gens d'armes demeurés à cheval partaient d'Azincourt et de Tramecourt afin de prendre en flanc les archers.

Cette charge de cavalerie, exécutée avec succès, eût pu décider le sort de la journée; l'état du sol la fit échouer complétement : la plupart des chevaux s'abattirent dans les sillons des champs nouvellement ensemencés; à peine, sur dix cavaliers, un seul joignit-il l'ennemi. Quelques-uns des plus braves et des mieux montés vinrent se faire tuer parmi les pieux des archers; les autres, tournant bride sous une grêle de flèches et se débarrassant à grand'peine des terres labourées où ils s'étaient embourbés, se rejetèrent sur la première bataille française, et leurs chevaux, blessés et furieux, y portèrent un horrible désordre. La ligne de l'avant-garde fut rompue; les hommes d'armes tombaient les uns sur les autres et ne pouvaient se relever; « beaucoup se partoient et se mettoient en fuite ».

« Les archers, voyant cette *rompture* en l'avant-garde françoise, tous ensemble *issirent* (sortirent) d'entre leurs pieux, jetèrent sus arcs et flèches, et, prenant leurs épées, haches, maillets plombés et becs de faucons (marteaux d'armes terminés d'un côté par une pointe aiguë et recourbée), ils entrèrent entre les François et se boutèrent par les lieux où ils voyoient les *romptures*. » Les gens d'armes, accablés par le poids de leurs armures, enfonçant à chaque pas dans la terre mouvante et déjà hors d'haleine avant d'avoir combattu, étaient si serrés qu'ils pouvaient à peine lever le bras pour frapper. « Les archers frappoient sur eux et les abattoient à tas, et sembloit que ce fussent enclumes sur quoi ils frappassent, et churent les nobles françois les uns sur les autres; plusieurs y furent étouffés et les autres tués ou pris. » La chevalerie de France fut traitée comme les Flamands à Roosebeke.

Les archers percèrent jusqu'à la seconde bataille, faisant place au roi Henri et à ses hommes d'armes, qui venaient après eux « et les soutenoient moult fort ». La seconde bataille eut le sort de la première, qu'elle n'avait pu secourir, et fut bientôt confondue avec elle dans un immense désarroi. D'énergiques efforts furent tentés pour disputer la victoire ; mais toute manœuvre d'ensemble était impossible aux Français : l'élite de la noblesse française ne réussit qu'à vendre quelque peu sa vie ou sa liberté. Lefèvre de Saint-Remi, témoin oculaire, rapporte que dix-huit chevaliers s'étaient engagés par serment à joindre le roi d'Angleterre et à lui abattre la couronne de la tête ou à mourir tous. Ils l'approchèrent en effet de si près qu'un d'eux lui abattit d'un coup de hache un des fleurons de sa couronne ; mais « guère ne demeura qu'il ne fût mort et détranché, lui et tous les autres ». Le duc d'Alençon, « à l'aide de ses gens, transperça grand'partie de la bataille des Anglois », tua le duc d'York à deux pas de son cousin Henri V, et fut massacré par les gardes du roi d'Angleterre au moment où Henri s'avançait pour le prendre à merci. Le duc Antoine de Brabant, frère de Jean-sans-Peur, qui accourait à marches forcées pour joindre l'armée, arrivait en ce moment sur le champ de bataille avec les mieux montés de ses gens. Il n'avait pas même sa cotte d'armes ; il prit une des bannières « armoyées » de ses trompettes, y fit un trou pour y passer la tête, mit l'épée au poing et se rua sur les Anglais. Il fut aussitôt terrassé et mis à mort. Les archers et les gens d'armes anglais avançaient toujours en bon ordre, « combattant, tuant et prenant force prisonniers », sans se débander à la poursuite des fuyards ; ils se trouvèrent enfin face à face avec l'arrière-garde française, qui était demeurée à cheval. L'arrière-garde ne les attendit pas ; elle tourna le dos, à l'exception des chefs et de six cents lances qui vinrent se briser dans une dernière charge contre l'armée victorieuse.

Les Anglais étaient complétement maîtres du champ de bataille lorsqu'on annonça au roi d'Angleterre que de nouveaux ennemis apparaissaient sur ses derrières et pillaient ses bagages. Henri V, troublé de cette attaque imprévue et voyant de loin les fuyards de l'arrière-garde « se recueillir par compagnies », fit crier, au son de la trompette, que chaque Anglais, sous peine de la *hart*, « occît » ses prisonniers, « de peur que ceux-ci ne fussent en aide à leurs gens ». Les soldats ne voulant point obéir, moins par humanité que pour ne pas perdre la « grand'finance » qu'ils attendaient de leurs captifs, Henri V préposa un gentilhomme avec deux cents archers à cette « besogne, et, de sang-froid, toute cette noblesse françoise fut là tuée et découpée, têtes et visages, qui fut moult pitoyable chose à voir ». Une multitude de prisonniers avaient été égorgés quand le roi révoqua son ordre barbare en voyant les gens qui avaient assailli les bagages prendre la fuite avec leur butin : ce n'étaient que quelques centaines de soldats et de paysans, conduits par le seigneur d'Azincourt[1]. Les gens de l'arrière-garde, qui avaient essayé de se rallier, se mirent à fuir dès qu'ils virent les Anglais prêts à les combattre.

Les Anglais restèrent jusqu'au soir à dépouiller les morts et à secourir ceux des blessés dont ils espéraient tirer rançon. Ils revinrent le lendemain matin achever leur ouvrage : ils retournèrent tous les monceaux de corps palpitants qui couvraient la plaine, pour faire leur choix, achever les uns et relever les autres.

Jamais la noblesse française n'avait essuyé un désastre comparable à celui d'Azincourt. Courtrai, Créci, Poitiers étaient surpassés : sur environ dix mille Français morts, on comptait plus de huit mille gentilshommes, dont une grande partie furent massacrés après s'être rendus, au moment où Henri V ordonna d'*occire* les captifs. Parmi eux étaient les ducs d'Alençon et de Brabant, le duc de Bar et ses deux frères, le connétable d'Albret, les comtes de Nevers, de Marle, de Fauquemberg, etc.; le sire de Dampierre, qui portait le titre d'amiral de France conjointement avec Clignet de Brabant; le grand-maître des arbalétriers; le porte-oriflamme; le belliqueux archevêque de Sens, Montagu, qui « fut peu plaint », dit Juvénal, « parce que ce n'étoit pas son office »; environ cent vingt hauts barons, et les baillis royaux de Vermandois, de Mâcon, de Sens, de Senlis, de Caen et de Meaux : ces derniers avaient péri en combattant à la tête de quelques milices communales qu'ils avaient amenées de leurs bailliages; la noblesse de Picardie avait été hachée; le duc d'Orléans fut ramassé vivant sous un tas de morts et de blessés, et resta prisonnier avec le duc de Bourbon, les comtes d'Eu, de Vendôme et

---

1. Monstrelet dit que le duc de Bourgogne, leur suzerain, les punit et les retint longtemps en prison.

de Richemont, le maréchal Boucicaut et quinze cents chevaliers et écuyers. Les Anglais avaient perdu le duc d'York, le comte d'Oxford et environ seize cents hommes.

Le duc de Bretagne, qui, malgré sa trêve avec l'Angleterre, avait obéi au ban du roi de France, était en marche avec six mille combattants pour rejoindre l'armée française. Il fut plus heureux que le duc de Brabant : il apprit à Amiens le désastre d'Azincourt et rebroussa chemin. Le comte Philippe de Charolais, « ayant au cœur grand'tristesse de la dure et piteuse aventure des François », envoya le bailli d'Aire donner la sépulture aux morts[1].

L'armée victorieuse était harassée et désirait ardemment aller se refaire de ses fatigues en Angleterre. Henri V accéda au vœu de ses soldats. Il fit une entrée triomphale dans Calais à leur tête, mit à la voile le 11 novembre et regagna Londres, « menant toujours avec lui les princes de France qu'il tenoit prisonniers, et grandement loué et glorifié du clergé et du peuple de son royaume pour sa belle victoire et pour la conquête du noble port de Harfleur ». Le farouche vainqueur, fidèle à son rôle, déclara qu'il ne s'attribuait aucune gloire de son triomphe, que c'était œuvre de Dieu et punition des péchés auxquels s'abandonnaient ses adversaires ; « car ils ne tenoient foi ni loyauté à créature du monde, en mariage ni autrement, désoloient et violoient églises, prenoient à force toutes femmes de religion et autres, déroboient tout le peuple et le détruisoient sans raison, pourquoi il ne leur pouvoit bien advenir » (Juvénal). Il avait tenu le même langage à ses prisonniers : « Oncques (jamais), disait-il au duc d'Orléans, plus grand *desroi* ni désordonnance de voluptés, de péchés ni de mauvais vices ne fut vu (que de ceux) qui règnent en France aujourd'hui, et est pitié de l'ouïr recorder et horreur aux écoutants, et, si Dieu en est courroucé, ce n'est pas merveille ! » Les captifs d'Azincourt firent une longue et sévère pénitence des péchés que

---

1. Quarante-huit ans après, le comte de Charolais, devenu le duc Philippe le Bon, et touchant au terme de sa carrière, regrettait encore « de n'avoir eu la fortune d'avoir été à ladite bataille, fût pour la mort, fût pour la vie ». Nous nous sommes attaché principalement au récit très détaillé de Lefèvre de Saint-Remi, témoin oculaire. — *v.* aussi Monstrelet. — Juvénal des Ursins. — Berri. — Pierre de Fenin. — *Le Religieux de Saint-Denis*, l. XXXV, c. 6, 7. — Lingard, *Histoire d'Angleterre*, t. V, p. 23-38, traduction de M. de Roujoux.

leur reprochait leur vainqueur : l'actif et brave Boucicaut mourut d'ennui dans sa prison ; l'infortuné duc d'Orléans languit presque toute sa vie sur la terre étrangère, où les vaincus ne retrouvèrent pas, sous les durs Lancastre, la somptueuse hospitalité d'Édouard III et du Prince Noir. (Lefèvre de Saint-Remi. — Monstrelet.)

Les armes de l'étranger semblaient du moins avoir fait ce que n'avait pu faire la guerre civile : elles semblaient avoir détruit une des deux factions qui déchiraient la France, presque tous les princes et les chefs du parti orléanais étant morts ou captifs. Au milieu de la désolation publique, il y eut des gens à Paris qui « montrèrent signe de joie, disant que les Armagnacs étoient déconfits et que le duc de Bourgogne viendroit cette fois au-dessus de ses besognes » (Juvénal). On n'eut pas même le triste bénéfice qu'on attendait de la victoire des Anglais ; le mauvais génie de la France avait préservé le pire des Orléanais, l'âme de la faction, Bernard d'Armagnac, qui guerroyait alors en Gascogne contre le comte de Foix. Le duc de Guyenne, disposé à toutes les extrémités plutôt que de rendre le pouvoir à son beau-père de Bourgogne, ramena en hâte Charles VI à Paris, manda au comte d'Armagnac de venir recevoir l'épée de connétable[1], et publia défense à tout prince du sang de se rendre à Paris sans y être appelé. Le duc Jean était parti de Dijon avec le duc de Lorraine et toute la noblesse des deux Bourgognes et de la Lorraine. Il prit la route de Paris à la tête de dix mille chevaux. Ses forces grossissaient d'étape en étape : il avait vingt mille combattants quand il arriva à Lagni-sur-Marne ; tous les bannis cabochiens chevauchaient en sa compagnie. Au bruit de son approche, le roi de Sicile, qui l'avait si gravement offensé en rompant injurieusement le mariage projeté de leurs enfants, quitta Paris et se retira en Anjou; cependant, sur l'ordre réitéré du dauphin, le duc Jean s'arrêta à Lagni, espérant obtenir à l'amiable l'entrée de Paris. On lui offrit de le

---

1. Il est juste d'observer que le Religieux de Saint-Denis, généralement impartial, approuve le rappel d'Armagnac (l. XXXV, c. 9) : il ne restait plus aucun capitaine de renom auquel on pût confier la connétablie, et il pouvait paraître dur de récompenser le duc de Bourgogne de sa connivence avec l'ennemi en lui livrant la France. C'eût été pourtant la seule chance de la sauver. Faible et triste chance! Quoi qu'on fît, on ne pouvait se livrer qu'à des mains indignes.

laisser entrer en « simple état », pourvu qu'il congédiât son armée. Ce n'était pas là son compte.

Le duc de Guyenne n'était plus en état de participer aux négociations. Usé à force d'excès, il tomba malade le 10 décembre et mourut le 18, à l'âge de vingt ans. La mort de ce prince transféra ses droits et le titre de dauphin à son frère Jean, duc de Touraine, âgé de dix-sept ans, l'aîné des deux fils qui restaient au roi. Cet événement paraissait devoir amener une révolution de palais en faveur de Jean-sans-Peur. Le nouveau dauphin, gendre du comte de Hainaut et fixé depuis longtemps à Valenciennes et à Mons, était à la dévotion des alliés du duc Jean, et le Bourguignon pouvait s'autoriser du nom de l'héritier du trône pour agir sur-le-champ; mais une hésitation croissante avait remplacé la vieille audace de Jean-sans-Peur : il consuma encore une dizaine de jours en pourparlers avec les gens du conseil du roi, dévoués à ses ennemis. Chaque instant diminuait ses chances : déjà Clignet de Brabant, échappé de la grande bataille, était venu joindre, avec force gens d'armes, le prévôt de Paris, Tannegui Duchâtel, énergique aventurier breton et fougueux ennemi des Bourguignons; le 29 décembre, le comte d'Armagnac entra dans Paris à son tour avec ses Gascons et reçut l'épée de connétable. Dès lors tout accommodement fut impossible. L'autorité royale se concentra tout entière aux mains de ce dangereux personnage, qui atteignait enfin le but de ses ambitions. Il fit signifier au duc de Bourgogne de se retirer et de licencier ses gens, sous peine d'être réputé traître et « abandonné », mit des garnisons dans toutes les places de l'Ile-de-France et ordonna une foule d'arrestations dans Paris. Le duc de Bretagne offrit inutilement sa médiation, et les hostilités s'engagèrent partout entre les garnisons royales et les troupes bourguignonnes. Le duc Jean poussa très mollement la guerre et resta deux mois et demi immobile à Lagni avec le gros de son armée. Il se décida enfin à lever son camp, le 28 février 1416, pour regagner la Flandre, emportant le sobriquet railleur de « Jean de Lagni qui n'a hâte ». Paris, fortement comprimé, n'avait pas bougé. La retraite de Jean laissa la France à la discrétion du comte d'Armagnac, qui, le 12 février, s'était fait nommer « général-gouverneur des finances du royaume et général-capitaine de toutes les forteresses, pour y mettre capitaines et garnisons à son plaisir ».

Une intervention plus solennelle que celle du duc de Bretagne fut offerte aux parties belligérantes. L'empereur Sigismond, après avoir contribué puissamment à terminer le schisme de l'Église, annonçait l'intention de s'employer à rétablir la paix entre les Bourguignons et les Armagnacs et entre la France et l'Angleterre. Il arriva à Paris le 1er mars, eut quelques conférences avec le conseil du roi et partit pour Londres avec le comte de Hainaut; mais Sigismond ne garda pas longtemps l'impartialité d'un arbitre, et son voyage ne calma point la fureur des factions. Le comte d'Armagnac, porté au pouvoir par un concours de circonstances si extraordinaires, employa pour s'y maintenir des moyens qui redoublèrent la haine populaire attachée d'avance à son nom. A son instigation, le conseil du roi chassa de Paris une grande partie des docteurs et professeurs de l'université, et défendit au recteur « de plus faire aucunes assemblées ou congrégations ». Beaucoup de notables bourgeois se virent également expulsés de la capitale; une taille énorme fut mise sur le peuple et sur le clergé; plusieurs gentilshommes et capitaines bourguignons, pris les armes à la main, furent décapités sans merci. Les Parisiens commencèrent à remuer; un complot se trama « pour prendre et occire ceux qui tenoient la ville en sujétion ». Il devait éclater le jour de Pâques; il fut découvert. Les conspirateurs furent arrêtés, et plusieurs « hommes d'honneur et bourgeois considérables » furent décollés aux Halles.

Le mauvais succès de cette conspiration affermit la tyrannie de Bernard d'Armagnac : le connétable fit enlever les chaînes des rues et désarmer le peuple; toutes réunions et assemblées, « même pour nôces », furent défendues, hormis en la présence de commissaires et de sergents du prévôt de Paris; la grande boucherie fut abattue; la communauté des bouchers fut supprimée et les bouchers dépouillés de leur monopole héréditaire : l'accès de leur profession fut permis à tout venant. Armagnac était un étrange patron de la liberté du travail ! Les arrestations, les confiscations et les bannissements se succédaient chaque jour; on interdit à chacun, « sous peine d'être pendu par la gorge », de se baigner dans la rivière : Armagnac et le prévôt Tannegui Duchâtel ne voulaient pas que les baigneurs découvrissent au fond de l'eau les cadavres qu'on y jetait chaque nuit une pierre au cou[1].

Le duc de Berri mourut sur ces entrefaites à l'âge de soixante-seize ans, dans son hôtel de Nesle à Paris (13 juin). Ce prince laissa une mémoire souillée entre toutes dans cette époque de souillures. Il joignait à bien d'autres vices le vice que la France pardonne le moins à ses chefs, le péché irrémissible : la lâcheté ! Il n'avait point d'« hoirs mâles de son corps » : les duchés de Berri et d'Auvergne et le comté de Poitou furent transférés au dauphin Jean, filleul du prince défunt, et le roi reprit au dauphin le duché de Touraine pour en investir son plus jeune fils, Charles, comte de Ponthieu (depuis le roi Charles VII). Armagnac, outre le jeune Charles, dont il comptait se faire un instrument, n'avait plus avec lui qu'un seul des sires du sang, le roi de Sicile, irrévocablement engagé comme lui dans la faction. Armagnac n'en fit pas moins refuser l'entrée de Paris au dauphin, à moins qu'il ne rompît avec le parti bourguignon. La guerre civile continuait avec plus d'acharnement que de résultats sur les bords de la Somme et de l'Oise, et Jean-sans-Peur avait renoué ses négociations avec Henri V. La mort de ses deux frères avait produit sur lui une impression plus vive que durable : dans le premier moment de douleur, il avait envoyé son gantelet au roi d'Angleterre, « le défiant à feu et à sang » (Juvénal, p. 524). Henri V tenait trop à ménager le duc de Bourgogne pour ne pas relâcher quelque chose du point d'honneur en cette occasion ; il s'excusa de n'avoir pu sauver la vie aux deux princes, ainsi qu'il l'eût souhaité. Jean se laissa facilement apaiser, et les « trêves de Flandre » furent renouvelées. Armagnac, au contraire, agit avec vigueur contre les Anglais : il voulait justifier son élévation par quelque action éclatante ; il loua des galères et des carraques génoises et espagnoles, des archers génois et catalans, et entreprit le blocus de Harfleur par terre et par mer. L'entreprise ne fut pas heureuse : les troupes de terre

---

1. *Journal d'un Bourgeois de Paris*, année 1416. — Juvénal. — Le titre donné au curieux *Journal*, monument fidèle des passions bourguignonnes et cabochiennes, est erroné : l'auteur n'était pas un bourgeois, mais un clerc, un docteur de l'université, comme il le dit lui-même dans son récit.

se laissèrent honteusement mettre en déroute par la garnison de Harfleur, et le duc de Bedford, frère de Henri V, fit lever le blocus de vive force avec une flotte anglaise et ravitailla la place (août 1416).

Les Anglais ne poussèrent pas plus loin leurs avantages cette année-là; l'Angleterre était fatiguée du grand effort de la campagne précédente, et Henri V laissait son royaume reprendre haleine : il voyait bien que la France était hors d'état de profiter de ce répit, et que le temps envenimait ses plaies au lieu de les guérir. Il aidait le temps à cet égard : il continuait par ses intrigues l'œuvre commencée par ses armes; il négociait à la fois avec Jean-sans-Peur et avec les princes captifs. A l'exception du duc Charles d'Orléans, chez qui la captivité développa quelques facultés méditatives et poétiques, ces jeunes gens, gâtés par la vanité, l'égoïsme et la débauche, étaient dépourvus de tout sentiment élevé qui pût les aider à supporter noblement le malheur. Le duc de Bourbon, au nom de tous les autres, offrit à Henri V d'aller traiter en France du rétablissement de la « grande paix » de Bretigni, avec la cession de Harfleur en plus; si le conseil du roi refusait, il s'obligeait à reconnaître Henri V roi de France! (Rymer, t. IX, p. 427.) Henri eût de beaucoup préféré qu'une telle offre vînt de Jean-sans-Peur. Il le sollicita vivement de reconnaître, ne fût-ce que par un traité secret, ses droits à la couronne de France; mais Jean évita de s'engager : son but était de dominer et d'exploiter la France, et non de la vendre à l'Anglais. Ces pourparlers eurent lieu dans une conférence générale tenue à Calais, au commencement de l'automne, entre l'empereur, le roi d'Angleterre, le duc de Bourgogne et les envoyés du conseil de France. Le seul résultat de la conférence fut une suspension d'armes, d'octobre en février. Sigismond, d'arbitre, s'était rendu partie, car il avait signé récemment un pacte d'alliance avec Henri V. (Rymer, t. IX, p. 397.)

Le duc de Bourgogne revint de Calais joindre le dauphin à Valenciennes. Le comte de Hainaut, beau-père de ce jeune prince, qui se dirigeait en tout par ses avis, désirait sincèrement le rétablissement de l'union en France et n'avait pas voulu d'abord remettre le dauphin à la discrétion du duc de Bourgogne; mais, quand il eut reconnu l'impossibilité de toute transaction avec Armagnac, il engagea son gendre à jurer avec Jean-sans-Peur un pacte de défense mutuelle (12 novembre). Pendant ce temps, le duc de Bretagne, gendre du roi, intervenait de nouveau en faveur de la paix et déterminait, non sans peine, sa belle-mère, l'indolente Isabeau, à se donner un peu de mouvement dans le même intérêt. A la fin de l'hiver (mars 1417), la reine se rendit à Senlis, accompagnée de son plus jeune fils Charles, pour conférer avec le dauphin et le comte de Hainaut, qui étaient à Compiègne. Le comte de Hainaut laissa le dauphin à Compiègne et vint visiter la reine, qui l'emmena à Paris pour traiter avec le grand conseil. Le comte déclara « qu'il amèneroit ensemble le dauphin et le duc de Bourgogne, ou ramèneroit icelui dauphin en Hainaut, si autrement n'étoit pourvu par le roi et son conseil à la réparation et paix du royaume ».

Le grand conseil était rempli des amis et créatures de Bernard d'Armagnac : « ceux qui gouvernoient le roi » complotèrent d'arrêter en trahison le comte de Hainaut « jusques à temps qu'il eût rendu le dauphin au roi son père » ; mais le comte fut averti à temps et regagna Compiègne. « Il y trouva le dauphin, son beau-fils, très grièvement malade, et avoit, emprès une oreille, un apostume, lequel se creva par dedans son col et l'étrangla : il trépassa le jour de Pâques fleuries (4 avril 1417). Et lors fut très grande renommée que ledit dauphin avoit été empoisonné par aucuns de ceux qui gouvernoient le roi. » (Monstrelet.) Armagnac était capable de tout, et cette mort arrivait merveilleusement à point pour lui[1].

Le nouveau dauphin, le dernier des fils du roi, Charles, duc de Touraine, enfant de quatorze ans, avait été uni, encore en bas âge, à Marie d'Anjou, fille du roi de Sicile : les ennemis mortels de Jean-sans-Peur, qui l'avaient élevé, lui avaient inspiré toutes

---

1. Le comte de Hainaut, qui était retourné dans son pays « en grande tristesse », survécut peu à son gendre et mourut le 31 mai. Sa fille, Jacqueline de Bavière, veuve du dauphin Jean, hérita des comtés de Hainaut, Hollande et Zélande et de la seigneurie de Frise. Le « roi de Sicile », Louis II d'Anjou, était mort le 29 avril, léguant à ses fils l'Anjou, le Maine et la Provence et ses prétentions héréditaires sur le royaume de Naples, qu'il avait tenté deux fois d'enlever à la maison de Durazzo.

leurs passions, du moins autant que son âme froide et faible en était susceptible ; l'influence de sa mère pouvait seule balancer auprès du jeune prince celle du comte Bernard. Isabeau inclinait à la paix ; Armagnac résolut de perdre la mère afin de dominer plus sûrement le fils.

Les prétextes ne lui manquèrent pas : « Au château du bois de Vincennes, où la roine tenoit son état, se faisoient, disoit-on, maintes choses déshonnêtes, et y fréquentoient les seigneurs de la Trimouille (la Trémoille), de Giac, *Bourrodon* (Boisbourdon) et autres... Les dames et damoiselles menoient grands et excessifs états, et portoient cornes merveilleuses, hautes et larges, et avoient de chacun côté, en lieu de bourrelets, deux grandes oreilles si larges que, quand elles vouloient passer l'huis (la porte) d'une chambre, il fallait qu'elles se tournassent de côté et se baissassent : la chose déplaisoit fort aux gens de bien. » (Juvénal, p. 533.) Les *hennins* à grandes oreilles et les autres modes ridicules des dames n'étaient pas les plus grands scandales de la cour d'Isabeau, et Armagnac dut révéler au roi, alors « en santé », des désordres que les historiens contemporains laissent assez comprendre sans les révéler explicitement. Un jour que le roi retournait à Paris, vers le soir, après avoir visité la reine au château du bois de Vincennes, « il rencontra messire Loys Bourdon (Boisbourdon), chevalier, allant de Paris au bois, lequel, en passant assez près du roi, s'inclina en chevauchant et passa outre assez légèrement. Toutefois le roi le reconnut et ordonna au prévôt de Paris (Tannegui Duchâtel) qu'il allât après lui, le prît et en fît bonne garde... Après, par le commandement du roi, ledit chevalier fut mené au Châtelet de Paris, où il fut très fort *questionné* (torturé), et, pour aucunes choses qu'il confessa, il fut mis en un sac de cuir et jeté en Seine, sur lequel sac étoit écrit : *Laissez passer la justice du roi.*

« Et, peu de jours en suivant, par l'ordonnance du roi, du dauphin et de ceux qui gouvernoient à Paris, la roine, accompagnée de sa belle-sœur la duchesse de Bavière et de sa fille Catherine, fut envoyée à Blois, puis à Tours, pour y demeurer à assez simple état, et lui furent baillés, pour la conduire et gouverner, maître Guillaume Tarel, maître Jean Picard et maître

Laurent Dupuis, conseillers du roi, sans le consentement desquels elle n'osoit aucune chose besogner, pas même écrire une lettre à qui que ce fût, et là vécut-elle, grand espace de temps, en grand déplaisance, attendant de jour en jour d'encore pis avoir; et, avec ce, très grands finances qu'elle avoit en divers lieux à Paris furent ôtées et prises par son fils le dauphin et ceux qui le gouvernoient. » (Monstrelet. — Saint-Remi.) Isabeau en conçut contre son dernier-né une rancune implacable. Armagnac n'oubliait rien pour s'attacher le dauphin : il lui avait fait donner par le roi la présidence du conseil et tout l'apanage de son frère Jean (le Dauphiné, le Berri et le Poitou) : l'enfant royal ne voyait que par les yeux du connétable. Le conseil, qu'il était censé présider et où ne siégeait aucun prince du sang, ne se composait plus que d'ambitieux subalternes à la dévotion d'Armagnac, tels que le chancelier de France Henri de Marle, le prévôt Tannegui, Robert le Maçon, chancelier du dauphin, Philippe de Corbie, président au parlement.

L'espèce de prestige que donnait tour à tour aux factions la possession de la personne du roi et de l'héritier du trône était bien usé : l'accession du dauphin ne consolida guère le pouvoir d'Armagnac, qui ne se maintenait que par les plus extrêmes violences. Le connétable traita le parlement comme l'université, et chassa de Paris nombre de conseillers et d'autres gens de loi, parce que le parlement avait décrété qu'on écrirait au duc de Bourgogne pour l'exhorter à la paix. Les monnaies étaient falsifiées ; les Parisiens étaient écrasés d'impôts pour la solde des gens d'armes, de corvées pour la réparation des défenses de la ville ; on dépouillait les trésors des églises et jusqu'aux châsses des saints ; on fondit la châsse de saint Louis : on en tira 30,000 écus d'or. Ces moyens désespérés permirent au comte Bernard de se soutenir contre une attaque formidable.

Dès le 24 avril, trois semaines après la mort du dauphin Jean, le duc de Bourgogne avait lancé, contre « les gens de petit état » qui tyrannisaient le royaume, un manifeste où il leur imputait l'empoisonnement non-seulement du dauphin Jean, mais de son frère aîné Louis, et déclarait qu'il poursuivrait par feu et sang la punition des coupables et le « relèvement » du pauvre peuple,

« afin que les bons et loyaux sujets ne payassent plus dorenavant aides, impositions, tailles, gabelles ni autres exactions, comme il appartient au noble royaume de France. » (Monstrelet, l. I, c. 174.) Ce mandement du duc Jean détermina l'insurrection de la plupart des villes de Picardie : à Rouen, des gens masqués surprirent et tuèrent en son logis le bailli royal; le menu peuple se souleva en masse : les rebelles ne purent néanmoins s'emparer du château. Armagnac dépêcha en toute hâte le dauphin à Rouen avec deux ou trois mille combattants : après quelques pourparlers, le peuple ouvrit les portes au prince, moyennant une amnistie dont furent exceptés les meurtriers du bailli; quelques-uns furent mis à mort, mais le chef de la révolte, Alain Blanchard, parvint à quitter la ville. Cet homme, doué d'une rare intelligence et d'un magnanime courage, était réservé à un plus noble trépas : il devait mourir sur l'échafaud, mais en héros de la patrie et non point en chef de faction (Monstrelet).

Pendant ce temps, le duc de Bourgogne, parti d'Arras le 10 août à la tête d'une puissante armée, marchait sur Paris, « faisant crier partout, de par le roi et le dauphin et de par lui, que l'on ne payât nuls subsides ». Qui défendait aux bourgeois de payer était bien sûr d'être obéi. Amiens, Beauvais, Senlis s'étaient « tournées bourguignonnes », et le duc Jean reçut, chemin faisant, la nouvelle que Reims, Châlons, Troies, Auxerre avaient également pris « la croix de Saint-André ». Le sire de l'Ile-Adam livra au duc Jean le passage de l'Oise, et Jean-sans-Peur, franchissant la Seine après l'Oise, vint établir ses campements à Montrouge et à Clamart : il attendait que les Parisiens lui ouvrissent par force ou par ruse; mais son attente fut encore une fois déçue. Le bon vouloir ne manquait pas aux gens de Paris, mais ils étaient « guettés » de trop près par les espions du comte d'Armagnac. La terreur régnait dans la ville : la plupart des portes avaient été murées, et les autres étaient bien gardées par les Gascons d'Armagnac, les Bretons de Tannegui Duchâtel et les arbalétriers génois à la solde royale (septembre 1417).

Le duc Jean ne crut pas devoir entreprendre le siége de Paris, mais il ne leva son camp que pour se saisir de la plupart des places qui environnent la capitale. Il assiégeait Corbeil depuis trois semaines lorsqu'il reçut un message secret de la reine Isabeau, qui le priait de la tirer de la captivité où elle était retenue à Tours. Jean se dirigea sur Tours avec l'élite de sa gendarmerie, et dépêcha en avant huit cents cavaliers, qui s'embusquèrent près du couvent de Marmoutiers. La reine, prévenue des plans du duc, pria ses « gouverneurs » de la mener à la messe à ce « moûtier », situé hors les murs de la ville : les Bourguignons entourèrent l'église, se saisirent des « gouverneurs » et saluèrent la reine « au nom de leur seigneur », qui ne tarda pas à venir en personne recevoir les remercîments d'Isabeau (2 novembre). Le duc et sa nouvelle alliée entrèrent à Tours le jour même, puis ils retournèrent ensemble à Chartres, d'où le duc expédia des lettres-closes signées de la reine à toutes les bonnes villes. Isabeau engageait les cités et communes à n'obtempérer en rien aux ordres qui leur seraient signifiés de par le roi ou le dauphin, attendu qu'à elle seule, durant l' « occupation » de son seigneur le roi, appartenait l'administration du royaume et la présidence du grand conseil, dont « mauvaises gens » s'étaient emparées sans aucun droit (13 novembre). Le « conseil de la roine et du duc » établit ensuite une cour de parlement à Amiens pour remplacer dans les pays au nord de la Seine le parlement de Paris, « assujéti aux usurpateurs de la puissance royale ». Jean-sans-Peur eut ainsi son « conseil de France » comme Armagnac, et put opposer ordonnances à ordonnances. Les hostilités continuèrent avec une rage impitoyable : les Armagnacs, trop faibles pour tenir la campagne en corps d'armée contre les Bourguignons, étaient assez forts pour faire une opiniâtre guerre défensive et pour lancer dans toutes les campagnes des bandes dévastatrices. La Picardie, l'Ile-de-France, la Champagne, les pays de la Loire étaient en proie à tous les fléaux. Les villes que tenaient encore les Armagnacs étaient ruinées par des exactions continuelles et livrées aux caprices des nobles et de la soldatesque; dans les places bourguignonnes le peuple au contraire était soulagé de la plus grande partie des impôts; mais Jean-sans-Peur et ses lieutenants se dédommageaient en confisquant les biens d'une foule de gros bourgeois, accusés à tort ou à raison d'être de la « mauvaise bande » : quiconque était riche courait grand risque de passer pour Armagnac. On ne se contentait pas de confisquer, on pendait, on décapitait de part et d'autre bon nombre de gentilshommes et de « vilains ». Le caractère de la guerre devenait toujours plus atroce : les deux partis se modelaient sur leurs chefs, tous deux également étrangers à l'esprit de la chevalerie ; Jacqueville, l'ex-capitaine bourguignon de Paris, le camarade des écorcheurs, devenait le type de l'homme d'armes[1]. Si les gentilshommes se traitaient entre eux avec une brutalité sauvage, on peut juger de leur façon d'agir envers les classes inférieures : les campagnes se dépeuplaient de jour en jour; les plus forts et les plus courageux des paysans se faisaient brigands; les autres mouraient de faim ou s'expatriaient; tous les environs de Paris étaient ruinés, et la disette était affreuse dans cette capitale : le pain, la viande, le bois, tout manquait aux Parisiens.

Des malheurs plus grands encore que ceux de la guerre civile frappaient en ce moment la France : tandis que le nord et le centre du royaume subissaient les fureurs des factions, l'ouest était abandonné sans défense à l'invasion étrangère. Henri V avait remis le pied sur la terre de France pour ne plus la quitter : il était débarqué, « à grand puissance », à Toucques, près de Honfleur, le 1er août, et conquérait « à peu de peine » villes et forteresses, le comte d'Armagnac ayant appelé la plupart des garnisons de Normandie autour de Paris, afin de les employer contre le duc de Bourgogne. Les nobles de Normandie, divisés entre Armagnacs et Bourguignons, se défiaient les uns des autres et ne purent se concerter pour la défense de leur malheureux pays, abandonné des indignes chefs qui se disputaient les lambeaux de la France. Toucques et les châteaux des environs capitulèrent; les Anglais marchèrent sur Caen et emportèrent d'assaut cette grande ville : des milliers d'habitants furent expulsés comme à Harfleur, et leurs biens furent partagés entre les vainqueurs; le château, qui n'était défendu que par deux cents hommes d'armes, promit de se rendre s'il n'était secouru sous trois semaines : personne ne songea à le

---

[1]. Jacqueville fit une fin digne de sa vie : d'autres chevaliers bourguignons, qu'il avait gravement offensés, l'arrachèrent de l'église Notre-Dame de Chartres et l'égorgèrent sur les degrés du portail, à quelques pas du logis de Jean-sans-Peur, qui n'osa punir les assassins. Monstrelet, c. 188.

secourir (8-28 septembre). Les habitants de Bayeux se soumirent au roi d'Angleterre par un traité qui leur conserva leurs biens, franchises et priviléges (29 septembre). Laigle se rendit le 13 octobre. Les Anglais conservaient cette sévère discipline qui avait assuré le succès de la campagne d'Azincourt : Henri V affectait de tels ménagements pour les prêtres qu'une foule de paysans se tonsurèrent afin de passer pour clercs. Les femmes et les propriétés étaient respectées dans tous les lieux qui reconnaissaient Henri V « roi de France et d'Angleterre[1] ». Henri commençait déjà à organiser l'administration de « son pays de Normandie » : il établit, le 1er novembre, un trésorier de « la duché ». Presque toute la Normandie centrale était occupée avant la fin de l'automne : le 16 novembre, le duc de Bretagne vint trouver Henri V à Alençon et conclut avec lui une trêve de six mois non-seulement pour la Bretagne, mais pour l'Anjou et le Maine, au nom du jeune roi de Sicile Louis III, fiancé à la fille du duc. Le duc de Bretagne, jugeant la cause de l'État désespérée et renonçant aux efforts qu'il avait tentés afin de le sauver, avait cru devoir suivre pour ses domaines et ceux de son futur gendre l'exemple donné par Jean-sans-Peur pour la Flandre et l'Artois. Henri V, assuré de n'être point inquiété sur ses deux flancs, poursuivit à loisir sa conquête.

La France était si acharnée contre elle-même qu'elle ne paraissait pas sentir les blessures que lui faisait son ennemi : Armagnacs et Bourguignons avaient bien autre chose en tête que de s'opposer aux Anglais ; la présence des Anglais ne suspendait pas la guerre civile, même en Normandie ; les Rouennais s'insurgèrent de nouveau, rappelèrent Alain Blanchard et les Bourguignons, et chassèrent du château de leur ville les gens d'Armagnac. Le connétable ne contenait Paris qu'en y concentrant toutes ses forces : une nouvelle conspiration fut ourdie pour introduire le duc Jean dans la capitale ; elle avorta encore, et Jean s'en alla prendre ses quartiers d'hiver à Troies avec la reine. Isabeau décerna au duc de Lorraine l'épée de connétable, déclara les maltôtes et les autres

---

1. Quand il fut un peu plus avancé dans sa conquête, il abolit la gabelle du sel et la remplaça par un droit du quart de la valeur (4 mai 1418). Rymer, t. IX, p. 483

impôts abrogés, « hormis la gabelle du sel », cassa le parlement de Paris et la chambre des comptes, d'où Armagnac avait expulsé « les meilleurs hommes », et appela à Troies l'autre parlement établi d'abord à Amiens, ainsi qu'une nouvelle cour des comptes, où dominèrent les magistrats bannis de Paris. Au printemps suivant, une ordonnance de la reine, du 3 avril 1418, autorisa la réunion des États-Généraux du Languedoc ; Armagnac avait fait donner le gouvernement de Languedoc et de Guyenne au vicomte de Lomagne, son fils aîné, et avait interdit les réunions annuelles des Trois États, pour pouvoir taxer ces pays à sa fantaisie : l'entrée de cinq cents lances bourguignonnes dans le Languedoc détermina une insurrection à peu près générale; les trois quarts de la province « se tournèrent bourguignons » et chassèrent les alliés et les officiers d'Armagnac.

Rien n'ébranlait l'opiniâtreté du connétable ; il avait retourné contre le duc de Bourgogne la bulle d'excommunication des compagnies appliquée naguère aux « Orléanois » (Juvénal); il profita de l'éloignement du duc Jean pour reprendre Montlhéri, Étampes, Chevreuse, et repousser les bandes bourguignonnes qui ravageaient les environs de Paris. Il entreprit de recouvrer Senlis. Le bâtard de Thian, capitaine de Senlis, promit de se rendre s'il n'était secouru en dedans le 19 avril, et livra des otages au comte d'Armagnac. A la nouvelle du siége de Senlis, l'héritier de Bourgogne, le jeune comte Philippe de Charolais avait assemblé les États de Picardie et d'Artois à Arras : il obtint un subside des bonnes villes, convoqua le ban des deux provinces à Amiens, et envoya au secours de Senlis huit mille combattants. L'armée picarde se présenta devant Senlis le 19 avril, dans la journée : le siége était levé ; dès le point du jour, le comte d'Armagnac avait sommé la ville de se rendre ; le bâtard de Thian ayant répondu que l'heure n'était pas encore passée, Armagnac fit couper la tête à quatre des otages et battit en retraite sur Paris, abandonnant ses bagages aux assiégés. Le capitaine de Senlis ne demeura point en reste de barbarie avec Armagnac : il décapita seize prisonniers, en pendit deux et noya deux femmes (Monstrelet).

Toute la France se partageait entre Armagnacs et Bourguignons : « le père étoit bandé contre le fils, le frère contre le frère, en cette maudite querelle », et cependant « le roi d'Angleterre toujours conquêtoit et prenoit places, et ne rencontroit résistance, sinon d'aucunes gens de bonne volonté ». L'hiver n'avait point interrompu les progrès des Anglais : Henri V avait partagé son armée en quatre divisions, qui opéraient simultanément depuis la rive gauche de la Seine jusqu'à la pointe du Cotentin et à la frontière de Bretagne. La ville et le château de Falaise capitulèrent (1er février); puis Vire, Coutances, Carentan, Saint-Lô, Saint-Sauveur, Pontorson et Évreux ouvrirent successivement leurs portes, de la fin de février au 20 mai 1418. Dans la plupart des capitulations, il était convenu que ceux des assiégés qui ne prêteraient pas serment à Henri V s'en iraient avec leurs biens meubles : plusieurs places toutefois furent obligées de se livrer à discrétion [1]. Henri, dans ce dernier cas, prenait à merci le plus grand nombre des habitants et faisait trancher la tête à quelques-uns, « pour l'exemple » : il les traitait en rebelles et en criminels de lèse-majesté. Presque partout, les populations tentaient cependant une résistance digne d'un meilleur sort : Henri V essayait en vain de réveiller les vieilles traditions normandes en faveur du sang de Rollon; les Normands ne subissaient qu'avec désespoir la conquête anglaise.

Les calamités nationales parurent enfin produire quelque impression sur les deux partis. Armagnac n'osa s'opposer à ce qu'on ouvrît des négociations. Le roi, le dauphin et le grand conseil, d'un côté, la reine et le duc de Bourgogne, de l'autre, envoyèrent des plénipotentiaires au village de la Tombe, entre Montereau et Brai-sur-Seine, et deux cardinaux dépêchés par le pape Martin V, élu récemment au concile de Constance, intervinrent efficacement dans les pourparlers; un traité de paix fut conclu le 23 mai : toutes condamnations et confiscations devaient être révoquées de part et d'autre; les villes et châteaux, restitués à leurs seigneurs, et la reine et le duc de Bourgogne réintégrés au conseil royal avec tous les princes du sang. Isabeau et Jean-sans-Peur ratifièrent sans difficulté ces conventions : la plupart des membres du grand conseil et les principaux bourgeois de Paris montraient

---

1. *v.* les capitulations dans Rymer, t. IX, p. 543-589.

un vif désir de voir le roi sceller le traité : le dauphin y consentait. Paris se sentait déjà renaître. Le connétable, le chancelier Henri de Marle et le prévôt Tannegui Duchâtel accusèrent de trahison ceux qui conseillaient cette paix, et rompirent tout (Monstrelet, c. 194).

La mesure était comblée : le pauvre peuple, qui venait de subir les angoisses du froid et de la faim durant un hiver prolongé jusqu'en avril, avait salué avec transport le printemps et la paix : une rage indicible le saisit contre les hommes impitoyables qui immolaient sa dernière espérance à leurs intérêts et à leurs passions. Des bruits étranges et sinistres redoublaient la fureur populaire : on disait qu'Armagnac, « ce diable sous une peau d'homme », s'apprêtait à massacrer « tous ceux qui n'étoient pas de sa bande », à tuer les hommes et à noyer les femmes ; qu'il vendrait la ville au roi d'Angleterre, s'il ne la pouvait plus tenir contre les Bourguignons. Les Parisiens s'excitaient les uns les autres à ne pas attendre qu'on vînt les égorger dans leurs logis. Armagnac n'avait plus auprès de lui que trois mille de ses Gascons et quelques autres mercenaires ; l'insuffisance de ses forces l'avait obligé de réorganiser la milice bourgeoise, bien qu'avec toutes sortes de restrictions et de précautions. Il eût fallu dès lors ménager et regagner cette milice ; mais Armagnac n'essaya même pas de contenir l'insolence brutale de ses gens d'armes ; les femmes ne pouvaient faire quelques pas hors des murs de la ville sans être exposées aux derniers outrages ; les bourgeois étaient sans cesse vexés, insultés, spoliés ; une vengeance particulière précipita la catastrophe.

Un jeune homme appelé Perrinet-le-Clerc, fils d'un riche marchand de fer du Petit-Pont, ayant été injurié et battu par « aucuns serviteurs des principaux du conseil du roi », et n'ayant pu obtenir justice du prévôt Tannegui, s'était lié d'intelligence avec les agents secrets du parti bourguignon. Son père, un des quarteniers, avait en garde les clefs de la porte Saint-Germain (ou porte de Bussi) : dans la nuit du 29 au 30 mai, Perrinet déroba les clefs sous le chevet du vieillard et courut avec plusieurs de ses amis à la porte Saint-Germain, dont le guet était gagné : le sire de l'Ile-Adam, capitaine de Pontoise pour Jean-sans-Peur, attendait hors des murs avec sept ou huit cents chevaux. La porte fut ouverte, et les Bourguignons entrèrent en bon ordre, vers deux heures du matin; ils avancèrent à travers les rues « tout coiement et non sans doute » : leur petit nombre rendait l'entreprise bien hardie; le peuple n'osait d'abord se joindre à eux; près du Châtelet, à l'entrée du quartier des Halles, ils trouvèrent enfin quatre cents bourgeois armés, qui les attendaient. Les deux troupes réunies s'encouragèrent mutuellement, et, poussant de grands cris : « La paix! la paix! vive Bourgogne! » elles se partagèrent en plusieurs bandes, dont l'une marcha droit à l'hôtel Saint-Pol, les autres aux logis des principaux chefs armagnacs. En peu d'instants les forces des Bourguignons furent décuplées par le concours du peuple, qui « sailloit » en foule hors des maisons, criait : « Vive Bourgogne! » et arborait la croix de Saint-André. L'Ile-Adam et ses gens forcèrent les portes de l'hôtel Saint-Pol, et « firent tant qu'ils parlèrent au roi, lequel fut content de leur accorder tout ce qu'ils demandoient [1], et tantôt le firent monter à cheval et chevaucher avec eux parmi la ville de Paris », pour que sa présence autorisât ce qui se passait.

Le reste des insurgés s'étaient saisis du chancelier et des membres les plus odieux du grand conseil : le comte d'Armagnac, surpris dans son hôtel, rue Saint-Honoré, se sauva déguisé chez un maçon du voisinage. L'entrée des Bourguignons et le soulèvement du peuple avaient été si rapides que les Gascons ne réussirent à se rallier nulle part pour comprimer l'insurrection. Le prévôt Tannegui Duchâtel, dès le commencement du tumulte, avait couru à l'hôtel du dauphin : il le réveilla brusquement et, l'enveloppant dans les draps de son lit, l'emporta à la Bastille, d'où il l'envoya sur l'heure à Melun. Le chancelier du dauphin, Robert Le Maçon, l'évêque de Clermont et le président Louvet, tous trois fougueux Armagnacs, parvinrent aussi à gagner la Bastille avec quelques-uns de leurs adhérents et beaucoup de soldats. Juvénal des Ursins,

---

1. « Le roi étoit de tout content, et de Bourguignons et d'Armagnacs, et peu lui chaloit comme tout allât. » Pierre de Fénin, dans la collection Michaud, t. II, p. 593. — Sur tous ces faits, *v.* Monstrelet. — *Journal d'un Bourgeois de Paris*, an 1418. — Pierre de Fénin. — Jacques Le Bouvier, dit Berri, roi d'armes.

plus modéré, mais très haï pourtant des Bourguignons, s'enfuit à Corbeil ; la plupart des chefs armagnacs, moins heureux, furent arrêtés et emprisonnés, ainsi qu'un grand nombre de bourgeois suspects d'attachement à la « mauvaise bande » ; leurs maisons furent livrées au pillage. Parmi les captifs se trouvèrent les évêques de Senlis, de Coutances et de Bayeux ; on épargna, entre les membres du grand conseil, ceux-là seulement qui s'étaient déclarés pour la paix. Le lendemain matin, Le Veau de Bar, bailli d'Auxois, seigneur bourguignon, fut proclamé prévôt de Paris en remplacement de Tannegui Duchâtel, et il fut crié, de par le roi, que, « sur confiscation de corps et de biens, quiconque savoit le lieu où se mussoit aucun tenant le parti du comte d'*Armignac*, le dénonçât au prévôt de Paris ou à aucun des capitaines ». Le pauvre homme chez qui était caché le connétable eut peur et livra son hôte, qui fut conduit prisonnier à la conciergerie du Palais.

Rien n'était terminé néanmoins, tant que Tannegui Duchâtel restait maître de la Bastille : ce prévôt, aussi intrépide, aussi redoutable et aussi détesté que le comte Bernard lui-même, avait mandé au plus vite tous les capitaines armagnacs de l'Ile-de-France : le maréchal de Rieux et le sire de Barbasan le rejoignirent avec bon nombre de Bretons et de Gascons ; l'Ile-Adam, au contraire, ne pouvait recevoir de renfort avant quelques jours, les garnisons bourguignonnes étant plus éloignées de Paris. Tannegui résolut de tenter la fortune, et, le 1er juin au matin, il sortit de la Bastille, descendit dans la rue Saint-Antoine, à la tête de seize cents hommes d'élite, et se porta sur l'hôtel Saint-Pol, aux cris de : « Vivent le roi, le dauphin et le comte d'Armagnac ! » Il comptait enlever le roi, mais les Bourguignons l'avaient conduit la veille au Louvre. Pendant que Tannegui fouillait inutilement l'hôtel Saint-Pol, le maréchal de Rieux avait déjà poussé jusqu'à la rue Tiron et à la porte Baudoyer, et les soldats commençaient à rompre les portes des maisons pour piller, et à crier : « Ville gagnée ! tuez tout[1] ! » quand le nouveau prévôt de Paris arriva

---

1. L'auteur du *Journal d'un Bourgeois de Paris*, Bourguignon passionné, prétend que les Armagnacs crièrent : « Vive le roi d'Angleterre ! » Collect. Michaud, t. II, p. 651.

« à grand' foison de commune ». Des flots de peuple en armes se précipitèrent sur l'ennemi par toutes les rues latérales : les Armagnacs, chargés en front et en flancs, accablés du haut des toits et des fenêtres, furent repoussés, « abattus et tués à grand tas jusque dehors la porte Saint-Antoine » ; les vaincus rentrèrent à la Bastille, laissant sur le pavé quatre cents de leurs meilleurs hommes, et le peuple, échauffé par le carnage, se mit à quérir, par toutes les hôtelleries, les gens de la « bande » qui s'étaient soustraits aux premières recherches après la délivrance de Paris. On en fit un cruel massacre. La Bastille se rendit le 4 juin : Tannegui, Barbasan et Rieux en étaient sortis avec la plupart de leurs soldats, qu'ils répartirent à Meaux et à Melun. Tannegui alla retrouver le dauphin à Melun, et s'empara entièrement de l'esprit de ce jeune homme, qui lui donna le titre de « capitaine de tous les pays de France, Champagne, Brie, et d'outre la rivière de Seine ». L'aventurier breton succéda au chef gascon dans la conduite du parti, auquel la possession du dauphin conserva un drapeau et un centre. Sans l'enlèvement du dauphin, la guerre civile eût été finie : il est étrange qu'on ait célébré comme un acte de dévouement et de fidélité cette action intéressée d'un factieux, action qui eut de si fatales conséquences !

La révolution de Paris enleva aux Armagnacs la plupart des places qu'ils tenaient dans les provinces confiées par le dauphin au gouvernement de Tannegui : Compiègne, Noyon, toutes les villes de l'Oise, ainsi que Laon, Soissons, Péronne, prirent la croix de Saint-André à la nouvelle des événements de Paris. Cette capitale, en attendant la venue de la reine, fut administrée nominalement par ceux des gens du grand conseil qui avaient abandonné le parti armagnac pour se réunir à l'Ile-Adam et au chancelier de la reine, sous la présidence du jeune comte Charles de Clermont, fils du duc de Bourbon, enfant de quinze ans, qui avait déclaré vouloir rester avec les Bourguignons à l'exemple de son sire le roi ; mais les vrais « gouverneurs » de Paris étaient les capitaines qui affluaient de toutes parts dans la ville avec leurs gens d'armes, et les bannis parisiens qui revenaient d'exil aux acclamations populaires. Les désordres, « roberies et occisions » (pillages et meurtres) allaient se multipliant de jour en jour. Les seigneurs bourguignons ne cherchaient que du butin; mais les proscrits cabochiens, ces hommes violents et vindicatifs, dont on avait confisqué les biens, égorgé les amis, traîné les femmes et les enfants de prison en prison, avaient plus soif de sang que d'or : ils eurent peu de peine à exalter au niveau de leur fureur les passions de la multitude, qui avait tant souffert de la tyrannie du connétable et qui redoutait par-dessus tout de le voir mettre à rançon. Chaque nuit, de fausses alarmes réveillaient le peuple en sursaut : on disait que les Armagnacs étaient à quelque une des portes de la ville; qu'ils venaient « recourre » leurs complices captifs et reprendre Paris. On prétendait aussi que le conseil du roi, loin de vouloir faire justice du comte Bernard et des siens, se proposait de les renvoyer moyennant finances. La rage populaire éclata dans la nuit du 12 juin; le menu peuple se porta tout à coup à la prison du Palais ou Conciergerie, en arracha le comte d'Armagnac et le chancelier de France Henri de Marle, les massacra, puis, laissant leurs cadavres nus sur le pavé dans la cour du Palais, s'en alla aux prisons de Saint-Éloi, du Petit-Châtelet, de Saint-Martin-des-Champs, de Saint-Magloire, du Temple, de Tiron, les força et égorgea tous les prisonniers; « quand ils trouvoient trop fortes prisons, ils boutoient dedans force de feu, et ceux qui dedans étoient *ardoient* (brûlaient) là à grand martyre ». Les détenus du Grand-Châtelet, qui étaient très nombreux et qui s'étaient procuré des armes, se défendirent vigoureusement, et tuèrent ou blessèrent plusieurs des assaillants; « on les prit enfin par feu, fumée et autre assaut », et, du haut de la tour, on les précipita sur les piques. Des détenus pour dettes et pour divers délits, et beaucoup d'arbalétriers génois, qui n'avaient fait que leur métier de mercenaires en servant ceux qui les payaient, furent massacrés pêle-mêle avec les Armagnacs : on égorgea jusqu'à des femmes grosses.

Ces horribles scènes se prolongèrent près de trente heures; les évêques de Coutances, de Bayeux, d'Évreux, de Senlis et de Saintes, deux présidents au parlement, plusieurs seigneurs, capitaines, financiers, membres du parlement et de la chambre des comptes périrent avec une foule de nobles, de bourgeois et de soldats, « huit cents personnes et au-dessus », suivant les Registres du parlement[1]. Le sire de l'Ile-Adam et le prévôt Le Veau de Bar étaient accourus avec un millier de cavaliers pour arrêter le peuple; mais ils le trouvèrent animé d'une fureur si délirante qu'ils n'osèrent rien dire, sinon : « Mes enfants, vous faites bien ! » L'extermination des prisonniers ne termina point le massacre : « on alloit par grands tourbes ès maisons de ceux qu'on disoit, à tort ou à raison, avoir tenu le parti du comte d'*Armignac,* lesquels on tuoit sans merci et on emportoit leur bien. Il ne falloit que crier sur un homme : *Véez-là* (voilà) *un Armignac!* et tantôt étoit mis à mort sans autre information. Les morts *armignacs* étoient réputés indignes de sépulture et jetés aux champs pour être mangés des chiens et des oiseaux, et il y avoit des prêtres et des curés qui refusoient de baptiser les enfants des *Armignacs.* » Les sages-femmes n'osaient prêter leur ministère aux femmes de « ceux de la bande », et les mères et leurs fruits mouraient sans secours. Pendant trois jours, les « mauvais garçons » de Paris traînèrent par les rues les cadavres du connétable et de ses principaux partisans : ils leur avaient coupé sur le dos des lanières de peau, de l'épaule au côté, par une atroce allusion à la « bande » des Armagnacs (Pierre de Fenin). Les Legoix, les Thibert, les Saint-Yon, les Caboche régnaient de nouveau et faisaient trembler jusqu'aux barons leurs alliés : « Et y avoit, dit Pierre de Fenin, un *bourrel* (bourreau) nommé Capeluche, lequel étoit moult mauvais, et tuoit hommes et femmes sans commandement de justice, par les rues de Paris, tant par haine que pour avoir le leur (leur bien). »

La reine Isabeau, beaucoup plus avide d'argent et de voluptés que de pouvoir, ne se pressa nullement de venir présider le conseil du roi, au milieu des affreux désordres dont le récit la glaçait de terreur : elle attendit à Troies le retour de Jean-sans-Peur, qui était au fond de la Franche-Comté, et qui de son côté ne se hâta guère. Le duc Jean semblait hésiter à se jeter dans cette fournaise; les historiens bourguignons assurent qu'il apprit avec chagrin le meurtre du connétable, et l'on peut les croire : Armagnac prisonnier eût servi au duc à retirer le dauphin des mains

---

[1]. Cités par Michelet, t. IV, p. 335. — Le *Bourgeois de Paris* dit 1,500.

de Tannegui ; Armagnac mort éternisait la guerre, et d'autres ambitieux avaient déjà pris sa place. Le duc et la reine n'entrèrent ensemble que le 14 juillet dans Paris : ils y furent reçus « à beaux Noëls » et grandes acclamations. Ils abrogèrent les ordonnances rendues pendant la domination des Armagnacs, et décernèrent à leurs partisans toutes les charges de la couronne ; les sires de l'Ile-Adam et de Chastellux devinrent maréchaux de France ; Charles de Lens, amiral ; Eustache de Laictre, chancelier ; les bouchers recouvrèrent leur communauté et leur monopole. La situation du pays n'en fut pas meilleure ; avec Jean de Bourgogne ne revinrent à Paris ni la paix ni l'abondance : les arrivages de la Seine étaient interceptés en aval par les Anglais, maîtres de la Normandie presque entière, et en amont par les Armagnacs, établis à Melun ; une nouvelle émeute éclata le 21 août, « pour la grand cherté dont étoient cause les *Armignacs*, qui couroient les champs et tout détruisoient autour de Paris, tuant femmes et enfants et boutant feux partout, et pour ce que le peuple ne vouloit plus qu'on délivrât par argent les prisonniers de guerre, lesquels faisoient après plus de maux que devant ». Certains harangueurs de l'université « prêchoient » sur ce sujet avec autant de violence que Caboche lui-même. Beaucoup de nouvelles arrestations avaient rempli les prisons depuis deux mois : une multitude forcenée, conduite par Capeluche, le bourreau, qui allait à cheval en tête de la foule, assaillit le Grand et le Petit Châtelets, les força malgré la résistance des détenus, et mit à mort deux à trois cents victimes ; Capeluche et ses gens se ruèrent ensuite vers la Bastille, et menacèrent de donner l'assaut si l'on ne leur livrait les prisonniers. Le duc de Bourgogne, qui logeait près de la Bastille, accourut au bruit et harangua les assaillants pour les détourner de leur dessein : il prit même la main de Capeluche sans le connaître ; mais il ne réussit point à calmer ces furieux, et il fut obligé de consentir à ce qu'on menât une vingtaine de prisonniers de la Bastille au Châtelet pour être jugés. C'était les livrer à une mort certaine. Ces malheureux furent arrachés des mains de leurs conducteurs et mis en pièces avant d'arriver à leur destination. (Journal du Bourgeois de Paris, p. 657. — Juvénal.)

L'orgueil du duc Jean fut profondément blessé quand il sut

qu'il avait « baillé » sa main au bourreau de Paris ; il fit par ressentiment de cette humiliation ce qu'il n'eût pas fait par humanité : il s'entendit avec les principaux bourgeois afin de pourvoir à si grands « desrois » (désordres). Il manda aux « menues gens », auteurs de tous ces méfaits, d'aller mettre le siége devant Montlhéri et Marcoussi, occupés par les « ennemis du roi », qui affamaient Paris. Six mille des plus turbulents partirent avec du canon ; aussitôt après, « le duc fit prendre dedans Paris plusieurs de leurs complices et des émouveurs du commun (excitateurs du peuple), lesquels il fit décapiter, ou pendre au gibet, ou noyer en Seine, et même le dessus dit Capeluche, bourrel de Paris, eut la tête coupée aux Halles : il montra lui-même à son varlet comme il devoit faire pour lui couper le col ». Capeluche fut condamné pour « avoir tué une femme grosse qui n'avoit aucune coulpe » (aucune faute). Par compensation, le duc Jean fit décoller plusieurs magistrats armagnacs. On publia, en même temps, « qu'on se déportât de plus piller et occire, sous peine de la vie [1] ».

Cette tardive répression parut avoir épuisé l'activité du duc de Bourgogne : il demeura immobile dans Paris, laissant les Anglais poursuivre leurs succès en Normandie et les *Dauphinois* (nom que prenaient désormais les Armagnacs ou Orléanais) se recruter de milliers de pillards, reprendre par surprise Compiègne, Soissons, Lagni, et désoler horriblement l'Ile-de-France : le capitaine que Jean-sans-Peur avait mis à Tours livra sa cité au dauphin. Les affaires des Armagnacs se rétablirent ainsi, grâce à l'inertie du duc Jean. « C'étoit, dit le Bourgeois de Paris, le plus long homme en toutes ses besognes qu'on pût trouver, car il ne se mouvoit d'une cité quand il y étoit, non plus que si paix fût partout, si le peuple à force de plaintes ne l'émouvoit. » Un des motifs de cette inertie était probablement le manque d'argent : le duc de Bourgogne avait excité le peuple à refuser les impôts au comte d'Armagnac ; il hésitait à les redemander si tôt pour son compte, et ne savait où trouver les ressources nécessaires pour tenir la campagne.

Ce qu'on ne pouvait du moins contester au duc Jean, c'était le

---

1. Monstrelet. — *Bourgeois de Paris.* — Fenin.

désir d'éteindre la guerre civile : la reine et lui avaient requis plusieurs fois le dauphin de retourner avec eux, « en offrant », dit Monstrelet, « de lui faire tout honneur et obéissance »; mais Tannegui Duchâtel et les autres « gens de petit état » qui entouraient le jeune prince et qui devaient toute leur importance à la guerre, n'épargnaient rien pour entretenir la haine qu'on avait inspirée au dauphin contre sa mère et contre le « Bourguignon ». Ces hommes étaient d'autant plus intraitables qu'à l'intérêt personnel se joignaient chez eux des passions violentes et sincères. Plusieurs d'entre eux, particulièrement Tannegui et Barbasan, avaient été de la maison, « de la famille », comme on disait, du malheureux duc d'Orléans, et n'avaient jamais renoncé à le venger. L'intervention du duc de Bretagne et des cardinaux légats avait amené l'ouverture de conférences à Saint-Maur-des-Fossés, et un traité de paix y fut signé, le 16 septembre, par des députés des deux partis; mais les « faux bandés et mauvais conseillers du dauphin n'en furent pas contents » : ils déterminèrent le jeune prince à refuser sa ratification, à s'arroger le titre de lieutenant-général du royaume et à établir à Poitiers, ville de son apanage, un parlement composé des membres du parlement de Paris qui avaient quitté la capitale depuis la victoire des Bourguignons. Parmi eux figurait Juvénal des Ursins (21 septembre).

Paris apprit avec consternation la rupture de la paix; l'abattement avait succédé à la fureur populaire; une effroyable épidémie sévissait sur cette population épuisée par la disette et par tant de secousses morales et physiques, « ce qu'aucuns estimoient bien apparente punition de Dieu ». Tout ce peuple s'épouvantait de lui-même en se « remémorant » ce qu'il avait fait depuis trois mois : un grand nombre des massacreurs de prisons mouraient désespérés, en criant qu'ils étaient damnés et n'auraient pas de pardon (Juvénal). Le Bourgeois de Paris prétend qu'il mourut plus de cent mille[1] personnes à Paris en trois mois. La mortalité frappait surtout les enfants et les jeunes gens.

---

1. Quatre-vingt mille, suivant Monstrelet, c. 204. — Quarante mille, suivant Lefèvre de Saint-Rémi : ce dernier chiffre paraît le plus vraisemblable. Nous n'avons pas de données précises sur le chiffre de la population de Paris à cette époque. Dans la première partie du quatorzième siècle, elle était d'environ 300,000 âmes. Sur ce

Ni la souffrance ni même le crime n'avaient cependant encore éteint dans le cœur des Parisiens les sentiments nationaux; les nouvelles de la Normandie avaient dans la capitale un retentissement lugubre, et Paris, au milieu de ses misères, versait encore des larmes pour les maux plus glorieux et plus immérités de sa sœur de Normandie, de la magnanime Rouen, qui s'immolait en ce moment à la France.

Henri V, dès les premiers jours de l'été, avait commencé à préparer l'investissement de Rouen[1]. Tandis que des détachements anglais prenaient Domfront et bloquaient Cherbourg, « la plus forte place de Normandie », qui prolongeait sa résistance[2], le roi Henri, maître d'Évreux et de tout le pays à la gauche de la Seine, s'était porté par Louviers sur Pont-de-l'Arche; le duc de Clarence, un des frères de Henri, força le passage de la Seine et envahit le pays de Caux. Pont-de-l'Arche capitula le 19 juillet : Rouen fut investi aussitôt après par toutes les forces du roi d'Angleterre; un matin, les Rouennais, en s'éveillant, virent une division anglaise logée devant chacune de leurs portes. Ils s'étaient vaillamment disposés à recevoir l'ennemi; ils avaient réparé portes, boulevards, murailles, tours et fossés, demandé instamment des renforts aux Parisiens et au duc de Bourgogne, et ordonné à toute personne qui ne portait pas les armes de quitter la ville, si elle ne pouvait se pourvoir de vivre pour dix mois. Des milliers de pauvres gens, de femmes, d'enfants, de prêtres, de vieillards s'étaient « départis en grande tristesse » : beaucoup de ces malheureux

---

point, nous acceptons sans difficulté les chiffres de M. Dureau de La Malle, que nous avons combattus quant à l'ensemble de la France. *v.* notre t. V, ÉCLAIRCISSEMENTS, n° 1. Nous n'avions pas cru devoir, à propos de cette question de statistique, revenir sur le conte des 1,700,000 clochers attribués à la France du quinzième siècle; mais cette fable, dont M. Michelet avait déjà fait justice, ayant été encore prise au sérieux récemment dans un très bon livre, l'*Histoire de Jacques Cœur*, de M. P. Clément, nous devons dire que l'écrivain du seizième siècle à qui on l'a empruntée, Jean Bouchet, a mis induement à couvert, sous l'imposante autorité de Jacques Cœur, un chiffre inventé par des faiseurs de projets du temps de Charles VI, et dont on se moqua généralement, au dire du *Religieux de Saint-Denis*.

1. Le clergé anglais, qui jusqu'alors n'avait consenti qu'à des prêts bien garantis, accorda une aide pour le siége de Rouen.

2. Cherbourg fut rendu ou plutôt vendu, le 22 août, par son gouverneur Jean d'Angennes.

tombèrent entre les mains des Armagnacs et les trouvèrent cent fois pires que les Anglais eux-mêmes. A leur place entrèrent à Rouen, avant que le blocus fût complet, bon nombre de gens d'armes envoyés par le duc de Bourgogne. Dès la première quinzaine de juin, les Parisiens avaient expédié trois cents lances et autant de gens de trait. Quatre mille soldats et quinze mille hommes de milice bourgeoise[1], dont Alain Blanchard était un des principaux chefs, défendaient la vaste enceinte de Rouen; ils n'y restèrent point enfermés : à plusieurs reprises, ils sortirent en masse par toutes les portes, se ruèrent furieusement sur l'ennemi et lui « causèrent moult de grands dommages ».

Les Anglais ne lâchèrent pas pied; ils se garantirent contre les sorties des assiégés par des fossés profonds revêtus de haies d'épines, et protégèrent contre le trait et le canon, par des tranchées et des chemins couverts, les communications des divers corps d'armée qui bloquaient étroitement la ville par terre, tandis que de triples chaînes de fer barraient le fleuve au-dessus et au-dessous de Rouen. Un pont fortifié, qui joignait la cité au bourg de Saint-Sever, empêchait les vaisseaux anglais de remonter la Seine. Henri V fit traîner ses navires par terre durant l'espace de deux lieues pour les remettre à flot au-dessus de la ville[2]. En même temps, huit mille Irlandais à la solde de Henri V, les uns à pied, les autres chevauchant de petits et agiles bidets de montagnes, battaient le pays au loin, approvisionnant l'armée d'Angleterre et enlevant les convois de vivres, les individus ou les petits détachements qui essayaient de s'introduire dans la place. Ces troupes légères, demi-nues, « sans braies » et sans autres armes que de larges couteaux, de petits javelots et des targettes (petits boucliers ronds), ne tenaient guère contre les gens d'armes, mais répandaient la terreur dans les campagnes. Les fantassins irlandais montaient, en guise de chevaux, sur les vaches des paysans et emportaient devant eux, « sur lesdites vaches, les petits enfants dans leurs berceaux », pour forcer les parents à les racheter.

---

1. Ce qui suppose à Rouen au moins quatre-vingt et peut-être cent mille habitants.

2. *Chronique latine manuscrite de Henri V*, citée par M. Chéruel, *Hist. de Rouen sous les Anglais*, p. 44; 1840.

Les paysans de Caux abandonnaient leurs villages en foule et s'enfuyaient dans le Ponthieu et le Vexin (Monstrelet).

Les Rouennais soutinrent dignement l'énergie qu'ils avaient montrée dans les premiers jours du siége. Le prudent Henri V n'essaya pas d'emporter la ville de vive force ; il se contenta de repousser les sorties des assiégés et de battre de loin les murailles avec ses canons et ses machines de jet : il comptait vaincre par la faim plus que par le fer. Les mesures prévoyantes du gouverneur et des magistrats municipaux n'avaient pu malheureusement être mises à exécution ; l'approvisionnement de la ville en blé était très insuffisant, Henri V s'étant hâté d'asseoir son siége avant que la moisson fût mûre. Dès le 30 août, l'abbaye fortifiée du mont Sainte-Catherine, position élevée qui commande Rouen du côté de la route de Paris, se rendit faute de vivres ; la disette commença dans Rouen dès les premières semaines de l'automne. Les Rouennais dépêchèrent un vieux prêtre vers le roi et son conseil à Paris. Le vieillard parvint à tromper la surveillance des ennemis et à remplir sa mission : il se fit mener au conseil par le carme normand Eustache de Pavilli, l'orateur populaire de l'Université, qui prononça une éloquente harangue en faveur des gens de Rouen : l'envoyé rouennais n'ajouta que quelques mots, mais ils furent solennels et terribles.

« Très excellent prince et seigneur, dit-il, il m'est enjoint de par les habitants de la ville de Rouen de crier vers vous, et aussi vers vous, sire de Bourgogne, le *grand haro,* lequel signifie l'oppression qu'ils endurent des Anglois, et vous mandent et font savoir par moi que si, par faute de votre secours, il convient qu'ils soient sujets au roi d'Angleterre, vous n'aurez en tout le monde pires ennemis qu'eux, et, s'ils peuvent, ils détruiront vous et votre génération. » (Monstrelet, c. 207.)

Le duc de Bourgogne et le conseil promirent qu'on y pourvoirait « au plus bref que faire se pourroit ». Les aides, abolies depuis le printemps, furent rétablies « pour le secours de Rouen », et le duc Jean commença de rassembler lentement des troupes, tout en essayant de traiter avec Henri V. L'issue de cette tentative était facile à prévoir : le roi anglais négocia simultanément avec les deux partis qui se disputaient la France, et les joua tous deux.

Le duc de Bourgogne et le dauphin prétendaient également traiter au nom du roi et du royaume, et obtenir non-seulement la paix, mais l'alliance de Henri V, chacun contre le parti adverse. Une double négociation s'ouvrit à Alençon et à Pont-de-l'Arche[1]. A Alençon, les agents du dauphin offrirent aux Anglais l'Aquitaine avec le Poitou, une partie de la Normandie, la Flandre et l'Artois : cette dernière offre ne leur coûtait guère; les Anglais demandèrent de plus la Normandie entière, la Touraine, l'Anjou et le Maine en toute souveraineté; puis ils finirent par dire que le dauphin, étant mineur, n'avait pas qualité pour faire des cessions de territoire. A Pont-de-l'Arche, autre comédie du même genre : après avoir bien traîné les pourparlers, les gens du roi Henri déclarèrent aux envoyés du conseil de France que Charles VI « n'étoit pas en état de pouvoir traiter, et qu'il n'appartenoit pas au duc de Bourgogne de traiter des héritages du roi de France ». (Rymer, t. IX, p. 632-645. — Monstrelet, c. 207.) L'entremise du cardinal des Ursins, légat du pape, n'eut aucun résultat.

Les démonstrations militaires de Jean-sans-Peur devinrent enfin plus actives. Il emmena le roi prendre l'oriflamme à Saint-Denis, puis le conduisit avec la reine à Beauvais, rendez-vous assigné à l'armée. La noblesse et les milices des provinces du Nord se mettaient en mouvement; mais les semaines s'écoulaient lentes comme des siècles pour les Rouennais. Ils prirent une héroïque résolution: ils résolurent de forcer le camp anglais et d'aller « quérir » le duc Jean et son *host* pour les obliger à venir donner bataille. Dix mille combattants, munis de vivres pour deux jours, s'apprêtèrent à « saillir sur le logis » du roi anglais; mais à peine deux mille étaient-ils sortis par une des portes de la ville que le pont du château, sur lequel les autres bataillons commençaient à défiler, rompit et croula dans le fossé avec tout ce qu'il portait. Les deux mille hommes de l'avant-garde, qui avaient déjà entamé vigoureusement l'attaque des lignes anglaises, furent obligés de battre en retraite et de rentrer en ville par une autre porte. Les bourgeois soupçonnèrent le gouverneur de la ville, Gui Le Bouteiller,

---

1. Les ambassadeurs anglais prétendirent ne pas savoir le français, et exigèrent que les conférences se tinssent en latin. Les Rouennais, malgré leur haine pour les Armagnacs, avaient réclamé le secours du dauphin.

gentilhomme normand, d'avoir fait scier les « estaches » (les piles) qui soutenaient le pont. Leur défiance, trop fondée à l'égard du gouverneur, s'étendit sur tous les nobles et les gens d'armes de la garnison, et ces discordes mirent le comble aux misères de Rouen.

Quatre gentilshommes et quatre bourgeois rouennais réussirent à s'échapper et à gagner Beauvais, « pour signifier au roi et à son conseil le misérable état de leur ville; lesquels dirent comment, de l'entrée d'octobre, ils étoient contraints de manger chevaux, chiens, chats, souris, rats et autres choses non appartenant à créature humaine, et comment plusieurs milliers de gens étoient déjà morts de faim; avec ce, qu'ils avoient déjà bouté hors de la ville bien douze mille pauvres gens, hommes, femmes et enfants, desquels la plus grande partie étoient morts dedans les fossés bien piteusement[1] ». L'impitoyable Henri V avait refusé le passage à ces infortunés, qui étaient restés enfermés entre le camp et les remparts. Les fossés de la ville, leur seul abri, présentaient un horrible spectacle : de pâles fantômes desséchés par la faim, grelottant de froid, trempés de pluie, s'y traînaient parmi les cadavres dont ils allaient bientôt accroître le nombre; de jeunes enfants erraient, implorant du pain avec des cris déchirants, près des corps de leurs parents expirés; des femmes enceintes accouchaient sans secours, et les « bonnes gens pitoyables » de la ville tiraient les nouveau-nés dans des paniers pour les faire baptiser, et « après les rendoient aux mères » pour mourir avec elles[2].

Les huit députés répétèrent pour la dernière fois le « cri de haro » et la sommation adressée au roi et au duc par le vieux prêtre. Le conseil royal répondit que la puissance du roi n'était pas encore assez grande pour faire lever le siége, mais que Rouen serait secouru « en dedans » le quatrième jour après Noël. On était à la mi-décembre. Malgré les souffrances inouïes qu'ils éprouvaient depuis plus de deux mois, les Rouennais, encouragés par quelques généreux citoyens, dont le plus influent était Alain Blanchard, se résignèrent à attendre quinze jours encore, quinze

---

1. Monstrelet. — Lefèvre de Saint-Remi dit vingt mille.
2. Monstrelet, c. 208. — *Chroniq. anglaise* en vers, citée par Chéruel, *Hist. de Rouen sous les Anglais.*

jours d'agonie ! Ce terme expiré, au lieu d'une armée libératrice, ils ne virent arriver qu'un messager du duc de Bourgogne, qui les invitait « à traiter pour leur salvation avec le roi d'Angleterre, du mieux qu'ils pourroient ». Jean *sans Peur*, dont le surnom n'était plus qu'une dérision sanglante, avait senti le cœur lui faillir au moment où le sort lui offrait l'occasion de racheter ses crimes ; il avait jugé l'*host* de France insuffisant pour attaquer les Anglais, et il venait de donner congé à ses gens d'armes, sans qu'un élan d'indignation nationale le forçât à révoquer cet ordre. Un morne découragement glaçait tous les cœurs ; peuple et soldats n'avaient plus confiance dans le duc Jean ni dans personne.

Les bourgeois et la garnison de Rouen, la désolation dans l'âme, dépêchèrent six députés, deux clercs, deux nobles et deux bourgeois vers le roi anglais ; mais Henri V ne voulut rien entendre « si tous les hommes de la ville ne se mettoient en sa volonté ». On ne savait que trop quelle était la miséricorde de Henri V envers les villes qui se rendaient à discrétion ! Quand la « communauté » de Rouen connut cette réponse, tous s'écrièrent que « mieux valoit mourir tous ensemble en combattant leurs ennemis, qu'eux mettre en la volonté d'icelui roi, et furent d'opinion de mettre un pan de mur sur étais par devers la ville, et après de s'armer et mettre tous ensemble hommes, femmes et enfants, de bouter le feu en la ville, d'abattre ledit pan de mur ès fossés et de s'en aller par nuit où Dieu les voudroit conduire ». Henri V, averti du dessein des Rouennais, craignit leur redoutable désespoir : il fit rappeler leurs ambassadeurs et leur accorda une capitulation (13 janvier 1419). Les nobles et bourgeois de la cité et château de Rouen s'engagèrent à payer au roi anglais une rançon de 300,000 écus d'or de France ou 600,000 *nobles* d'Angleterre. Henri V accorda aux habitants qui lui prêteraient serment la conservation de leurs biens et héritages ; les gens d'armes de la garnison eurent liberté de s'en aller à pied et sans armes, à condition de ne pas porter les armes d'un an contre les Anglais. La ville conservait les franchises et libertés que lui avaient octroyées les anciens rois d'Angleterre, ducs de Normandie, et les rois de France antérieurs à l'« usurpateur » Philippe de Valois. Henri V réservait à sa discrétion sept personnes exceptées de l'amnistie : c'était Robert Delivet, vicaire général de l'archevêque de Rouen, prêtre intrépide et patriote, qui avait, du haut des remparts, lancé les foudres de l'excommunication sur le conquérant étranger ; c'étaient le bailli d'Houdetot, le maire Jean Segneult, Alain Blanchard, capitaine des arbalétriers, le héros de la bourgeoisie rouennaise [1], et trois autres. Les députés rouennais se soumirent tristement à cette dure condition. Ils demandèrent encore six jours avant de livrer la ville : ils ne pouvaient se résigner à l'idée de leur abandon.

Les six jours s'écoulèrent comme les six mois qui les avaient précédés : on ne vit point apparaître d'armée royale pour délivrer Rouen, et, le 19 janvier à midi, les Anglais réclamèrent l'exécution de la foi jurée. Conformément à la capitulation, l'on avait nettoyé les rues des cadavres qui les infectaient et fait rentrer en ville les derniers survivants entre les malheureux morts de faim dans les fossés, afin de ne point assombrir par ces hideux tableaux la joyeuse entrée du roi « de France et d'Angleterre » dans sa bonne ville. Henri V entra dans Rouen en grand triomphe et « boban », au son de toutes les cloches. « La ville de Rouen avoit été en l'obéissance des rois de France depuis l'espace de deux cent quinze ans que le roi Philippe le Conquérant l'avoit conquise sur le roi Jehan d'Angleterre. » Le clergé conduisit le roi en chantant à la grande église cathédrale de Notre-Dame, et les habitants lui jurèrent foi et obéissance. Beaucoup de bourgeois cependant partirent avec la garnison, n'emportant que leurs habits et « deux sous » chacun, plutôt que de devenir Anglais.

Henri V n'immola qu'une seule des sept victimes qui devaient expier ce qu'il nommait la rébellion de Rouen. Le bailli, le maire et le vicaire général se rachetèrent à force d'argent. Alain Blanchard, pauvre et le plus redouté de tous, paya pour la cité entière et monta fièrement à l'échafaud sans s'abaisser à d'inutiles prières. Pendant que la tête de l'intrépide capitaine du peuple tombait sous la hache anglaise, le gouverneur de la ville, Gui Le Bouteiller, se « rendoit Anglois » et prêtait serment au roi Henri, confirmant

---

1. *v.* la capitulation dans Rymer, t. IX, p. 664-667. — C'est Monstrelet, entre nos chroniqueurs, qui a donné le plus de détails sur le siége de Rouen, l. I, c. 202, 203, 207, 208, 209. — *v.* surtout Chéruel, *Rouen sous les Anglais*, ouvrage plein de recherches intéressantes et consciencieuses.

ainsi les soupçons de trahison qui s'étaient élevés contre lui durant le siége. Henri V le combla de biens et lui laissa le commandement de la ville sous le duc de Glocester. Quelque temps après, « aucuns des notables bourgeois de la ville se fièrent en lui, et lui dirent que, s'il vouloit leur aider, ils remettroient Rouen en la main du roi; et messire Gui fit semblant d'eux vouloir aider, et puis le dit au roi Henri, et par ce y eut plusieurs notables bourgeois de Rouen qui eurent les têtes coupées[1] ».

La chute de Rouen fit tomber toutes les places de Normandie qui tenaient encore; elles se rendirent sans coup férir, et la croix blanche de France disparut devant la « vermeille croix » d'Angleterre dans toute l'étendue de cette belle province. Les avant-postes anglais vinrent s'établir à Vernon et à Mantes. Henri V signa une double trêve de quelques semaines (février-avril) avec les Bourguignons et les Dauphinois, pour organiser à loisir sa conquête[2], faire reposer son armée, rétablir ses finances, partager les fruits de sa victoire aux clercs qui l'avaient aidé de leur argent, aux soldats qui l'avaient aidé de leurs armes[3]. Il avait à sa disposition un grand nombre de biens vacants non-seulement par confiscation, mais par abandon volontaire: dans chaque ville, dans chaque canton, des clercs abandonnaient leurs bénéfices, des nobles leurs fiefs, des bourgeois leurs héritages, pour ne pas prêter serment aux Anglais. On vit, entre autres, « une jeune dame, fille au seigneur de La Rivière et veuve du sire de La Roche-Guyon, mieux aimer s'en aller dénuée de tous biens, avec ses trois enfants, que de rendre hommage au roi d'outre-mer et de se mettre ès mains des anciens ennemis du royaume » (Juvénal). Henri V donna le fief de La Roche-Guyon au traître Gui Le Bouteiller, que cette généreuse femme avait refusé d'épouser pour conserver ses biens. La haine de la domination étrangère et le sentiment de la nationalité avaient grandi simultanément depuis l'origine des guerres

---

1. Pierre de Fenin; collect. Michaud, t. II, p. 595-597.
2. Il établit en Normandie l'unité des poids et mesures. Rymer, t. IX, p. 691.
3. Il donna le comté d'Harcourt et la seigneurie de Lillebonne à son oncle le duc d'Exeter; la seigneurie de Graville au Hennuyer Robersart; le comté de Tancarville au lord Grey, et, un peu plus tard, le comté du Perche au comte de Salisbury, etc., etc. Les évêques et les clercs anglais reçurent une foule de bénéfices. — *v.* Chéruel, *Rouen sous les Anglais.*

contre les Anglais, et les misères du règne de Charles VI semblaient avoir autant contribué que les succès de Charles V à développer le patriotisme chez les âmes d'élite : il brillait d'une plus vive lumière parmi les malheurs publics ; mais on pouvait craindre que ce ne fût comme le flambeau qui se ravive un moment avant d'expirer !

La France pouvait encore être sauvée si la ruine de Rouen amenait enfin entre les factions le rapprochement qui n'avait pu s'opérer pour le salut de la malheureuse cité. Les parlements rivaux de Paris et de Poitiers se prononcèrent également pour une transaction. La clameur publique devint si forte que les conseillers du dauphin n'osèrent le dissuader de consentir, le 14 mai, une trêve de trois mois avec les Bourguignons. Juvénal prétend même que les Dauphinois demandèrent une trêve de trois ans, et que ce fut Jean-sans-Peur qui s'y refusa, parce qu'il voulait d'abord essayer de traiter avec le roi d'Angleterre. Le duc et la reine, en effet, avaient repris les négociations avec Henri V, et des conférences s'ouvrirent à Meulan, le 29 mai, entre le roi anglais, Isabeau et le duc Jean. Isabeau amena avec elle sa fille Catherine, belle et gracieuse personne de dix-neuf ans, pour tâcher d'amollir le cœur du conquérant ; mais rien ne pouvait fléchir cette volonté de fer. Quoique Henri fût « moult désireux d'avoir la dite princesse en mariage... il demeura fier et superbe comme un lion » : il exigeait, pour renoncer à ses prétendus droits sur la couronne de France, non plus seulement l'Aquitaine et la Normandie entières avec le Ponthieu, mais l'Anjou, la Touraine et le Maine et la suzeraineté de la Bretagne, c'est-à-dire tout ce qu'avaient possédé les Plantagenêts au douzième siècle, mais en souveraineté et non plus en fief ; encore n'est-il pas sûr qu'il voulût sincèrement traiter à ce prix. (Rymer, t. IX, p. 762, 763.) Le succès avait fini par enivrer cette tête froide et calculatrice[1] ; l'orgueil anglais ne pouvait plus se contenir, et Henri finit par s'affranchir des égards qu'il s'était imposés jusqu'alors envers le

---

1. La conquête de la France ne lui suffisait pas : il songeait à étendre l'influence anglaise en Italie, en faisant adopter son frère Bedford par la reine de Naples ; les Anglais eussent occupé les ports de Brindes et de Reggio. (Rymer, t. IX, p. 701-705.) Il pensait à la *recouvrance* de la Terre Sainte.

duc de Bourgogne. Après diverses entrevues renouvelées de semaine en semaine dans le cours du mois de juin, le roi d'Angleterre, « voyant que pas ne lui seroient accordées ses demandes, dit au duc de Bourgogne : — Beau cousin, nous voulons que vous sachiez que nous aurons la fille à votre roi et tout ce qu'avons demandé avec elle, ou nous le débouterons, et vous aussi, hors de son royaume. — Auxquelles paroles ledit duc répondit : — Sire, vous dites votre plaisir; mais, devant que vous ayez débouté monseigneur et nous hors de son royaume, vous serez bien lassé ! »

Sur ces paroles, ils prirent congé l'un de l'autre, et tout fut rompu (30 juin). L'amour-propre blessé réveilla dans l'âme flétrie du duc Jean un reste d'attachement à son pays et à sa famille; il se retourna franchement du côté du dauphin. Les principaux chefs dauphinois, Tannegui Duchâtel et Barbasan, craignant l'issue des pourparlers qui pouvaient réunir contre eux Anglais et Bourguignons, étaient accourus à Pontoise pour tâcher de rompre les conférences de Meulan. Jean-sans-Peur conclut avec eux aussitôt après sa rupture avec Henri V. Les deux partis n'apportèrent malheureusement pas la même sincérité dans cette réconciliation, due en grande partie à l'influence d'une femme d'esprit et d'intrigue, madame de Giac, dame d'honneur de la reine et maîtresse du duc Jean.

Le 11 juillet, le dauphin et le duc Jean, partis le premier de Tours, le second de Pontoise, se rencontrèrent, comme on était convenu, sur le « ponceau » (petit pont) de Pouilli-le-Fort, à une lieue de Melun. A deux traits d'arc, ils firent arrêter leurs escortes, descendirent de cheval et s'avancèrent l'un vers l'autre, chacun avec dix compagnons seulement. « Le duc de Bourgogne, approchant le dauphin, s'inclina moult humblement par plusieurs fois. Le dauphin prit par la main le duc, qui étoit à genoux, et le baisa, et le fit lever. — Beau cousin, dit-il, si, au traité fait entre vous et nous, est aucune chose qui ne soit à votre plaisir, nous voulons que vous le corrigiez, et désormais en avant voulons et voudrons ce que voulez et voudrez; de ce ne soyez en doute!

« Finablement, après plusieurs paroles, les deux princes, et aucuns de leurs gens là étant, jurèrent, sur leur part de paradis, en la main du révérend père en Dieu Alain, évêque de Léon en

Bretagne, légat du saint-siége apostolique, la paix à entretenir perdurablement l'un avec l'autre ; se soumettant, pour les choses dessus dites, à la correction de notre mère sainte Église et de notre saint-père le pape, par voie de solennelle excommunication ; pourquoi s'assemblèrent leurs gens tous ensemble, criant *Noël*, et maudissant tous ceux qui jamais porteroient armes pour si damnable querelle. » On se sépara très amicalement, « après s'être entrepromis de mettre toute peine à chasser le roi Henri d'Angleterre hors de France ». Le dauphin s'en retourna en Touraine et en Poitou pour y faire cesser la guerre civile ; le duc Jean partit pour Pontoise, d'où il ramena le roi et la reine à Saint-Denis. (Monstrelet, c. 213.)

« A la nouvelle d'icelle paix, tout le pauvre peuple de France démena grand liesse : on fit des feux de joie par les carrefours de toutes les bonnes villes, et par spécial dans la ville de Paris, et les gens d'armes des deux parties commencèrent de faire conjointement rude guerre aux Anglois. » Une déclaration du roi, du 19 juillet, abolit toutes les condamnations et confiscations prononcées à l'occasion des discordes civiles, ordonna la cessation de toutes guerres, fors contre les Anglais, et l'envoi de toutes les garnisons des deux partis « sur la frontière des Anglois », appela le dauphin et le duc de Bourgogne à siéger ensemble au conseil, et réunit au parlement de Paris les membres dissidents de Poitiers ; bref, semblait-il que la France dût être bientôt « en grande union et concorde ». Un tragique événement, présage de nouvelles calamités, troubla cette joie prématurée : le 29 juillet, jour auquel expirait la trêve avec Henri V, trois mille Anglo-Gascons, ayant à leur tête le captal de Buch, frère du comte de Foix, surprirent par escalade et mirent à feu et à sang la ville de Pontoise, où commandait le maréchal de l'Ile-Adam. Ce capitaine bourguignon, après avoir inutilement tenté de réparer sa négligence et de chasser l'ennemi, évacua la ville, laissant au pouvoir des Anglais la meilleure partie des trésors qu'il avait amassés à Paris parmi les massacres et les pillages de 1418. Un grand nombre des habitants de Pontoise furent égorgés ; le reste se sauva jusqu'à Paris, où l'arrivée de ces malheureux fugitifs répandit l'épouvante. La cour délogea au plus vite de Saint-Denis, et le duc de Bourgogne emmena le roi et la reine à Troies pour les éloigner du théâtre de la guerre. Cette retraite excita une vive fermentation dans Paris, que la cour avait évité de traverser en gagnant la route de Troies. Les Parisiens reprochaient au duc Jean de n'avoir rien fait pour sauver ou recouvrer Pontoise, quoiqu'il eût force gens d'armes autour de lui, et ils se demandaient avec anxiété si le duc les abandonnait à la merci des Anglais. Jean, depuis les effroyables scènes de l'année précédente, montrait une extrême répugnance pour le séjour de Paris : il rassura faiblement les Parisiens en leur envoyant pour gouverneur son neveu le comte de Saint-Pol[1], enfant de quinze ans. (Journal du Bourgeois de Paris.) Les Anglais vinrent courir, le 9 août, jusqu'aux portes de Paris, d'où ils se rabattirent sur les petites places du Vexin et du Beauvaisis.

Malgré la pacification de Pouilli et la déclaration royale du 19 juillet, les deux parlements n'avaient pas encore effectué leur réunion, et le dauphin n'était pas revenu siéger au grand conseil : ceux qui le gouvernaient, Tannegui, le vicomte de Narbonne, le président Louvet, le chancelier Le Maçon, le retenaient encore loin de la cour ; cependant les prétextes leur manquaient, et ces hommes, dont la guerre civile avait fait la fortune, voyaient avec angoisse la fin imminente de leur grandeur : ils se fiaient peu d'ailleurs au pardon du duc de Bourgogne, et savaient que Jean-sans-Peur n'oubliait guère. La catastrophe de Pontoise, l'agitation de Paris, la déconsidération croissante du duc Jean les encouragèrent à tout oser. Autour du dauphin se trama un noir complot conçu peut-être de longue main ; tous les chefs dauphinois n'y trempèrent point, et l'on n'a jamais bien su si le jeune prince lui-même y avait été complétement initié : son esprit à la fois malléable et soupçonneux le mettait entièrement à la discrétion de ses conseillers, bien que son tempérament fût peu porté aux actes de violence.

Le duc Jean était arrivé à Troies le 10 août avec le roi et la reine. Tannegui et deux autres des gens du dauphin vinrent l'in-

---

1. Philippe de Bourgogne, second fils du feu duc Antoine de Brabant, tué à Azincourt : le comté de Saint-Pol avait passé de la maison de Luxembourg dans la branche de Bourgogne-Brabant, par le mariage du duc Antoine avec l'héritière de ce comté.

viter de la part de leur maître à une seconde entrevue, afin de délibérer ensemble « sur grandes affaires touchant la réparation du royaume ». Le lieu du rendez-vous proposé était Montereau Faut-Yonne[1]. Le dauphin s'y trouvait déjà avec un nombreux corps d'armée amené des provinces de la Loire. Le duc Jean refusa[2] : il estimait plus « expédient » que le dauphin Charles se rendît à Troies près de son père et de sa mère. Tannegui repartit pour Montereau, puis revint faire de nouvelles instances. Le duc céda et s'avança, avec Tannegui, de Troies jusqu'à Brai-sur-Seine, à peu de distance de Montereau. Arrivé à Brai, il s'arrêta et resta là quelques jours sans vouloir passer outre : il était agité de pressentiments sinistres ; le pacte du 11 juillet ne le rassurait pas : il avait si bien enseigné aux autres comment on violait les serments les plus saints ! Le conseil du dauphin lui dépêcha l'évêque de Valence, qui, étranger au complot, combattit les soupçons du duc avec un accent de sincérité auquel se rendit Jean-sans-Peur. On convint que le duc aurait le château de Montereau pour logis, que le dauphin aurait la ville et que la conférence se tiendrait sur le pont de l'Yonne, qui joint la ville au château. « Sur le pont durent être faites barrières, et au milieu une manière de *parc* (ou de loge) bien fermé, où il y auroit une entrée du côté du château et une autre du côté de la ville ; à chacune desquelles entrées seroit un *huis* (porte) qui se fermeroit et garderoit par les gens de chacun des deux princes. » Le dauphin et le duc Jean devaient entrer dans la loge chacun avec dix compagnons. Contre l'usage accoutumé en ce temps de défiance et de trahisons, les Dauphinois, qui construisirent la loge, n'établirent point de barrière entre les deux partis dans l'intérieur.

Les avis ne manquèrent point au duc de Bourgogne : ses plus fidèles serviteurs le détournaient de se fier aux gens du dauphin. Un juif de sa suite, astrologue sans doute, lui conseilla fort de ne point aller à Montereau, en lui disant que, « s'il y alloit, jamais n'en retourneroit » ; mais la dame de Giac, « amie » de Jean, « laquelle il aimoit et croyoit moult », et Philippe Jossequin,

---

1. Où *fault-Yonne*, où l'Yonne *finit* en se jetant dans la Seine.
2. Suivant Juvénal des Ursins, il accepta, promit de venir le 26 août, et ne vint pas.

favori du duc, soit qu'ils trahissent le duc, soit qu'ils fussent déçus eux-mêmes, décidèrent Jean-sans-Peur. Le duc partit de Brai-sur-Seine le dimanche 10 septembre, avec Charles de Bourbon, comte de Clermont, plusieurs autres seigneurs, cinq cents lances et deux cents archers. Comme il approchait de Montereau, trois de ses chevaliers, revenant de la ville, accoururent vers lui et le prévinrent « que les barrières étoient moult avantageuses pour le parti du dauphin » et que des gens de guerre étaient cachés dans les maisons les plus voisines du pont. Le sire de Giac, mari de la maîtresse du duc, offrit d'aller à la découverte : il rapporta n'avoir rien trouvé d'alarmant. « Adonc irons-nous, dit le duc; convenable est d'aventurer et hasarder notre personne pour si grand bien comme pour paix, et, quoi qu'il advienne, paix voulons-nous. » Il ajouta, dit-on, que son intention était, « la paix faite et bien faite, de prendre avec lui les gens de monseigneur le dauphin, lequel avoit de vaillants et sages hommes de guerre, et que *Hannotin* (Jeannot) de Flandre oseroit bien combattre pour lors Henri de Lancastre...; qu'au demeurant, si on le tuoit en allant à ladite entrevue, il se tiendroit pour martyr ».

Vers trois heures de l'après-midi, le duc descendit au château de Montereau, et, laissant ses gens d'armes à la porte qui regardait la ville, il s'avança, suivi de neuf seigneurs et d'un secrétaire, sur le pont où l'attendait le dauphin. Le duc et ses compagnons, suivant les conventions arrêtées, ne portaient que la cotte et l'épée. Jean-sans-Peur en fit l'observation à Tannegui Duchâtel et à un autre Dauphinois, qui le vinrent recevoir aux barrières avec des haches à leur ceinture; néanmoins il passa outre, en frappant sur l'épaule de Tannegui et disant à sa suite : « *Véez-ci* en qui je me fie! — Vous avez bien tardé! » répondirent les Dauphinois; et ils l'introduisirent précipitamment dans la loge, lui et le seigneur de Noailles, un des frères du comte de Foix. Les autres seigneurs bourguignons étaient un peu en arrière.

Les barrières furent refermées derrière eux. Ce qui se passa ensuite a été rapporté très diversement par les deux partis. Suivant les Bourguignons, le duc aborda le dauphin en ôtant son aumusse (chaperon à longues bandes) de velours noir et en fléchissant le genou : « Monseigneur, lui dit-il, je suis venu à votre mandement. Vous savez la désolation de ce royaume, votre domaine à venir ; entendez à la réparation d'icelui. Quant à moi, je suis prêt d'y exposer le corps et les biens de moi et de mes vassaux, sujets et alliés. — Beau cousin, répliqua le dauphin, vous dites si bien que l'on ne pourroit mieux ; levez-vous et vous couvrez[1]. »

Un signe fut alors, dit-on, échangé entre le dauphin et Tannegui, qui s'écria : « Il est temps ! » Et, à l'instant où le duc se releva, Tannegui « le férit si roidement d'une hache parmi le visage que le duc chut à genoux ». Le duc mit la main à son épée et fit un effort pour se relever ; mais le vicomte de Narbonne et les autres chevaliers du dauphin, qui étaient tous « armés à blanc » sous leurs robes[2], se ruèrent sur Jean et « l'abattirent à terre comme mort ». Un nommé Olivier Layet l'acheva en lui « boutant une épée par-dessous son haubergeon tout dedans le ventre ». Le sire de Noailles tomba au même instant, la tête fendue par derrière d'un coup de hache. Les autres Bourguignons accoururent trop tard : les soldats dauphinois, embusqués près de l'extrémité du pont donnant sur la ville, s'étaient élancés en foule par la barrière demeurée ouverte de ce côté, tandis que l'autre barrière, du côté du château, avait été fermée, suivant les conventions, pour empêcher les gens d'armes bourguignons d'avancer. Un seul des dix compagnons du duc Jean s'échappa ; tous les autres furent tués ou pris. Quant au dauphin, il avait été emmené par le président Louvet dès le commencement du tumulte.

Tel est le récit bourguignon. Les Dauphinois prétendirent au contraire qu'il n'y avait point eu d'embûche ni « d'aguet ». Le dauphin, suivant eux, parla le premier et exhorta le duc Jean à s'unir franchement à lui contre les Anglais. Le duc lui répondit « qu'on ne pourroit rien aviser ou faire, sinon en la présence du roi son père, et qu'il falloit qu'il y vînt. — J'irai devers monsei-

---

1. Monstrelet dit toutefois que le dauphin ne montra « aucun semblant d'amour au duc Jehan », et lui reprocha d'avoir mal tenu sa promesse touchant la cessation de la guerre civile (l. I, c. 220).

2. Juvénal prétend que les compagnons des deux princes furent visités des deux parts, et « n'avoient pas plus les uns que les autres de harnois ou armures ». Collect. Michaud, t. II, p. 553.

gneur mon père, reprit le dauphin, quand bon me semblera, et non mie à votre volonté. » Le sire de Noailles alors aurait porté une main sur son épée et étendu l'autre comme pour saisir le dauphin, en disant : « Monseigneur, vous viendrez à présent à votre père ! » Tannegui prit le dauphin dans ses bras et l'emporta hors du « parc », tandis que le vicomte de Narbonne, Robert de Loire, Guillaume Bouteiller et Frottier « frappoient sur le duc et sur Noailles ». —Tu as coupé le poing à mon maître, s'écria Bouteiller, ancien serviteur du feu duc d'Orléans, « je te couperai le tien ! » Les détails mêmes de la version des Dauphinois, telle que la rapporte Juvénal, prouvent ce qu'ils voudraient nier, la préméditation du meurtre[1]. « Les conseillers du dauphin, dit Monstrelet, avoient, depuis grand espace de temps, promis et juré entre eux de mener à fin cette besogne, et ils l'eussent achevée dès la première assemblée des princes auprès de Pouilli-le-Fort ; mais lors fut délaissé, pour ce que le duc de Bourgogne avoit trop grand'puissance de gens d'armes. » Cette fois, l'escorte de Jean était bien inférieure au corps d'armée qu'avait amené le dauphin. L'escorte bourguignonne s'enfuit du côté de Brai, poursuivie, l'épée dans les reins, par les Dauphinois ; le détachement qui occupait le château de Montereau se rendit, faute de vivres et d'artillerie. Le jeune comte de Clermont, le sire de Giac et Philippe Jossequin prêtèrent serment au dauphin et demeurèrent avec lui, ainsi que la dame de Giac, ce qu'on interpréta généralement comme un aveu de leur complicité[2]. Tous les autres prisonniers déclarèrent qu'ils aimeraient mieux mourir que de suivre cet exemple : on les mit à rançon, excepté l'amiral Charles de Lens, qui fut mis à mort.

Ainsi finit Jean-sans-Peur, par une trahison aussi noire que celle dont il avait lui-même donné l'exemple, douze ans auparavant, envers le duc d'Orléans. Les conséquences en devaient être plus terribles encore ; chacun des grands forfaits qui se succé-

---

1. v. l'*Hist. des Ducs de Bourgogne*, t. IV, p. 445-467, 4ᵉ édit. 1826. M. de Barante a recueilli et fondu dans son récit tous les témoignages.

2. Peut-être madame de Giac et Jossequin craignirent-ils seulement que les vengeurs du prince assassiné ne punissent le résultat plutôt que l'intention de leurs conseils. L'historien dauphinois Le Bouvier, dit Berri, affirme leur innocence.

daient périodiquement depuis l'avénement de Charles VI enfonçait la France plus avant dans l'abîme : la France venait d'être assassinée, pour ainsi dire, avec le duc de Bourgogne!

Les assassins de Jean-sans-Peur ne surent pas même recueillir le prix du sang : la chaleur de l'action une fois tombée, ils montrèrent ce trouble et cette incohérence qui suivent le plus souvent le crime ; ils entendirent parmi leurs propres amis, dans le conseil même du dauphin, des paroles de réprobation et d'horreur : le brave et loyal Barbasan, qui avait pourtant été l'ami du duc d'Orléans et de Bernard d'Armagnac, disait hautement « que mieux voudroit avoir été mort que d'avoir été à cette journée, bien qu'il fût innocent » (Monstrelet). Les conseillers du dauphin, au lieu de diriger sur Troies les forces dont ils pouvaient disposer afin de se saisir de la personne du roi, perdirent plusieurs jours à Montereau et écrivirent au lieu d'agir. Le lendemain du meurtre, ils dépêchèrent à Paris, Reims, Châlons, Troies et autres bonnes villes des lettres où ils faisaient dire au dauphin que le duc, durant leur entrevue, lui avait répondu de « folles paroles »... Il a « cherché son épée pour envahir et *vilener* (outrager) notre personne, laquelle, comme après nous avons su, il prétendoit mettre en sa sujétion ;... mais, par sa folie, mourut en la place[1] ».

Un cri général d'épouvante et d'indignation s'éleva dans les bonnes villes à la réception de ces sinistres missives. Les lettres du sire de Montagu, le seul des dix compagnons de Jean-sans-Peur qui eût échappé aux Dauphinois, arrivèrent en même temps que celles du dauphin; elles obtinrent beaucoup plus de créance. Dès le 12 septembre, surlendemain de l'assassinat, le chancelier de France Eustache de Laictre et le jeune comte de Saint-Pol, Philippe de Bourgogne-Brabant, neveu du feu duc et capitaine de Paris, assemblèrent en la chambre de parlement le prévôt royal, le prévôt des marchands et tous les conseillers et officiers du roi présents à Paris, « avec grand'quantité de nobles et de bourgeois et grand'multitude de peuple » : ils reçurent d'eux le serment « de résister de corps et de toute puissance à l'entreprise des *criminels* infracteurs de la paix, et de poursuivre la vengeance et

---

1. *v.* les lettres dans Monstrelet, l. I, c. 222.

réparation contre les coupables de la mort et homicide du feu duc de Bourgogne ». Cette délibération fut suivie de lettres de condoléance et d'offres de service adressées à la veuve de Jean-sans-Peur par les prévôt des marchands, échevins et bourgeois, et par les recteur, docteurs et maîtres de l'université. Plusieurs Dauphinois, rentrés à Paris depuis la paix, furent arrêtés et quelques-uns « exécutés par justice ». La reine Isabeau ne voyait dans son fils que l'instrument d'un parti qui l'avait emprisonnée, insultée et surtout volée à plusieurs reprises, ce qu'elle pardonnait moins que le reste : elle était disposée à tout plutôt que de retomber au pouvoir des Armagnacs ; elle fit écrire par le roi « à madame de Bourgogne », pour la prier, elle et ses enfants, « de mettre sur pied » tous leurs parents, amis et vassaux, afin d'aider le roi à venger le duc Jean. La duchesse veuve, qui était à Dijon, et surtout son fils Philippe, qui se trouvait en Flandre, n'avaient pas besoin d'excitation : le nouveau duc Philippe, jeune homme de vingt-deux ans, ne respirait que guerre et que vengeance. Il saisit la direction du parti bourguignon d'une main plus vigoureuse que n'était depuis longtemps celle de son père, et, dans l'exaltation de son ressentiment, il ne connut plus d'autre but, d'autre devoir que la punition « des traîtres parjureurs et homicides » de Montereau ; il immola à sa haine famille et patrie.

Résolu à tout pour perdre le dauphin, Philippe de Bourgogne, après avoir obtenu des États de Flandre la promesse d'un concours énergique et resserré son alliance avec les princes des Pays-Bas, ses parents, et avec Paris et les autres villes bourguignonnes, entama des négociations avec le roi d'Angleterre, qui, depuis la surprise de Pontoise, n'avait cessé d'étendre ses conquêtes dans le Vexin, le Perche, le Beauvaisis et toutes les marches de Normandie. Le 17 octobre, un congrès s'ouvrit à Arras entre les plénipotentiaires d'Angleterre et de Bourgogne. Les conférences furent longues : jamais ambassadeurs n'avaient eu à débattre de plus graves intérêts. Dès le 24 septembre, Henri V, prévoyant le parti qu'il pourrait tirer du meurtre de Jean-sans-Peur, avait donné des pleins pouvoirs à quelques-uns de « ses hommes » pour traiter avec « l'illustre cité de Paris et les autres villes adhérentes à ladite cité ». (Rymer, t. IX, p. 797.) Le 20 novembre, une trêve particulière fut accordée par les représentants de Henri V aux Parisiens, dont les délégués avaient été appelés à Arras, et l'accord définitif du duc Philippe et des Anglais fut conclu le 2 décembre. Henri V décida Philippe en menaçant d'accueillir les propositions des Dauphinois, si les Bourguignons ne se hâtaient de « parachever » le traité[1].

Afin que « Anglois et Bourguignons fussent tous d'un même parti pour faire guerre mortelle au dauphin et aux siens », Philippe consentit à reconnaître Henri, roi d'Angleterre, comme héritier de la couronne de France après la mort de Charles VI. Henri devait épouser dame Catherine de France et recevoir immédiatement l'administration du royaume « pour l'empêchement du roi », avec le « conseil des nobles et sages dudit royaume » : tous les princes, seigneurs spirituels et temporels, cités, villes et communautés seraient tenus de lui prêter serment. D'un trait de plume, Philippe de Bourgogne livrait à l'étranger non plus telle ou telle portion de la France, mais la France tout entière, et déshéritait de leurs droits à la couronne non-seulement le dauphin, mais tous les Valois et lui-même. On convint que ce pacte monstrueux serait soumis au plus tôt à l'approbation du roi, de la reine et des États-Généraux; et, en attendant, une trêve générale, dont les Dauphinois seuls étaient exclus, fut signée à Rouen le 24 décembre. Les Anglais osaient à peine croire à leur fortune : le crime d'autrui leur donnait en un jour ce que n'avaient pu leur donner tant d'années d'efforts et de victoires!

La joie avec laquelle les villes du Nord accueillirent la trêve

---

1. Georges Chastellain, c. 9-12. — On n'a point encore retrouvé l'ensemble de l'œuvre de cet historiographe des ducs de Bourgogne, écrivain si vanté de ses contemporains et si oublié depuis. M. Buchon a publié tout ce qu'il a pu en découvrir dans les bibliothèques de France et de Belgique. M. Paul Lacroix en a retrouvé un autre fragment à la bibliothèque laurentienne de Florence. *v.* la curieuse brochure de M. Lacroix sur les *Manuscrits relatifs à l'histoire de France, conservés dans les bibliothèques d'Italie*. — Techener, 1839. — M. Quicherat a publié en partie ce fragment d'après un ms. d'Arras. — Chastellain, outre sa valeur historique, pourrait être l'objet d'une intéressante étude littéraire. Ce n'est pas, comme Froissart, un écrivain complet, représentant la perfection relative d'une certaine époque littéraire; c'est un écrivain de transition. Il s'efforce d'élever à l'éloquence abstraite des langues savantes la langue naïve de Froissart : l'instrument est rebelle encore; la parole de Chastellain ploie et s'abat sous sa pensée; il est souvent emphatique, surchargé, obscur; il échoue, mais non pas sans honneur.

avec les Anglais était un triste présage de la résignation de la France au sort qu'on lui destinait. La haine des « faux traîtres armagnacs » était presque le seul sentiment que conservassent les populations du Nord au milieu de leurs souffrances, et Jean de Bourgogne, égorgé au moment où il voulait sincèrement rendre la paix au pays, avait retrouvé dans la mort toute sa popularité. Les conseillers du dauphin, informés de la réception faite à leurs lettres, avaient perdu l'espérance de regagner le Nord et tourné leurs efforts vers les provinces méridionales : ils envoyèrent des renforts aux garnisons des places qu'ils conservaient dans l'Ile-de-France, la Champagne et les marches de Picardie, puis ils se hâtèrent de repasser la Loire. Dès le 27 septembre, dix-sept jours après la catastrophe de Montereau, le dauphin était à Poitiers : il passa le reste de l'année dans la Touraine, l'Anjou et le Berri, se rendit, en janvier 1420, à Lyon, qu'il maintint dans son parti, et de là se dirigea par le Dauphiné vers le Languedoc. Ses affidés « prêchoient » et remontraient partout sur leur passage comme quoi « le duc de Bourgogne avoit été occis en bonne et juste querelle ». Les contrées du centre et du Midi étaient celles où la faction bourguignonne avait toujours eu le moins de racines, et les Dauphinois y obtinrent quelque faveur, même dans les villes. L'adhésion du comte de Foix aux meurtriers de son frère Noailles leur donna une prépondérance décisive en Languedoc. Les deux partis s'étaient disputé l'alliance de ce puissant seigneur, en lui offrant également le gouvernement du Languedoc : le comte, après une assez longue hésitation, se décida et décida les États-Généraux du pays à se rallier au dauphin (février 1420); il chassa de la province le prince d'Orange, chef de la faction bourguignonne dans le Midi, et reçut le dauphin à Carcassonne, où les États prêtèrent serment à ce prince. Le dauphin s'attacha Toulouse en lui rendant cette « cour de parlement » qu'elle avait eue un moment au treizième siècle, et en lui octroyant d'autres privilèges encore. (Hist. de Languedoc, t. IV, l. XXXIV.) Nîmes et le Pont-Saint-Esprit furent les seules villes qui résistèrent par les armes aux Dauphinois : un certain nombre d'habitants furent mis à mort comme rebelles.

Les Dauphinois avaient tâché d'obtenir aussi l'appui de la Bretagne; mais le duc Jean VI, quoique beau-frère du dauphin, n'avait point voulu se départir de la neutralité. On tenta de l'en punir par une entreprise aussi odieuse que téméraire, presque un autre guet-apens de Montereau : le Breton Tannegui Duchâtel excita les Penthièvre, petits-fils de Charles de Blois et d'Olivier de Clisson, à reconquérir par trahison « la duché » enlevée jadis par force à leur aïeul paternel, et il « leur bailla mandement scellé du scel du dauphin, pour prendre et emprisonner ledit duc ». Jean VI ne se défiait nullement des Penthièvre qu'il venait de « festoyer » amicalement à Nantes, et qui lui avaient depuis peu renouvelé les serments de « féauté » les plus saints; il accepta l'invitation d'accompagner les Penthièvre chez leur mère, fille d'Olivier de Clisson, au château de Chantoceaux. Au passage d'une petite rivière, le comte de Penthièvre trouva moyen de séparer le duc de sa suite, tandis que le sire d'Avaugour, le plus jeune des Penthièvre, sortait brusquement d'un bois avec quarante lances, et signifiait au duc qu'il l'arrêtait prisonnier au nom du dauphin (12 février 1420). Les Penthièvre toutefois ne remirent point leur captif aux mains du dauphin ni de ses officiers; ils l'emmenèrent dans les fiefs qu'ils avaient en Poitou et le traînèrent six mois durant de château en château pour cacher le lieu de sa détention. Ils répandirent même le bruit qu'ils avaient noyé le duc dans la Loire.

Ils avaient apparemment compté sur quelque mouvement en Bretagne : le mouvement eut lieu; il fut universel, mais contre eux; tout le pays se leva en armes à la voix de la duchesse Jeanne de France, femme forte et courageuse. Lamballe, Châtel-Audren, Chantoceaux, toutes les places des Penthièvre furent assiégées et emportées, tous leurs fiefs de Bretagne furent confisqués. Les menaces des Penthièvre contre la vie de leur prisonnier n'arrêtèrent pas la duchesse : la tête de leur mère enfermée dans Chantoceaux répondit de la vie du duc. Le comte de Penthièvre fut réduit à remettre Jean VI en liberté, à condition qu'il lui restituerait ses seigneuries; mais le duc, une fois hors de péril, ne tint point une promesse extorquée par la violence et réprouvée par les États de Bretagne. Les États allèrent jusqu'à déclarer au duc que, s'il ne châtiait les traîtres, ils feraient son fils duc de

Bretagne à sa place. (Hist. de Bretagne, l. XV, p. 540. — Monstrelet, c. 246.) Le perfide comte fut obligé de quitter pour toujours la Bretagne et de se réfugier en Hainaut, où il possédait Avesnes et d'autres seigneuries.

Pendant ce temps les événements marchaient dans le Nord : Anglais et Bourguignons avaient réuni leurs bannières ; le duc Philippe de Bourgogne, parti d'Arras avec un corps d'armée, arriva le 21 mars à Troies, accompagné d'ambassadeurs anglais, pour exposer au roi et à la reine « la paix finale et alliance » que voulait avoir avec eux Henri d'Angleterre. Le pauvre roi Charles « étoit content d'accorder et traiter en toutes choses selon l'opinion de ceux qui étoient près de lui, fût-ce à son préjudice. Tout lui étoit un et d'un poids », dit George Chastellain. Quant à Isabeau de Bavière, femme vulgaire dont les historiens modernes ont fait un monstre en exagérant outre mesure son rôle politique, elle était incapable, et par le cœur et par l'intelligence, de comprendre ses devoirs de reine et de régente : elle haïssait son fils ; sa plus jeune fille Catherine était le seul de ses enfants qu'elle aimât, autant qu'elle était capable d'aimer, parce qu'elle l'avait toujours eue sous les yeux ; elle ne demandait pas mieux que de déshériter Charles pour faire Catherine reine. Elle fit donc consentir Charles VI « à débouter son propre fils et héritier, Charles, duc de Touraine, dauphin, en annulant la constitution jadis faite par les rois de France, ses pères, en grande délibération, c'est à savoir que le noble royaume de France ne devoit succéder ni appartenir à femme [1] ; et mêmement, s'il advenoit que le roi Henri n'eût hoirs de son mariage avec madame Catherine, si (pourtant) demeuroit-il héritier de la couronne de France au préjudice de tous les royaux » (princes du sang). (Monstrelet, c. 230.) Charles VI signa, le 9 avril, les préliminaires de ce traité ; la conclusion fut différée pour quelques points secondaires qui restaient à débattre. Le 29 du même mois, le chancelier de France assembla le parlement, la chambre des comptes, l'université, le chapitre de Notre-Dame, les prévôts de Paris et des mar-

---

1. Quand les femmes eussent été aptes à succéder à la couronne, Catherine n'y aurait pu prétendre : elle avait deux sœurs aînées, la duchesse de Bretagne et la femme de l'auteur même du traité, Michelle de France, duchesse de Bourgogne.

chands, le corps de ville et tous les quarteniers, cinquanteniers et dixainiers de la bourgeoisie parisienne, et leur communiqua les conventions de Troies.

Ce fut pour Paris une solennelle épreuve..... Paris n'était plus que l'ombre de lui-même : il semblait qu'une main vengeresse pesât sur lui; ses fureurs délirantes, suivies d'une morne langueur, ses longues et inexprimables souffrances lui avaient ôté toute énergie : la famine était en permanence dans ses murs[1] : l'épidémie, la disette, les proscriptions, les émigrations lui avaient enlevé la moitié de ses citoyens, remplacés par des milliers de paysans affamés que la guerre chassait de leurs villages, et qui demandaient à grands cris la paix et du pain. L'élite de la haute bourgeoisie s'était réfugiée à Poitiers avec le dauphin, ou en Flandre chez le duc de Bourgogne. Le menu peuple était vaincu, atterré par la misère. Paris céda; Paris abdiqua. Aucune voix ne s'éleva contre le pacte qui frappait au cœur la nationalité française. Le chancelier et le premier président du parlement allèrent porter les préliminaires à Henri V à Pontoise, et, peu de jours après, le roi d'Angleterre prit la route de Troies à la tête d'un corps d'armée : il passa par Saint-Denis, longea les murs de Paris sans y entrer, puis, franchissant la Marne à Charenton, il se dirigea par Provins sur Troies, où il arriva le 20 mai, sans que les garnisons dauphinoises eussent essayé de lui fermer le passage.

Le lendemain, fut signé définitivement, dans l'église de Saint-Jean, le trop fameux traité de Troies. Henri V, en prenant le titre de « régent et héritier de France », s'obligeait de maintenir la juridiction du parlement, les franchises et priviléges des pairs, des nobles, des villes, « communautés et singulières personnes », et toutes les lois et coutumes du royaume. Il promit en outre, clause vraiment dérisoire, « de labourer de tout son pouvoir à remettre en l'obéissance du roi les villes, cités, châteaux, lieux, pays et personnes désobéissants et rebelles au roi, étant de la

---

1. *v.* le *Journal du Bourgeois de Paris*, ann. 1418, 1419, 1420, sur le prix excessif des denrées, du bois, de toutes les choses nécessaires à la vie; Paris était tenu en état de blocus permanent par les Armagnacs de Meaux et de Melun et par les Anglais de Meulan et de Pontoise.

partie vulgairement appelée du dauphin et d'*Armignac* ». On stipula que le duché de Normandie et les autres lieux conquis par Henri V seraient réunis à la monarchie de France, lorsque Henri V parviendrait à la couronne ; Henri devrait à cette époque, afin d'éviter le renouvellement des vieilles discordes de la France et de l'Angleterre, « labourer de tout son pouvoir pour que, de l'avis et consentement des Trois États desdits royaumes, les deux couronnes de France et d'Angleterre à toujours demeurassent ensemble et fussent en une même personne, savoir celle dudit roi Henri, et delà en avant ès personnes de ses hoirs, les deux royaumes gardant toutefois chacun ses droits, libertés, coutumes, usages et lois, sans être aucunement soumis l'un à l'autre ». Enfin, « considéré les horribles et énormes crimes et délits perpétrés par Charles, soi-disant dauphin de Viennois », Charles VI, Henri V et le duc de Bourgogne terminaient le traité par l'engagement réciproque de ne point transiger avec « ledit Charles », sinon du consentement de tous trois, ainsi que des Trois États des deux royaumes de France et d'Angleterre [1].

La monarchie française avait suivi une marche ascendante de Louis le Gros à Philippe le Bel ; elle redescendait depuis un siècle : la voici arrivée au dernier terme de sa décadence, suspendue quelques années par Charles V ; la voici absorbée par une dynastie étrangère naguère encore sa vassale, au mépris des traditions et des lois par lesquelles le génie de la France avait voulu garantir l'indépendance nationale. Les Plantagenêts anglais du quinzième siècle atteignent le but que n'ont pu saisir les Plantagenêts français du douzième : ils unissent les destinées de deux peuples que la Providence a profondément séparés, et cela au moment où les traces des affinités originaires entre les hautes classes des deux pays achèvent de s'effacer [2] ; ils font de la France l'appendice de l'Angleterre.

L'œuvre n'est pourtant pas encore consommée : Paris est déchu ; la vieille France royale de Louis le Gros est à l'étranger ; la Seine

---

1. *v*. le traité dans Monstrelet, l. I, c. 234 ; — dans Rymer, t. IX, p. 895, 904 ; — dans le *Bourgeois de Paris*, etc.

2. Ce fut à l'avènement de Henri V que la chambre des communes cessa de rédiger ses actes en français.

est anglaise ; mais la Loire est française encore ; la France se retire sur la Loire et s'appuie sur le Midi : le Midi devient l'asile de cette nationalité française qu'il a si tard et si difficilement subie. Qui l'eût dit au temps des Montfort et des Raimond ! Le traité de Troies a réhabilité le parti du dauphin et des Armagnacs : tout souillé que soit ce parti, il est désormais le parti de la France. Mais quel parti et quelle ressource, grand Dieu !

La domination anglo-bourguignonne n'était pas incontestée au nord de la Loire : les Dauphinois conservaient de fortes places entre l'Oise et l'Yonne ; ils avaient Compiègne, Soissons, Meaux, Melun, Sens, Montereau. Henri V ne perdit pas de temps pour entrer en campagne contre eux : le 2 juin, il épousa Catherine de France dans l'église Saint-Jean de Troies ; le jour suivant, comme les chevaliers de France et d'Angleterre voulaient « faire joûtes pour la solennité du mariage », le roi Henri leur commanda « d'être tous prêts, le lendemain matin, pour aller mettre le siége devant la cité de Sens,... que là chacun pourroit joûter, tournoyer et montrer sa prouesse » (Journal du Bourgeois de Paris). Il emmena au siége sa nouvelle épouse, son beau-père, sa belle-mère et le duc de Bourgogne[1]. Les bourgeois de Sens obligèrent leur garnison, peu nombreuse, à capituler dès le 11 juin ; Henri V et le duc Philippe, laissant à Brai-sur-Seine Charles VI et les deux reines, allèrent ensuite enlever d'assaut Montereau : le duc Philippe fit déterrer le corps de son père, qui avait été inhumé « à peu d'honneur » en l'église Notre-Dame de Montereau, et, « après grand deuil et service solennel », il l'envoya en un cercueil de plomb « plein de sel et d'épices » aux Chartreux de Dijon. La garnison dauphinoise s'était réfugiée au château : le sire de Guitri, son capitaine, ayant refusé de remettre cette forteresse au roi anglais, le farouche Henri V envoya au gibet onze gentilshommes pris dans l'assaut de la ville ; Guitri capitula néanmoins au bout de quel-

---

[1]. En se mettant aux champs, craignant l'effet des vins « très forts et fumeux » de la Champagne sur ses Anglais, il leur défendit de boire du vin sans le mélanger avec de l'eau : « Cet ordre fut peu goûté », disent les historiens anglais : Tit. Liv. 83. — Elm. 251. — Une autre ordonnance de Henri V, « héritier et régent de France », rendue le 9 juin devant Sens, assigne à la « roine » sa belle-mère 2,000 francs d'or par mois sur la monnaie de Troies : c'était le prix payé à la mère pour l'exhérédation de son fils. Rymer, t. IX, p. 913.

ques jours, et « fut fort blâmé d'avoir souffert, pour si peu de résistance, que ses gens fussent pendus ».

« De là s'en allèrent lesdits roi et duc mettre le siége devant Melun, où étoit le seigneur de Barbasan avec six ou sept cents bons combattants : le roi Henri et ses frères (les ducs de Clarence, de Glocester et de Bedford[1]) se logèrent du côté du Gâtinais, le duc de Bourgogne du côté de la Brie. » Il n'en fut pas de Melun comme de Sens : « ceux de dedans étoient moult vaillantes gens », et ils étaient bien secondés par la commune ; ils avaient des canonniers et des arbalétriers d'une merveilleuse adresse : un moine augustin, ancien soldat, tua, dit-on, plus de soixante hommes d'armes à coups d'arbalète. Les boulevards extérieurs furent emportés ; mais les assiégés repoussèrent les assauts donnés au corps de la place. Les Anglo-Bourguignons creusèrent des mines sous les fossés de la ville ; les assiégés contre-minèrent, et ces galeries souterraines devinrent le théâtre de maints exploits : les chevaliers et écuyers y venaient combattre à la lueur des torches et faire courtoisement de « vaillantes armes », comme dans un tournoi. Le roi d'Angleterre et le duc de Bourgogne y combattirent en personne contre Barbasan et un autre Dauphinois. Le roi Henri, voyant l'opiniâtreté de ses adversaires, manda au siége le roi Charles et les deux reines, « afin, dit Monstrelet, que plus sûrement on pût sommer les assiégés qu'ils rendissent la ville de Melun au roi de France, leur naturel seigneur ; mais ils firent réponse qu'à son état privé (à lui en particulier) ils ouvriroient volontiers, mais point n'obéiroient au roi anglois, ancien ennemi mortel de France ». Plus d'un noble homme de l'armée assiégeante sympathisait avec ces sentiments au fond de l'âme. Le prince d'Orange (de la maison de Chalon), vassal et ami du duc de Bourgogne, quitta l'armée plutôt que de jurer le traité de Troies. Les Luxembourg (d'une branche établie en Picardie) avaient commencé aussi par refuser ; ils jurèrent enfin, avec une sorte de désespoir, comme s'il se fût agi d'un pacte avec Satan, et déclarèrent que, quoi qu'il advînt, ils garderaient jusqu'à la mort le serment que le duc de Bourgogne

---

1. Bedford, demeuré jusqu'alors à la garde de l'Angleterre, venait de rejoindre Henri V avec huit cents lances et deux mille archers.

leur imposait. Ils ne le gardèrent que trop bien. (Juvénal. — Lefèvre de Saint-Remi, c. 102.)

Le siége de Melun fut converti en blocus. Une épidémie tourmenta l'armée assiégeante; mais ceux de dedans souffraient davantage encore : ils étaient déjà réduits à manger leurs chevaux; ils espéraient que leur parti tenterait quelque grand effort pour les secourir : le dauphin et ses capitaines réunirent, en effet, à Bourges, quinze à seize mille combattants qui se mirent en marche sur Melun; mais, lorsqu'ils eurent fait reconnaître l'*host* anglo-bourguignon, ils ne s'estimèrent point assez forts pour assaillir le roi Henri et le duc Philippe dans leurs lignes fossoyées et palissadées; ils s'en retournèrent « sans rien faire », et reprirent la route du Midi qui donnait de l'inquiétude aux conseillers du dauphin. Ce prince, à l'instigation de ses favoris, ayant retiré le gouvernement du Languedoc au comte de Foix qui y affectait une indépendance presque absolue, le comte s'était déclaré pour le roi d'Angleterre : la présence de l'armée dauphinoise prévint les conséquences de cette défection et contint les Languedociens.

Pendant ce temps la valeureuse garnison de Melun était réduite à la dernière détresse : elle ne céda qu'au bout de dix-huit semaines, après avoir dévoré « chiens, chats et autres vivres vomitables à nature » : elle ne se rendit que lorsque le dauphin l'y eut autorisée. Jamais un mouvement généreux ne fit dévier Henri V. de son impitoyable politique : incapable d'honorer le courage chez ses ennemis, il ne voulut les recevoir qu'à discrétion, garantissant seulement la vie sauve aux gens d'armes qui ne seraient point trouvés coupables de la mort de Jean-sans-Peur. Les bourgeois n'obtinrent pas même promesse de la vie : un certain nombre furent décapités « pour l'exemple »; les autres furent dépouillés de leurs biens, et l'on envoya les plus notables avec la plupart des gens d'armes dans les prisons de Paris, où les attendait une affreuse misère : quel devait être le sort des prisonniers dans une ville où le peuple mourait de faim? Parmi les victimes exécutées par ordre de Henri V se trouvaient plusieurs Écossais et deux moines; l'un des deux était sans doute le redoutable arbalétrier qui avait porté si grand dommage aux assiégeants (18 novembre).

Henri était aussi rigoureux pour les siens que pour les ennemis : il fit trancher la tête à un chevalier de son hôtel qu'il aimait fort, pour avoir laissé échapper un gentilhomme de la garnison, soupçonné d'avoir trempé dans le meurtre du duc Jean : le duc Philippe lui-même eut beau demander la grâce du coupable. Barbasan, qui avait été témoin de l'assassinat de Jean-sans-Peur, fut quelque temps entre la vie et la mort : il dut la vie peut-être moins encore à ses énergiques dénégations de toute complicité, appuyées par son renom de loyauté, qu'à l'honneur qu'il avait eu de se mesurer en combat singulier dans la mine de Melun avec Henri V : le roi anglais ne voulut point livrer à la vengeance du duc Philippe l'homme avec qui il avait croisé le fer; c'eût été violer les lois de la chevalerie. On se contenta de retenir Barbasan captif[1].

Avant la reddition de Melun, Henri V, du consentement du duc de Bourgogne et des Parisiens, avait nommé son frère Clarence capitaine de Paris et placé des garnisons anglaises à la Bastille, au Louvre, à l'hôtel de Nesle et au château de Vincennes : le comte de Saint-Pol, ancien capitaine de Paris, fut envoyé, au nom du roi de France, pour faire jurer le traité de Troies aux Trois États et aux bonnes villes des bailliages d'Amiens, Tournai, Lille, Douai, Boulogne, Arras, Saint-Omer et de « la comté » de Ponthieu. Paris et les cités de Champagne avaient déjà prêté le serment; mais la plupart ne le prêtèrent que des lèvres : les vives et chaleureuses populations de la Picardie subissaient avec amertume cette déplorable nécessité; les villes du duché de Bourgogne se montraient plus indociles que toutes les autres, et ne voulaient point du tout jurer.

Le 1er décembre, les rois de France et d'Angleterre, le duc de Bourgogne et les princes anglais entrèrent ensemble dans Paris en grande pompe : tous les bourgeois qui « avoient puissance » (qui en avaient les moyens) s'étaient « vêtus de rouge couleur

---

1. *v.* le récit du siége dans Juvénal des Ursins, collect. Michaud, t. II, p. 558 et suivantes. — Pierre de Fenin, *ibid.* p. 605. — Monstrelet, c. 237-240. — Lefèvre de Saint-Remi, c. 104. — Georges Chastellain, *Chroniq. du duc Philippe*, c. 52. — Juvénal prétend que Henri V ne garda la garnison prisonnière que par une interprétation déloyale de la capitulation, et que Barbasan et ses camarades avaient compté sortir libres de la ville. — Les Bourguignons aidèrent beaucoup des assiégés à s'évader, soit par compassion, soit à prix d'argent.

pour honorer lesdits rois »; toutes les rues, depuis la seconde porte Saint-Denis jusqu'à Notre-Dame, furent « noblement encourtinées », et « furent faits, dans la rue de la Calandre, devant le Palais, des échafauds de cent pas de long, sur lesquels on représenta un moult piteux mystère de la Passion de Notre-Seigneur au vif, selon qu'elle est figurée autour du chœur de Notre-Dame de Paris ; et, en toutes les rues, rencontroient les princes processions de prêtres revêtus de chapes et de surplis, portant *saintuaires* (reliquaires) et chantant *Te Deum laudamus*, ou *Benedictus qui venit!* » (Journal du Bourgeois de Paris.) Ce peuple, démoralisé par l'excès de la misère, accueillit le roi étranger avec des cris d'espérance.

Le 6 décembre, les Trois États de France furent assemblés à Paris à l'hôtel Saint-Pol, pour reconnaître le traité de Troies : ces prétendus États-Généraux, composés seulement des députés des villes et pays qui n'osèrent se dispenser de s'y faire représenter, ratifièrent le traité sans objection, et octroyèrent au « régent du royaume » un emprunt forcé, pour « guerroyer les Armignacs ». Les gens d'église n'en furent pas exempts, et le roi d'Angleterre rabroua fort l'université qui réclamait ses priviléges. Il fallut se taire, « car autrement on eût logé en prison » (Juvénal).

Le 23 du même mois, le duc Philippe de Bourgogne vint en grand deuil à l'hôtel Saint-Pol demander à Charles VI, tant en son nom qu'au nom de sa mère et de ses trois sœurs, justice solennelle du « très damnable meurtre » commis sur la personne du feu duc son père. Nicolas Rolin, avocat du duc de Bourgogne, requit que Charles, « soi-disant dauphin de Vienne » et ses complices « fussent menés en tombereaux par tous les carrefours de Paris, nu-tête, un cierge ardent en la main, en disant à haute voix qu'ils avoient occis mauvaisement le duc de Bourgogne, sans causes raisonnables, et, ce fait, fussent menés où ils perpétrèrent ledit homicide, à Montereau où Faut-Yonne, et y répétassent les mêmes paroles..... Qu'en outre, au lieu où ils l'occirent, fût faite et fondée une église avec chapitre de chanoines, et semblablement à Paris, Rome, Gand, Dijon, Saint-Jacques-de-Compostelle et Jérusalem ». L'avocat du roi prit des conclusions conformes à la requête : un docteur en théologie, délégué par le recteur de l'université, exhorta pareillement les deux rois à punir les coupables, et Charles VI, par l'organe de son chancelier, Jean Leclerc, promit de faire droit à la requête de Philippe, « par la grâce de Dieu et la bonne aide et avis de son frère Henri, roi d'Angleterre et régent de France[1] ». Le 3 janvier suivant, Charles, « soi-disant dauphin de Viennois », et ses complices furent cités à la table de marbre et ajournés à comparaître, sous trois jours, devant la cour de parlement pour se purger de l'homicide à eux imputé. Les coupables de la mort du duc Jean, n'ayant pas comparu, furent déclarés avoir forfait corps et biens, et être inhabiles à toutes successions et à toutes dignités, honneurs et prérogatives. L'arrêt les avait condamnés en masse et sans les nommer en particulier. Il semble que le parlement ait hésité à proscrire nominativement le légitime héritier du trône. (Rymer, t. X, p. 33.) Le dauphin appela de ce jugement « à la pointe de son épée ».

Le peuple de Paris, qui avait attendu grand soulagement de la venue des deux rois, fut cruellement trompé dans ses espérances : la présence de tant de gentilshommes et de soldats ne fit que renchérir encore le prix déjà exorbitant des denrées ; tout concourut à rendre l'hiver effroyable : disette, épidémie, froids rigoureux qui se prolongèrent jusqu'à Pâques. « On ne voyoit sur le fumier, parmi les rues, que petits enfants par vingt et trente, criant : *Je meurs de faim!* et n'étoit si dur cœur qui n'en eût pitié ; mais les pauvres ménagers ne leur pouvoient aider, car on n'avoit ni pain, ni blé, ni bûches, ni charbon, et, pour conforter les menues gens, voilà que furent remis sus les enfants de l'ennemi d'enfer, c'est à savoir impositions, gabelles, quatrièmes et maltôtes » (Bourgeois de Paris). Le pauvre peuple retomba dans son atonie ; la tristesse n'était pas moins profonde dans les classes qui, moins écrasées par la misère matérielle, gardaient quelque place pour les souffrances morales. On voyait avec honte et douleur le roi de France « petitement et pauvrement servi » à l'hôtel Saint-Pol, où, le jour de Noël, « il fut peu suivi et peu accompagné, sinon d'aucuns vieux serviteurs et de gens de petit état », pendant qu'au Louvre, le roi Henri, avec ses princes anglais, étalait « si grande

---

1. Monstrelet, l. I, c. 241.

pompe et *boban* (faste), que si présentement il dût être roi de tout le monde; laquelle chose moult devoit déplaire à tous les cœurs des vrais François » (Monstrelet, c. 243). Henri V, se croyant sûr de sa conquête, traitait le roi et la nation avec aussi peu d'égards l'un que l'autre : il dépossédait la plupart des officiers établis par le duc Philippe ou par son père, pour les remplacer par des Anglais ou par des Français qui se faisaient les créatures de l'étranger; il ne daignait plus contraindre son naturel dur et superbe : ses paroles, dit Georges Chastellain, « tranchoient comme rasoirs [1] ». Haï de tous les Français de distinction qui l'approchaient, il inspirait cependant au peuple un certain respect par sa farouche équité et par l'esprit d'ordre qu'on n'avait vu en France depuis si longtemps chez aucun prince.

Henri V quitta Paris dès le 27 décembre 1420 pour conduire sa femme en Angleterre, où il alla faire couronner la jeune reine à Londres, et porter le traité de Troies à l'approbation du parlement. « Il fut reçu des Anglois comme l'ange de Dieu : » l'orgueil national débordait en transports d'allégresse; la conquête définitive du royaume de France ne paraissait plus douteuse à personne, et les princes captifs depuis Azincourt, les ducs d'Orléans et de Bourbon, les comtes d'Angoulême et de Richemont, reconnurent le traité de Troies comme base préalable des négociations par lesquelles ils tâchaient d'obtenir leur liberté. La marche de Henri V à travers les villes anglaises fut un triomphe continuel : il chevaucha de cité en cité avec un pompeux cortége, leur « expo-

---

1. Tout le monde ne souffrait pas ses hauteurs sans mot dire. Durant le siége de Melun, le maréchal de l'Isle-Adam s'étant présenté à lui vêtu d'une cotte de gros drap gris, il le *gaba* (le railla) de ce costume peu séant à un maréchal de France. L'Isle-Adam répondit sur le même ton en le regardant en face. « Et adonc lui dit le roi : — Comment osez-vous regarder ainsi un prince au visage quand vous parlez à lui ? — Et le sire de l'Isle-Adam répondit : — Sire, la coutume des François est telle que, si un homme parle à un autre, de quelque état ou autorité qu'il soit, la vue baissée, on dit que c'est un mauvais homme et qu'il n'est pas prud'homme, puisqu'il n'ose regarder celui à qui il parle *en la chère* (au visage). — Et le roi dit : — Ce n'est pas notre guise (notre usage). » (Monstrelet, c. 240; G. Chastellain, c. 56.) Henri ne pardonna pas cette fierté à l'Isle-Adam, dont il soupçonnait d'ailleurs la fidélité : il lui ôta son office de maréchal, puis il le fit mettre à la Bastille ; il l'eût fait mourir s'il n'eût craint le ressentiment du duc de Bourgogne. L'arrestation de l'Isle-Adam, le libérateur de Paris en 1418, fit éclater une émeute que les Anglais réprimèrent avec violence.

sant toutes ses grandes et bonnes *avenues* (aventures), et disant comment, pour finir ses besognes, deux choses lui étoient moult nécessaires, savoir : finances et gens d'armes » (Monstrelet).

De fâcheuses nouvelles troublèrent sur ces entrefaites la joie de l'Angleterre : le parti dauphinois se relevait d'une façon inopinée. Il avait su se ménager l'alliance de la Castille, dont la marine pouvait lui rendre de grands services, et, dès 1419, les Anglais avaient perdu une bataille navale contre les Castillans, commandés par Robert de Braquemont, seigneur normand qui était devenu amiral de Castille, et qui avait également reçu d'Armagnac, en 1417, le titre d'amiral de France [1]. Les Castillans continuaient à soutenir activement le dauphin; leur flotte était allée chercher en Écosse quatre ou cinq mille excellents soldats qu'elle débarqua sur les côtes de Poitou : les Écossais, conduits par le comte de Buchan, joignirent à Anjou [2] un corps de Dauphinois aux ordres du sire de La Fayette, un des maréchaux de France créés par le dauphin, et du vicomte de Narbonne. Le duc de Clarence, à qui Henri V avait confié le gouvernement de France et de Normandie en son absence, marcha contre cette petite armée avec six ou sept mille hommes d'armes et archers, tous Anglais, et atteignit les Dauphinois près de Baugé, le samedi saint 23 mars 1421. L'habitude du succès fit oublier aux Anglais

---

1. Ce fut à Robert de Braquemont que le roi de Castille Henri III, suivant l'historien Zurita, donna, en 1401, l'autorisation d'entreprendre la conquête des Canaries, les *Iles Fortunées* des anciens, avec lesquelles l'Europe était restée sans communication depuis bien des siècles, et qui avaient été reconnues, dans le courant du quatorzième, par des aventuriers espagnols et basques. Braquemont céda la direction de cette entreprise à son cousin Jean de Béthencourt, gentilhomme du comté d'Eu, qui l'exécuta avec succès, prit le titre de roi des Canaries et fit hommage de son royaume insulaire à la couronne de Castille. Le *royaume des Canaries* ne fut absorbé dans la monarchie espagnole qu'au bout de plusieurs générations. C'était probablement parmi les hardis marins de Dieppe que Béthencourt avait recruté la plupart de ses compagnons. La conquête des Canaries fut comme la première reconnaissance tentée par l'Europe vers le Cap et la route de l'Inde. — v. Jean de Verrier, *Hist. de la Première découverte des Canaries.* — Zurita, *Comment. sur l'Itinéraire d'Antonin.*

2. L'Anjou et le Maine étaient en quelque sorte un terrain neutre : le duc d'Anjou, Louis III, était parti pour l'Italie après avoir renouvelé sa trêve particulière avec Henri V, et guerroyait contre la reine Jeanne de Naples, héritière de la maison de Durazzo, avec l'aide des Génois, des Florentins et du fameux *condottiere* Sforza, connétable de Sicile.

la prudence à laquelle ils avaient dû leurs victoires : Clarence courut impétueusement à l'ennemi avec sa gendarmerie, laissant loin derrière lui ses archers, fort empêchés « au mauvais pas d'une rivière ». Les gendarmes franco-écossais reçurent le choc à pied, entremêlés d'archers, dans un poste avantageux : ils perdirent un millier d'hommes, mais ils détruisirent entièrement la gendarmerie anglaise, forte de deux à trois mille lances; le duc de Clarence et le maréchal d'Angleterre restèrent sur la place ; beaucoup d'autres furent pris. Le gros des archers parvint à échapper aux vainqueurs et à regagner la Normandie en faisant un grand détour [1].

C'était le premier grand revers qu'eussent essuyé les Anglais depuis le commencement de la guerre : Henri V en comprit la portée, et se prépara avec son activité ordinaire à en arrêter les conséquences. Il réunit sur-le-champ le parlement d'Angleterre à Londres et les Trois États de Normandie à Rouen, obtint un décime du clergé anglais, deux décimes du clergé normand qui n'avait rien à refuser au conquérant, et 400,000 livres des États de Normandie; le parlement anglais, après avoir ratifié le traité de Troies, accorda au roi la faculté de requérir des emprunts de tous les gens riches; enfin Henri V releva brusquement les monnaies de France à l'ancien taux d'où elles étaient descendues depuis plusieurs années par des affaiblissements successifs; il se procura ainsi de fortes rentrées d'argent en bouleversant toutes les transactions particulières et en accroissant des misères qui ne semblaient plus pouvoir croître [2]. Il traversa le Pas de Calais le 11 juin, à la tête de quatre mille lances et de vingt-quatre mille archers : l'élite de la population anglaise était accourue s'enrôler sous les bannières de son héros [3].

Il était temps que le vainqueur d'Azincourt reparût sur le con-

---

1. Monstrelet, c. 249. — Juvénal, p. 564. — G. Chastellain, c. 67.
2. Rymer, t. X, p. 101-110. — *Ordonn. des rois de France*, t. XI, p. 115-136. — Par compensation, il défendit sévèrement à ses capitaines les prises, les exactions, les levées de péages arbitraires dans les pays soumis. Rymer, t. X, p. 106-112.
3. Il traînait avec lui le roi d'Écosse, Jacques Ier, qu'il retenait prisonnier depuis qu'une tempête l'avait jeté sur les côtes d'Angleterre. Il lui promettait la liberté à condition qu'il l'accompagnât en France et rappelât les Écossais qui servaient le dauphin. Ceux-ci refusèrent d'obéir.

tinent : une partie de la noblesse picarde venait d'arborer l'étendard du dauphin, et, maîtresse des petits ports de l'embouchure de la Somme, guerroyait par terre et par mer contre les Anglais et les Bourguignons ; la journée de Baugé avait exalté au plus haut degré les espérances des Dauphinois et leur avait ramené bien des esprits incertains ; ils reprenaient partout l'offensive. L'Écossais Buchan, récompensé de ses exploits par l'épée de connétable, était avec le dauphin à la tête d'une belle armée de six ou sept mille lances et de dix mille archers et arbalétriers, qui envahissait en ce moment la Beauce et menaçait Chartres. Henri V, sans s'arrêter contre les « rebelles » picards, marcha droit à Paris et de là à Mantes, où il avait donné rendez-vous au duc de Bourgogne. Le dauphin et ses capitaines n'osèrent affronter les forces supérieures du roi ennemi, qui conduisait contre eux plus de trente mille Anglais, sans les Français et les Bourguignons. Ils levèrent le siège de Chartres et se retirèrent en Touraine.

Henri V s'empara de Dreux, d'Épernon, de quelques autres places dans le Perche et la Beauce, et s'avança jusqu'aux portes d'Orléans ; il ne se crut pas toutefois en mesure de poursuivre le dauphin dans Tours ou dans Bourges : le pays était affreusement ravagé et la mauvaise nourriture avait causé une épidémie dans l'armée anglaise. Henri V se contenta d'établir ses avant-postes sur la Loire en occupant Beaugenci ; il retourna ensuite à Paris faire les préparatifs du siége de Meaux, à l'instante prière des Parisiens. La garnison dauphinoise de Meaux était le fléau de la Brie et de l'Ile-de-France, et les Parisiens avaient pour elle une exécration trop motivée par les atrocités qu'elle commettait chaque jour dans les campagnes. L'horreur qu'inspiraient les cruautés des gens de Meaux était plus utile aux Anglais que bien des victoires. Un des capitaines surtout, le bâtard de Vauru, n'avait rien d'humain que la figure : ce misérable, ancien serviteur du comte d'Armagnac, prétendait venger son maître en torturant et en égorgeant les marchands et les laboureurs qu'il enlevait sur les chemins et dans les villages ; quand ces malheureux ne pouvaient payer des rançons exorbitantes, il les pendait de sa propre main à un grand orme voisin des fossés de Meaux, et qu'il appelait lui-même « l'arbre de Vauru » : on y voyait toujours « brandiller » quatre-vingts ou cent cadavres [1].

Il est impossible de peindre l'excès de désespoir auquel la soldatesque réduisait les habitants des campagnes : les Anglais achevaient ce qu'avaient commencé les *Armignacs*. « Les laboureurs, cessant de labourer, alloient comme désespérés et laissoient femmes et enfants, en disant l'un à l'autre : — Mettons tout en la main du diable; ne nous *chault* (peu nous importe) que nous devenions... Mieux nous vaudroit servir les Sarrasins que les chrétiens.. faisons du pis que nous pourrons; aussi bien ne nous peut-on que tuer ou que pendre... par le faux gouvernement des traîtres gouverneurs, nous faut renier femmes et enfants, et fuir aux bois comme bêtes égarées, non pas depuis un an ou deux, mais il y a jà quatorze ou quinze ans que cette danse douloureuse commença.... » A Paris même bien des gens renonçaient à leurs héritages pour ne pouvoir payer les impôts, et « s'en alloient les uns à Rouen, les autres à Senlis; les autres devenoient brigands des bois ou *Arminaz* » (Armagnacs) (Journal du Bourgeois de Paris). Le premier président Philippe de Morvilliers, l'âme damnée du roi d'Angleterre, ne contenait Paris que par la terreur.

Tandis que Henri V s'apprêtait à l'attaque de Meaux, le duc de Bourgogne était parti pour le Ponthieu afin d'étouffer l'insurrection dirigée par un seigneur de la maison d'Harcourt; Abbeville hésitait; Amiens et les principales communes de Picardie obéirent à l'appel du duc Philippe qui assaillit Saint-Riquier. La Hire, Pothon de Saintrailles et d'autres aventuriers qui commençaient à devenir célèbres par leurs audacieux coups de main, et dont la ruse, l'intrépide valeur et la rapacité rappelaient les capitaines bretons de Charles V, rassemblèrent les bandes dauphinoises disséminées dans la Picardie orientale, l'Ile-de-France et la Champagne, et tentèrent de « recourre » Saint-Riquier ; Philippe de Bourgogne se porta rapidement au-devant de ce « secours », l'attaqua et le défit près de Mons en Vimeux (31 août). Saintrailles et les autres principaux « chevetaines » furent pris;

---

1. *v.* dans le *Journal du Bourgeois de Paris*, l'effroyable histoire de la jeune femme enceinte qu'il fit lier un soir au tronc de son arbre, et qui y fut mangée des loups, elle et son enfant.

Saint-Riquier et plusieurs forteresses se rendirent; Jacques d'Harcourt se maintint seulement dans le Crotoi et dans Saint-Valeri. C'était un brillant début pour le duc Philippe qui portait les armes pour la première fois.

Le siége de Meaux fut entamé quelques semaines après ce combat. Le 6 octobre, Henri V avec vingt mille combattants occupa les deux rives de la Marne, et cerna de toutes parts la ville et la fameuse forteresse de Meaux dite le Marché. Le siége de Meaux fut encore bien plus long et plus meurtrier que n'avait été celui de Melun : il dura tout l'automne et tout l'hiver; la garnison, forte de plus d'un millier de gens d'armes, se défendit avec une fureur et une opiniâtreté extraordinaires : ses chefs savaient quelles implacables haines ils avaient encourues, et s'attendaient au plus rigoureux traitement s'ils étaient réduits à se rendre. Ils ne lassèrent pas la constance du roi anglais : en vain le fer des assiégés, les maladies, la rigueur de la saison mirent-ils hors de combat la moitié de l'armée anglaise; Henri V ne leva pas le siége, et le dauphin ne parut pas pour délivrer ses gens comme il le leur avait promis; après quelques vaines démonstrations il s'en était allé au fond du Languedoc et avait abandonné complétement les défenseurs de Meaux. Ceux-ci redoublaient de rage à mesure que diminuaient leurs ressources et leurs espérances : ils semblaient prendre plaisir à s'ôter toute chance de transaction. Un jour ils promenèrent sur les remparts un âne couronné qu'ils battaient pour le faire braire, en criant aux Anglais que « c'étoit leur roi et qu'ils le vinssent recourre ».

Au commencement de mars 1422, la garnison évacua la ville et se concentra dans le Marché : elle y tint plus de deux mois encore, quoique Henri V se fût saisi d'une île de la Marne entre le Marché et la ville, et y eût établi des batteries qui foudroyaient incessamment le Marché. Ces hommes, pour la plupart souillés de tous les crimes, montrèrent un héroïsme qu'on ne peut s'empêcher d'admirer; enfin, après avoir repoussé un dernier assaut de sept ou huit heures, sans pain, sans munitions, presque sans armes, ils se résignèrent à demander une capitulation, et, le 11 mai, le Marché de Meaux fut remis « ès mains des rois de France et d'Angleterre ». Les conditions étaient dures : Louis de Gast, bailli de Meaux, le bâtard de Vauru et plusieurs autres chefs, avec les Écossais, Irlandais et Gallois faisant partie de la garnison, furent livrés sans réserve « à la volonté du roi Henri » : le reste des gens d'armes et des habitants du Marché furent livrés « à ladite volonté, sauve leur vie ». Henri confisqua les biens des bourgeois et envoya les soldats dans les prisons de Paris, où beaucoup d'entre eux moururent de faim [1]. Ceux des capitaines, dont la vie était garantie, furent rançonnés « à excessives finances »; mais on décapita le bailli de Meaux et le bâtard de Vauru, ainsi qu'un avocat et trois ou quatre gentilshommes. On planta la tête sanglante de Vauru au bout de la lance qui portait son étendard, et l'on accrocha son corps à l'orme où pendaient encore les squelettes de ses victimes. Les soudoyers d'Écosse, d'Irlande et de Galles furent aussi mis à mort.

La chute de Meaux abattit presque entièrement le parti dauphinois dans le nord de la France : le sire de Gamaches, gouverneur de Compiègne, rendit la ville pour sauver la tête de son frère, l'abbé de Saint-Faron, qui avait pris la part la plus active à la défense de Meaux. Pierrefonds, Crespi en Valois, Saint-Valeri-sur-Somme et presque toutes les forteresses dauphinoises du Valois, de la Champagne et de la Picardie se soumirent ou furent évacuées. « La croix droite blanche de France » n'était plus guère portée dans le Nord que par des aventuriers isolés, vrais chefs de « compagnies » pour lesquels la guerre n'était que le prétexte du pillage. Ce résultat avait coûté cher aux Anglais; mais il était grand : Henri V pouvait désormais transporter le théâtre des hostilités sur la Loire et poursuivre le dauphin dans ses derniers asiles, sans laisser derrière lui d'ennemis capables de l'inquiéter.

Il accorda quelque repos à ses troupes harassées et diminuées de moitié, et alla célébrer à Paris les fêtes de la Pentecôte avec la reine sa femme, qui revenait d'Angleterre après lui avoir donné un fils : la naissance de cet enfant, qui fut le roi Henri VI, semblait consacrer le traité de Troies et fonder la dynastie anglo-

---

[1] « On les laissoit mourir de faim ès prisons où ils étoient; et, l'un mort, les autres arrachoient avec les dents la chair de leur compagnon mort. » Juvénal. — V. le siége dans Georges Chastellain, — Monstrelet, — Juvénal, — Le *Bourgeois de Paris*.

française. Le gouvernement étranger se consolidait sans devenir plus populaire : les anciens de Paris, qui avaient vu dans son éclat la royale cour de France, comparaient tristement l'affabilité des princes français avec la morgue du roi d'outre-mer. Une nouvelle taille accrut encore la désolation des Parisiens ; néanmoins un armurier et un boulanger, ayant comploté d'introduire dans Paris les bandes d'Armagnacs qui venaient d'évacuer Compiègne et les places voisines, furent découverts et punis sans que le peuple s'émût en leur faveur : la masse des Parisiens conservait encore plus de haine pour les *Armignacs* que pour les Anglais (Georges Chastellain ; Bourgeois de Paris).

Les Dauphinois cependant remportèrent quelques avantages dans les provinces du centre : ils avaient repoussé une irruption des Bourguignons en Auvergne et entamé le Nivernais ; l'armée du dauphin, forte d'environ vingt mille hommes et commandée par le connétable Buchan et le vicomte de Narbonne, prit la Charité-sur-Loire et assiégea Cosne à la fin de juillet : la garnison de Cosne capitula en s'engageant à rendre la ville si le duc de Bourgogne ne la secourait avant le 16 août. Le duc Philippe était alors dans son duché, où il avait fait accepter à grand'peine le traité de Troies par les États Provinciaux ; « il manda gens » de Flandre, d'Artois, de Picardie, et envoya demander au roi d'Angleterre quelque renfort pour tenir la journée devant Cosne. « Le roi Henri fit réponse qu'il iroit en propre personne avec toute sa puissance : il fit partir son *host* d'autour de Paris sous la conduite du duc de Bedford, son frère, et lui-même, quoique assez aggravé de maladie, partit de Senlis pour aller en Bourgogne. Arrivé à Melun, il se fit mettre sur une litière pour aller à la journée dessus dite ; mais, pour ce qu'il se sentit trop affoibli et qu'il empiroit de jour en jour, il retourna et se fit mener au bois de Vincennes où il s'alita ; et le duc de Bedford, ses princes et tout son *host*, de même que les seigneurs de Picardie et d'autres lieux, joignirent sans lui à Vézelai le duc de Bourgogne » (Monstrelet).

Ils marchèrent tous ensemble vers Cosne ; les généraux du dauphin ne voulurent point courir les chances d'une bataille décisive et rentrèrent en Berri. L'armée anglo-bourguignonne se contenta d'avoir vu reculer devant elle les *Armignacs*, et ne les poursuivit pas dans le Berri : elle n'était point pourvue de vivres, et le pays était tellement ruiné qu'elle n'y eût pas trouvé de quoi subsister.

Un motif d'une immense gravité eût d'ailleurs empêché les généraux anglais de rien entreprendre en ce moment; ils étaient dans l'attente d'un événement dont on ne pouvait mesurer la portée : le duc de Bedford venait de recevoir la nouvelle que le roi son frère se mourait au château de Vincennes. Le duc « chevaucha en hâte jusqu'audit château, et là il trouva le roi Henri moult aggravé de sa maladie, c'est à savoir d'un feu qui lui étoit venu au fondement[1] ». Avec Bedford arriva Hugues de Lannoi, grand maître des arbalétriers de France, envoyé par le duc de Bourgogne : Henri entretint longtemps le sire de Lannoi, et le chargea de prier le duc Philippe qu'il observât religieusement ses serments et alliances avec les Anglais; puis il réunit autour de son lit d'agonie son frère de Bedford, son oncle d'Exeter, son cousin de Warwick et ses plus « féables » amis et conseillers. Il recommanda au duc de Bedford son fils Henri, que Catherine de France avait mis au monde à Windsor le 6 décembre précédent; il le conjura de ne jamais souffrir qu'on traitât avec « Charles de Valois, fors » que tout au moins le duché de Normandie ne demeurât en toute souveraineté au jeune Henri[2]; il lui confia enfin le gouvernement de la France, mais seulement si le duc de Bourgogne ne voulait point s'en charger. Quant au gouvernement de l'Angleterre, il le destinait à son autre frère de Glocester, et l'éducation de son fils au comte de Warwick. Il recommanda enfin, sur toutes choses, à ses parents et amis d'éviter tout sujet de débat avec le duc de Bourgogne, car « les besognes moult avancées du royaume de France en pourroient être empirées », et de ne point rendre la liberté, jusqu'à la majorité de Henri VI, au duc d'Orléans ni à quatre ou cinq vaillants capitaines dauphinois actuellement prisonniers.

1. C'était une fistule accompagnée de dyssenterie. On appelait cette maladie *le mal Saint-Fiacre*.
2. De tristes pressentiments pour l'avenir de cet enfant assiégèrent Henri V sur son lit de mort; Hollinshed lui attribue le propos suivant : « Henri, né à Monmouth, aura régné peu et conquis beaucoup ; Henri, né à Windsor, régnera longtemps et perdra tout ». C'était le regard prophétique d'un mourant.

Un de ses médecins, dont il avait « requis vérité », se jeta à genoux devant son lit et lui dit de penser à son âme, parce qu'il ne lui restait pas deux heures à vivre; Henri manda son confesseur et d'autres gens d'église, et leur ordonna de réciter les sept psaumes de la pénitence. « Et, quand ce vint à *Benigne fac Domine*, où il y a *muri Hierusalem*, il dit tout haut qu'il avoit eu l'intention, après qu'il auroit mis le royaume de France en paix, d'aller conquerre Jérusalem, s'il eût été le plaisir de son Créateur de le laisser vivre son âge [1]. » Puis, comme pour se rassurer lui-même en cette heure solennelle, il rappela que sa guerre de France avait eu l'approbation des « plus saints personnages », de tous les prélats d'Angleterre, et qu'il l'avait poursuivie sans offenser Dieu et sans mettre son âme en péril.

« Et, assez *brief* ensuivant, il rendit l'esprit », à l'âge de trente-quatre ans (31 août 1422) (Monstrelet).

Ses entrailles furent ensevelies à Saint-Maur-des-Fossés; son corps, après un service magnifique à Saint-Denis, fut transféré à Rouen et de là en Angleterre, avec une pompe extraordinaire. « Les Anglois lui firent aussi grand honneur et révérence que s'ils fussent *acertenés* qu'il fût saint en paradis » (Monstrelet). Le peuple même des provinces françaises soumises aux Anglais conserva pour lui un sentiment de respect, à défaut d'affection, pour la bonne intention qu'il montrait de protéger les pauvres gens contre les exactions et les violences des nobles [2]. Plus heureux qu'Édouard III et que le Prince Noir, Henri V était mort dans tout l'éclat de sa prospérité, et sa mémoire, qui ne rappelait que des triomphes sans mélange de revers, est demeurée chère entre toutes à l'orgueil de l'Angleterre.

Conformément aux dernières volontés du roi Henri, le duc de Bedford offrit la régence de France à Philippe de Bourgogne : le duc Philippe ne l'accepta point, soit qu'il redoutât un tel fardeau dans de telles circonstances, soit que, malgré la passion qui le dominait, il éprouvât une secrète répugnance à se faire si directement le représentant de la domination étrangère (Monstrelet, l. I, c. 376).

---

1. Georges Chastellain (c. 98) dit qu'il avait fait visiter tous les ports du Levant pour prendre des renseignements sur les moyens d'exécuter ce projet.
2. Monstrelet. — Pierre de Fenin.

On ne tint aucun compte des prétentions que pouvait avoir la reine Isabeau.

Charles VI ne survécut que sept semaines au gendre en faveur de qui on lui avait fait déshériter son fils; il mourut à l'hôtel Saint-Pol, le 21 octobre, âgé de cinquante-quatre ans. Il avait porté quarante-deux ans le vain titre de roi, pour son malheur et celui de son peuple qui lui garda jusqu'à la fin une douloureuse sympathie à cause de cette conformité de souffrance. Sa folie, dégénérée en idiotisme dans les derniers temps, s'était prolongée trente ans entiers. Son corps embaumé resta vingt jours déposé dans la chapelle de l'hôtel Saint-Pol, en attendant le retour du duc de Bedford, nouveau régent de France, qui était allé conduire à Westminster les restes de Henri V. Le clergé séculier et régulier, l'université, le chapitre, les prévôt et échevins et tout le peuple « convoyèrent » à Saint-Denis Charles « le bien-aimé »; mais nul prince du sang de France, pas même le duc de Bourgogne, n'assista aux funérailles, qui furent menées par un étranger, par le duc de Bedford, « chose moult pitoyable à voir ».

« Et après que le roi fut mis en sa sépulture emprès ses devanciers, les huissiers d'armes rompirent leurs petites verges et les jetèrent dedans la fosse, et puis mirent leurs masses en bas sens dessus dessous; et lors le roi d'armes de Berri[1], accompagné de plusieurs hérauts et poursuivants, cria dessus la fosse : — Dieu veuille avoir pitié et merci de très haut et très excellent prince Charles, sixième du nom, notre naturel et souverain seigneur! » Et, après, s'écria le dessus dit roi d'armes : « Dieu donne bonne vie à Henri, par la grâce de Dieu roi de France et d'Angleterre, notre souverain seigneur! »

« Lequel cri accompli, les sergents d'armes redressèrent leurs masses fleurdelisées en criant tout d'une voix : *Vive le roi! vive le roi!* Et les François-Anglois commencèrent à crier Noël « comme si Dieu fût descendu du ciel; toutefois il y en avoit plus faisant deuil et lamentations qu'autres. — Ah! très cher prince, disoit le peuple à grands plaintes et profonds soupirs, jamais plus ne te

---

1. Chaque province avait sa corporation de hérauts et de poursuivants d'armes, dont le chef portait le titre de roi d'armes.

verrons! jamais n'aurons que guerres, puisque tu nous as laissés : tu vas en repos, et nous demeurons en toute tribulation et en toute douleur! »

Le peuple sentait plus profondément son abaissement en voyant disparaître cette dernière ombre de royauté nationale. Au retour des funérailles de longs et tristes murmures s'élevèrent dans la foule quand on vit porter « l'épée du roi de France » devant le régent anglais [1].

« Le dauphin Charles étoit en un petit châtel nommé Espalli, proche Le Puy en Auvergne (en Velai), lorsque lui furent portées les nouvelles du trépas du roi son père. Il en eut au cœur grand tristesse, et pleura très abondamment » (Monstrelet, l. II, c. 1). Ses conseillers le ramenèrent en toute hâte vers une région plus centrale; arrivé à Meung ou Mehun-sur-Yèvre en Berri, il quitta la robe noire de deuil pour la robe vermeille. La bannière de France fut levée dans la chapelle; « les officiers d'armes (hérauts) crièrent haut et clair : *Vive le roi!* après lequel cri fut fait l'office de l'église, et n'y fut fait pour lors autre solennité, et, de ce jour en avant, tous ceux tenant le parti du dauphin le nommèrent roi de France [2]. »

---

1. Le peuple ne vit pas avec moins de chagrin la suppression des monnaies de Charles VI et leur remplacement par celles du nouveau roi, Henri VI, portant les deux écussons de France et d'Angleterre accolés. Malgré les expresses défenses du régent, on continua d'user « en moult de lieux » des pièces de Charles VI. Monstrelet, l. I, c. 277. — *Journal du Bourgeois de Paris.* — Juvénal des Ursins. — Pierre de Fenin.

2. *v.* une ordonnance de Charles VII, de mai 1430, qui rectifie le récit de Monstrelet. *Ordonnances*, t. XIII, p. 3 et 154.

LIVRE XXXV.

GUERRES DES ANGLAIS (SUITE).

La France démembrée. Le roi anglais et le roi français. Henri VI et Charles VII. — Jeanne Darc. — Régence de Bedford. Les Écossais secourent la France. Défaites des Franco-Écossais à Crevant et à Verneuil. — Affaires des Pays-Bas. Glocester et Jacqueline de Hainaut. Philippe de Bourgogne maître de Namur, Hainaut, Hollande, Zélande et Frise. — Le connétable de Richemont. Charles VII et ses favoris. La Trémoille. — Belle défense de Montargis. — Anarchie dans le parti français. — Siége d'Orléans par les Anglais. Héroïque résistance des Orléanais. *Journée des Harengs.* Détresse du parti français. Ruine imminente de la France. — Fermentation dans les profondeurs du peuple. Attente d'événements miraculeux. Prophéties. — Jeanne Darc. Enfance et révélation de Jeanne. Elle va trouver Charles VII. Jeanne à Chinon et à Poitiers. Elle annonce qu'elle chassera les Anglais de France. Jeanne fait lever le siége d'Orléans. Reprise de Jargeau. Victoire de Patai. Marche sur Reims. Jeanne devant Troies. Elle fait sacrer le roi à Reims. Gloire de Jeanne. Immense attente du peuple et de l'armée.

1422 — 1429.

Jusqu'à la mort de Charles VI, les deux partis anglo-bourguignon et dauphinois avaient combattu au nom du roi de France : son autorité était également invoquée dans les manifestes du régent anglais et du régent français; son image et son écusson, l'écusson de France, figuraient seuls sur les monnaies battues dans toute l'étendue du royaume. Cette dernière fiction de monarchie vient de disparaître : la sinistre réalité n'a plus de voile; la France est partagée entre deux rois ennemis. Paris, l'Ile-de-France, la Normandie, l'Artois, la Flandre, la Bourgogne et ses dépendances, presque toute la Picardie et la Champagne, et, au midi, la Guyenne et la Gascogne occidentales subissent la royauté d'un enfant au berceau, d'un enfant étranger qui porte dans ses veines le sang des plus implacables adversaires de la France et qu'on élève parmi les Anglais, de l'autre côté de la mer; la Lorraine et la Savoie, ces provinces nominalement impériales, françaises de langue, de position et de relations, sont, la première, bourguignonne, la seconde, neutre; l'Anjou et le Maine sont un champ de bataille en l'absence de leur seigneur; la Bretagne hésite et s'isole; la Touraine, l'Orléanais, le Berri, l'Auvergne, le Bourbonnais, Lyon, le Dauphiné, le Languedoc et les parties orientales de la Guyenne et de la Gascogne reconnaissent l'héritier légitime des Valois, jeune homme de vingt ans sur qui pèse la solidarité d'un crime abhorré d'une moitié de la France et tout au moins regretté de l'autre, et ce jeune homme n'annonce aucune grande qualité capable d'effacer ce fatal souvenir. N'importe: la situation est désormais nettement tranchée; plus d'excuse ni de prétexte aux cœurs faibles et indécis; il faut choisir entre le roi anglais et le roi français; quel que soit l'homme, en Charles VII le roi est l'unique représentant, le drapeau nécessaire de la nationalité. Les populations le comprirent: un mouvement d'opinion, qui semblait promettre l'aurore de jours meilleurs, se manifesta dans le peuple et dans la noblesse contre la dynastie étrangère; une agitation croissante se montra çà et là dans les régions soumises aux Anglais; beaucoup de gens disaient tout haut que Henri V emportait avec lui la fortune de l'Angleterre; les conseillers de Charles VII, qui lui avaient été si funestes, déployèrent une activité plus ou moins bien dirigée pour profiter des circonstances favorables à la cause de leur maître, et surtout pour attirer de toutes parts de braves mercenaires écossais, lombards, espagnols. On répandit dans les provinces une espèce de pamphlet politique, écrit par un jeune homme d'un noble cœur et d'un grand talent, Alain Chartier, secrétaire de Charles VII : c'était la France, personnifiée dans une vive et saisissante allégorie, qui conjurait ses trois enfants, le clergé, la chevalerie et le peuple, de mériter le pardon de Dieu, d'oublier leurs discordes et de s'unir pour sauver leur mère et se sauver eux-mêmes[1].

---

1. Le style n'est pas trop inférieur à l'idée dans cette remarquable production, supérieure à tous les ouvrages français de la même époque : Alain Chartier est le premier de nos prosateurs qui ait touché parfois à l'éloquence classique; il est plus maître de la langue que Georges Chastellain, et il porte dans la littérature cette fermeté et cette précision de la pensée qui avaient déjà donné une langue presque moderne à Étienne Marcel dans ses lettres politiques. Les poésies d'Alain ne valent pas sa prose, malgré la renommée qu'il a conservée à ce titre et la tradition si connue du poétique baiser de Marguerite d'Écosse, qui l'embrassa pendant son sommeil, pour l'amour de ses vers. Son pamphlet est intitulé *le Quadriloge* (le quadruple discours), à cause de quatre interlocuteurs qu'il met en scène, la

La réaction française qui s'annonçait n'eut malheureusement pas les résultats qu'on en pouvait attendre : elle rencontra des obstacles également difficiles à surmonter dans le caractère du prince qui eût dû la diriger, et dans celui du chef ennemi qui entreprit de l'arrêter. Henri V n'avait que trop bien choisi son successeur à la régence de France : le duc de Bedford, prudent administrateur, sage et habile capitaine, adroit négociateur, identifiant son ambition personnelle avec les intérêts du roi son neveu et la grandeur de l'Angleterre, et jugeant tout légitime pour servir cette cause, tour à tour équitable et modéré par calcul, implacable et barbare de sang-froid, mais toujours d'accord avec lui-même quant au but, le duc de Bedford était déjà, au quinzième siècle, le modèle de ce patriotisme égoïste et machiavélique, de cette politique sans entrailles avec laquelle l'aristocratie anglaise a bouleversé le monde. Bedford assura sa position avec une égale habileté des deux côtés du détroit. Il craignait l'humeur inquiète de son frère Glocester, que Henri V avait désigné pour la régence d'Angleterre ; il se fit, en vertu de son droit d'aînesse, déférer cette régence par le parlement, laissa seulement à Glocester sa lieutenance pendant son séjour en France, et donna un contre-poids au pouvoir de Glocester en faisant investir du titre de chancelier d'Angleterre leur oncle à tous deux, le puissant et ambitieux évêque de Winchester [1]. Nous n'aurons que trop à revenir sur ce sinistre personnage, ce type d'avidité, de dureté et d'hypocrisie pharisaïques, vrai chef et modèle de l'épiscopat anglican au quinzième siècle [2].

Bedford ne réussit pas moins bien en France : là, c'était l'alliance bourguignonne qui était pour lui la grande question ; le duc Philippe, jeune homme très fier, très vaniteux, très ombrageux sur le cérémonial et le point d'honneur chevaleresque [3] et

---

France et les Trois États. M. Géruzez, dans son *Cours d'histoire de l'Éloquence française*, a remis en lumière l'importance de l'œuvre patriotique d'Alain, négligée par les historiens.

1. Petit-fils d'Édouard III et dernier fils de Jean de Gand, tige des Lancastre.
2. Henri V, qui le craignait et le ménageait, avait dû lui donner des lettres d'abolition pour fausse monnaie en 1417.
3. Il n'avait point assisté aux funérailles de Charles VI, de peur d'être obligé de céder le pas au duc de Bedford, à cause de sa qualité de régent.

très convaincu de l'impossibilité où étaient les Anglais de se passer de lui, n'eût peut-être pas tardé à se brouiller avec le superbe Henri V. Bedford s'efforça de le rattacher étroitement à Henri VI, le combla d'égards et de déférences, et intéressa son amour-propre à soutenir efficacement le petit roi qui lui devait la couronne de France.

Un pareil homme était un terrible adversaire pour un prince de vingt ans qui avait tous les défauts et aucune des qualités de la jeunesse : Charles VII, à la fois mobile et obstiné, léger et « songeur », soupçonneux envers les bons et crédule aux méchants, amolli dès l'adolescence par ce précoce abus des voluptés qui avait coûté la raison à son père et la vie à son frère, ne montrait en rien l'activité d'esprit et de corps, ni les passions énergiques de son âge. Il n'était pas lâche : quand il fut obligé de payer de sa personne, il le fit honorablement; mais il craignait les fatigues et le tumulte des camps, « ne s'armoit mie volontiers et n'avoit point cher la guerre », comme dit Pierre de Fenin : il n'était ni cruel ni absolument insensible; « il étoit beau parleur à toutes personnes et piteux envers pauvres gens[1] »; mais sa sensibilité toute physique, pour ainsi dire, était sans profondeur et sans durée; sa vie morale était toute dans la sensation présente; il n'aimait pour ainsi dire que par les yeux; ce qu'il n'avait pas vu n'existait pas pour lui; ce qu'il ne voyait plus s'effaçait à l'instant de sa pensée; si son esprit était capable de réflexion et de souvenir, jamais homme n'eut moins que lui la mémoire du cœur; il était ingrat, moins par perversité réfléchie que par impuissance morale. Plus tard, beaucoup plus tard, la maturité de l'âge exerça sur ses facultés une favorable influence; sa rectitude d'esprit ne demeura plus stérile; l'aptitude au travail et à l'action, la volonté, la personnalité, à un certain degré, se manifesta en lui; la volonté active, disons-nous, car il n'avait eu que trop jusque-là, comme nous le verrons, la volonté négative. Cette modification fut bien

---

1. Du moins quand il les voyait; mais il évitait autant que possible de les voir. « Vous voulez toujours, lui écrivait un de ses conseillers, être caché en châteaux, méchantes places et manières de petites chambrettes, sans vous montrer et ouïr les plaintes de votre pauvre peuple. » Épître de Jean Juvénal des Ursins à Charles VII, mss. de S. Germain français, n° 352, f° 74, Bibliothèq. imp.

lente, et il ne se défit jamais d'ailleurs du vice des petites âmes, la défiance jalouse contre tout ce qui est grand ; la haine ou la peur des trop éclatants services[1].

Le gouvernement anglais conserva donc sous Bedford la supériorité politique que lui avait donnée Henri V, bien qu'avec plus d'embarras intérieurs et avec une moindre liberté d'action : le régent ne fut que trop secondé par les passions anglaises, qui, contrairement aux vrais intérêts de l'Angleterre, avaient épousé avec une aveugle ardeur l'entreprise de Henri V. La partie aventureuse et guerrière de la population continua, non sans résistance, il est vrai, d'imposer ses volontés aux classes laborieuses et paisibles, et d'épuiser les ressources de l'Angleterre pour achever l'œuvre gigantesque de son héros mort à la peine : l'idée de retourner contre la France l'antique conquête de Guillaume exaltait les descendants des Saxons, au moins autant que les fils des Normands.

Dans les premiers mois qui suivirent l'avénement des deux nouveaux rois de France, l'initiative appartint cependant au parti de Charles VII, animé par les espérances que lui avait inspirées la mort de Henri V. Tanneguy, Le Maçon, Louvet, les conseillers de Charles VII menèrent leur roi de ville en ville, afin de le montrer au peuple ; à Meung-sur-Yèvre ils lui firent rendre une ordonnance vivement réclamée par les États du Dauphiné pour la réforme des abus judiciaires dans cette province (Ordonn., t. XIII, p. 1-7); de là, ils le conduisirent à La Rochelle, dont l'affection était si essentielle à conserver : divers priviléges furent accordés aux Rochelois et aux navigateurs étrangers, aux Castillans surtout, qui trafiquaient avec eux[2]. Un accident faillit trancher là brusquement la querelle de l'héritage de France. Comme le roi Charles tenait conseil avec ses barons, une partie de la chambre où il se trouvait s'écroula ; plusieurs seigneurs restèrent morts sur la

---

1. « Aucuns vices soutenoit, souverainement trois : c'étoit muableté (mobilité), diffidence (défiance), et, au plus dur et le plus, c'étoit envie pour la tierce. » Georges Chastellain ; extrait inédit publié par M. J. Quicherat, ap. *Bibliothèq. de l'École des Chartes*, t. IV, p. 76.

2. Bedford, pendant ce temps, accordait des priviléges analogues aux Portugais à Harfleur et dans les autres ports soumis aux Anglais. v. la préface du t. XIII des *Ordonn. de France*, p. vij.

place, et Charles lui-même fut légèrement blessé (Monstrelet, l. II, c. 2).

Le jeune roi alla ensuite se faire couronner à Poitiers avec quelque appareil, sans recevoir toutefois l'onction sainte : les portes de Notre-Dame de Reims étaient fermées à l'héritier de saint Louis, et la cité du sacre était aux mains de l'étranger. De Poitiers Charles VII retourna à Bourges ; ce fut dans cette ville et dans les châteaux des environs qu'il résida le plus ordinairement, et les Anglais l'appelèrent le « roi de Bourges par forme de dérision[1] ». Il convoqua les États Généraux de la langue d'oïl à Bourges au mois de janvier 1423 ; on ne possède aucuns détails sur cette assemblée, qui ne dut guère se composer que des députés des provinces entre la Loire et les Cévennes ; on sait seulement qu'elle octroya au roi une aide d'un million de francs d'or, effort qui semble immense, quand on considère la cruelle situation du pays et les faibles ressources des populations soumises à Charles VII. Le clergé consentit à payer un dixième de son revenu, et les États de la langue d'oc, réunis en mai à Carcassonne, accordèrent à leur tour 200,000 livres, à condition que le roi remédiât aux mutations de monnaies. Le conseil du dauphin, de 1418 à 1422, avait eu recours aux expédients les plus désastreux pour suppléer aux impôts directs qu'il n'osait exiger des provinces dauphinoises ; le marc d'argent fin avait été porté à 90 livres par les affaiblissements successifs des monnaies ; puis on venait de le remettre brusquement à 7 livres 10 sous, et l'écu d'or à 20 sous[2]. Charles VII était allé présider en personne les États de Languedoc, et son séjour dans ce pays fut marqué par un grand succès diplomatique, le retour du comte de Foix et de son frère le comte de Comminges au parti français. Le comte de Foix, qui avait traité avec Henri V, ne reconnut pas son fils. L'alliance de

---

1. Martial de Paris (autrement dit d'*Auvergne*), *Vigiles du roi Charles le Septième*. Cette chronique en vers est plus intéressante pour l'histoire que pour la poésie. Avant Martial de Paris, la France avait eu un autre poëte tout aussi patriote, mais d'un talent bien supérieur, que nous nous reprochons de n'avoir pas cité : c'est le Champenois Eustache Deschamps, contemporain de Froissart. Ses sentiments sont élevés, sa pensée est nette et forte, et le rhythme de ses ballades et de ses rondeaux est souvent d'une mâle harmonie.

2. *Ordonn. de France*, t. XIII, Préface de MM. Villevault et de Bréquigni, p. vj, et p. 14. — *Hist. de Languedoc*, l. XXXIV, c. 27, 28.

ces puissants seigneurs des Pyrénées avec les Anglo-Gascons exposait la cause de Charles VII aux plus extrêmes périls dans le Languedoc : leur réconciliation avec le roi assura la fidélité de cette vaste province et la garantit contre toute tentative de la part des Anglais.

Les capitaines dauphinois, pendant ce temps, recommençaient leurs courses hardies au nord de la Loire ; ils étaient secondés par des conspirations bourgeoises dans beaucoup de villes. En janvier 1423, un nouveau complot s'ourdit à Paris pour livrer la capitale aux gens de Charles VII. La trame fut découverte : plusieurs bourgeois furent décapités ; d'autres furent obligés de fuir, abandonnant biens et familles ; une femme fut brûlée vive. Parmi les fugitifs se trouvait Michel Laillier, un des plus notables bourgeois de Paris, qui avait été très affectionné à Isabeau de Bavière et qui venait de faire partie d'une ambassade envoyée par les Parisiens au conseil du petit roi Henri à Londres : l'aspect de l'Angleterre lui avait inspiré peu de sympathie ; à son retour il s'était mis à la tête de la conspiration « dauphinoise » ; son rôle dans les révolutions de Paris ne se termina point là. Le duc de Bedford, alarmé de cette tentative, exigea un serment de *féauté* de tous les habitants de Paris : jusqu'aux « chambrières », jusqu'aux moines, tout jura, bon gré, mal gré. Le vieux parti cabochien, dont Bedford caressait les passions, était tombé à la discrétion du régent anglais et l'aidait à contenir Paris. Les cabochiens armèrent leur milice pour seconder Bedford dans la « recouvrance » de Meulan, surpris par le sire de Graville : l'occupation de cette ville par les Dauphinois interceptait toutes communications par eau entre Paris et la Normandie ; la milice parisienne joignit devant Meulan les troupes anglaises, normandes et picardes mandées par le duc de Bedford. Le sire de Graville et les siens se défendirent avec opiniâtreté, en attendant la venue des capitaines du roi Charles, qui leur avaient promis de les « recourre » : les comtes de Buchan et d'Aumale, le vicomte de Narbonne et Tannegui Duchâtel rassemblèrent, en effet, six mille combattants en Berri et poussèrent jusqu'à six lieues de Meulan ; mais là « se mit entre eux dissension » : les gens d'armes réclamèrent leur solde ; Tannegui, qui avait reçu l'argent, ne paya point; on l'accusa d'avoir détourné la somme à son profit; bref, au lieu d'attaquer l'*host* de Bedford, les Franco-Écossais « s'en retournèrent sans rien faire ». Les assiégés de Meulan, irrités de cet abandon, jetèrent la bannière du roi Charles du haut de la porte du château, déchirèrent leurs croix blanches, et rendirent la place au duc de Bedford, ainsi que Montlhéri et Marcoussi, « qui étoient en l'obéissance » des capitaines enfermés dans Meulan. Graville et plusieurs autres « se tournèrent anglois » (1er mars). Graville était un des seigneurs normands qui avaient renoncé à leurs fiefs pour ne pas se soumettre à Henri V[1]. Il ne tarda pas à se repentir de sa défection et à revenir au parti français.

Cet échec fut balancé par un avantage que les Dauphinois remportèrent en Anjou : le comte d'Aumale, à la tête de la noblesse et des communes du pays, défit près de Gravelle deux mille cinq cents Anglais sortis de la Normandie; la moitié des ennemis périrent dans le combat, et on leur reprit dix ou douze mille têtes de bétail qu'ils avaient enlevées aux paysans.

Le régent anglais avait eu un moment de plus sérieuses inquiétudes encore : le duc de Savoie[2], oncle du duc de Bourgogne, s'était mis en tête de réconcilier son neveu avec Charles VII qui niait toujours avoir prémédité le meurtre du duc Jean. Philippe de Bourgogne ne refusa pas d'envoyer son chancelier conférer à Bourg-en-Bresse, sur terre de Savoie, avec les hommes de Charles; mais les meurtriers de Jean sans Peur, qui savaient que leur chute et leur exil seraient la première condition du traité, immolèrent de nouveau la France à leurs intérêts; ils dictèrent le choix et les instructions des ambassadeurs royaux et firent avorter les négociations (janvier 1423). Bedford en profita pour resserrer son alliance avec le duc Philippe, et entraîner, par l'intermédiaire de Philippe, la maison ducale de Bretagne dans le parti anglais. Le duc Jean de Bretagne, qui avait eu si gravement à se plaindre des conseillers du dauphin, était tout disposé

---

1. Monstrelet, l. II, c. 3, 4, 5. — *Bourgeois de Paris*, dans la collection Michaud, t. III, p. 238, 239. — Barante, t. V, p. 139.

2. Amé ou Amédée VIII : le comté de Savoie avait été érigé en duché par l'empereur Sigismond en 1416.

à se rallier aux Anglais; mais l'antipathie que ses sujets témoignaient pour cette cause l'avait retenu jusqu'alors. Il se décida : il vint trouver à Amiens les ducs de Bedford et de Bourgogne, signa un traité d'alliance avec eux le 17 avril, et reconnut Henri VI roi de France et d'Angleterre; son frère Artus de Bretagne, comte de Richemont, récemment sorti des mains des Anglais qui l'avaient fait prisonnier à Azincourt, épousa la sœur aînée du duc de Bourgogne, Marguerite, veuve du feu dauphin Louis, et une autre sœur de Philippe, Anne de Bourgogne, fut donnée au duc de Bedford avec une dot de 150,000 écus d'or. Cependant, le lendemain du traité des trois princes, les ducs de Bourgogne et de Bretagne conclurent un autre pacte particulier et secret où ils se promirent de rester amis et alliés, lors même que l'un des deux se réconcilierait avec Charles, « dauphin de Viennois ». La plupart des conseillers bourguignons et picards du duc Philippe avaient au fond de l'âme quelque arrière-pensée française, qu'ils tâchaient de faire pénétrer dans l'esprit de leur maître (Barante; Monstrelet).

La reprise de Meulan n'avait pas découragé les Dauphinois. La guerre se réchauffait dans le Nord; des bandes redoutables, cantonnées aux deux extrémités de la Picardie, dans la Thierrache et le Ponthieu, tenaient en alarme toute la Picardie, l'Artois et le Hainaut. Le menu peuple de Tournai venait de se révolter et d'appeler dans sa cité le sire de Moy, capitaine dauphinois; d'autres chefs d'aventuriers couraient la Champagne et les marches de Lorraine, et se défendaient, dans quelques petites places de la Meuse, contre les Anglais et les Bourguignons. Les principaux capitaines de Charles VII résolurent de les secourir et de prendre sérieusement l'offensive du côté de la Champagne; un détachement français s'était saisi de la forteresse bourguignonne de Crevant qui commandait le cours de l'Yonne entre Auxerre et Avallon, et assurait les communications des Français avec le nord-est. Crevant fut repris presque aussitôt par les Bourguignons; plusieurs milliers de Français, trois mille Écossais et quelques soudoyers espagnols et lombards marchèrent par Gien sur Crevant, sous les ordres de l'Écossais Stewart (Stuart) de Darnley et du maréchal de Séverac. Le duc Philippe était en Flandre : la duchesse douairière, sa mère, obtint un subside des États des deux Bourgognes, appela aux armes les feudataires de son fils et réclama les secours du duc de Bedford, qui envoya les comtes de Salisbury et de Suffolk joindre les Bourguignons avec quatre mille Anglais. L'armée anglo-bourguignonne partit d'Auxerre pour faire lever le siége de Crevant : arrivée au bord de l'Yonne, vis-à-vis de Coulanges-la-Vineuse, elle vit les Français qui l'attendaient sur l'autre rive ; tous les gens d'armes mirent pied à terre, et défense fut faite qu'on octroyât merci à qui que ce fût et qu'on « prît prisonniers jusqu'à ce que le champ fût pleinement gagné ». Une partie des Anglo-Bourguignons attaquèrent le pont de Coulanges ; les autres passèrent la rivière à gué, et la garnison de Crevant assaillit en queue les Français. Le désordre se mit dans l'armée assiégeante, « envahie » de toutes parts : le gros des troupes françaises fut rompu et entraîna dans sa déroute le maréchal de Séverac ; les auxiliaires écossais, qui étaient « au front devant », et les plus braves des gens d'armes français, qui se rallièrent et n'abandonnèrent point leurs alliés, enveloppés par des forces très supérieures, succombèrent après un opiniâtre combat : lord Stewart fut pris, avec un œil crevé ; Saintrailles et quatre cents autres nobles hommes tombèrent également au pouvoir des vainqueurs ; douze cents hommes d'armes, pour la plupart gentilshommes écossais, restèrent sur le champ de bataille (1er juillet) (Monstrelet ; Fenin ; Berri).

Cette défaite amena la reddition de Couci, de Mont-Aiguillon en Champagne, du Crotoi en Picardie, et d'autres forteresses dauphinoises du Nord, qui n'espérèrent plus dès lors être secourues. La nouvelle de la journée de Crevant troubla la joie que la naissance d'un dauphin inspirait à la cour de Bourges : la reine Marie d'Anjou avait donné, le 4 juillet, à Charles VII, un fils qui fut le roi Louis XI. Si l'on fut triste à Bourges, on ne se montra guère plus joyeux à Paris ; les fêtes que donna le duc de Bedford pour célébrer la victoire des Anglais rencontrèrent peu de sympathie parmi le peuple : l'auteur du *Journal d'un bourgeois de Paris*, si ardent Bourguignon, n'a plus que des paroles de deuil pour ces « occisions de chrétiens » qui n'apportaient aucun soulagement à la misère publique. Paris continuait à se dépeupler ; des milliers de maisons étaient vides et croulantes; l'herbe poussait parmi les rues; les loups entraient la nuit dans la ville par la rivière; les imaginations frappées voyaient déjà dans Paris une nouvelle Babylone dont les débris deviendraient bientôt le repaire des bêtes de proie [1].

On continuait à combattre sur les ruines de la France : les morts de Crevant furent promptement remplacés : pauvres, audacieux, avides d'aventures et de butin, les Écossais répondirent de « grand courage » à l'appel de l'archevêque de Reims, envoyé par le conseil de Charles VII : ils descendaient en France par colonies entières; on ne s'entretenait, dans les bruyères et les montagnes de la stérile Calédonie, que des brillantes destinées qui attendaient les braves au beau pays de France. Le gouvernement anglais essaya d'arrêter cette émigration des Écossais en reprenant, avec

[1]. Paris, qui n'avait plus le cœur à prendre part aux fêtes chevaleresques de ses maîtres, se donna un divertissement plus en harmonie avec ces temps de désolation : ce fut la fameuse *danse macabre*, la fête de la Mort. Durant six à sept mois, d'août 1424 au carême de 1425, on ne cessa de représenter, entre les charniers du cimetière des Innocents, un lugubre mimodrame où toutes les conditions humaines, depuis le pape, l'empereur et la grande dame jusqu'au dernier mendiant, entraient tour à tour, bon gré mal gré, dans une danse dont la mort était le coryphée. Pour la première fois, la Mort, personnifiée sous la forme hideuse du squelette humain, étalait, avec un cynisme railleur, « la nudité suprême qui eût dû rester vêtue de la terre », suivant l'expression d'un historien poète (M. Michelet). L'antiquité, qui voilait de fleurs toutes les misères de la condition humaine et qui déguisait, sous de noires ailes et une robe semée d'étoiles, le fantôme de la Mort, l'antiquité eût repoussé cette sinistre allégorie comme une affreuse dérision de la personne humaine. Le christianisme, conséquent avec ses principes d'humilité et avec l'anathème qu'il avait lancé contre la chair déchue, affectionna les images de la décomposition du corps et de la dégradation de la vie terrestre, mais en vue du contraste avec une vie supérieure et impérissable. Ce qui fait l'étrangeté et l'horreur de la *danse macabre*, c'est la suppression de ce contraste; le sentiment religieux a disparu; il ne reste que l'image et l'idée de la destruction matérielle; la moralité, c'est l'égalité de tous les hommes, non devant Dieu mais devant le ver du sépulcre. Il fallait, pour se plaire à un tel spectacle, être réduit, comme les misérables populations du quinzième siècle, à s'approprier la triste épigraphe de la *danse macabre* :

> Morte nihil melius; vita nil pejus iniqua!
> Rien de mieux que la mort; rien de pis que la vie!

La danse macabre, originaire de l'Allemagne, fut au genre des drames allégoriques appelés *moralités*, ce qu'était le *Mystère de la Passion* aux drames religieux : la peinture, la gravure, la sculpture reproduisirent partout ses interminables sarabandes. v. la Préface du roman historique *la Danse macabre*, par le bibliophile Jacob (P. Lacroix). *Macabre* vient sans doute de l'arabe *maqabir*, cimetière.

le roi Jacques Stuart toujours prisonnier en Angleterre, le traité qui n'avait point été réalisé du vivant de Henri V ; mais, avant que Jacques fût de retour en Écosse, le comte de Douglas était déjà débarqué à La Rochelle à la tête de cinq mille guerriers d'élite. Le roi lui fit « grande chère », et paya d'avance ses services avec magnificence : il lui donna « la duché » de Touraine à vie [1]. Stuart de Darnley, échangé contre le commandant des Anglais pris à Gravelle en Anjou, eut la seigneurie d'Aubigné et le comté de Dreux. Tout était pour les gens d'Écosse ; les capitaines français en murmuraient fort et demandaient si l'on voulait que la France fût partagée entre les Anglais et les Écossais. Il est certain que les conseillers de Charles VII, n'ayant, pour s'imposer à l'humeur indépendante des capitaines français, ni l'autorité de la naissance ni celle de la gloire militaire, leur préféraient systématiquement les auxiliaires étrangers. Le conseil de Charles VII tira encore des secours d'ailleurs que d'Écosse : le duc de Milan envoya trois des plus renommés *condottieri* d'Italie, avec cinq cents lances et mille archers, qui entrèrent par Lyon en France, et prirent en passant, près de Mâcon, à l'aide des Lyonnais, le maréchal de Bourgogne, Thoulongeon, un des vainqueurs de Crevant. Ces renforts remirent le parti français en état de tenir la campagne ; la guerre ne se faisait nulle part avec des masses ; la désolation du plat pays eût rendu l'entretien des grandes armées impossible : l'historien Thomas Basin[2] assure que, depuis le Ponthieu jusqu'aux marches de Lorraine et d'Allemagne, on ne voyait que champs en friche et villages déserts. Les bois, les halliers et les broussailles regagnaient de toutes parts le terrain que leur avaient enlevé l'accroissement de la population et les progrès de l'agriculture[3]. L'argent, d'ailleurs, manquait au *régent de Paris*

---

1. *Chronique anonyme*, dite *de la Pucelle*.

2. Thomas Basin, évêque de Lisieux, longtemps caché sous le pseudonyme d'Amelgard, est l'auteur d'une histoire latine des règnes de Charles VII et de Louis XI, qu'on regrettait depuis longtemps de ne pas voir figurer entre les monuments imprimés du quinzième siècle : la Société de l'Histoire de France a chargé M. Quicherat de publier ce livre. Le premier volume vient de paraître.

3. Il courut longtemps un proverbe qui disait que « les Anglois, par leur puissance, avoient fait venir les bois en France ». *v.* Edmond Richer, *Hist. manuscrite de la Pucelle d'Orléans*, Biblioth. imp., fonds de Fontanieu, n° 285.

comme au *roi de Bourges* : l'Angleterre était encore fatiguée des sacrifices qu'elle avait faits en 1421.

Une année entière, après la bataille de Crevant, s'écoula sans événements capables d'influer sur le sort de la guerre : une nouvelle révolte eut lieu sans succès parmi la noblesse de Picardie; les Français perdirent un bon poste, La Charité-sur-Loire; enfin, dans les derniers jours de juin 1424, le château d'Ivri, dernière place que conservât Charles VII sur les confins de la Haute-Normandie, fut attaqué par les Anglais : après un mois de résistance, les assiégés capitulèrent et promirent de livrer leur forteresse au duc de Bedford, la nuit de l'Assomption de Notre-Dame, « au cas qu'ils n'auroient secours du roi Charles ».

Les capitaines de Charles VII se décidèrent à un grand effort pour « recourre » Ivri. Dix-huit mille combattants furent rassemblés sous les bannières du connétable de Buchan, de lord Douglas, duc de Touraine, des comtes d'Aumale, de Tonnerre, de Ventadour, du vicomte de Narbonne, du maréchal de La Fayette, et des *condottieri* Valperga, Rusca et Cacchiere. Ces chefs, qui ne sentaient point sur eux la main d'un pouvoir intelligent et fort et qui s'étaient habitués à l'indépendance d'une guerre de partisans, ne pouvaient venir à bout de s'entendre quand ils se trouvaient réunis : aucun d'eux ne voulait reconnaître la supériorité d'un autre; les Français refusaient d'obéir à l'étranger Buchan, tout connétable qu'il fût : ils convinrent enfin de mettre à leur tête un enfant de quinze ans, le duc d'Alençon, parrain du petit dauphin Louis et fils de ce brave et imprudent Alençon qui avait péri à Azincourt; le vicomte de Narbonne fut donné pour guide au jeune duc. Au jour fixé (15 août), l'armée de France arriva en vue d'Ivri : le duc de Bedford l'y avait devancée avec dix-huit cents hommes d'armes et huit mille archers anglais. Sa position était si forte que les capitaines de France ne crurent pas pouvoir l'attaquer : ils se retirèrent, abandonnant Ivri malgré la promesse qu'ils avaient envoyée au gouverneur, « scellée des sceaux de dix-huit grands seigneurs du parti du roi » (Monstrelet). Pour se dédommager de cette perte, ils allèrent se présenter devant Verneuil : un grand nombre d'Écossais des basses terres, qui parlaient anglais, se laissèrent lier les mains, barbouiller de sang le visage et les vêtements, et traîner à la suite des Français comme des prisonniers anglais : ils crièrent à la garnison de Verneuil que tout était perdu, que l'armée anglaise était détruite. Les défenseurs de Verneuil, épouvantés, ouvrirent les portes de leur ville. (Bourgeois de Paris. — Monstrelet.)

Tandis que les généraux français prenaient possession de Verneuil, le duc de Bedford, maître d'Ivri, s'était mis à leur poursuite : il expédia un héraut au lord Douglas, duc de Touraine, lui mandant « qu'il venoit pour boire avec lui, et qu'il se voulût arrêter afin qu'ils bussent ensemble. Et ledit duc de Touraine lui fit telle réponse : — Qu'il soit le très bien venu. Je suis venu exprès du royaume d'Écosse pour le trouver et rencontrer enfin en France, puisque je ne l'ai pu trouver en Angleterre. Qu'il se veuille donc hâter d'approcher » (Berri).

Toute l'armée fut ordonnée en une seule bataille à pied, avec deux ailes à cheval, très inégales, composées, l'une des auxiliaires lombards, l'autre de Français. Les Anglais se formèrent aussi en une seule grosse bataille, les hommes d'armes derrière, les archers en avant et sur les ailes, leur front couvert par une rangée de pieux aiguisés. Bedford plaça en arrière les chevaux et le bagage avec une réserve de deux mille archers. « Le duc de Touraine et les autres chefs de la compagnie avoient délibéré et conclu d'attendre les Anglois en la place où étoient les François près de la ville »; mais le vicomte de Narbonne se précipita vers l'ennemi avec une aveugle impétuosité : Douglas et les autres chefs furent forcés de le suivre, et, quand on en vint aux mains, les Franco-Écossais étaient déjà hors d'haleine, tandis que les Anglais avançaient « lentement et sagement en bel arroi sans se trop échauffer ». Pendant que « les deux grosses batailles s'assembloient l'une à l'autre, sans que de grand espace (longtemps) on pût voir qui auroit victoire », les deux ailes françaises, chargées d'attaquer en queue les ennemis, s'étaient ébranlées : les cavaliers italiens, partis les premiers, fondirent sur les deux mille archers de l'arrière-garde anglaise, les repoussèrent sans les entamer, et, s'emparant d'une partie des chevaux et des bagages, ne songèrent plus qu'à mettre en sûreté ce qu'ils avaient « gagné ». L'autre aile française, qui ne comptait que deux à trois cents lances, se trouva beaucoup trop faible, non-seulement pour exécuter la manœuvre qui lui était confiée, mais même pour empêcher les deux mille archers de renforcer le principal corps de Bedford. « Et lors, assez *brief* ensuivant, se commencèrent les François à déconforter, et les Anglois, en grand hardiesse, se boutèrent entre eux, les séparèrent et ouvrirent leur bataille en plusieurs lieux ; et tant continuèrent lesdits Anglois qu'ils obtinrent la victoire, non pas sans grand'peine et effusion de sang de chacune partie [1]. » Les adroits et lestes archers triomphèrent, comme à l'ordinaire, des pesants hommes d'armes ; la gendarmerie, impropre à toute manœuvre d'escadron, et le plus souvent empêchée par la disposition du terrain de se mettre en haie sur une seule ligne, son unique manière de combattre à cheval, avait presque absolument renoncé au rôle de cavalerie dans les batailles rangées ; le rôle d'infanterie ne lui réussit pas mieux ; ce ne sont pas les armes à feu, quoi qu'on en ait dit, qui ont tué la chevalerie, c'est la création de l'infanterie moderne dont le caractère est la réunion de l'arme de jet et de l'arme blanche dans la même main. Les archers anglais avaient déjà ce caractère quoiqu'ils n'eussent pas d'armes à feu.

L'élite de l'armée franco-écossaise périt dans la funeste journée de Verneuil : le comte de Douglas, le connétable de Buchan, les comtes d'Aumale, de Tonnerre, de Ventadour, le vicomte de Narbonne, tous les grands seigneurs furent tués, excepté le duc d'Alençon, son frère le bâtard d'Alençon et le maréchal de La Fayette, qui tombèrent vivants au pouvoir de l'ennemi ; quatre à cinq mille Franco-Écossais demeurèrent sur la place : on fit peu de prisonniers ; la victoire avait coûté aux Anglais seize cents hommes d'armes et archers (17 août 1424). Le corps du vicomte de Narbonne, un des meurtriers de Jean-sans-Peur, fut accroché à une potence par ordre de Bedford ; plusieurs chevaliers normands, qui étaient retournés à la cause française après avoir prêté serment au roi anglais, furent exécutés « par justice ».

Verneuil se rendit au duc de Bedford, qui retourna ensuite à Paris, où il fut reçu « à aussi grand honneur que faisoient autre-

---

[1]. Monstrelet, l. II, c. 20. — Saint-Remi, c. 127, 128. — Berri, roi d'armes. — *Bourgeois de Paris*.

fois les Romains en leurs triomphes, pendant que le roi Charles avoit au cœur grand tristesse pour la destruction de ses princes et de sa chevalerie [1] ».

La conquête de tout le Maine et la reddition des dernières forteresses dauphinoises de Picardie suivirent la victoire des Anglais : les défaites successives de Crevant et de Verneuil paraissaient devoir enfanter des conséquences bien autrement vastes et fatales ; les Français avaient appris par une triste expérience que la fortune de Henri V lui survivait, et il était à craindre qu'un mortel découragement ne succédât au mouvement de réaction nationale qu'avait amené la mort du conquérant étranger. Les Anglais poussaient avec vigueur leurs avantages ; les populations du centre et du midi pouvaient être tentées de courber la tête sous un joug qui semblait imposé par la Providence elle-même. Charles VII et ses conseillers faisaient tout ce qu'il fallait pour achever de perdre la cause nationale : n'ayant foi que dans les auxiliaires étrangers, ils étaient si atterrés de la destruction des Écossais, qu'ils interdirent désormais aux troupes royales toute opération de campagne et abandonnèrent à elles-mêmes les bandes de partisans qui tentaient encore de guerroyer au nord de la Loire. Les Anglais purent ainsi balayer à loisir les partisans et rendre aux provinces anglo-françaises une sécurité relative, tandis que les partisans refoulés par l'ennemi redevenaient un fléau pour les provinces « dauphinoises [2] ».

Les fautes des Anglais suspendirent l'effet des fautes de Charles VII : ce fut dans sa propre famille que le duc de Bedford rencontra les plus grands obstacles : au moment où le « régent de France » triomphait à Verneuil, son frère Glocester, le lieutenant général d'Angleterre, compromettait, pour les intérêts de son ambition privée, et les progrès ultérieurs de la cause anglaise et même les résultats acquis.

Jacqueline de Bavière, comtesse de Hainaut, Hollande et Zélande

---

1. Les Français étaient si jaloux des Écossais que beaucoup furent consolés de leur défaite par l'extermination de leurs alliés. Thomas Basin, l. II, c. 24.
2. *v.* les judicieuses considérations de M. J. Quicherat dans ses *Aperçus nouveaux sur l'histoire de Jeanne d'Arc*; Paris, J. Renouard, 1850 ; p. 17-20. Cette étude, sur laquelle nous aurons amplement occasion de revenir, est un chef-d'œuvre de critique historique.

et dame de Frise, veuve du dauphin Jean, avait épousé en secondes noces son cousin-germain Jean de Bourgogne, duc de Brabant et de Limbourg, fils aîné du duc Antoine, tué à Azincourt : ce mariage, œuvre de la politique bourguignonne et contracté à regret par l'épousée, était le plus mal assorti du monde. Jacqueline, belle et passionnée, altière et violente, sans frein dans ses amours et dans ses haines, n'éprouva que du mépris et de l'aversion pour un mari faible d'esprit, infirme de corps et gouverné par des favoris de « petit état », qui flattaient ses travers et ses puérilités.

Les Pays-Bas retentirent longtemps de leurs discordes conjugales : plus d'une fois Jacqueline, secondée par son beau-frère, ce même comte de Saint-Pol qui avait été gouverneur de Paris, employa le poignard et la hache pour se débarrasser des favoris de son époux ; le duc Jean, de son côté, exilait, proscrivait les femmes et les affidés de la duchesse. Jacqueline prit une résolution extrême : elle quitta secrètement le Hainaut en 1421, se rendit à Calais, et de là passa en Angleterre, d'où elle envoya vers le saint-père pour obtenir la rupture de son mariage sous prétexte de parenté et d'affinité spirituelle[1] : le pape Martin V ne paraissant pas favorable à ses désirs, elle s'adressa à l'antipape Benoît XIII qui vivait encore au fond des montagnes de l'Aragon, en obtint ce qu'elle souhaitait, et épousa le duc de Glocester quelques mois avant la mort de Henri V.

Cette alliance, que n'eût pas dû permettre Henri V, était une inévitable occasion de discorde entre les Anglais et le duc de Bourgogne. La maison de Bourgogne tendait depuis longues années à la domination des Pays-Bas : elle l'avait atteinte presque complétement par l'union du duc de Brabant avec la comtesse de Hainaut. La rupture de cette union et l'introduction d'un Lancastre parmi les princes de ces contrées ébranlaient tout l'édifice de la puissance bourguignonne : le duc Philippe n'était pas homme à souffrir l'établissement d'une puissance rivale. Il se déclara hautement en faveur de son cousin de Brabant, et, l'excitant à ne pas se dessaisir des seigneuries de son infidèle épouse, il lui promit assistance contre Glocester. On négocia longtemps sans résultat,

---

1. Elle était la marraine de son mari.

Bedford employa tous les moyens pour retarder le choc : il fit d'immenses concessions au duc Philippe ; en compensation de grandes réclamations pécuniaires qu'élevait le Bourguignon, il lui octroya les villes et territoires de Péronne, Roie et Montdidier[1] ; puis les comtés d'Auxerre et de Mâcon et la châtellenie de Bar-sur-Seine, qui avaient jusqu'alors relevé directement de la couronne. Philippe ne céda pas néanmoins sur la question des Pays-Bas ; il consentit seulement que le débat fût soumis « au vrai pape ». Bedford avait hâte de sortir d'embarras à tout prix, et n'en demanda pas davantage ; mais Glocester et Jacqueline à leur tour ne voulurent rien entendre. Dans le courant d'octobre 1424, deux mois après la bataille de Verneuil, ils débarquèrent à Calais avec cinq mille soldats anglais, et déclarèrent « qu'ils iroient en Hainaut prendre l'obéissance de leur pays » ; sur quoi Philippe annonça au duc de Bedford qu'il aiderait de tout son pouvoir son cousin de Brabant.

Au mois de décembre, Jacqueline et Glocester exécutèrent leur menace : ils traversèrent l'Artois sans y commettre d'hostilités, et prirent possession sans coup férir de Mons et de la meilleure partie du Hainaut : les habitants ne crurent pas devoir résister à leur souveraine. Philippe de Bourgogne se disposait, de son côté, à tenir parole : tout occupé des graves intérêts qui se débattaient aux Pays-Bas, il avait conclu, dès le 28 septembre précédent, une trêve avec Charles VII, par l'intermédiaire du duc de Savoie ; un grand armement s'apprêta dans ses États et dans ceux de Jean de Brabant, et bientôt on vit entrer en Hainaut les milices communales des provinces brabançonnes, soutenues par une multitude de gens d'armes. On voyait, entre les gentilshommes d'Artois et de Picardie, jusqu'à des capitaines dauphinois accourus joyeusement pour guerroyer contre les Anglais sous les bannières de Bourgogne : Pothon de Saintrailles était du nombre.

La querelle était devenue personnelle entre les ducs de Bourgogne et de Glocester par suite d'une lettre de ce dernier, qui offensa si grièvement le duc Philippe que ce prince défia l'An-

---

1. Avec la moyenne Somme, il céda à Philippe le haut Escaut, Tournai et le Tournaisis ; mais il ne cédait ici que le droit de conquérir. Tournai, perdu au milieu du territoire ennemi, s'était rattaché opiniâtrement à la cause française.

glais « à combattre de leurs corps l'un contre l'autre ». Glocester accepta, et ils choisirent pour juge du camp le duc de Bedford. La guerre fut d'abord à peu près suspendue par ce défi ; mais, le duc de Glocester étant retourné en Angleterre « pour soi préparer au champ-clos », les *Picards*[1] et les Brabançons envahirent de nouveau le Hainaut, forcèrent successivement les villes de ce comté à rentrer sous l'obéissance du duc Jean, et mirent le siége devant Mons où résidait la comtesse Jacqueline. Les habitants de Mons, bien qu'ils eussent juré au duc de Glocester de défendre et protéger « leur dame » contre tous, cédèrent promptement aux attaques des Brabançons : ils obligèrent Jacqueline à se remettre entre les mains du duc Philippe, qui promit de la garder honorablement à Gand jusqu'à ce que le pape Martin V eût décidé auquel de ses deux maris devait rester cette princesse (juin 1425).

Sur ces entrefaites le duc de Bedford avait assemblé à Paris « plusieurs sages hommes des Trois Etats de France et les ambassadeurs d'Angleterre, pour avoir délibération sur la journée et champ de bataille entrepris entre les ducs de Bourgogne et de Glocester. Après que la querelle eut été, par plusieurs journées, visitée et débattue en conseil, fut conclu qu'il n'y avoit point de juste cause entre eux de s'appeler l'un l'autre en champ, et que cette journée seroit mise du tout à néant, sans qu'ils fissent amendise (réparation) l'un à l'autre ». Cette décision, dictée par le duc de Bedford et approuvée par le pape qui défendit à Glocester de se battre sous peine d'excommunication, ne termina point le différend : Jacqueline, après deux mois de détention à Gand, s'échappa, gagna Anvers, et de là ses comtés de Hollande et de Zélande dont elle reprit le gouvernement. Le duc Philippe l'y poursuivit; Glocester expédia des secours à sa femme malgré Bedford et le conseil d'Angleterre, et les provinces de Hollande et de Zélande devinrent le théâtre d'une guerre acharnée, tandis que le duc de Bedford s'occupait, non plus à tâcher de réconcilier Glocester et Philippe, mais à rétablir l'ordre et l'union dans l'Angleterre même, où tout était troublé par les dissensions de ce

---

1. Sous le nom de Picards, on confondait assez généralement avec les habitants de la Picardie proprement dite ceux de l'Artois, du Cambraisis, du Tournaisis et même de la Flandre wallonne.

même Glocester et de l'évêque de Winchester, son oncle. Bedford fut obligé de passer la mer au mois de décembre 1425, et ne revint en France qu'au printemps de 1427[1]. Grâce au duc de Glocester, ce furent trois années de perdues pour la conquête anglaise, trois années de répit pour le parti français.

Bedford tremblait à chaque instant de voir le duc de Bourgogne lui échapper entièrement et se réconcilier avec Charles VII : de nouveaux intérêts, de nouvelles passions détournaient de plus en plus Philippe du but unique qu'il avait d'abord poursuivi, la vengeance du meurtre de son père. Dès l'automne de 1424, il avait accordé sa plus jeune sœur Agnès au comte de Clermont, bien que ce jeune prince, fait prisonnier à Montereau auprès du cadavre du duc de Bourgogne, eût embrassé la cause française. Le duc de Savoie, Amé VIII, qui négocia ce mariage, présenta en même temps au duc trois envoyés de Charles VII, l'archevêque de Reims et les évêques de Chartres et du Pui[2]. Philippe répondit à ces ambassadeurs qu'il ne pouvait traiter de paix avec Charles de Valois, entouré des assassins de Jean-sans-Peur. Ce n'était pas là un refus absolu de réconciliation ; l'obstacle indiqué par Philippe pouvait disparaître d'un moment à l'autre. La belle-mère de Charles VII, Yolande d'Aragon, duchesse douairière d'Anjou et reine douairière de Sicile, secondée par l'évêque de Clermont, travaillait activement à ruiner auprès de son gendre le crédit de Tannegui Duchâtel, du président Louvet, et des autres auteurs du crime de Montereau, ainsi qu'à opérer un rapprochement entre le jeune roi et les maisons alliées de Bourgogne et de Bretagne[3]. Quelques semaines après le désastre de Verneuil, elle

---

1. Monstrelet. — Saint-Remi. — Barante, t. V. — Lingard, t. V.
2. Les deux premiers de ces prélats, ainsi que l'évêque de Paris, le célèbre universitaire Jean Courtecuisse, l'évêque de Laon et plusieurs autres avaient quitté leurs siéges pour ne pas se soumettre aux Anglais. L'archevêque de Reims, Regnauld de Chartres, avait ainsi débuté honorablement dans l'histoire ; nous lui verrons plus tard un autre rôle.
3. Elle avait rendu un autre service à la cause française en réconciliant les maisons rivales de Lorraine et de Bar, et en mariant son fils René d'Anjou, héritier de Bar par succession féminine, à la fille unique du duc Charles de Lorraine, qui se retira du parti anglo-bourguignon. Cette princesse de Lorraine, qu'épousa René d'Anjou, avait été demandée par Henri V, qui épousa, au lieu d'elle, Catherine de France, et le duc de Lorraine n'avait point oublié cet affront.

décida Charles VII à offrir à Artus de Bretagne, comte de Richemont, qu'on savait très mécontent des Anglais, l'épée de connétable, vacante par la mort de Buchan; Richemont accepta, de l'aveu du duc Philippe, son beau-frère, et le duc de Bretagne, entraîné par l'opinion publique, consentit à rompre ses engagements avec l'Angleterre et à entrer dans l'alliance du roi Charles, pourvu que celui-ci éloignât de sa personne et de ses conseils les auteurs et les complices du meurtre de Jean-sans-Peur, ainsi que les hommes qui avaient conseillé l'odieuse trahison des Penthièvre. Charles VII y consentit et donna à Richemont des otages et quatre places de sûreté, Lusignan, Chinon, Loches et Meung-sur-Yèvre. Richemont, entouré des principaux barons de la Bretagne, vint recevoir solennellement l'épée de connétable de la main du roi, dans la prairie de Chinon, le 7 mars 1425.

Tannegui, esprit violent et farouche[1] mais capable jusqu'à un certain point d'affection et de dévouement, avait enfin compris la nécessité de s'éloigner, et déclaré à Richemont lui-même qu'il ne mettrait point obstacle « à un si grand bien que la paix du roi avec monseigneur de Bourgogne ». Frottier, d'Avaugour et les autres chefs des *Armagnacs* étaient disposés à suivre l'exemple de Tannegui; le président Louvet seul résista; cet homme de robe, plus opiniâtre et plus arrogant que les gens de guerre ses complices, était décidé à entraîner le roi dans sa chute plutôt que de descendre volontairement du pouvoir. Tandis que Richemont était retourné en Bretagne pour rassembler des troupes, Louvet persuada au roi de manquer à sa parole et de garder ses conseillers. Quand Richemont revint à la tête de ses Bretons, il trouva à Angers l'évêque de Clermont, « mis hors de l'hôtel du roi » pour avoir rappelé à Charles sa promesse. Le prince breton, tête de fer, caractère rude, austère et d'une infatigable activité, avait au plus haut degré l'obstination native des gens de son pays; il respectait fort peu la mollesse et la versatilité du roi, et il résolut de le sauver malgré lui. « Il tira devers le roi, assemblant gens de toutes parts » sur son passage, et annonçant hautement l'intention

---

1. Un jour, en plein conseil, devant le roi, il se prit de querelle avec le comte Guichard Dauphin, le poignarda et le tua sur la place. *Registres du parlement*, cités par Barante, t. V, p. 213.

de chasser les chefs des Armagnacs : la noblesse de Berri, de Poitou, d'Auvergne, de Rouergue, accourut en foule sous sa bannière; toutes les villes se déclarèrent en sa faveur; la mère de la reine vint le joindre. Louvet, qui n'avait plus d'autre appui que les débris des mercenaires écossais et lombards et quelques vieux Armagnacs commandés par le maréchal de Boussac, fuyait avec le roi de ville en ville devant Richemont; il ne restait plus en l'obéissance du roi que Selles et Vierzon, quand l'opiniâtre président se résigna enfin à quitter la place et à partir pour son parlement de Provence. Tannegui, demeuré passif dans la querelle, obtint une retraite honorable; le roi l'envoya comme sénéchal à Beaucaire; les autres personnages les plus compromis s'éloignèrent également, et la réunion du roi et du connétable s'opéra aux acclamations universelles. Peu de temps après, dans le cours de septembre, le duc Jean de Bretagne se rendit près de Charles VII à Saumur, lui fit hommage de « sa duché », et mit à sa disposition les forces de la Bretagne. Les chants des ménestrels célébrèrent cet heureux événement, et les cloîtres de l'abbaye de Saint-Florent, où étaient logés les princes, retentirent des accents d'une allégresse inaccoutumée depuis longtemps à la cour du roi de Bourges.

Les espérances les plus hardies semblaient permises aux amis de la patrie : la vieille faction des Armagnacs, si abhorrée du peuple, disparaissait avec ses chefs; la faction étrangère perdait ainsi son prétexte le plus spécieux, et le parti du roi, entièrement confondu désormais avec la cause de la nation elle-même, se purifiait des souillures de son origine en rejetant un élément impur et criminel. Enfin, l'alliance de Charles VII avec le duc de Bretagne promettait une autre réconciliation bien plus décisive encore; tout faisait croire que le duc de Bourgogne se laisserait bientôt amener à pardonner un attentat hautement désavoué par le roi, et à sacrifier ses ressentiments au salut de la France. Le pape Martin V lui avait récemment écrit à ce sujet une lettre qui honore la mémoire de ce pontife : le pape invitait chaleureusement le duc à traiter, de concert avec les Anglais, ou sans eux s'ils se refusaient à la paix, et représentait à Philippe qu'il ne devait pas se croire lié par des engagements contraires à tous ses devoirs de citoyen, de vassal, de prince du sang de France[1]. Le duc de Savoie, le comte de Richemont et sa femme Marguerite de Bourgogne, ainsi que les conseillers les plus fidèles et la plupart des feudataires du duc Philippe, travaillaient d'un commun accord à vaincre les scrupules de ce prince, qui n'était plus retenu que par le souvenir des serments prêtés à Troies et par sa considération pour son beau-frère Bedford[2].

Toutes ces espérances s'évanouirent : tous ces germes d'un meilleur avenir avortèrent par la déplorable faiblesse de l'homme, si l'on pouvait lui donner le nom d'homme, entre les mains duquel la France avait le malheur de voir flotter sa destinée. Charles VII n'eut pas de pire ennemi que lui-même. Toujours à la merci du premier intrigant qui s'emparait de son esprit en flattant son humeur défiante et ses goûts de paresse et de volupté, il avait déjà remplacé le président Louvet par un autre favori, par ce Pierre de Giac qui avait joué un rôle si équivoque dans la catastrophe de Montereau. Le connétable, sentant que le roi ne pouvait se passer d'un « gouverneur » et ne voulant pas abandonner la conduite de la guerre pour végéter oisivement à côté du roi, avait consenti à lui laisser Giac, qu'il croyait s'être attaché en le préservant de partager l'exil des chefs armagnacs. Giac n'usa de son crédit que pour tâcher de ruiner le pouvoir de Richemont et d'empêcher la paix avec le duc de Bourgogne, dont il craignait

---

1. Une ordonnance, dictée à Charles VII quelques mois auparavant par la reine douairière de Sicile et par le président Louvet, n'avait probablement pas été sans influence sur les bonnes dispositions du saint-père : cet édit rendit à la cour de Rome la nomination à tous les bénéfices et une autorité absolue en matière de juridiction ecclésiastique. L'édit du 14 février 1425 ne fut point exécuté : le parlement de Poitiers, conformément aux conclusions du procureur général Pierre Cousinot, en refusa l'enregistrement, et le roi révoqua son ordonnance comme contraire aux décisions du concile de Constance et aux droits des évêques. (*Ordonn.* t. XIII, Préface, p. xliij.) Les gens de justice étaient restés plus gallicans que l'université, qui, après avoir tant combattu pour arracher au pape la disposition des bénéfices, s'était prise à regretter tout haut sa victoire en voyant l'usage que faisaient les évêques et les autres collateurs des droits qu'on leur avait restitués. La grandeur de l'université, nous l'avons déjà dit, avait expiré dans son triomphe même, dans ce concile de Constance qui fut le tombeau de tant d'illusions. L'université, n'ayant plus de but ni de flambeau moral, se laissa ballotter par les factions de honte en honte, jusqu'à ce qu'elle se précipitât dans l'immonde abîme du procès de la Pucelle.

2. Guill. Gruel, *Hist. du Connétable de Richemont*. — Berri, roi d'armes. — Barante, t. V, p. 207-209.

toujours la vengeance. L'impérieuse rudesse du connétable avait excité des mécontentements à la cour; Giac s'attacha les courtisans qu'avait heurtés Richemont, et s'efforça d'enchaîner à ses intérêts les comtes de Clermont et de Foix : il fit donner au premier « la comté » d'Auvergne, au second « la comté » de Bigorre; le comte de Foix avait été récemment réintégré dans le gouvernement du Languedoc, et n'entendait reconnaître au connétable aucune suprématie politique ou militaire. Giac ne s'en tint pas à ces intrigues : les garnisons anglaises de la Basse-Normandie, depuis l'alliance du duc Jean VI et de Richemont avec Charles VII, désolaient la Bretagne jusqu'aux portes de Rennes. Au commencement de 1426, le connétable rassembla un corps d'armée français et breton, entra en Normandie, prit Pontorson, et mit le siége devant Saint-James de Beuvron; mais à peine avait-il assis son camp devant cette place que l'argent et les vivres qu'on lui avait promis lui manquèrent : le trésor ne devait pourtant point être vide, les Trois États assemblés à Meung-sur-Yèvre ayant octroyé une aide au roi. Les gens d'armes, sans paye et sans ressources, commencèrent à déserter; le connétable s'obstina à continuer le siége et risqua l'assaut; les assaillants furent repoussés avec perte, par suite d'un malentendu entre des corps français et bas-bretons qui s'étaient pris réciproquement pour des Anglais. La nuit suivante, l'armée brûla ses logements et décampa en désordre sans écouter ses chefs. Richemont, en voulant arrêter ses soldats, fut renversé de cheval et faillit être étouffé par la multitude des fuyards qui lui passèrent sur le corps. Ce fâcheux début fit perdre toute la campagne aux Français.

Richemont ne respirait que vengeance : il avait bientôt reconnu le véritable auteur de son affront. Il suspendit quelque temps ses coups pour les rendre plus sûrs : il revint joindre la cour à Issoudun en Berri; il reconnut à quel point Giac avait à son tour aliéné les esprits[1], et crut pouvoir tout oser. Un matin de jan-

---

1. Durant l'assemblée des États de Meung, Giac avait montré une incroyable insolence : il dit tout haut que, si le roi l'en croyait, on jetterait à la rivière l'évêque Hugues Combarel et quelques députés des bonnes villes qui demandaient qu'on réformât les pilleries autour du roi, avant d'accorder l'impôt. *Chroniq. de la Pucelle*, dans la collection Michaud, 1re sér., t. III, p. 78.

vier 1427, accompagné du sire de La Trémoille, mortel ennemi de Giac, il se présenta inopinément avec les archers de sa garde devant l'hôtel de Giac, et força la porte : Giac se réveilla au bruit : « Qu'est-ce? demanda-t-il. — C'est le connétable. — Ah! s'écria-t-il, je suis un homme mort! »

Il ne se trompait pas. On le jeta sur une petite haquenée sans autres vêtements que sa robe de nuit et ses bottes, et on l'emmena grand train hors de la ville jusqu'à Dun-le-Roi, forteresse qui était « de l'obéissance du connétable » et du douaire de sa femme. Richemont fit instruire sommairement par son bailli de Dun-le-Roi le procès de Giac. Le misérable était condamné d'avance : il offrit en vain 100,000 écus d'or pour sa rançon ; il fut jeté à la rivière. Ses concussions étaient évidentes ; mais le biographe d'Artus de Richemont, Guillaume Gruel, lui impute beaucoup d'autres crimes, et assure qu'avant de mourir il s'avoua coupable, non-seulement d'avoir trahi et mené à la mort son seigneur Jean de Bourgogne, mais d'avoir empoisonné sa première femme, l'ancienne maîtresse du duc Jean[1], « et vendu l'une de ses mains au diable ».

« Ne demandez pas, poursuit le chroniqueur, si le roi fut bien courroucé ; mais tout le monde s'embesogna à faire l'appointement (le raccommodement) ; et le roi, bien informé du gouvernement et vie dudit Giac, fut *très content*. » Ce dernier trait est d'une naïveté admirable ; les absents et les morts avaient tort bien vite dans l'esprit de Charles VII. Il lui fallait absolument quelqu'un qui partageât ses plaisirs, qui gouvernât sa maison et sa personne, qui lui évitât la peine de prévoir, de commander, de penser même : la « reine de Sicile » et le connétable placèrent donc auprès de lui un petit écuyer d'Auvergne, nommé Le Camus de Beaulieu, qu'on regardait comme incapable de devenir un personnage politique. Mais Le Camus affecta les mêmes prétentions

---

[1]. « Il la fit empoisonner, et, quand elle eut bu les poisons, il la fit monter derrière lui à cheval, et chevaucha quinze lieues en celui état ; puis mourut ladite dame incontinent... avec son fruit... car elle étoit grosse... Ledit Giac faisoit ce pour avoir en mariage la veuve du comte de Tonnerre. » Cette seconde femme vengea sa devancière. A l'arrivée des gens d'armes, elle se leva vivement « toute nue » du lit de son mari, « mais ce fut pour sauver la vaisselle ». Quant au mari, elle le laissa emmener sans mot dire, et peu de temps après elle épousa un des meurtriers, le sire de La Trémoille, avec qui elle était probablement d'accord à l'avance. — Guill. Gruel. — *Chroniq. de la Pucelle.* — Berri.

que Giac, et se « gouverna aussi mal » que son devancier : les finances, arrachées si douloureusement à la misère publique, continuèrent à se dissiper en fêtes et en banquets et à s'engouffrer dans les poches du favori et de ses amis, pendant que les soldats mouraient de faim et que le royaume achevait de se perdre. Le connétable était exaspéré : tous les moyens d'action sur lesquels il comptait lui échappaient au moment de les mettre en œuvre ; toutes les chances de salut qu'il avait ménagées à la France s'en allaient l'une après l'autre : le comte de Warwick, lieutenant général du duc de Bedford en France, reprenait l'offensive, assiégeait Montargis, et faisait assiéger Pontorson et menacer la Bretagne par ses capitaines : le duc de Bretagne se refroidissait pour l'alliance française et ne voulait pas courir le risque d'une bataille pour secourir Pontorson ; l'espoir de la paix avec la Bourgogne s'éloignait de jour en jour ; les misérables discordes de la cour de Charles VII paralysaient les négociations comme les opérations militaires. Richemont résolut de faire un second exemple, et y mit encore moins de façons que la première fois. Au retour d'une de ses chevauchées, il autorisa le maréchal de Boussac à dépêcher le favori sans forme de procès : on gagna un serviteur de Le Camus, qui attira son maître, sous prétexte d'une aventure galante, dans un petit pré sous les murs du château de Poitiers, et là trois ou quatre des gens du maréchal de Boussac lui fendirent la tête à coups de sabre. Le traître qui avait livré Le Camus ramena tranquillement au château la mule du mort, sous les yeux de Charles VII, qui était à une fenêtre. « Il y eut beau bruit » au château ; « toutefois il n'en fut autre chose » : les meurtriers s'étaient sauvés ; personne ne fut puni, et le connétable, en repartant pour la guerre, donna au roi pour favori et pour ministre le sire de La Trémoille qui avait coopéré à la prise de Giac. « Le roi, raconte le biographe de Richemont, n'étoit pas content que La Trémoille demeurât avec lui ; mais le connétable lui dit que c'étoit un homme puissant tant de parents et amis que de terres et seigneuries, et qu'il le pourroit bien servir. — Beau cousin, répondit le roi, vous me le baillez ; mais vous vous en repentirez, car je le connois mieux que vous. » Ce qu'il y a de plus caractéristique, c'est que Charles, qui croyait connaître si bien La Trémoille et qui l'acceptait avec tant de regrets, se livra à lui aussi complétement qu'à Giac ou à Le Camus.

La Trémoille « ne fit point le roi menteur »; dès qu'il fut le maître à la cour, « il fit le pis qu'il put au connétable », et devint pour lui un ennemi beaucoup plus dangereux que ses deux prédécesseurs[1]. Là ne devait pas s'arrêter la perversité de cet homme bien pire encore que ne le pensait Charles VII. Par lui se réalisa plus tard dans l'histoire le type romanesque de Ganelon, l'idéal du traître.

Richemont était retourné à la guerre après s'être débarrassé de Le Camus : il tâcha de relever un peu le parti français en sauvant Montargis, ville du douaire de sa femme ; il rassembla sur la Loire, à Gien, un corps d'élite qu'il confia au bâtard Jean d'Orléans, depuis si fameux sous le titre de comte de Dunois, et à Étienne de Vignolles, dit La Hire, ce vaillant Gascon qui était partout où il y avait des coups à donner. Richemont les chargea de ravitailler Montargis; ils firent mieux encore. La place était protégée par deux rivières, le Loing et le Vernisson ; les assiégés avaient inondé les abords de leur ville, et la disposition des lieux avait obligé les Anglais à se partager en trois petits camps qui communiquaient difficilement ensemble. Vers le midi, par une chaude journée de juillet, les Français tombèrent tout à coup sur un des quartiers ennemis ; la garnison fit en même temps une furieuse sortie; tout ce corps anglais, fort de quinze ou seize cents combattants, fut tué, pris ou jeté à la rivière, et les troupes de secours entrèrent en triomphe dans Montargis[2]. Le comte de War-

---

1. *Vie du Connét. de Richemont.* — Berri. — *Chroniq. de la Pucelle.*
2. La *Chronique de la Pucelle* raconte, à propos du siége de Montargis, un trait curieux de La Hire, qui a été reproduit dans tous les recueils d'anecdotes, et qui est devenu très populaire. La Hire, ayant rencontré un chapelain peu d'instants avant le combat, s'avisa, si peu dévôt qu'il fût, qu'il ferait bien de mettre ordre à sa conscience : il appela le chapelain et « dit qu'il lui donnât hâtivement l'absolution : le chapelain lui dit qu'il confessât ses péchés; La Hire répondit qu'il n'avoit pas le loisir, et qu'il avoit fait ce que gens de guerre avoient accoutumé de faire. Sur quoi le chapelain lui bailla absolution telle quelle ; et lors La Hire fit sa prière à Dieu, en disant en son gascon, les mains jointes : — Dieu, je te prie que tu fasses aujourd'hui pour La Hire autant que tu voudrois que La Hire fît pour toi, s'il étoit Dieu et que tu fusses La Hire. — Et il *cuidoit* (croyait) très bien prier et dire. » On cite de ce vaillant aventurier d'autres saillies non moins originales. C'était lui qui caractérisait si énergiquement les mœurs militaires de son

wick leva le siége, la nuit suivante, avec le reste de la petite armée anglaise. C'était la première fois que le bâtard d'Orléans était chargé d'un commandement de quelque importance : il ne démentit pas ce brillant début.

Le succès de Montargis ne fut qu'un accident isolé : le connétable et les autres seigneurs qui soutenaient le faix de la guerre avaient déjà, contre La Trémoille, les mêmes griefs que contre Giac et Le Camus : pour solder les gens d'armes de l'expédition de Montargis, le connétable avait été obligé de mettre en gage sa couronne de comte; on ne lui payait plus ses pensions ni son office. La défection du duc de Bretagne compensa, et bien au delà, l'échec essuyé par les Anglais : Bedford était revenu d'Angleterre au mois d'avril, et avait dirigé sur-le-champ ses efforts du côté de la Bretagne; une assez longue paix intérieure avait ôté aux Bretons quelque chose de l'esprit héroïque du temps de Charles V; leurs premiers engagements contre les Anglais ne furent point heureux; n'attendant plus rien de Charles VII ni des siens, ils hésitèrent à attirer la guerre dans leur pays et laissèrent leur duc reconnaître de nouveau le traité de Troies (3 juillet 1427).

Les événements qui suivirent ne semblèrent que trop justifier la conduite du duc de Bretagne, qui, jugeant la France perdue, ne croyait plus devoir songer qu'au salut de sa province. Les discordes civiles achevaient de dissoudre le débris de royaume conservé par Charles VII : Richemont avait entrepris de traiter La Trémoille comme Giac et Le Camus; mais La Trémoille avait à la fois plus de capacité et plus de moyens de défense. Le connétable ayant donné rendez-vous, à Châtelleraut, aux comtes de Clermont et de La Marche[1] et au maréchal de Boussac, afin de concerter un plan d'attaque contre le favori, La Trémoille « fit défendre, de par le roi, que nul homme ne fût si hardi de mettre lesdits sei-

---

temps, en disant que, « si Dieu le Père se faisoit gendarme, il deviendroit pillard ». On rapporte aussi qu'un jour qu'il était à la cour, le roi lui demanda ce qu'il pensait d'une fête brillante à laquelle il venait d'assister : il répondit « que jamais ne s'étoit trouvé roi qui perdît si joyeusement son royaume ». Pasquier, *Recherches de la France*, l. VI, c. 4.

1. Prince de la maison de Bourbon, qui avait eu d'assez singulières aventures : il avait régné quelque temps à Naples, ayant épousé la reine Jeanne de Durazzo; après de longues querelles avec sa femme, il fut chassé de Naples, et Jeanne légua son royaume au roi d'Aragon.

gneurs en ville ni château, ni de leur faire ouverture en quelque place que ce fût ». L'entrée de Châtelleraut fut donc refusée au connétable qui rejoignit ses amis à Chauvigni : maints pourparlers eurent lieu, « mais nul appointement ne se put trouver, car La Trémoille ne s'assuroit (ne se fiait) en nul homme ». L'hiver était venu : le connétable se retira dans la seigneurie de Parthenai en Poitou dont il venait d'hériter, et les autres seigneurs s'en allèrent chacun dans leurs terres ; La Trémoille extorqua du roi une déclaration qui bannissait le connétable de la cour, et fit renvoyer à plusieurs reprises l'assemblée des États convoquée à Poitiers pour la fin de cette année : il craignait que les États n'intervinssent en faveur de ses adversaires [1].

Au printemps suivant la guerre civile éclata : les comtes de Clermont et de La Marche entrèrent dans Bourges sans résistance de la part des habitants, et assiégèrent la grosse tour que le commandant, le sire de Prie, ne voulut pas leur livrer. Le gouverneur fut tué, mais la tour ne se rendit pas, et le roi et La Trémoille survinrent « à grand nombre de gens », avant que le connétable se fût réuni aux deux Bourbons : Clermont et La Marche, se trouvant les plus faibles, s'accommodèrent avec le roi sans comprendre le connétable dans le traité. Richemont, qui était entré en Limousin, retourna à Parthenai, et continua les hostilités en Poitou et en Saintonge contre « ceux qui tenoient le parti de La Trémoille ».

Ainsi tout tournait contre la France : la dernière tentative faite pour réorganiser le parti national et rétablir l'ordre dans la défense des restes du territoire n'avait abouti qu'à créer un nouvel élément de dissolution et de ruine. Les longs démêlés des ducs de Bourgogne et de Glocester, et de ce même Glocester avec le cardinal évêque de Winchester et le conseil d'Angleterre, avaient empêché jusque-là Bedford de rien faire pour accabler un ennemi qui semblait acharné à sa propre perte : les obstacles qui arrêtaient le

---

1. Les États avaient déjà été réunis à Chinon au mois de septembre 1427. Les États étaient, depuis quelques années, assemblés régulièrement dans le Languedoïl français comme dans le Languedoc : le gouvernement du *roi de Bourges* n'était pas assez fort pour lever des impôts arbitraires. — *v. Hist. de Languedoc*, t. XXXIV, c. 45. — La régence anglaise, de son côté, traitait soit avec les États de ses provinces, soit avec les villes. Le despotisme avait disparu avec l'unité de la monarchie.

régent anglais tombèrent enfin devant sa persévérance. Le pape Martin V ayant déclaré nul le mariage de la comtesse Jacqueline avec Glocester, Bedford détermina son frère à se soumettre, et Glocester épousa une maîtresse dont l'influence avait contribué efficacement à sa soumission. Dès lors tout motif d'irritation entre le duc Philippe et les Anglais disparut : le régent n'obtint point désormais une assistance bien active de la part du duc Philippe ; mais c'était beaucoup que de n'avoir plus à craindre une défection éclatante. Philippe était absorbé par ses projets sur les Pays-Bas : il y réalisait complétement les plans un moment contrariés par Glocester, et il réunissait des provinces entières à ses États. Le comte de Namur lui avait vendu « sa comté », du consentement des nobles et des communes ; la force ouverte le mit en possession des vastes seigneuries de Jacqueline de Bavière, quoique la mort du duc Jean de Brabant (avril 1428) et la renonciation de Glocester à la main de Jacqueline, eussent supprimé tout prétexte de guerre. Jacqueline, sur le point d'être dépouillée de tous ses domaines, fut contrainte de reconnaître Philippe pour héritier de ses comtés de Hainaut, Hollande, Zélande et de sa seigneurie de Frise, et de lui en livrer immédiatement l'administration comme « avoué » et « mainbourg ». Elle s'obligea en outre à ne point se remarier sans l'aveu du duc[1]. Il n'y avait plus, dans tous les Pays-Bas, que les évêchés de Liége et d'Utrecht et les duchés de Clèves et de Gueldre qui ne reconnussent point la souveraineté de la maison de Bourgogne. Le chef de la branche cadette était alors Philippe, comte de Saint-Pol, devenu duc de Brabant et de Limbourg par le décès de son frère Jean : le duché de Luxembourg devait lui appartenir à la mort de sa mère, Élisabeth de Luxembourg-Gorlitz.

Tandis que Philippe s'agrandissait sans mesure dans les Pays-Bas, Bedford s'apprêtait à reprendre et à achever la conquête de la France. Thomas Montagu, comte de Salisbury et du Perche, habile général « ordonné » par le parlement anglais « pour venir en France faire guerre », amena au régent, en juin 1428, un renfort de six mille hommes d'élite. Un plan de campagne régulier

---

1. Elle épousa un simple gentilhomme hollandais dont elle s'était éprise, et mourut sans enfants en 1436.

allait succéder aux surprises de places, aux escarmouches et aux embûches de la guerre de partisans à laquelle on s'était borné depuis assez longtemps. « Après la venue dudit comte, furent, par plusieurs jours, à Paris tenus de grands conseils pour le fait de la guerre » (Monstrelet). Les seigneurs et bourgeois des cités et pays soumis à Henri VI n'osèrent refuser les subsides qu'on leur demanda [1] ; le clergé résista : Bedford voulait avoir, « pour le profit du roi », toutes les rentes et héritages qui avaient été donnés depuis quarante ans aux églises. Les clercs montrèrent une telle indignation, que Bedford retira cette exigence. (Monstrelet, l. II, c. 51.)

Les opérations militaires avaient commencé avant que les États de Paris se séparassent : une levée de gens d'armes avait été faite dans la Normandie, l'Ile-de-France et les autres provinces franco-anglaises, et Salisbury était entré en campagne à la tête de dix mille combattants, commandés sous lui par le comte de Suffolk et son frère John Pole, William Glansdale, Lancelot de L'Isle et d'autres renommés « chevetaines ». Les masses de combattants qu'on réunissait de part et d'autre avaient diminué d'année en année avec les ressources des pays qui étaient le théâtre de la guerre ; mais ce n'était point au nombre des troupes mises en mouvement que devait se mesurer l'importance de l'entreprise : des succès ou des revers de cette petite armée dépendait le sort de la France. Le but de ses chefs était de s'emparer du cours de la Loire afin d'ouvrir à l'invasion les provinces méridionales et de forcer Charles VII dans ses derniers asiles. Le malheureux duc Charles d'Orléans, qui languissait depuis treize ans dans les chaînes de l'Angleterre et dont la mort de Henri V avait rendu la captivité plus rigoureuse [2], avait appris dans sa prison les grands

---

1. « Le régent, dit le *Bourgeois de Paris*, toujours enrichissoit son pays des biens de ce royaume, et n'y rapportoit rien qu'une taille quand il y revenoit. »
2. Il cherchait, dans les lettres, des consolations qui ont valu à son nom de figurer auprès de ceux de Thibaud de Champagne et de nos plus célèbres trouvères. Les longs ennuis de la captivité avaient développé en lui un talent poétique qui, à défaut de puissance, se distingue par une douceur et une grâce mélancoliques. On a cité souvent sa ballade *à la Fortune* :

Fortune, veuillez-moi laisser
En paix une fois, je vous prie.
Trop longuement, à vrai compter,
Avez eu sur moi seigneurie.
Toujours faites la renchérie
Vers moi, et ne voulez ouïr

projets des Anglais : il « voulut obvier à ce » selon son pouvoir, et « recommanda sa terre » au comte de Salisbury, « lequel lui promit que il la supporteroit (la protégerait); et, de tout ce, ledit comte n'en tint rien[1] ». Les domaines du prince captif étaient précisément ces villes de la Loire dont la possession importait tant aux Anglais. Si Bourges était le principal séjour de la cour de Charles VII, Orléans était le vrai chef-lieu de la France centrale et la clef du midi. Aussi les capitaines anglais demandèrent-ils à grands cris le siége de cette importante ville; le prudent Bedford sentait l'entreprise tellement décisive qu'il hésitait à en donner le signal : l'ardeur des gens de guerre l'entraîna, et Salisbury reçut ordre d'attaquer Orléans. Il commença par nettoyer la rive droite de la Loire, au-dessus et au-dessous d'Orléans, de toutes les garnisons françaises qui eussent pu inquiéter son siége; il enleva sur son passage les dernières forteresses que tinssent des compagnies dauphinoises dans le midi de l'Ile-de-France et dans la Beauce, Nogent-le-Roi, Rambouillet, Rochefort, le Puiset, Thouri, Janville; il se saisit du passage de la Loire à Meung, prit Beaugenci,

Les maux que m'avez fait souffrir,
Il a jà plusieurs ans passés.
Dois-je toujours ainsi languir?
Hélas! et[*] n'est-ce pas assez?

. . . .

Tous maux suis content de porter,
Fors un seul qui trop fort m'ennuie,
C'est qu'il me faut loin demeurer
De celle que tiens pour amie.
Car pieça[*] en sa compagnie

Laissai mon cœur et mon désir :
Vers moi ne veulent revenir;
D'elle ne sont jamais lassés.
Ainsi suis seul sans nul plaisir :
Hélas! et n'est-ce pas assez?

De ballader j'ai beau loisir :
Autres déduits me sont cassés[**]
Prisonnier suis, d'amour martyr;
Hélas! et n'est-ce pas assez?

[*] Depuis longtemps. [**] Autres plaisirs me sont enlevés.

(*Poésies* de Charles d'Orléans; éd. de 1805, p. 170.)

Ces poésies consistent, pour la plupart, en courtes ballades et en madrigaux à trois strophes suivies d'un envoi. Le rhythme en est agréable et musical; l'emploi des rimes croisées y est presque général.

1. Le duc avait promis à Salisbury 6,000 écus d'or pour qu'il ménageât ses domaines. (*Chroniq. de l'établissement de la Fête du 8 mai à Orléans*, ap. *Procès de condamnation et de réhabilitation de Jeanne d'Arc, publiés pour la première fois d'après les mss. de la Biblioth. nationale; suivis de tous les documents historiques qu'on a pu réunir*, etc.; par Jules Quicherat; 1841-1849; t. IV, p. 286.) Une association particulière, la Société de l'Histoire de France, a eu l'honneur de réparer la coupable négligence avec laquelle tous les gouvernements avaient laissé dans l'ombre les documents de l'histoire de la libératrice de la France. Le savant et judicieux éditeur a fait de cette publication un monument digne du sujet et un admirable modèle.

Marchenoir, Jargeau, Sulli; les garnisons et les populations qui ne capitulèrent point à temps furent traitées avec une grande cruauté ; enfin, le 12 octobre 1428, l'armée d'Angleterre vint planter ses pavillons devant Orléans, du côté de la Sologne. Salisbury assit son camp sur la rive méridionale du fleuve pour rendre plus difficiles les communications d'Orléans avec les provinces « dauphinoises ».

Les Anglais trouvèrent Orléans préparé à les recevoir : les Orléanais avaient prévu depuis longtemps le péril qui les menaçait ; ils avaient compris la grandeur des intérêts qui reposaient sur leur résistance et des devoirs qui leur étaient imposés : ils sentaient que leur ville était le dernier boulevard de la France ; qu'il leur fallait renouveler l'héroïsme de Calais et de Rouen avec plus de bonheur. Pendant que les Anglais « conquêtoient » les forteresses du voisinage, les échevins[1] et procureur de la ville avaient convoqué l'assemblée générale des habitants : tous les habitants, clercs et laïques, montrèrent une noble émulation de dévouement et de sacrifices. Une taxe générale fut décrétée, et les citoyens les plus aisés, ainsi que les chapitres et les communautés religieuses donnèrent ou prêtèrent en outre de fortes sommes d'argent. Les Orléanais, malgré la répugnance trop motivée de la bourgeoisie pour les garnisons d'hommes de guerre, sentirent que le secours de gens expérimentés dans les armes leur était indispensable : ils appelèrent dans leurs murailles la plupart des braves aventuriers qui avaient délivré Montargis l'année précédente; le bâtard d'Orléans, frère de leur suzerain, La Hire, Saintrailles, le sire de Villars, capitaine de Montargis, le Gascon Coarasse, Nicolas de Giresme, commandeur de l'ordre de l'Hôpital, entrèrent à Orléans avec sept ou huit cents soldats d'élite. Le sire de Gaucourt, l'ancien défenseur de Harfleur, racheté récemment d'une captivité de treize années, commandait la place comme bailli du duc d'Orléans. Au midi de la Loire s'étendait un vaste faubourg appelé le Portereau, qui renfermait plusieurs églises et beaucoup de belles maisons de plaisance : on ne pouvait le défendre, on en rasa la plus grande partie et l'on coupa les vignes et les arbres à plus d'une

---

1. Le titre d'échevins avait fini par remplacer le vieux titre de prud'hommes à Orléans.

lieue à la ronde; la moisson par bonheur était rentrée. Des processions furent ordonnées afin d'implorer d'avance le pardon du ciel pour les péchés et les désordres inséparables de la guerre[1].

Le bruit des progrès de l'ennemi sur la Loire et du danger d'Orléans s'était répandu dans les provinces fidèles à la cause nationale et y causait une impression profonde : Bourges expédia un convoi de vivres et de munitions aux Orléanais; Poitiers, La Rochelle et d'autres villes envoyèrent des secours en argent. Charles VII, dont les destinées allaient se jouer sous les murs d'Orléans, se réveilla un peu de sa langueur, pas assez toutefois pour imposer silence aux discordes qui perdaient sa cause ni aux misérables passions dont il partageait les petitesses sinon les violences. La Trémoille ne permit pas le rappel du connétable : il eût livré son maître aux Anglais plutôt qu'à Richemont. Les députés des trois ordres du Languedoïl et du Languedoc, convoqués à Tours, à deux reprises, pour le 18 juillet et le 10 septembre, ne s'y étaient pas rendus, tant la conduite de la cour avait jeté de découragement et de dégoût dans les esprits : Charles VII publia une troisième convocation pour le commencement d'octobre à Chinon. Le sentiment du péril de la patrie l'emporta, et pour la première fois les représentants du Languedoc et du Dauphiné sortirent de leur pays et se réunirent dans une même assemblée avec les députés de la langue de France. La plupart des grands seigneurs, les comtes de Clermont, de la Marche, de Foix, d'Armagnac, le seigneur d'Albret étaient absents : on ne vit de princes du sang, auprès du roi, que la reine douairière de Sicile, le duc d'Alençon[2] et le comte de Vendôme. Les États, par un sentiment d'unité bien rare au moyen âge, demandèrent la jonction des deux parlements de Poitiers et de Toulouse[3], jonction qui fut prononcée et qui dura quinze ans (jusqu'en 1443); ils demandèrent encore la réforme de la chambre des comptes et des tribunaux des baillis

---

1. *Journal du siége d'Orléans;* Orléans, 1576. — Monstrelet, l. II, c. 52. — *Chronique de l'établissement de la Fête du 8 mai.* — *Chronique de la Pucelle.* — Le Maire, *Hist. et Antiquités de la ville et duché d'Orléans.*

2. Il était sorti des mains des Anglais par l'intervention du duc de Bretagne et moyennant une immense rançon de 200,000 écus d'or.

3. Le parlement de Toulouse, chassé de cette ville par la peste qui la désolait, était alors à Béziers.

et prévôts, et accordèrent un subside de 400,000 livres, payable moitié par le Languedoïl, moitié par le Languedoc et le Dauphiné : les nobles, les clercs, les étudiants des universités, les ouvriers des monnaies, tous les privilégiés enfin durent payer leur part : on taxa jusqu'aux mendiants. La faiblesse de la somme votée attestait, surtout pour le Languedoïl, l'épuisement et non l'indifférence. Les États sommèrent tous les feudataires de la couronne de s'armer pour secourir le royaume en cette extrémité[1]. On s'efforça de tirer de l'Écosse de nouveaux secours; Charles VII promit au roi d'Écosse le duché de Berri ou le comté d'Évreux, à son choix, après la délivrance du royaume, et l'on arrêta le mariage du dauphin Louis avec la petite princesse Marguerite d'Écosse.

Le grand siége sur lequel la France et l'Angleterre avaient les yeux était en pleine action. A l'approche de l'ennemi les Orléanais avaient fait une vigoureuse sortie, incendié la partie du faubourg du Portereau qui n'était point abattue, puis s'étaient repliés sur les Tournelles (les tourelles), châtelet qui protégeait l'extrémité méridionale du pont d'Orléans. Ils travaillaient jour et nuit, depuis quelque temps, à construire, avec du bois, de la terre et des décombres, un boulevard en avant des Tournelles du côté du Portereau. Les Anglais attendirent que les flammes se fussent éteintes, puis se logèrent dans les ruines du faubourg et firent une « bastide » ou petit camp retranché de l'église et du couvent des Augustins, qui n'avaient été qu'à demi détruits et qu'ils fortifièrent « de profonds fossés et de clôture ». Cette bastide était à demi-portée de canon des Tournelles. Dès le 17 octobre, l'artillerie anglaise fut en batterie et tonna sur la ville et sur les Tournelles.

Une mine avait été ouverte dans l'enceinte des Augustins; elle fut conduite en peu de jours jusque sous le boulevard des Tournelles; l'impatience des Anglais n'en attendit pas l'effet, et, « le jeudi 21 octobre, environ l'heure de midi, les Anglois livrèrent, à toute leur puissance, un fier et merveilleux assaut contre les François qui tenoient le boulevard du bout du pont d'Orléans ». Ils furent accueillis « d'un terrible courage » : non-seulement les bourgeois se battirent aussi hardiment que les soldats, mais les femmes

---

1. *Ordonn.*, t. XIII, Préface, p. xij, et p. 140. — *Hist. de Languedoc*, l. XXXIV, c. 45-47.

mêmes, s'avançant avec intrépidité à travers les flèches et les
« viretons[1] », apportaient aux défenseurs du boulevard des vivres,
du vin, du vinaigre, leur essuyaient le front, pansaient leurs blessures ; d'autres voituraient des pierres, faisaient chauffer de l'eau,
des cendres, de la chaux vive, fondre de la graisse, rougir au feu
des cercles de fer liés ensemble, qu'on jetait « à foison » du parapet
sur les assaillants : « aucunes furent vues qui repoussoient à coups
de lances les Anglois et les abattoient ès fossés ». Les femmes d'Orléans préludaient aux exploits bien plus merveilleux qu'allait prochainement accomplir une autre héroïne. « Les Anglois furent tant
grevés, qu'ils cessèrent l'assaut. » Deux cent quarante des leurs
étaient restés sur la place ; du côté des Français, un seul gentilhomme fut tué ; mais presque tous les capitaines et les meilleurs
gens d'armes étaient blessés. Tout ce sang avait été versé inutilement
de part et d'autre, car la mine pratiquée par les Anglais suffisait
pour obliger les assiégés à évacuer le boulevard. Deux jours après
l'assaut (23 octobre), les Français, ayant reconnu que les ennemis
n'avaient qu'à mettre le feu aux étais de la mine pour faire crouler
le boulevard, incendièrent eux-mêmes ce retranchement et se
retirèrent aux Tournelles. Les Tournelles étaient « moult battues et
empirées » par l'artillerie ennemie, et l'on ne croyait pas pouvoir
les tenir longtemps : on rompit une arche du pont en arrière de ce
fort, et l'on établit au milieu du pont, dans un endroit où il s'appuyait sur une petite île, un nouveau boulevard qui défendait
l'approche de la cité.

Dès le 24 octobre, les Anglais assaillirent les Tournelles. Ce châtelet était « peu garni de gens de fait, la plupart ayant été blessés
en l'assaut du jeudi » : les Tournelles furent emportées après une
faible résistance. La perte de ce fort, quoiqu'on eût dû s'y attendre,
jeta beaucoup d'inquiétude et de tristesse dans la ville ; on voyait
trop le parti que les ennemis tireraient de sa possession. Un heureux événement vint, le lendemain, faire diversion aux alarmes
des Orléanais : ce fut l'entrée d'un renfort que le bâtard d'Orléans
et La Hire étaient allés chercher au loin ; ils ramenèrent le maréchal de Boussac, le sire de Chabannes, sénéchal du Bourbonnais,

---

1. Traits d'arbalète.

le capitaine lombard Valperga, et huit cents hommes d'armes, gens de trait et fantassins français et italiens (25 octobre).

L'arrivée de ce secours, qui en présageait d'autres, et l'attitude des bourgeois et de la garnison avaient démontré à Salisbury la nécessité de cerner la ville et d'entreprendre un siége en règle. Aussitôt après la prise des Tournelles, il avait donné le commandement de ce fort à sir William Glansdale (le *Glacidas* de nos chroniqueurs), un de ses meilleurs capitaines, qui « répara et renforça grandement » la forteresse et le boulevard abandonné, les garantit contre les irruptions des assiégés en coupant à son tour l'arche du pont la plus voisine, et y logea une puissante artillerie. Mais Salisbury ne voulait plus se borner à battre la ville d'un seul côté et avait résolu de faire repasser sur la rive droite de la Loire une partie de ses troupes. Un matin (c'était le 27 octobre), il monta avec Glansdale au second étage des Tournelles, « pour voir plus à plein la fermeture et l'enceinte du siége d'Orléans : — Monseigneur, lui dit Glansdale, regardez ici *votre* ville ; vous la voyez d'ici bien à plein. — Et soudainement, comme il disoit ces paroles, vint de la cité en volant une pierre de canon qui *férit* contre un des côtés de la fenêtre par où le comte regardoit ». Salisbury se rejeta vivement en arrière ; mais les éclats de pierre que le boulet fit jaillir de la fenêtre le frappèrent à la face et lui emportèrent un œil et la moitié du visage : il tomba tout sanglant aux pieds de Glansdale sur le corps d'un de ses chevaliers que le même coup avait tué roide. « Les Anglais, bien dolents et courroucés, prirent ledit comte et l'envoyèrent à Meung le plus clandestinement qu'ils purent, auquel lieu il trépassa promptement (3 novembre). » Il mourut en recommandant à ses capitaines de soumettre Orléans à quelque prix que ce fût[1].

---

1. Monstrelet, l. II, c. 52. — *Chroniq. de l'établissement de la Fête du 8 mai.* — Berri, roi d'armes. — Jean Chartier, *Hist. de Charles VII* (il fut chantre de Saint-Denis et historiographe du roi : c'était le frère d'Alain Chartier). — *Chroniq. de la Pucelle.* — *Journal du siége.* — Le *Journal* ou plutôt la *Chronique du siége d'Orléans*, dans la forme où nous l'avons, n'est pas antérieure au règne de Louis XI ; mais elle a pour base, comme le reconnaît M. Quicherat (*Procès de Jeanne d'Arc*, t. IV, p. 95), un *registre* écrit à mesure des événements et que nous n'avons plus. La *Chronique de la Pucelle* n'est pas contemporaine : M. Quicherat établit qu'elle n'est pas antérieure à 1467 ; qu'elle n'est qu'une compilation de plusieurs monuments authentiques, augmentés d'un certain nombre de faits recueillis par l'auteur.

Les précautions des Anglais n'empêchèrent pas que la nouvelle de la mort du chef ennemi ne pénétrât dans la ville et n'y répandît l'allégresse : on raconta que Notre-Dame elle-même avait dirigé ce boulet vengeur; qu'elle avait puni la profanation récente de sa célèbre église de Cléri pillée par les Anglais après la prise de Meung. La confiance des assiégés dans la protection d'en haut en fut redoublée. La mort de Salisbury eut au contraire dans l'armée assiégeante et jusqu'en Angleterre un retentissement lugubre : « plus vaillant homme que lui, dit Lefèvre de Saint-Remi, ne fut en Angleterre ni ne peut être sous le soleil ».

La perte de cet excellent homme de guerre n'abattit point cependant le courage des siens. Au lieu de pleurer leur chef, ils songèrent à le venger et à remplir ses dernières volontés. Ils délibérèrent de continuer plus « âprement » le siége, sous la direction du comte de Suffolk que le régent donna pour successeur à Salisbury. La première opération de Suffolk fut de ramener le gros de l'armée au nord de la Loire, suivant les intentions de Salisbury (8 novembre); un corps de troupes fut laissé à Glansdale, qui demeura chargé de garder les Tournelles et la bastide des Augustins au midi du fleuve. Sur la rive méridionale furent encore établis deux autres bastides ou fortins, à Saint-Jean-le-Blanc et à Saint-Privé, au-dessus et au-dessous des Tournelles, pour intercepter les passages par terre et par eau du côté de la Sologne; mais l'investissement du côté de la Beauce fut suspendu plusieurs semaines encore : le mauvais temps empêchait apparemment les travaux de siége. Le gros des troupes anglaises resta cantonné dans les petites villes des environs, à Meung, à Beaugenci, à Jargeau, durant les mois de novembre et de décembre, tandis que Glansdale tenait incessamment les Orléanais en éveil par de furieuses canonnades : quelques-unes de ses bombardes vomissaient des boulets de grès de deux cents livres. Les Orléanais avaient aussi des pièces d'une dimension extraordinaire et de redoutables canonniers : un « couleuvrinier » de Lorraine, appelé « maistre Jehan », se signala entre tous. Il entremêlait ses beaux coups de « gausseries » tout à fait gauloises [1].

---

1. *Journal du siége*, p. 13. Les assiégés envoyèrent des violons aux Anglais pour les désennuyer, disaient-ils, pendant l'hiver. *Ibid.* p. 12.

Le comte de Suffolk mit ses gens en mouvement vers la fin de décembre : le fameux capitaine Talbot lui avait amené du renfort, et le duc de Bourgogne, qui n'avait pris d'abord aucune part à cette campagne, venait enfin d'envoyer un corps de Bourguignons et de Picards joindre les Anglais. Les Orléanais ne s'étaient pas trompés sur les projets de l'ennemi en le voyant repasser la Loire, et, dès le 8 novembre, ils avaient renouvelé et complété le douloureux sacrifice du Portereau par la destruction des faubourgs de la rive droite, « les plus beaux faubourgs du royaume », dit le Journal du siége. C'est la seule parole de regret qui échappe à l'écrivain anonyme dans son simple récit de ce grand dévouement. Les villes de la Loire, Orléans surtout, depuis si longtemps étrangères aux maux de la guerre, avaient débordé en sécurité par delà leurs vieilles enceintes romaines, et s'étaient entourées d'une verdoyante ceinture de maisons de plaisance et de jardins riants. Tout fut détruit par la pioche et par les flammes, les maisons neuves et les vieux moûtiers au pied desquels elles se groupaient ; on acheva, le 29 décembre, à l'approche de l'ennemi, le peu qui avait été épargné le 8 novembre : vingt-six églises, entre autres la vénérable basilique de Saint-Aignan[1], le patron de la cité, avaient été mises à ras terre tant dans les faubourgs du nord que dans le Portereau. Les Anglais arrivèrent le 30 décembre de Meung et de Jargeau : Suffolk établit son quartier général dans le petit bourg de Saint-Laurent-des-Orgerils qui était alors à une portée de canon des murailles d'Orléans vers l'ouest, et de grands travaux furent commencés pour enclore la cité dans un cercle de bastides bien fortifiées et fossoyées. Chacune des routes qui conduisent à Orléans fut coupée par un de ces petits camps retranchés : on en compta jusqu'à treize, sept du côté de la Beauce, cinq du côté de la Sologne, et le treizième, qui liait ensemble les deux siéges et les deux rives de la Loire, dans une île du fleuve, l'île Charlemagne, entre Saint-Laurent-des-Orgerils et Saint-Privé. Trois des bastides reçurent les noms de Londres, Paris et Rouen.

Des sorties continuelles troublèrent les « besognes » des Anglais ; chaque jour le sang coulait dans de violentes escarmouches : tan-

---

1. Elle avait été bâtie par le roi Robert en même temps que Poissi et que Saint-Germain-des-Prés.

tôt les assiégés allaient audacieusement charger les Anglais jusque dans les lignes ébauchées de leurs boulevards ; tantôt les assiégeants tentaient de surprendre la ville par de nocturnes escalades. De temps à autre, du bétail, des vivres, des munitions étaient introduits dans Orléans, malgré la surveillance de l'ennemi, et prouvaient aux défenseurs de la cité qu'on ne les oubliait pas au dehors : Bourges et Blois surtout rivalisèrent de zèle pour envoyer des secours. Il en vint de bien plus loin, d'Auvergne, de Languedoc même. Le 5 janvier 1429, le sire de Culant, amiral de France, arriva par la Sologne à la tête de deux cents chevaux ; il traversa au galop les ruines du Portereau, passa la Loire à gué sous les feux croisés des batteries anglaises, et entra dans Orléans aux acclamations populaires. Le passage entre les bastides des assiégeants, la plupart inachevées encore, était périlleux mais non impossible : pour compléter le blocus il eût fallu lier les uns aux autres ces forts détachés par des tranchées de circonvallation et de contrevallation. Les Anglais l'entreprirent ; mais la grande étendue des lignes à creuser et les difficultés que la saison opposait aux fossoyeurs ne leur permirent pas d'achever leur ouvrage, et ils ne réussirent point à intercepter entièrement les communications de la ville avec l'extérieur. Le 27 janvier, Pothon de Saintrailles et plusieurs autres nobles et bourgeois que les habitants et la garnison avaient envoyés en députation au roi parvinrent à rentrer dans Orléans avec d'heureuses nouvelles : ils annoncèrent que le comte de Clermont, répondant à l'appel adressé par les États-Généraux aux princes et aux vassaux de la couronne, était à Blois avec beaucoup de noblesse de Bourbonnais, d'Auvergne, de Berri, de Poitou, des auxiliaires écossais et d'autres troupes, et qu'il allait faire lever le siége. Le bâtard d'Orléans s'échappa de la ville la nuit suivante pour courir joindre le comte à Blois et le presser d'agir. Du 8 au 9 février, deux mille trois cents combattants français, gascons et écossais, commandés par le maréchal de La Fayette, le vainqueur de Baugé, par Guillaume d'Albret et par William Stuart, arrivèrent de Blois sans obstacle sérieux : ce renfort était destiné à mettre les assiégés en état de seconder par une sortie formidable l'attaque des troupes de secours contre les positions anglaises.

Le bruit du départ d'un grand convoi expédié de Paris à l'armée de siége par le duc de Bedford modifia les plans du comte de Clermont et de ses capitaines : ils résolurent d'enlever ce convoi, qui consistait en quatre à cinq cents chariots remplis de farine et de harengs salés : les bourgeois de Paris avaient été obligés de fournir les « vitailles », et les paysans des environs, de fournir les charrettes et les chevaux. Sir John Falstolf, grand maître d'hôtel du régent, qui avait déjà conduit récemment douze cents soldats et beaucoup de poudre et d'artillerie à Suffolk, commandait une escorte composée de quinze ou seize cents soldats anglais et français et d'un millier d'archers et d'arbalétriers de la milice parisienne, gens robustes et adroits, recrutés parmi les restes de ce parti cabochien que ses aveugles passions rendaient l'instrument de l'étranger ; le prévôt de Paris, Simon Morhier, le prévôt de Melun, le bâtard de Thian, bailli de Senlis, et d'autres « François reniés » accompagnaient le chef anglais. Le comte de Clermont manda aux capitaines enfermés dans Orléans de lui envoyer un fort détachement vers Janville, sur la route d'Étampes à Orléans, que devait suivre Falstolf : les deux maréchaux de La Fayette et de Boussac, Guillaume d'Albret, Saintrailles, La Hire, William Stuart, sortirent d'Orléans avec quinze cents hommes d'élite, et devancèrent à Janville le jeune prince qui avait beaucoup plus de chemin qu'eux à faire.

Les Anglais approchaient du village de Rouvrai-Saint-Denis, cheminant sans aucun ordre, en pleine sécurité : cette longue colonne d'hommes, de chevaux, de chariots, eût été probablement rompue et dispersée par une brusque attaque ; les défenses du comte de Clermont, qui dépêcha courrier sur courrier pour ordonner expressément qu'on l'attendît, arrachèrent une victoire presque assurée aux défenseurs d'Orléans : les Anglais reconnurent le danger, et eurent tout le temps de s'apprêter à y faire face. Ils se firent une sorte de parc avec leurs chariots ; ils s'enfermèrent dans cette enceinte improvisée, n'y laissèrent que deux issues gardées, l'une par les archers anglais, l'autre par les compagnies parisiennes ; un rang de pieux ou *pals* aigus, suivant l'usage anglais, protégeait les hommes de trait contre la cavalerie et complétait l'enceinte. Une vive escarmouche s'engagea entre les gens de trait des deux partis : « ceux d'Orléans » suivant la Chronique de la Pucelle, avaient amené plusieurs canons et coulevrines, « contre lesquels rien ne résistoit qu'il ne fût mis en pièces ». Sur ces entrefaites arriva l'avant-garde du comte de Clermont, formée principalement d'Écossais sous les ordres de lord John Stuart, « le connétable d'Écosse », comme on l'appelait : le gros de la gendarmerie du comte se montrait dans le lointain. Ordre avait été donné aux gens d'armes de ne pas descendre de cheval ; mais, quand les Écossais virent les Anglais, ils ne voulurent rien entendre : ils sautèrent à bas de leurs chevaux, et coururent l'épée au poing à l'entrée du parc gardée par les archers d'Angleterre : le bâtard d'Orléans et d'autres jeunes chevaliers les suivirent, pendant que les Gascons de Guillaume d'Albret fondaient au galop, têtes baissées, sur les compagnies parisiennes : les chevaux des Gascons allèrent s'empaler sur les pieux qui couvraient le front de la milice de Paris ; Guillaume d'Albret fut tué avec beaucoup de ses Gascons ; les autres tournèrent bride et jetèrent le désordre dans le reste de la cavalerie. Les Anglo-Bourguignons sortirent alors en masse de leur « enclos », et enveloppèrent les Écossais et ceux des Français qui avaient mis pied à terre : le bâtard d'Orléans fut blessé ; le connétable d'Écosse et son frère William Stuart furent tués ainsi que plusieurs capitaines français et quatre à cinq cents hommes d'armes.

Le comte de Clermont était assez près pour les secourir ou les venger à la tête d'une nombreuse noblesse : « il n'en fit onc semblant », et, sous prétexte qu'on avait engagé le combat et mis pied à terre contre son ordre, il fit honteusement volte-face sans coup férir du côté d'Orléans, avec trois ou quatre mille chevaux qui l'accompagnaient. Une partie de ses gens se dispersèrent ; les restes du détachement sorti d'Orléans, ralliés par La Hire et Saintrailles, furent obligés de suivre le mouvement du comte, et cette armée en déroute se présenta vers la nuit aux portes de la cité : les Anglais lui tuèrent du monde à son passage entre leurs bastides ; s'ils eussent connu son sanglant échec et son profond abattement, ils l'eussent chargée à fond et dissipée sans peine (12 février). Les bastides ennemies retentirent de cris d'allégresse, quand les assiégeants surent l'événement de la bataille : ils la nommèrent « par moquerie » la « journée des harengs », à cause des tonnes de poisson qu'on leur amenait pour passer le carême et que les Français avaient voulu leur enlever. Falstolf et sa troupe arrivèrent triomphalement en l'*host* le 13 février ; les compagnies parisiennes qui avaient eu tant de part à la victoire, s'en retournèrent aussitôt après.

La discorde et le deuil, pendant ce temps, régnaient dans la ville assiégée : ce n'était pas en fuyards mais en vainqueurs qu'on avait espéré voir paraître les escadrons de secours ; les habitants et la garnison reprochaient au comte de Clermont son inaction ignominieuse à Rouvrai ; le conseil des chefs ne retentissait que de plaintes et de querelles. Quelques jours se passèrent ainsi. Le 18 février, le comte de Clermont annonça qu'il voulait aller à Chinon devers le roi pour refaire son armée et préparer sa revanche ; il emmena l'archevêque de Reims, chancelier de Charles VII, la Hire et deux mille combattants ; l'évêque même d'Orléans déserta ses ouailles. Les Anglais les laissèrent passer, considérant cette retraite comme l'abandon d'Orléans. Le comte avait cependant juré qu'il reviendrait secourir la ville « de gens et de vivres dedans un certain jour »; mais ce jour vint sans que le comte reparût : non-seulement Clermont ne rassembla pas de nouvelles forces, mais le corps de troupes qu'il avait emmené se dissipa en arrivant à Blois. Les assiégeants au contraire croissaient incessamment en nombre : tout espoir d'assistance de la part du roi était perdu ; la sympathie des populations, sans direction, sans guide, était impuissante à sauver Orléans et ne pouvait que prolonger son agonie : les Orléanais avaient compris leur situation ; ils ne pouvaient se résoudre à devenir Anglais, mais ils avaient cherché un moyen terme qui fût acceptable pour leurs ennemis. Le lendemain du départ du comte de Clermont, ils avaient expédié Saintrailles et d'autres députés vers le duc de Bourgogne, pour lui offrir de mettre leur ville en séquestre dans ses mains, si le régent anglais voulait leur accorder « abstinence de guerre ».

Bien des jours et des semaines s'écoulèrent avant qu'on eût des nouvelles de cette ambassade, et cependant l'ennemi pressait la ville avec une fureur croissante ; l'énergie de la défense ne s'affaiblissait pas plus que celle de l'attaque : le maréchal de l'*host* d'Angleterre, Lancelot de Lisle, avait eu la tête emportée par un boulet; beaucoup d'autres Anglais de distinction avaient péri sous le feu de la place, et le farouche commandant des Tournelles, sir William Glansdale, était si exaspéré de cette opiniâtre résistance qu'il se « vantoit de faire tout tuer à son entrée dans la ville, hommes et femmes, sans épargner aucun » (Chroniq. de la Pucelle). La position des assiégés était de plus en plus critique, les secours plus rares et plus insuffisants, le blocus plus rigoureux. Les députés envoyés au duc Philippe furent enfin de retour le 17 avril. Jean de Luxembourg, gouverneur de Picardie, les avait menés vers le duc en Flandre; ils avaient été accueillis avec beaucoup de bienveillance, et Philippe, flatté de la confiance que lui témoignait leur cité, était revenu avec eux à Paris afin d'appuyer leur proposition près du duc de Bedford. Le conseil du régent reçut très mal la requête : les Anglais se montrèrent fort irrités des prétentions du duc de Bourgogne. Dans une discussion orageuse, au Louvre, un des membres du conseil, « appelé maistre Raoul-le-Sage », dit hautement que les Anglais n'étaient pas faits « pour mâcher les morceaux au duc de Bourgogne afin qu'il les avalât ». Bedford lui-même oublia sa circonspection habituelle : il croyait avoir assez acheté l'amitié de Philippe en lui sacrifiant son frère Glocester et en le laissant engloutir les Pays-Bas presque entiers, et il trouvait mauvais que le Bourguignon vînt encore s'immiscer dans les affaires de l'intérieur du royaume, et ravir aux Anglais le fruit de leurs labeurs. « J'aurai Orléans à ma volonté, s'écria-t-il, et ceux de la ville me paieront ce que m'a coûté le siége; je scrois bien marri d'avoir battu les buissons, et qu'un autre eût les oisillons. » (Monstrelet. — Jean Chartier.) Le régent refusa « donc tout à plein » : les deux beaux frères se séparèrent assez aigris l'un contre l'autre; on prétend même que le duc de Bedford laissa échapper des menaces contre Philippe de Bourgogne [1]. Ce qui est certain, c'est que Philippe reprit la route de

---

1. « Il lui échappa de dire... que le duc de Bourgogne pourroit bien s'en aller en Angleterre boire de la bierre plus que son saoul. » Gollut; ap. Barante, t. V, p. 270. Ce n'était pas la première fois que Bedford avait eu de mauvais projets contre Philippe.

Flandre avec un mécontentement qu'il témoigna d'une manière éclatante ; il envoya son héraut porter l'ordre à tous ses vassaux et adhérents de quitter l'armée anglaise, ce que firent de grand cœur la plupart des Picards, Champenois et Bourguignons.

Ces troupes ne formaient qu'une faible partie de l'armée de siége : les Anglais, plusieurs fois renforcés par des secours qui compensaient leurs pertes, s'estimaient trop certains de vaincre pour avoir besoin dorenavant de l'assistance des Bourguignons ; ils ne demandaient plus au duc Philippe que de se croiser les bras et de les regarder faire.

Les citoyens et la garnison d'Orléans apprirent avec une fermeté admirable la ruine de ce qui avait semblé leur dernière espérance : la nuit même qui suivit le retour de Saintrailles, ils annoncèrent à l'ennemi, par une terrible sortie, leur résolution de résister jusqu'à la mort. Ils pénétrèrent dans le grand parc du comte de Suffolk, près de Saint-Laurent-des-Orgerils, et y portèrent l'épouvante et le carnage ; toutes les forces anglaises se réunirent enfin contre eux et les refoulèrent dans la ville, après une lutte sanglante. (18 avril.—Journal du siége.) Cette attaque parut aux Anglais l'effort suprême du désespoir : sûrs d'avoir Orléans bientôt à leur merci, ils débattaient déjà les plans de leur prochaine campagne au midi de la Loire et l'expulsion définitive du « roi de Bourges ». Ils ne doutaient pas que la chute d'Orléans n'entraînât sur-le-champ la soumission de la Touraine, du Berri et du Poitou, et que tout le reste ne suivît promptement. La déroute de Rouvrai avait découragé la noblesse et les gens de guerre ; l'espèce de fermentation et d'exaltation douloureuse qui agitait le peuple sans résultat paraissait devoir promptement faire place à l'atonie. Après Rouvrai, la plupart des princes et des seigneurs avaient « laissé le roi Charles comme abandonné », dit Monstrelet, et s'étaient retirés dans leurs terres, attendant sans doute le moment de transiger avec le vainqueur. Charles VII, durant les premières semaines qui suivirent ce malheureux combat, était à Chinon, isolé, consterné, dénué de ressources ; son trésor était vide ;

1. Dans la révision du procès de la Pucelle, la dame de Bouligni, veuve d'un receveur général des finances, dépose que son mari se trouva un jour avec quatre écus en caisse. *Procès de Jeanne d'Arc*, t. II, p. 85.

ses derniers soldats étaient prêts à se disperser ; ses conseillers l'engageaient à quitter la Touraine et à se retirer dans les montagnes d'Auvergne, ou même par delà le Rhône, en Dauphiné, « si du moins on pouvoit sauver ces provinces! » dit le Journal du siége d'Orléans. Le faible monarque vouloit faire plus encore : il se reprochait d'être cause de tant de maux en prolongeant une lutte inutile; il doutait d'être « vrai hoir du royaume descendu de la royale maison de France », doute que la conduite de sa mère ne rendait que trop légitime ; il se croyait en butte au courroux du ciel, et projetait d'abandonner la couronne et d'aller chercher un asile en Espagne ou en Écosse, ne demandant plus à Dieu que de lui sauver la vie et la liberté.

Tous les signes avant-coureurs de la mort des nations semblent donc annoncer que la fin de la France est proche : toutes les forces politiques et sociales sont dissoutes ; la royauté, épuisée par cinquante ans de démence, n'est plus même capable de mourir avec gloire ; la noblesse, précipitée de défaite en défaite par son téméraire orgueil et par son esprit de désordre, a passé d'une présomption fatale à un abattement plus fatal encore. Le clergé gallican, dépouillé, par ses fautes, de la domination qu'il avait jadis exercée sur les esprits, s'est laissé annuler dans la lutte des deux peuples, et n'a pas su prendre dans la défense le rôle que le clergé anglais a pris dans l'attaque : il n'a que des vœux impuissants à offrir à la monarchie très chrétienne ; encore sa cohorte sacrée, l'université de Paris, désertée de ses plus grands et de ses meilleurs champions, encense-t-elle lâchement le roi étranger. La bourgeoisie elle-même, la couche la plus profonde, l'élément le plus vital de la nation politique, a succombé moralement à son tour ; Paris, la tête et le cœur du Tiers-État et de la France, Paris a failli aux destinées de la patrie, Paris subit l'Anglais. Orléans ne peut plus que clore en périssant cette phase de la résistance bourgeoise ouverte par les glorieuses infortunes de Harfleur et de Rouen, et qu'anoblir par un dévouement infructueux la chute du Tiers-État. La mission du grand peuple qui a enfanté la chevalerie, les croisades, la poésie, les arts du moyen âge, qui a été durant des siècles le lien de la république chrétienne, l'initiateur du mouvement européen, cette mission va-telle passer à un peuple nouveau? Le rôle de la France est-il fini parmi les nations? L'Angleterre le proclame, et l'Europe commence à le croire.

D'où viendrait en effet le secours? Quelle puissance inconnue fera ce que n'ont pas su faire les forces organisées de la société française, la royauté, la noblesse, le clergé, la bourgeoisie?... La puissance qui fit sortir les régénérateurs de la terre d'entre les charpentiers de Bethléem et les pêcheurs de Génézareth! la puissance qui évoque des dernières profondeurs sociales, quand toutes les sommités s'écroulent, ces forces vierges et ignorées d'elles-mêmes que la Providence tient en réserve dans les entrailles des peuples! La raison, la réflexion ne peuvent plus rien, n'entrevoient même plus la possibilité du salut : l'inspiration du sentiment saura trouver de ces *sublimes folies* qui sauvent le monde!

Les fléaux qui frappent incessamment la France depuis la démence de Charles VI et surtout depuis le meurtre du duc d'Orléans, n'ont épargné aucun homme ni aucune classe. Un roi de France est mort fou après de longues années de souffrances : un autre roi est vaincu, proscrit, chassé de cité en cité par les usurpateurs de son héritage; la noblesse a été décimée dans les combats, traînée en captivité, placée entre la confiscation et une honteuse obéissance; les clercs ont vu leurs églises ravagées, leurs bénéfices envahis par d'arrogants étrangers; la bourgeoisie a subi la ruine du commerce et de l'industrie, la disette, les proscriptions, les exactions de tous les partis vainqueurs; mille calamités réunies ont dépeuplé les villes, sans faire grâce aux châteaux; tous ont ainsi connu les angoisses et les larmes; mais toutes ces douleurs ensemble ne sont rien auprès des douleurs des paysans : le peuple des campagnes, compté pour rien dans la société politique et toujours opprimé dans les temps les plus calmes, n'est plus maintenant courbé sous la main de ses maîtres, mais écrasé sous les pieds de mille tyrans mercenaires; il n'est plus baigné dans sa sueur, mais broyé dans son sang, ravalé au-dessous des brutes des forêts, parmi lesquelles il va, effaré, mutilé, chercher de sauvages asiles. C'est là la misère des misères, le fond du puits de l'abîme où aboutissent tous ces cercles de désolation!

Dans ce gouffre descendra le pur rayon de l'idéal divin qui

porte la vie et le salut! Du sein de cet enfer surgira le libérateur, et ce libérateur sera une femme! Le peuple des campagnes, qui ne semble même plus capable de l'élan farouche et aveugle de la Jacquerie, va enfanter Jeanne Darc[1]. Les femmes ont été précipitées dans une dégradation plus profonde encore que les hommes, livrées à tous les outrages, à toutes les dérisions de la force effrénée, durant ces horribles guerres, qui faisaient de l'homme un mélange de la bête de proie et du démon, de l'instinct brutal et de la perversité raffinée. Par une sublime expiation, la main d'une vierge brisera le glaive des puissants et renversera le règne de la force.

Le moyen âge a développé deux grands types de la femme : la dame d'amour et la Notre-Dame ascétique; ni l'un ni l'autre ne peut plus rien pour cette société qui meurt. Un troisième type va se manifester, non plus dans les inspirations des poëtes ou dans les extases des saints, mais dans le monde des faits; un Messie féminin montrera tout à l'heure, par la réalité vivante, et non plus par un symbole religieux[2] ou par une conception POÉTIQUE, que le moyen âge a eu raison contre l'antiquité en proclamant l'égalité des sexes, et couronnera ainsi toute cette œuvre glorieuse de la réhabilitation de la femme.

Toutes les énergies du sexe fait pour le raisonnement et l'action, pour la vie extérieure et politique sont épuisées; la dernière réserve de la France est dans le sexe du sentiment et de la vie intérieure. Il faut que la femme sorte de sa sphère, par une auguste exception, pour éclater dans la sphère de la vie active et pour faire, avec une puissance divine, l'œuvre de l'homme désertée par l'homme. C'est un mystère, sans doute, que la France arrachée du tombeau par une femme; mais le mot de ce mystère est dans l'essence même de la France : c'est à la femme à sauver le peuple du sentiment.

La situation morale du peuple présageait et préparait les grandes choses qui allaient paraître : le peuple n'espérait plus rien des moyens humains, et cependant le sentiment d'une indestructible

---

1. *Darc* et non *d'Arc*. V. *Nouvelles Recherches sur la famille et sur le nom de Jeanne Darc*, par A. Vallet de Viriville; Paris, Dumoulin, 1854.
2. V. notre t. III, p. 402-404, sur l'idéal de l'*Immaculée Conception*.

nationalité soulevait violemment son âme et l'avertissait que la France ne pouvait mourir. N'attendant rien de la terre, il élevait son cœur vers le ciel ; une ardente fermentation religieuse, à laquelle l'autorité ecclésiastique n'avait aucune part, agitait non-seulement les provinces « dauphinoises », mais les régions anglo-bourguignonnes. Quelque chose de l'exaltation mystique d'autrefois s'était réveillée chez les plus populaires des ordres mendiants, chez les franciscains et chez les carmes, cette singulière congrégation qui prétendait compter les druides parmi ses aïeux. Le carme breton Thomas Connecte parcourait la Picardie, l'Artois, la Flandre, suivi d'une troupe de disciples, prêchant partout avec une extrême virulence « contre les vices et péchés d'un chacun, et en spécial contre le clergé », contre les prêtres concubinaires qui « publiquement tenoient femmes en leur compagnie » : il ameutait les petits enfants contre les dames et damoiselles « qui portoient sur leurs têtes hauts atours et autres habillements de parage »; sommait, sous peine de damnation, les dames de lui livrer leurs hauts bonnets (hennins), les hommes de lui apporter leurs tabliers (damiers), échiquiers, cartes, quilles et dés, billes et billards, et jetait le tout dans de grands feux. « Il régna dans ces pays par l'espace de cinq ou six mois; on lui faisoit autant d'honneur qu'à un apôtre de Notre-Seigneur Jésus-Christ, et plusieurs notables personnes laissèrent, pour le suivre, pères et mères, femmes et enfants. Après lequel temps il se départit, à la grande louange du peuple, et, au contraire, à l'indignation de plusieurs clercs [1]. » D'autres prêcheurs, tirant leurs textes des sombres visions de l'Apocalypse, remuaient le reste de la France et l'Italie. Le frère Richard, cordelier (franciscain), disciple du fameux Espagnol Vincent Ferrier, et récemment arrivé de Palestine, bouleversa Paris par ses sermons, au mois d'avril 1429 : il prêchait du haut d'un échafaud dressé dans le cimetière des Innocents, « à l'endroit de la danse Macabre », et fit oublier aux Parisiens l'étrange spectacle de la danse des morts par des émotions plus violentes encore : il fit, comme Thomas Connecte, brûler les hennins et tous les jeux, annonça que l'Antechrist était

---

1. Monstrelet, l. II, c. 53. Thomas Connecte finit par être brûlé comme hérétique, à Rome, par l'Inquisition.

né, et « qu'en l'an trentième (1430), on verroit les plus grandes merveilles qu'on eût onc vues ». (Journal du Bourgeois de Paris.) Le régent l'obligea de quitter Paris. Les Anglais craignaient avec raison tout ce qui tendait à exalter l'esprit du peuple : tout sentiment énergique devait tourner contre eux. Leur séjour prolongé dans la France septentrionale, loin d'habituer le pays à leur domination, les avait rendus l'objet d'une aversion toujours croissante; on oubliait peu à peu les crimes et les fureurs des *Armagnacs*, pour voir dans ces durs et avides insulaires [1] les seuls auteurs du martyre de la France, livrée depuis tant d'années « à pires douleurs que ne fut onc chrétienté sous les tyrans païens Dioclétien et Néron ». Les Anglais comprenaient que le mouvement religieux ne tarderait pas à devenir politique partout où il n'avait point encore ce caractère.

Ainsi qu'à toutes les époques de fermentation religieuse, les extatiques se multipliaient à côté des prédicateurs errants. On raconte qu'une visionnaire, appelée Marie d'Avignon, était allée trouver Charles VII, il y avait déjà quelque temps; elle avait eu, disait-elle, nombre de visions touchant la désolation du royaume; dans une de ses extases, elle avait vu des armures qu'on semblait lui offrir; elle eut peur; il lui fut dit qu'elle ne s'effrayât pas, que ces armes n'étaient pas pour elle, mais pour une jeune fille qui viendrait après elle, et qui délivrerait de ses ennemis le royaume de France [2].

Une autorité plus imposante confirmait les paroles de Marie. On avait consulté le grand oracle du moyen âge. Merlin, à la fin de sa *Prophétie*, dans une vision inspirée par les doctrines druidiques sur la destruction et le renouvellement du monde, voit les maisons du soleil se bouleverser, les douze signes du Zodiaque entrer en guerre [3], et « la Vierge descendre sur le dos du *Sagit-*

---

1. *Anglois*, au seizième siècle, était resté chez nous synonyme d'usurier et d'exacteur.

2. Déposition de Jean Barbin, avocat du roi, dans le procès de réhabilitation de la Pucelle; ap. *Procès de Jeanne d'Arc*, etc. t. III, p. 83.

3. C'est, dans le symbolisme druidique, une forme correspondante à ce qu'est, dans le symbolisme apocalyptique, l'ouverture des sept sceaux et la chute des étoiles. — *v. Prophetia Merlini*, ap. Galfrid. Monemut. *de Gestis utriusque Britanniæ regum*, l. IV.

taire », du tireur d'arc. Le peuple lut dans cette parole la promesse qu'une « pucelle » mettrait sous ses pieds « les hommes armés de l'arc », les Anglais. Un vieil instinct de tradition gauloise y ajouta que la « pucelle douée par les fées[1] » viendrait d'entre les chênes, du « Bois-Chesnu[2] »; altérant ainsi une autre partie des prédictions de Merlin, où le prophète annonce une vierge libératrice qui sortira de la ville du *Bois Chenu* (et non *Chesnu*; *Canuti*[3]). Enfin il s'accrédita que le « Bois Chesnu » d'où sortirait la « Pucelle » était situé « vers les marches de Lorraine[4] ».

L'idée que la France serait sauvée par une femme s'accréditait de jour en jour : il régnait une de ces grandes attentes qui appellent et suscitent le prodige attendu. Quelqu'un avait entendu l'appel de tous : les aspirations qui remplissaient l'atmosphère s'étaient déjà, à cette heure, concentrées dans une de ces âmes extraordinaires qui semblent ne descendre sur la terre que pour le salut des autres et non pour leur propre épreuve.

A l'extrême frontière de la France et de l'Empire, une étroite langue de terre, appartenant à la Champagne, s'enfonçait et se

---

1. *Fatata*, en bas latin : *v. Procès de Jeanne d'Arc*, t. II, p. 28. Doué par les fées, inspiré par les fées, en vieux français se dit *faé*; dans la langue des troubadours, *fadatz* : *v.* les poésies de Guilhem IX d'Aquitaine, ap. Raynouard, *Poésies des troubadours*, t. I.

2. *Nemus quercosum*. Procès de Jeanne d'Arc, t. I, p. 68; t. III, p. 15; déposition du comte de Dunois, ap. procès de réhabilitation. La prophétie avait pris la forme d'un quatrain, que nous n'avons plus.

3. « De la ville du Bois-Chenu sortira la Pucelle, afin de prendre le soin de la guérison... Elle portera dans sa droite la forêt de Calyddon (la Calédonie), dans la gauche les créneaux des murs de Londres... Chacun de ses pas allumera une double flamme... Elle fondra en larmes pitoyables et remplira l'île d'une clameur d'épouvante. Un cerf dix cors, qui sur quatre de ses rameaux porte des couronnes d'or, la tuera... » Galfrid. Monemut. *loc. cit.* Plus tard, les commentateurs eurent lieu de signaler la fin de la prédiction. A la mort de la Pucelle, « la forêt danoise se soulèvera; elle éclatera en une voix humaine et criera : Lève-toi, Cambrie... et dis à Gwynton : La terre te dévorera! » La forêt danoise, ce fut la Normandie; quant à Gwynton, c'est le nom celtique de Winchester, et le cardinal de Winchester fut le chef des meurtriers de Jeanne Darc.

Il est probable que la Vierge de Merlin n'était qu'un symbole de la Grande-Bretagne.

4. *Procès*, t. II, p. 447. *v.* les paroles de Jeanne Darc, rapportées par un des témoins du procès de réhabilitation. Un autre témoin, professeur en théologie, Pierre Migiet, prétend avoir lu jadis « dans un livre ancien, où étoit rapportée la prophétie de Merlin », que « la Pucelle » viendrait « d'un bois chênu, du côté de Lorraine. » Il n'y a rien de tel dans le texte de Merlin donné par Geoffroi de Monmouth. *Ibid.* III, 133.

perdait, pour ainsi dire, entre le duché de Bar, l'évêché de Toul et le duché de Lorraine ; les habitants de ce petit canton riverain de la Meuse, qui ne renfermait d'autre « ville fermée » que Vaucouleurs[1], avaient été constamment attachés au parti français. Le voisinage de l'étranger[2], de la terre d'Empire, redoublait en eux la vivacité du sentiment national, comme il arrive presque toujours chez les populations des frontières : on ne se sent, on ne se connaît soi-même que par l'opposition avec ce qui n'est pas soi. Depuis l'origine des guerres civiles qui avaient précédé l'invasion anglaise, les ducs de Lorraine et de Bar, de tout temps rivaux et ennemis, avaient soutenu les deux partis opposés : les Lorrains s'étaient faits Bourguignons, puis adhérents de Henri VI ; les Barrois avaient été Orléanais, puis Dauphinois ; Vaucouleurs et les villages champenois de la frontière s'étaient rangés du côté des Barrois. Sur la rive gauche de la Meuse, à cinq lieues au-dessus de Vaucouleurs, entre la prairie de la Meuse et un long coteau couronné de bois, s'élève un hameau dont le nom, Domremi[3], indique un ancien domaine de l'abbaye de Saint-Remi de Reims. Au milieu du hameau, deux constructions attirent le regard : une petite église ogivale, du treizième ou du quatorzième siècle, dédiée à Saint-Remi ; tout à côté, contre l'enclos du cimetière qui entoure l'église, une maison, du quinzième siècle, dont la façade présente trois écussons armoriés et une petite statue armée et agenouillée. Cette maison, de modeste apparence, était bien plus humble à l'époque où elle fut visitée par l'étoile qui avait brillé, quatorze siècles auparavant, sur la crèche de Bethléem[4].

Près de cette maison, un sentier montait, à travers des touffes de groseillers, vers le sommet du coteau : la crête boisée se nommait le BOIS CHESNU. A mi-côte, jaillissait, sous un grand hêtre

---

1. « Charles V, comme par une inspiration providentielle, avait fait depuis peu (de Vaucouleurs) un membre inséparable de la couronne. » J. Quicherat, *Aperçus nouveaux sur Jeanne d'Arc*, p. 2.
2. Étranger par les délimitations politiques, non par la langue ni par la race. « On voit encore près de Vaucouleurs, dit le *Dictionnaire* de Vosgien, de grosses pierres que l'empereur Albert et Philippe le Bel firent planter pour servir de bornes à leurs empires. »
3. *Dominus-Remigius*.
4. Elle fut réparée, sinon rebâtie, et un peu ornée par ordre de Louis XI (1481). La statue de la Pucelle, malheureusement, est tout à fait dépourvue de caractère.

isolé, une fontaine, objet d'un culte traditionnel. Les malades tourmentés de la fièvre venaient, de temps immémorial, chercher leur guérison dans ces eaux pures. La source ne paraît pas avoir été sous l'invocation d'un saint ni d'une sainte. Des êtres mystérieux, antérieurs chez nous au christanisme, et que nos paysans n'ont jamais consenti à confondre avec les esprits infernaux de la légende chrétienne, les génies des eaux, des pierres et des bois, les *dames faées*[1] hantaient le hêtre séculaire et la claire fontaine. Le hêtre s'appelait le BEAU MAI. Au retour du printemps, sous l'arbre de mai, « beau comme les lis[2] », les jeunes filles venaient danser et suspendre aux rameaux, en l'honneur des fées, des guirlandes qui disparaissaient, disait-on, pendant la nuit. Les pieux et simples habitants de Domremi étaient à la fois très bons chrétiens et très attachés à ces pratiques primitives de leurs aïeux.

Dans la nuit de l'Épiphanie (6 janvier 1412)[3], on raconte que « tous les habitants de Domremi, saisis d'un inconcevable transport de joie, se mirent à courir çà et là en se demandant l'un à l'autre quelle chose étoit donc advenue..... Les coqs, ainsi que hérauts de cette allégresse inconnue, éclatèrent en tels chants que jamais semblables n'avoient été ouïs[4]. » Une enfant était née de Jacques Darc et d'Isabeau Romée[5], pauvres et honnêtes laboureurs d'origine servile[6], établis à Domremi, mais natifs de deux autres villages de Champagne[7]. La mère avait, dit-on, rêvé récemment qu'elle accouchait de la foudre.

L'enfant fut appelée Jeanne. Autour de ses jeunes années se renouvelèrent les légendes qui poétisent le souvenir des saints celtiques, de saint Colomban, de saint Gall, de saint Brandaines,

---

1. *Dominæ fatæ, fatales;* les fées.
2. C'est le mot d'un des témoins du procès de réhabilitation. Le grand *fau* (hêtre) existait encore au dix-septième siècle. *Procès*, t. II, p. 390.
3. *Procès*, t. V, p. 116; t. I, p. 46.
4. Lettre de Perceval de Boulainvilliers au duc de Milan; *Procès*, t. V, p. 116.
5. M. Vallet de Viriville a donné d'intéressants détails sur les origines de Jeanne; *v. Mémoire sur le nom et la famille de Jeanne Darc*, p. 25; 1854.
6. Les lettres d'anôblissement de la Pucelle et de sa famille portent qu'ils n'étaient pas de *noble extraction, et peut-être même étoient d'autre condition que de condition libre.* (Lettres patentes de Charles VII, de décembre 1429; *Procès*, t. V, p. 150).
7. Vallet de Viriville. *Mémoire sur le nom*, etc.

et qui, émanées d'une inspiration plus ancienne que le christianisme, nous montrent leurs pieux héros dans une communion mystique avec tous les êtres de la nature. « Quand elle gardoit les brebis de ses parents, le loup jamais ne mangea ouaille de son troupeau... Quand elle étoit bien petite..., les oiseaux des bois et des champs, quand les appeloit, venoient manger son pain dans son giron, comme privés[1]. » Les deux grands courants du sentiment celtique et du sentiment chrétien, qui s'étaient unis pour enfanter la poésie chevaleresque, se mêlent de nouveau pour former cette âme prédestinée. La jeune *pastoure* tantôt rêve au pied de « l'arbre de mai » ou sous les chênes, d'entre lesquels on voit de loin fuir la Meuse à travers les prairies; elle écoute les rumeurs confuses de l'air et de la feuillée; elle plonge ses yeux, durant de longues heures, dans les profondeurs du ciel étoilé. Tantôt elle s'oublie au fond de la petite église, en extase devant les saintes images qui resplendissent sur les vitraux. Elle prie les saints du paradis pour la France, dont les malheurs ont déjà frappé vaguement son oreille et son cœur. Quant aux fées, elle ne les a jamais vues mener au clair de lune les cercles de leur danse autour du *beau mai;* mais sa marraine les a rencontrées jadis, et Jeanne croit apercevoir parfois des formes incertaines dans les vapeurs du crépuscule[2] : des voix gémissent le soir entre les rameaux des chênes; les fées ne dansent plus; elles pleurent[3]; c'est la plainte de la vieille Gaule qui expire !

La plainte a été entendue. Une autre voix bientôt répondra d'en haut.

La sérieuse enfant, réservée, un peu sauvage, rarement mêlée aux jeux de ses compagnes, fort aimée d'elles toutefois « pour sa grande bonté », et ardemment secourable à toute infortune, offrait déjà ce mélange de méditation solitaire et de puissante activité qui caractérise les êtres promis aux grandes missions. Elle se cherchait elle-même : les faits du dehors éclairèrent et fixèrent

---

1. Lettre de Perceval de Boulainvilliers; *Procès*, t. V, p. 116. — *Journal du Bourgeois de Paris*, ad ann. 1431.
2. *Procès*, t. I, p. 67, 68.
3. Il leur a été interdit, « pour leurs péchés », de revenir sous le beau mai. *Procès*, t. II, p. 396; *Déposition de Béatrix*.

« sa sublime inquiétude [1] ». Les petites villes et les bourgades de la haute Meuse avaient été longtemps épargnées, grâce à leur situation reculée, par la guerre qui désolait la France. Les luttes étrangères et civiles y avaient pourtant des échos ; on y était « bandé village contre village ». Jeanne avait été élevée dans la haine de ces Bourguignons, qui livraient la France aux Anglais. Souvent elle voyait les petits garçons de Domremi revenir tout ensanglantés de leurs batailles à coups de pierres contre les enfants de Maxei, village lorrain de la rive droite de Meuse, qui tenait le parti de Bourgogne. La vraie guerre, et non plus son image enfantine, apparut enfin dans la vallée. Les garnisons françaises de Vaucouleurs, de Mouzon, de Beaumont-en-Argonne couraient la Champagne et ravageaient le plat pays : après la défaite des Français à Verneuil, les grandes villes champenoises offrirent des subsides au régent anglais pour qu'il rétablît la sécurité des routes et s'emparât du cours de la Meuse [2]. Les Anglo-Bourguignons menacèrent Vaucouleurs et promenèrent le fer et le feu dans la contrée [3]. A l'approche des bandes ennemies, les habitants de Domremi durent plus d'une fois chercher un asile à la hâte dans un châtelet bâti en face de leur hameau, sur une île du fleuve.

Ces scènes de trouble et de terreur faisaient sur la jeune fille une impression ineffaçable. Elle écoutait, le sein palpitant, les yeux en pleurs, les lamentables récits qu'on faisait à la veillée sur les calamités du beau royaume de France, « du royaume de Jésus ». Les récits devenaient pour elle l'aspect même des choses. Elle voyait les campagnes en feu, les cités croulantes, les armées françaises jonchant de leurs morts les plaines ; elle voyait errant, proscrit, ce jeune roi qu'elle parait de vertus imaginaires, et qui personnifiait à ses yeux la France. Elle implorait ardemment le Seigneur et ces anges, ces saints qu'on lui avait appris à considérer comme des intermédiaires entre l'homme et Dieu. Un sentiment exclusif, unique, la pitié et l'amour de la patrie, enva-

---

1. Quicherat, *Aperçus nouveaux sur Jeanne d'Arc*, p. 9.
2. *Ibid.* p. 10.
3. Ils prirent, après une longue résistance, Mouzon et Beaumont. Les habitants se retirèrent à Liége, cité anti-bourguignonne, pour ne pas prêter serment au roi étranger.

hissait peu à peu tout entière cette âme passionnée et profonde.

L'autel était prêt; le feu du ciel descendit. Un jour d'été, c'était en 1425, Jeanne était dans sa quatorzième année; elle courait dans la prairie avec ses compagnes; soulevée comme par une force invisible, elle prenait tant d'avance sur ses jeunes amies que celles-ci, frappées de surprise, croyaient la voir voler et non courir. « Ravie et comme hors de sens », elle s'arrête pour reprendre haleine. En ce moment, il lui semble ouïr une voix qui la rappelle au logis, près de sa mère [1]. Elle retourne : elle se retrouve seule dans le petit jardin paternel. Tout à coup une voix « moult belle et douce » l'appelle par son nom : « Jehanne la Pucelle, fille de Dieu, sois bonne et sage, fréquente l'église, mets ta confiance au Seigneur ! Jehanne, il faut que tu ailles en *France* [2] ». Elle ne voit personne, mais une grande clarté brille à la droite de l'église. L'enfant reste saisie d'une première révélation de sa destinée; elle sent vaguement qu'elle ne doit pas porter les douces chaînes des affections privées; elle renonce à être épouse et mère, et voue sa virginité au Seigneur. Bientôt la voix se fait entendre de nouveau, et Jeanne entrevoit, dans un nimbe lumineux, une figure ailée au majestueux visage, qu'environne un tourbillon d'esprits. « Je suis l'archange Michel, dit l'apparition ; je te viens commander, de la part du Seigneur, que tu ailles en *France*, que tu ailles au secours du *dauphin,* afin que par toi il recouvre son royaume [3]. »

La jeune enfant, se trouvant ainsi pour la première fois face à face avec l'audacieuse idée qui fermentait dans son sein, eut peur et fondit en larmes; mais la vision ne tarda pas à reparaître plus brillante. Le chef des armées célestes amenait avec lui deux gracieux fantômes, « couronnés de belles couronnes moult riches et précieuses » : c'étaient deux des bienheureuses les plus célèbres de la légende, sainte Catherine et sainte Marguerite. Michel avait

---

[1]. Lettre de Perceval de Boulainvilliers au duc de Milan (1429); *Procès,* t. V, p. 117.

[2]. Les Champenois, les Picards, les Bourguignons appelaient encore spécialement *France* l'antique duché de France, la région centrale de l'Ile-de-France et de l'Orléanais.

[3]. *Procès,* t. I, p. 52, 72, 170, 171. Charles VII n'était encore que « le dauphin » pour Jeanne, parce qu'il n'avait pas été sacré.

prévenu Jeanne que ces deux saintes avaient été choisies pour être ses guides et ses conseillères. Les apparitions dès lors se multiplièrent, et la vie de Jeanne ne cessa plus d'être partagée entre le monde réel et le monde idéal que lui ouvrait l'extase. La frayeur que lui avaient inspirée ses premières visions s'était changée en joie et en amour; elle attendait impatiemment ses « frères de paradis »; elle pleurait quand ils la quittaient pour retourner au ciel, et « eût voulu qu'ils l'emportassent avec eux ». Elle s'était prise d'une vive tendresse pour ces êtres fantastiques, forme idéale de ses pensées, nuées transparentes qui voilaient à ses yeux le divin soleil d'où l'inspiration rayonnait sur elle [1]. Et toujours les esprits

1. Il existe dans l'humanité un ordre exceptionnel de faits moraux et physiques qui semblent déroger aux lois ordinaires de la nature : c'est l'état d'extase et de somnambulisme, soit spontané, soit artificiel, avec tous ses étonnants phénomènes de déplacement des sens, d'insensibilité totale ou partielle du corps, d'exaltation de l'âme, de perceptions en dehors de toutes les conditions de la vie habituelle. Cette classe de faits a été jugée à des points de vue très opposés. Les physiologistes, voyant les rapports accoutumés des organes troublés ou déplacés, qualifient de maladie l'état extatique ou somnambulique, admettent la réalité de ceux des phénomènes qu'ils peuvent ramener à la pathologie et nient tout le reste, c'est-à-dire tout ce qui paraît en dehors des lois constatées de la physique. La *maladie* devient même folie à leurs yeux, lorsqu'au déplacement de l'action des organes se joignent des hallucinations des sens, des visions d'objets qui n'existent que pour le visionnaire. Un physiologiste éminent a fort crûment établi que Socrate était fou, parce qu'il croyait converser avec son démon. Les mystiques répondent non-seulement en affirmant pour réels les phénomènes extraordinaires des perceptions magnétiques, question sur laquelle ils trouvent d'innombrables auxiliaires et d'innombrables témoins en dehors du mysticisme, mais en soutenant que les visions des extatiques ont des objets réels, vus, il est vrai, non des yeux du corps, mais des yeux de l'esprit. L'extase est, pour eux, le pont jeté du monde visible au monde invisible, le moyen de communication de l'homme avec les êtres supérieurs, le souvenir et la promesse d'une existence meilleure d'où nous sommes déchus et que nous devons reconquérir.

Quel parti doivent prendre dans ce débat l'histoire et la philosophie?

L'histoire ne saurait prétendre à déterminer avec précision les limites ni la portée des phénomènes ni des facultés extatiques et somnambuliques; mais elle constate qu'ils sont de tous les temps et de tous les lieux; que les hommes y ont toujours cru; qu'ils ont exercé une action considérable sur les destinées du genre humain; qu'ils se sont manifestés non pas seulement chez les contemplatifs, mais chez les génies les plus puissants et les plus actifs, chez la plupart des grands initiateurs; que, si déraisonnables que soient beaucoup d'extatiques, il n'y a rien de commun entre les divagations de la folie et les visions des extatiques; que ces visions peuvent se ramener à certaines lois; que les extatiques de tous les pays et de tous les siècles ont ce qu'on peut nommer une langue commune, la langue des symboles, dont la langue de la poésie n'est qu'un dérivé, langue qui exprime à peu près constamment les mêmes idées et les mêmes sentiments par les mêmes images.

Il est plus téméraire peut-être d'essayer de conclure au nom de la philosophie.

lui parlaient de sa mission, « de la grande pitié qui étoit au royaume de France », des maux qu'elle seule devait finir ; ils l'exhortaient d'aller trouver le « dauphin Charles », et de le mener sacrer à Reims. Jeanne se débattait contre elle-même ; elle « répondoit qu'elle étoit une pauvre femme, qui ne sauroit ni chevaucher, ni mener la guerre ». Mais les esprits répétaient opiniâtrément : « Va en France! va en France! »

Pourtant le philosophe, après avoir reconnu l'importance morale de ces phénomènes, si obscurs qu'en soient pour nous la loi et le but, après y avoir distingué deux degrés, l'un, inférieur, qui n'est qu'une extension étrange ou un déplacement inexplicable de l'action des organes, l'autre, supérieur, qui est une exaltation prodigieuse des puissances morales et intellectuelles, le philosophe pourrait soutenir, à ce qu'il nous semble, que l'illusion de l'inspiré consiste à prendre pour une révélation apportée par des êtres extérieurs, anges, saints ou génies, les révélations intérieures de cette personnalité infinie qui est en nous, et qui parfois, chez les meilleurs et les plus grands, manifeste par éclairs des forces latentes dépassant presque sans mesure les facultés de notre condition actuelle? En un mot, dans la langue de l'école, ce sont là pour nous des *faits de subjectivité;* dans la langue des anciennes philosophies mystiques et des religions les plus élevées, ce sont les révélations du *férouer* mazdéen, du bon démon (celui de Socrate), de l'ange gardien, de cet autre *Moi* qui n'est que le *moi* éternel, en pleine possession de lui-même, planant sur le *moi* enveloppé dans les ombres de cette vie (c'est là le sens du magnifique symbole zoroastrien partout figuré à Persépolis et à Ninive ; le *férouer* ailé ou le *moi* céleste planant sur la personne terrestre).

Nier l'action d'êtres extérieurs sur l'inspiré, ne voir dans leurs manifestations prétendues que la forme donnée aux intuitions de l'extatique par les croyances de son temps et de son pays, chercher la solution du problème dans les profondeurs de la personne humaine, ce n'est en aucune manière révoquer en doute l'intervention divine dans ces grands phénomènes et dans ces grandes existences. L'auteur et le soutien de toute vie, pour essentiellement indépendant qu'il soit de chaque créature et de la création tout entière, pour distincte que soit de notre être contingent sa personnalité absolue, n'est point un être extérieur, c'est-à-dire étranger à nous, et ce n'est pas du dehors qu'il nous parle : quand l'âme plonge en elle-même, elle l'y trouve, et, dans toute inspiration salutaire, notre liberté s'associe à sa providence. Il faut éviter, ici comme partout, le double écueil de l'incrédulité et de la piété mal éclairée : l'une ne voit qu'illusions et qu'impulsion purement humaine ; l'autre refuse d'admettre aucune part d'illusion, d'ignorance ou d'imperfection là où elle voit le doigt de Dieu, comme si les envoyés de Dieu cessaient d'être des hommes, les hommes d'un certain temps et d'un certain lieu, et comme si les éclairs sublimes qui leur traversent l'âme y déposaient la science universelle et la perfection absolue. Dans les inspirations les plus évidemment providentielles, les erreurs qui viennent de l'homme se mêlent à la vérité qui vient de Dieu. L'être infaillible ne communique son infaillibilité à personne.

Nous ne pensons pas que cette digression puisse paraître superflue ; nous avions à nous prononcer sur le caractère et sur l'œuvre de celle des inspirées qui a témoigné au plus haut degré les facultés extraordinaires dont nous avons parlé tout à l'heure, et qui les a appliquées à la plus éclatante mission des âges modernes : il fallait donc essayer d'exprimer une opinion sur la catégorie d'êtres exceptionnels auxquels appartient Jeanne Darc.

Trois ans s'étaient écoulés depuis les premières révélations de Jeanne, et *les voix* devenaient toujours plus pressantes : elle les entendait dans le son des cloches, tant aimé de sa rêveuse enfance; elle les entendait dans le murmures des bois; elle les entendait à la fontaine des fées comme à l'église. *Les voix* se faisaient *ouïr* jusqu'à deux et trois fois par semaine, et Jeanne était consumée d'un feu intérieur, d'une fièvre héroïque qui ne lui laissait plus de repos; bien que personne, ni parents, ni prêtre, n'eût le secret des mystères qui se passaient en elle, il lui échappait parfois des paroles étranges qui étonnaient et alarmaient ses père et mère. Un jour, c'était la veille de la Saint-Jean (23 juin 1428), elle dit à un laboureur du voisinage « qu'il y avoit, entre Coussei et Vaucouleurs, une fille qui avant un an feroit sacrer le roi de France ». Son père rêva qu'elle s'en « alloit avec les gens d'armes »; il eût mieux aimé « la noyer » de sa propre main que de voir « telle chose advenir ». Ses parents la surveillèrent de plus près, ne l'envoyèrent plus aux champs garder les troupeaux, et l'occupèrent au logis à filer et à coudre [1]. Ils tâchèrent de la marier. Un jeune homme qui aimait Jeanne prétendit avoir d'elle une promesse de mariage, et la cita devant l'officialité de Toul [2], avec la connivence des parents, pour l'obliger à remplir cette prétendue promesse : on espérait que Jeanne n'oserait comparaître devant les juges ecclésiastiques. Elle comparut; elle jura qu'elle n'avait rien promis et gagna son procès. Une catastrophe qui frappa son hameau vint, sur ces entrefaites, la confirmer dans ses desseins : en 1428, le pays fut envahi par une compagnie bourguignonne; les habitants de Domremi eurent le temps de s'enfuir avec leurs troupeaux et de gagner la ville lorraine de Neufchastel (Neufchâteau), qui ne leur refusa point un asile. Neufchâtel, qui relevait du royaume et non de l'Empire, penchait pour la cause française. Quand l'ennemi fut parti et que les gens de Domremi retournèrent chez eux, Jeanne ne retrouva que ruines et que désolation dans tous les lieux qu'elle avait aimés : son village avait été saccagé, son église livrée aux flammes. N'était-ce pas le ciel qui châtiait ainsi ses retards?

---

1. *Procès*, t. I, p. 51.
2. Vaucouleurs et les villages des environs, quoique *français*, relevaient de l'évêque de Toul pour le spirituel.

Jeanne n'hésita plus. Longtemps avant que la nouvelle du siége d'Orléans arrivât dans les marches de Lorraine, Jeanne s'était mise en devoir d'obéir aux *voix* qui la tourmentaient sans relâche : « Hâte-toi ! hâte-toi ! disaient *les voix*, va-t'en à Vaucouleurs, vers Robert de Baudricourt ! par deux fois il te rebutera ; à la troisième il t'ouïra et te baillera des gens d'armes pour te conduire au *dauphin*. » Baudricourt était le gouverneur de Vaucouleurs [1]. Jeanne obtint d'aller passer quelque temps chez un frère de sa mère, au village du Petit-Burei, entre Domremi et Vaucouleurs ; elle fit ses adieux à ses compagnes, à son hameau, qu'elle ne devait plus revoir, et, à peine arrivée chez son oncle, elle s'ouvrit à lui : « N'a-t-il pas été dit autrefois que la France, perdue par une femme, seroit sauvée par une pucelle, une pucelle des marches de Lorraine ? La femme, c'est la reine Isabeau ; la pucelle, c'est moi ! [2] » L'oncle de Jeanne fut subjugué par l'autorité avec laquelle s'exprimait la jeune fille : il se rendit auprès du gouverneur de Vaucouleurs, et lui parla de la mission que s'attribuait sa nièce ; Baudricourt le renvoya avec force railleries. Jeanne alors se présenta en personne chez Baudricourt : elle le reconnut [3] au premier abord, quoiqu'elle ne l'eût jamais vu ; *ses voix* le lui avaient fait connaître. « Capitaine, lui dit-elle, sachez que *Messire* (mon seigneur), à qui appartient le royaume de France, et qui le veut bailler en commende au dauphin, m'a commandé d'aller vers ledit dauphin, afin que je le mène sacrer et qu'il devienne roi en dépit de ses ennemis. — Et qui est *ton sire*? demanda Baudricourt. — Le roi du ciel ! » Baudricourt, qui n'était ni plus religieux ni plus réservé dans ses mœurs que la plupart des gens d'armes de son temps, se moqua d'elle. Elle persista. Il la regarda comme une folle, bonne pour servir à ses gens « à se divertir et ébattre en péché charnel ». Quelques-uns « en eurent volonté ; mais, sitôt qu'ils la regardoient fort, ils étoient tout refroidis de luxure [4] » : quelque chose d'inconnu les repoussait ; la physionomie de Jeanne était si imposante et si extraordinaire que les plus hardis se trou-

---

1. Interrogat. du 22 février. *Procès*, t. I, p. 53.
2. *Procès*, t. II, p. 444, 447.
3. On connaît la scène de la présentation de Jeanne à Baudricourt par la déposition d'un témoin oculaire, Bertrand de Poulengi. *Procès*, t. II, p. 456.
4. *Chroniq. de la Pucelle.* — *Journal du siége d'Orléans.*

blaient et que les plus incrédules doutaient devant elle. Il semblait que ce ne fût point là une fille de la race d'Eve[1].

Jeanne, résolue de vaincre le mauvais vouloir de Baudricourt à force de persévérance, s'établit à Vaucouleurs, chez de bonnes gens de la connaissance de son oncle. Elle partageait ses journées entre le travail, la prière et les pratiques d'une dévotion ardente : le temps lui pesait « comme à une femme enceinte ! » L'attention publique commençait à être vivement excitée ; le bruit des visions de Jeanne transpirait, et Baudricourt, qui l'avait d'abord crue folle, était tenté maintenant de la croire sorcière. Un jour, il s'avisa d'aller la trouver avec le curé de Vaucouleurs, et de la faire exorciser ; le curé lui présenta son étole, en lui disant que « si elle étoit mauvaise elle partît d'avec eux, que si elle étoit bonne elle s'approchât ». La jeune fille s'approcha en se traînant à genoux. Il est probable que Baudricourt se décida pour lors à écrire à la cour, afin de demander des instructions ; mais il n'en traita pas beaucoup mieux Jeanne, qui se laissa enfin reconduire par son oncle au village du Petit-Burei.

Elle n'y resta guère : les nouvelles d'Orléans ranimèrent toute son ardeur ; elle pensait d'ailleurs, à ce qu'il semble, que le carême d'avant la Pâque de 1429 était pour elle un terme de rigueur. Aux approches de la sainte quarantaine, elle obligea son oncle de la ramener à Vaucouleurs, déclarant qu'avant la mi-carême, il fallait qu'elle fût devers le roi, dût-elle, pour le joindre, « user ses jambes jusqu'aux genoux ! — Personne que moi », disait-elle, « ne peut recouvrer le royaume de France... J'aimerois pourtant mieux rester à filer près de ma pauvre mère, car ce n'est pas là mon ouvrage ; mais il faut que j'aille !... *Messire* le veut[1]. » Un jeune bourgeois, qui exerçait un office royal à Vaucouleurs[2], Jean de Novelonpont, surnommé Jean de Metz, et un gentilhomme appelé Bertrand de Poulengi, entraînés par l'accent inspiré de Jeanne, « mirent leurs mains dans les siennes », et lui jurèrent de la mener, « sous la conduite de Dieu ». La renommée de sa sainteté et de ses révélations se répandait dans tout le pays, et le duc Charles de Lorraine, qui languissait d'une maladie mor-

---

1. Déposition de Jean de Novelonpont; *Procès*, t. II, p. 435.
2. Il fut anobli, en 1444, pour ses bons services. *Procès*, t. V, p. 363.

telle, la manda près de lui à Nanci pour l'interroger sur les moyens de recouvrer la santé. Elle répondit qu'elle n'avait point de lumières sur de telles choses, et retourna au plus vite à Vaucouleurs. Baudricourt consentit enfin à l'envoyer au roi, sur l'arrivée d'un messager de la cour porteur d'une réponse à sa lettre.

Le père et la mère de Jeanne, qui avaient failli « perdre le sens » en apprenant tardivement son séjour à Vaucouleurs et son dessein, firent les derniers efforts pour la retenir et la rappeler. Elle leur fit écrire qu'elle les priait de lui pardonner. Ce fut sa plus rude épreuve, elle si soumise, si pieuse fille! être contrainte de choisir entre la parole de ses parents et celle du Père céleste!

Les préparatifs du voyage ne furent pas longs : les habitants de Vaucouleurs en firent les frais. Jeanne coupa ses longs cheveux bruns, et changea sa cotte rouge de paysanne pour des habits d'homme[1] et un haubert, résolution que nécessitaient la vie qu'elle allait mener et les dangers de toutes sortes auxquels elle allait s'exposer. Baudricourt lui donna une épée ; son oncle et un autre paysan se cotisèrent pour lui acheter un cheval. La Pucelle partit de Vaucouleurs, un peu après le commencement du carême[2], accompagnée de six cavaliers, Novelonpont et Poulengi, un messager du roi, un archer et deux valets ou coutilliers. « Va, lui cria l'incrédule Baudricourt, va, et advienne que pourra! » La population de Vaucouleurs, plus sympathique au dévouement de Jeanne, s'apitoyait sur cette belle et pieuse fille qui allait se jeter à travers tant de périls. « Ne me plaignez pas, leur cria-t-elle en poussant son cheval sur la route de France ; *c'est pour cela que je suis née!*[3] »

---

1. Sainte Marguerite, une de « ses conseillères », lui en avait donné l'exemple: (*Legenda aurea*, c. xlvi.) — *Erat nigro capillo*, dit un auteur italien de la fin du quinzième siècle, Philippe de Bergame ; *Procès*, t. IV, p. 523 ; mais l'autorité de Philippe n'est pas grande. — Jeanne garda toujours, dans ses habillements, le goût de la couleur rouge.

2. Jean de Novelonpont, dans sa déposition (*Procès*, t. III, p. 437), dit « vers le dimanche des *burcs* » (le premier dimanche de carême) : c'était le 13 février.

3. La porte par laquelle elle sortit existe encore. — *Procès*, t. II, p. 449; déposition de Henri, charron à Vaucouleurs, chez qui Jeanne avait passé tout le temps de son séjour dans cette ville. Tous les détails que nous avons donnés sur la vie de la Pucelle sont extraits ou de ses propres interrogatoires, ou des dépositions des témoins oculaires. — Avant la publication des textes, on pouvait consulter avec

Quel mystère sublime de sa destinée se révélait en ce moment à elle? Dieu seul peut le savoir !

Le voyage de Vaucouleurs à la cour de Charles VII était déjà une très difficile et dangereuse entreprise ; il fallut parcourir des contrées soumises à l'étranger et infestées de pillards, faire des marches forcées la nuit, à travers les champs et les bois, par des sentiers presque impraticables, passer à gué des rivières grossies par les pluies d'hiver : rien n'étonnait, rien ne rebutait Jeanne. Si ses conducteurs n'eussent été prudents pour elle et pour eux-mêmes, elle eût marché droit au but sans précaution et sans détour, tant elle était assurée de ne pas rencontrer d'obstacles. Sa confiance ne tarda pas à se communiquer à ses guides, qui avaient montré d'abord beaucoup d'hésitation et de crainte ; elle exerçait sur eux une sorte de fascination, et « ils ne pouvoient résister à sa volonté ». Aucun de ces jeunes gens n'osa jamais s'arrêter à « une mauvaise pensée » à l'égard de cette belle jeune fille. Jeanne, après avoir franchi la Marne, l'Aube, la Seine et plusieurs de leurs affluents, entra hardiment dans Auxerre, ville bourguignonne, entendit la messe dans la cathédrale, passa le pont de l'Yonne, puis se dirigea sur Gien et sur la Loire ; à Gien, enfin, elle se revit avec transport sur terre française et *dauphinoise*, et put cesser de faire mystère de ses desseins. Tandis qu'elle suivait rapidement, par le Berri, la route de Chinon où était la cour, la nouvelle de son passage et de ses merveilleuses promesses pénétra jusque dans les murs d'Orléans et y fit luire une vague espérance.

Jeanne s'arrêta, le 5 mars, au village de Fierbois en Touraine, où s'élevait une église très fréquentée des pèlerins, et dédiée à sainte Catherine, une des deux saintes qui figuraient sans cesse

---

confiance l'*Histoire de Jeanne d'Arc*, par M. Lebrun de Charmettes. Cet écrivain, animé d'un louable zèle pour la mémoire de l'héroïne, a compulsé et fondu dans son récit tout ce qu'il avait pu connaître des documents originaux, avec beaucoup d'exactitude et de conscience. — Le *Journal du siége d'Orléans* et la *Chronique anonyme*, dite de *la Pucelle*, racontent, immédiatement avant le départ de Jeanne, un fait très extraordinaire. Ces deux chroniques assurent que, le jour de la défaite des Français à Rouvrai (12 février), Jeanne, dans une agitation extrême, courut chez Baudricourt, et lui dit : « Au nom de Dieu, vous mettez trop (vous différez trop) à m'envoyer, car aujourd'hui le gentil dauphin a eu assez près d'Orléans un bien grand dommage, et l'aura-t-il encore plus grand si vous ne m'envoyez bientôt vers lui ! » Baudricourt se décida, et, suivant le témoignage de Novelonpont, Jeanne partit vers le lendemain.

dans ses visions. De Fierbois, qui n'est qu'à cinq ou six lieues de Chinon, Jeanne fit écrire au roi pour lui demander ses ordres[1]; Charles VII l'appela à Chinon.

L'état moral de cette cour en détresse importe à constater au moment où la vierge de Domremi parut devant ce Charles, si différent de l'idéal de ses rêves. Deux influences opposées continuaient à se disputer le roi sur les débris du royaume. C'était, d'une part, la belle-mère de Charles VII, la douairière d'Anjou et de Naples, Yolande d'Aragon, habile femme, tête politique, qui avait tâché de réunir les maisons de Bourgogne, de Bretagne, d'Anjou, d'Orléans, de Lorraine, autour du trône contre l'Anglais, qui avait soutenu le connétable de Richemont contre ces favoris aussi funestes maintenant que l'avaient été naguère les princes du sang, et qui enfin voulait qu'on accueillît Jeanne et qu'on fît appel à l'enthousiasme populaire comme dernière ressource. Elle avait profité de l'abattement de son gendre pour lui arracher l'ordre de faire venir la Pucelle. De l'autre part, sont les favoris, La Trémoille en tête : celui-ci ne veut ni des princes, qui feraient disparaître sa personne de la scène, ni du peuple, dont le flot impétueux engloutirait sa petite politique. Ne croyant pas à la recouvrance du royaume, il semble satisfait, pourvu que son maître conserve quelques lambeaux de provinces, où il règne sous le nom de Charles VII[2] avec des mercenaires étrangers à ses gages. Il se ménage, au pis aller, par des intrigues souterraines, une transaction possible avec les ennemis de son maître[3] : son frère et ses cousins sont au service de Bourgogne. A côté de La Trémoille, étroitement associé à ses intérêts, figure l'archevêque de Reims, le chancelier de France, Regnauld de Chartres, ancien

1. Suivant son guide, Novelonpont (*Procès*, t. II, p. 437), elle aurait fait en onze jours 150 lieues (approximativement, en calculant les détours); mais les souvenirs de Novelonpont ne sont pas fidèles : le voyage dura une vingtaine de jours. L'avant-dernier continuateur de Guillaume de Nangis (*Procès*, t. IV, p. 303) donne la date du 6 mars pour l'arrivée de Jeanne auprès du roi, le lendemain de son arrivée à Fierbois.
2. « Le Poitou était comme une propriété à lui, par le moyen des partisans qu'il y entretenait à sa solde. » Quicherat, *Aperçus nouveaux sur Jeanne d'Arc*, p. 27.
3. Les Anglais, lorsqu'ils envahirent l'Orléanais en 1428, épargnèrent Sully, seigneurie de La Trémoille. *Chroniq. de la Pucelle*, ap. Godefroi, *Recueil des historiens de Charles VII*, p. 500; Berri, roi d'armes, *ibid.*, p. 376.

secrétaire du pape, prêtre diplomate, âme desséchée et sceptique, perfidement envieux de tout ce qui dépasse sa courte vue et ses vulgaires calculs, ayant pour religion la haine et la peur de tout ce qui échappe aux formules et aux routines de l'autorité traditionnelle. A un moindre degré de crédit, Raoul de Gaucourt, grand maître de l'hôtel du roi et bailli d'Orléans, brave et habile homme de guerre, mais dur, orgueilleux et jaloux. Le moins mauvais, mais le moins influent des chefs de ce gouvernement, où se personnifient l'impuissance et l'envie, est le vieux sire de Trèves, Robert Le Mâçon.

Jeanne ne pouvait attendre de ces hommes qu'incrédulité et que malveillance. Ils eussent été fort aises qu'elle succombât aux périls de la route. Sur la fin de son voyage, une embuscade lui avait été dressée par des hommes d'armes. Quand ils l'aperçurent, saisis d'une sorte de stupeur, ils restèrent comme cloués en place, et la laissèrent passer[1]. Ces bandits voulaient, dit-on, la dévaliser ainsi que ses compagnons. Il n'est pas sûr que ce fût là leur unique but, et que La Trémoille ait été innocent de l'affaire. Quoi qu'il en soit, La Trémoille et les siens, qui n'avaient pu empêcher qu'on appelât Jeanne, tâchèrent d'empêcher qu'on la reçût. A la nouvelle de son arrivée à Fierbois, le roi, comme nous l'avons dit, l'avait mandée aussitôt à Chinon. Elle se présente : elle trouve les portes closes. Charles VII était déjà retombé dans ses irrésolutions et ses défiances. Les favoris employaient contre l'inspirée des arguments de toute sorte. « C'est une folle ! disaient les gens de guerre. — C'est une sorcière, disaient les gens d'église; où a-t-elle pris sa mission? quel prélat, quelle autorité ecclésiastique a-t-elle consultés[2] ? »

Si l'on n'eût été à bout de toutes ressources, on l'eût certainement renvoyée sans l'entendre. Il fallut que la belle-mère de Charles VII et ses amis, aidés par le cri populaire, et surtout par une députation des Orléanais, forçassent le roi pied à pied dans ses

---

1. *Procès*, t. III, p. 203. Déposition du frère Séguin.
2. Tous les monuments contemporains, le Bourguignon Monstrelet comme les Français, sont d'accord sur ces mauvaises dispositions du conseil et sur la peine extrême qu'eut à se faire écouter cette Jeanne, que d'ignorants historiens du seizième siècle prétendirent avoir été apostée par ces mêmes conseillers de Charles VII.

résistances. Ils obtinrent à grand'peine que Jeanne fût interrogée par des conseillers du roi, puis par des gens d'église. Elle ne voulait d'abord parler à personne qu'au roi ; elle consentit cependant à apprendre aux commissaires l'objet de sa mission ; elle leur déclara que le « roi du ciel » l'avait chargée de faire lever le siége d'Orléans et de conduire le « dauphin » recevoir son sacre à Reims[1], mais qu'elle avait de certaines choses à dire au roi seul. Sur le rapport des commissaires, après de nouvelles discussions, le roi accorda enfin audience à la Pucelle le quatrième jour de son séjour à Chinon. On raconte qu'à l'instant où elle entrait au château, elle entendit un soldat proférer une grossière plaisanterie sur son compte, en blasphémant et reniant Dieu. « Ah ! en nom Dieu, s'écria-t-elle, tu le renies, et *se* (et pourtant) tu es si près de ta mort ! » Une heure après, cet homme tomba dans l'eau et se noya[2].

Peu s'en fallut que les portes ne se refermassent devant la Pucelle : le roi hésita jusqu'au dernier moment. Le comte de Vendôme introduisit enfin Jeanne dans la grande salle du château, où la curiosité avait attiré tout ce qui restait de notables personnages autour de Charles VII : le roi, pour éprouver la Pucelle, s'était retiré à l'écart, sous des vêtements fort modestes. Jeanne entra, l'air humble et simple, « comme une pauvre petite bergerette » ; ce groupe brillant ne l'éblouit cependant point ; elle alla droit au roi, et lui embrassa les genoux : *ses voix*, à ce qu'elle raconta plus tard, le lui avaient fait connaître. « Ce n'est pas moi qui suis le roi, dit Charles en lui montrant un de ses courtisans ; voici le roi ! — En nom Dieu, gentil prince, c'est vous et non autre !... Très noble seigneur dauphin, j'ai nom Jehanne la Pucelle, et suis envoyée de par Dieu pour recourre vous et votre royaume et faire guerre aux Anglois... Pourquoi ne me croyez-vous ? Je vous dis que Dieu a pitié de vous, de votre royaume et de votre peuple, car saint Loys et Charlemaigne sont à genoux devant lui en faisant prières pour vous[3]. »

1. Suivant le témoignage du maître des requêtes Simon Charles (*Procès*, t. III, p. 115), Jeanne n'aurait alors énoncé que ces deux points ; mais cela est fort douteux, et nous aurons bientôt la preuve qu'elle leur en adjoignit deux autres.

2. Déposition de frère Jean Pasquerel, chapelain de la Pucelle. — *Procès*, t. III, p. 102. Pasquerel dit tenir cette anecdote de Jeanne elle-même.

3. Interrogatoires des 22 et 28 février, *Procès*, t. I, p. 56. Dépositions de

Il se passa ensuite entre Jeanne et le roi une scène mystérieuse. Suivant une relation, le roi aurait demandé à la Pucelle de lui donner une preuve secrète de sa mission. Suivant un autre récit, ce fut Jeanne qui dit à Charles avoir reçu commandement de Notre-Seigneur que nul autre que lui ne sût ce qu'elle avait à lui dire. Ce qui est certain, c'est que le roi l'entretint seul à seule : les principaux documents contemporains, y compris le témoignage de Jeanne dans ses interrogatoires, affirment que le roi reçut alors des « signes certains » de la mission de la Pucelle, et qu'elle lui dit « aucunes choses secrètes, quelque chose de grand, que nul ne pouvoit savoir, sinon Dieu et lui¹ ». Dans son procès, comme on le verra plus tard, elle ne voulut jamais s'expliquer à ce sujet; mais son chapelain Jean Pasquerel a rapporté, d'après elle-même, quelques-unes de ses paroles. Elle aurait dit à Charles VII « entre autres choses » : « Je te dis, de la part de *Messire*, que tu es vrai héritier de France et FILS DU ROI. » Ces paroles avaient déjà un grand sens ; car elles répondaient à un doute secret qui tourmentait le roi sur la légitimité de sa naissance, et par conséquent de ses droits au trône ; mais les « autres choses » qu'ignorait le chapelain étaient bien autrement extraordinaires. On a su beaucoup plus tard le secret tout entier par le sire de Boisi, chambellan et confident intime de Charles VII. Le roi, dans un moment de profond découragement, avait prié Dieu un jour « dedans son cœur, sans prononciation de paroles », que, « si ainsi étoit qu'il fût vrai hoir descendu de la noble maison de France et que le royaume justement lui dût appartenir, qu'il lui plût de le lui garder et défendre, ou, au pis (c'est-à-dire s'il n'était pas vrai hoir), lui donner grâce de échapper sans mort ou prison, et qu'il se pût sauver en Espagne ou en Écosse, qui étoient de toute ancienneté frères d'armes et alliés des rois de France ». Cette prière, inconnue de tous et qui n'avait pas même passé par les lèvres de celui

---

Gaucourt, Pasquerel, Simon Charles, etc., au procès de révision; *ibid.* t. III, p. 17; 100; 115. — Jean Chartier, *Hist. de Charles VII,* dans le recueil de Th. Godefroi, p. 19. — *Chroniq. de la Pucelle.*

1. Dépositions de Pasquerel, de Jean d'Aulon, *Procès,* t. III, p. 103; 209. — Interrogatoires des 27 février et 1ᵉʳ mars, *Procès,* t. I, p. 68-90. — *Journal du siége d'Orléans.* — *Chroniq. de la Pucelle.* — *Histoire abrégée des gestes de la Pucelle,* publiée par M. Buchon.

qui l'avait prononcée « dedans son cœur », Jeanne la répéta en propres termes au roi[1].

Tous les assistants, qui regardaient cette scène à distance avec anxiété, remarquèrent l'étonnement et la joie qui se peignirent sur le visage de Charles VII. L'esprit soupçonneux et défiant de Charles fut vaincu. « On eût dit, rapporte Alain Chartier, témoin oculaire, que le roi venoit d'être visité du Saint-Esprit même[2]. »

Le roi déclara que Jeanne avait conquis sa confiance, et désormais le château lui fut ouvert à toute heure. L'opinion publique se prononça plus énergiquement encore que l'opinion du roi en faveur de Jeanne : on admirait sa piété à l'église, son adresse et sa grâce sur le préau où elle s'exerçait à monter à cheval et à « courre » la lance, sa douceur, sa modestie et son grand sens dans la conversation. « C'étoit chose merveilleuse comme elle se comportoit et conduisoit en son fait, avec ce qu'elle disoit et rapportoit lui être enchargé de la part de Dieu, et comme elle parloit grandement et notablement, vu qu'en autres choses elle étoit la plus simple bergère qu'on vit onc » (Chroniq. de la Pucelle) : elle ne sut jamais lire ni écrire. Quand on eut appris qu'il y avait un *bois Chesnu* près du lieu de sa naissance, le peuple ne douta plus qu'elle ne fût la *Pucelle du bois Chesnu* annoncée par Merlin.

Les gens d'église, cependant, ne se rendaient pas encore et voulaient être plus amplement « acertenés » que la science de Jeanne ne lui venait pas de l'*Ennemi*, de Satan. Le roi ordonna qu'on fît subir à la Pucelle un nouvel examen plus solennel que le premier, et qu'on la menât à Poitiers, où siégeait la cour de parlement et où s'étaient réunis les théologiens qui avaient quitté l'université de Paris pour ne pas se soumettre aux Bourguignons et aux Anglais. Le conseil du roi se transporta à Poitiers avec Jeanne. « En nom Dieu, dit Jeanne, quand on lui eut appris qu'on la menait à Poitiers, je sais que j'y aurai bien à faire ; mais *Messire* m'aidera ; or, allons, de par Dieu ! »

---

1. Pierre Sala, *Hardiesses des grands rois et empereurs*, ap. *Mss. de la Bibliothèque; Supplément français*, n° 191. M. J. Quicherat cite, avec Sala, dépositaire des confidences du sire de Boisi, deux autres versions tout à fait concordantes ; ap. *Procès*, t. IV, p. 257, 272, 279.

2. *v.* la très importante lettre d'Alain Chartier, ap. *Procès*, t. V, p. 133.

Elle eut en effet *bien à faire*. Nous n'avons plus malheureusement le procès-verbal de la commission d'examen. C'eût été le plus admirable monument de cette admirable histoire. Il ne nous est pas donné de comparer aux actes de la passion de Jeanne les actes de son triomphal apostolat, lorsqu'elle apparut dans Poitiers, tout illuminée des flammes de l'Esprit, toute transportée d'une joie et d'une impatience divines, pareille à Jésus au milieu des docteurs. La main sacrilége qui a fait disparaître l'auguste document[1] n'a pu toutefois atteindre son but. Les contemporains, les témoins, quelques acteurs mêmes des scènes qui se passèrent entre Jeanne et les théologiens nous en ont conservé les principaux traits. Nous pouvons, grâce à eux, entrevoir quelque chose de ce merveilleux combat du sentiment inspiré contre la sophistique subtile et la lourde théologie des écoles. « Beau spectacle », écrit Alain Chartier, sous une impression toute fraîche encore, « que de la voir disputer, femme contre les hommes, ignorante contre des doctes, seule contre tant d'adversaires! » Les docteurs l'accablèrent de citations, l'enlacèrent dans les mille replis de leur dialectique : elle s'avança d'un pas ferme et sûr à travers ces labyrinthes; elle déconcerta les savantes arguties de ses examinateurs par l'imprévu de ses réponses et par ce grand sens qui se joignait chez elle à la plus ardente exaltation. Après qu'elle eut exposé « de grande manière[2] » comment sa révélation lui était advenue, comme elle disait que le roi lui devait donner des gens d'armes pour secourir Orléans : « Si Dieu veut délivrer le peuple de France, répondit un des théologiens, il n'est pas besoin de gens d'armes. — En nom Dieu, les gens d'armes batailleront, et Dieu donnera la victoire! » Un autre, frère Séguin, s'avisa de lui demander : « Quelle langue parlent *vos voix?* — Meilleure que la vôtre! » L'interlocuteur parlait limousin. « Croyez-vous en Dieu? reprit le théologien en colère. — Mieux que vous, répliqua-t-elle. — Dieu ne veut point qu'on croie à vos paroles si vous ne montrez un *signe* (un miracle) qui prouve qu'on doit vous croire. — Je ne suis pas venue à Poitiers pour faire des *signes* : condui-

---

1. Nous dirons plus tard qui nous accusons de ce crime envers Dieu et envers la France.
2. *Magno modo*. Déposition de frère Séguin; *Procès*, t. III, p. 204.

sez-moi à Orléans, je vous y montrerai les *signes* pour quoi je suis envoyée. Qu'on me donne des gens d'armes en telle et si petite quantité qu'on voudra, et j'irai! En nom Dieu, je ferai lever le siége d'Orléans; je mènerai sacrer le dauphin à Reims; je lui rendrai Paris après son couronnement, et je tirerai le duc d'Orléans d'Angleterre[1]. Il n'est besoin de tant de paroles : ce n'est plus le temps de parler, mais d'agir! »

Quand les théologiens, tout étourdis de ses vives répliques, appelaient à leur aide maints auteurs sacrés et profanes, et les saintes Écritures et les Pères, pour contester la réalité de sa mission : « Il y a plus, répondait-elle en levant les yeux au ciel, il y a plus dans les livres de Dieu que dans les vôtres! »

L'étonnement et l'admiration gagnaient peu à peu et ravivaient ces âmes desséchées par la scolastique et par la chicane : ces cœurs arides se fondaient au contact de cette flamme; on vit de vieux légistes du parlement sortir « en pleurant à chaudes larmes » : l'évêque de Castres s'écria que cette fille était assurément une envoyée du Seigneur[2].

Jeanne vainquit : les docteurs assemblés à Poitiers déclarèrent que « ladite Pucelle » ayant été éprouvée touchant sa vie, ses mœurs et son intention, « sans qu'on trouvât en elle que tout bien,

---

1. C'est Alain Chartier qui, dans sa relation sous forme de lettre, écrite dans le courant de l'été suivant, peu après le sacre, affirme que les *voix* avaient dit à Jeanne : « Tu rendras Paris au roi après son couronnement, et tu lui restitueras son royaume. » (*Procès*, t. V, p. 132.) Il est hors de doute que Jeanne assignait un quadruple objet à sa mission : frère Séguin, un des membres de la commission ecclésiastique, rapporte les quatre points, mais sous une forme indirecte. Jeanne aurait dit : 1° Les Anglais seront détruits et Orléans délivré; 2° le roi sera sacré à Reims; 3° Paris sera remis en l'obéissance du roi; 4° le duc d'Orléans reviendra d'Angleterre. (*Ibid.* t. III, p. 205.) La forme directe donnée par Alain Chartier est évidemment la vraie. Séguin, vingt-sept ans plus tard, employa cette tournure équivoque pour mettre l'événement d'accord avec la prédiction. Jeanne et sa mission n'ont pas besoin d'être protégées par des artifices d'école. Le duc d'Alençon, très digne de foi pour la confiance et l'amitié dont l'honora Jeanne, dit qu'elle se donnait comme ayant quatre charges (*quatuor onera*) : Faire lever le siége d'Orléans; faire sacrer le roi; chasser les Anglais (de toute la France); délivrer le duc d'Orléans des mains des Anglais. (*Ibid.*, p. 99.) La recouvrance de Paris n'était ainsi qu'une partie du troisième point. Le duc d'Orléans, le prince captif, la victime d'Azincourt, était devenu pour Jeanne une personnification nationale, comme Charles VII lui-même. Le duc d'Orléans, aussi ingrat que Charles VII, n'a pas consacré un seul vers à la mémoire de Jeanne.

2. Déposition de la dame de Bouligni. — *Id.* de Gobert Thibault; *Procès*, t. III, p. 73, 85.

humilité, virginité, dévotion, honnêteté, simplesse... », on ne pouvait la rebuter ou délaisser sans se rendre indigne de l'aide de Dieu, et qu'on devait la mener devant Orléans pour y montrer le signe divin qu'elle promettait. L'archevêque de Reims, président de l'assemblée, dut se décider à signer.

La virginité de Jeanne avait été constatée par la belle-mère du roi et par deux autres dames; c'était, dans l'opinion du moyen âge, la meilleure preuve que Jeanne ne tirait pas ses révélations de l'enfer. On croyait que le démon ne pouvait contracter de pacte avec une vierge.

Le conseil du roi et la Pucelle repartirent pour Chinon aussitôt après la déclaration des docteurs; le jeune duc d'Alençon, qui se montrait un des plus zélés défenseurs de la cause nationale et un des partisans les plus enthousiastes de la Pucelle, fut chargé de réunir à Blois des soldats et un grand convoi de vivres qu'on voulait tenter d'introduire dans Orléans[1] : cette expédition devait être l'épreuve décisive de Jeanne. On donna à la Pucelle une armure et des chevaux; on lui donna une maison, comme à un chef de guerre; elle eut un écuyer, des pages, un chapelain, deux hérauts. Plusieurs de ces personnages nous ont laissé d'intéressants récits de leurs relations avec Jeanne : on respectait et on admirait davantage cette étonnante créature, à mesure qu'on la voyait de plus près et qu'on vivait plus familièrement avec elle; elle ne démentait jamais ni la hauteur de ses pensées et la lucidité de ses intuitions dans tout ce qui tenait aux choses générales, ni son bon sens naïf et simple dans les choses vulgaires de la vie. Toute « jeune, belle et bien formée » qu'elle fût, il y avait en elle comme une *vertu* secrète qui écartait les désirs charnels : ces jeunes soldats qui vivaient dans son intimité semblaient la prendre pour un être d'une autre nature plutôt que pour une femme; la déposition de son écuyer, Jean d'Aulon, et celle du duc d'Alençon sont bien frappantes à cet égard[2].

1. Ce fut la belle-mère du roi, la « reine de Sicile », Yolande d'Aragon, qui trouva moyen de rassembler les ressources nécessaires.
2. Plus tard, on la vit commander, avec une force incroyable, aux nécessités de la nature, passant des journées entières sans descendre de cheval et sans manger. S'il en faut croire son écuyer, d'après le témoignage de diverses « preudes femmes », elle ne connut jamais les infirmités de son sexe. *Procès*, t. III, p. 100, 219.

La Pucelle n'attendit pas à Chinon l'achèvement des préparatifs qu'on poursuivait à Blois : elle quitta le roi pour se rapprocher du théâtre de la guerre et pour se rendre à Tours; en se séparant de Charles VII, elle lui dit qu'elle serait blessée devant Orléans, mais qu'elle n'en mourrait ni ne serait mise hors de combat; prédiction qui fut vérifiée par l'événement[1]. Des incidents merveilleux se multipliaient autour d'elle : *ses voix*, à ce qu'elle raconta plus tard[2], lui avaient appris qu'une épée, portant cinq croix gravées sur la lame, était ensevelie dans la terre, près de l'autel de Sainte-Catherine de Fierbois, église qu'elle avait visitée avant d'arriver à Chinon : elle envoya à Fierbois; on fouilla la terre, et l'on trouva l'épée à l'endroit désigné. Jeanne ceignit cette arme mystérieuse, et se fit faire, toujours d'après l'ordre de *ses voix*, un étendard blanc semé de fleurs de lis d'or, avec « la figure de Notre-Seigneur assis en son tribunal parmi les nuées du ciel, et tenant un monde (un globe) en ses mains »; à droite et à gauche étaient deux anges en adoration; l'un des deux portait une branche de lis que le Seigneur semblait bénir. Auprès étaient écrits les mots : *Jhesus Maria,* que Jeanne avait adoptés pour devise. Sur le revers de l'étendard était l'image de la Vierge.

Les apprêts de l'expédition d'Orléans furent bien longs au gré de Jeanne : les gens d'armes se rassemblaient lentement et sans prendre grande part aux espérances populaires : l'argent manquait pour les payer, et l'on ne put leur donner que le 21 avril les arrhes de l'entrée en campagne. La Trémoille tentait, pendant ce temps, un dernier effort pour se passer de la Pucelle : il voulait renouveler avec les Aragonais ce qui avait manqué avec les Écossais. Il demandait une armée au roi d'Aragon. L'Aragonais demanda en récompense la cession du Languedoc[3] : Il fallut se

---

1. Une lettre, écrite le 22 avril par un seigneur flamand au conseil ducal de Brabant, parle de cette prédiction : Jeanne ne fut blessée que le 6 mai suivant. — Cette lettre a été découverte par M. Lebrun de Charmettes à la Bibliothèque, manuscrits de M. d'Esnans, vol. I, p. 116. L'authenticité en est incontestable. La copie s'en retrouve sur les registres de la Chambre des comptes de Bruxelles. *v. Procès,* t. IV, p. 426.

2. Interrogat. du 27 février 1431; *Procès,* t. I, p. 75.

3. Zurita, *Anales de la corona de Aragon,* l. XIII, c. xlix.

résigner à subir Jeanne. Tous les obstacles furent enfin levés, et Jeanne arriva le 25 avril à Blois, avec le chancelier de France et Raoul de Gaucourt, qui avait laissé Orléans à la garde du bâtard d'Orléans pour venir hâter le secours.

Jeanne produisit à Blois la même impression que partout ailleurs. Elle réunit une espèce de bataillon de prêtres, à la tête duquel elle mit son chapelain, l'augustin Pasquerel, avec une bannière représentant le Christ sur la croix ; des soldats en état de grâce servaient seuls d'escorte à cette troupe sacrée. Le bruit des choses extraordinaires qui se passaient à Chinon, à Poitiers, à Blois, était parvenu dans les murs d'Orléans et dans le camp des Anglais ; les Orléanais renaissaient à l'espérance ; les Anglais, qui n'admettaient pas que Jeanne pût être l'envoyée du ciel, commençaient à croire qu'elle pouvait bien être l'instrument de l'enfer, et l'attente de cet ennemi surhumain répandait parmi eux une vague terreur. Du 24 au 28 avril, six cents combattants, divisés en plusieurs détachements, s'introduisirent dans la ville et y annoncèrent l'approche du « grand secours ». Pendant ce temps, un héraut apporta aux généraux anglais une lettre de l'étrange chef de guerre qu'ils allaient avoir à combattre : les *voix* avaient ordonné à Jeanne d'offrir la paix aux Anglais avant de les frapper du glaive.

« ✠ JHESUS MARIA ✠.

« Roi d'Angleterre, et vous duc de Bedford, qui vous dites régent du royaume de France ; vous, Guillaume de *la Poule* (Pole), comte de *Sulford* (Suffolk) ; Jehan, sire de *Talcbot* (Talbot), et vous, Thomas, sire d'*Escales* (Scales), qui vous dites lieutenants dudit duc de Bedford, faites raison au roi du ciel : rendez à la Pucelle, qui est ci envoyée de par Dieu, le roi du ciel, les clefs de toutes les bonnes villes que vous avez prises et violées en France. Elle est ci venue de par Dieu pour réclamer le sang royal. Elle est toute prête de faire paix, si vous lui voulez faire raison, par ainsi que France vous mettrez jus et paierez ce que vous l'avez tenu (à condition que vous renonciez à la France et que vous l'indemnisiez). Et, entre vous, archers, compagnons de guerre, gentils (nobles) et autres, qui êtes devant la ville d'Orléans, allez vous-en en votre pays, de par Dieu, et, si ainsi ne le faites, attendez les nouvelles de la Pucelle, qui vous ira voir brièvement (sous peu) à vos bien grands dommages. Roi d'Angleterre, si ainsi ne le faites, je suis chef de guerre, et, en quelque lieu que j'atteindrai vos gens en France, je les en ferai aller, veuillent ou non veuillent. Et, si ne veulent obéir, je les ferai tous occire. Je suis ci envoyée de par Dieu, le roi du ciel, corps pour corps, POUR VOUS BOUTER HORS DE TOUTE FRANCE[1]. Et, s'ils veulent obéir, je les prendrai à merci. — Et n'ayez point en votre opinion, car vous ne tiendrez point le royaume de France de Dieu, le roi du ciel, fils sainte Marie ; ains (mais) le tiendra le roi Charles, vrai héritier, car Dieu, le roi du ciel, le veut, et lui est révélé par la Pucelle; lequel entrera à Paris à bonne compagnie. — Si ne voulez croire les nouvelles de par Dieu et la Pucelle, en quelque lieu que vous trouverons, nous férirons (frapperons) dedans, et y ferons un si grand hahay que encore a il (y a-t-il) mille ans qu'en France ne fut si grand, si vous ne faites raison. Et croyez fermement que le roi du ciel enverra plus de force à la Pucelle que vous ne lui sauriez mener de tous assauts, à elle et à ses bonnes gens d'armes, et aux horions verra-t-on qui aura meilleur droit de Dieu du ciel ou de vous. — Vous, duc de Bedford, la Pucelle vous prie et vous requiert que vous ne vous fassiez mie détruire. Si vous lui faites raison, encore pourrez-vous venir en sa compagnie, l'où que les François feront le plus beau fait que oncques fut fait pour la chrétienté[2]. Et faites réponse si vous voulez faire paix en la cité d'Orléans; et, si ainsi ne le faites, de vos bien grands dommages vous souvienne brièvement. Écrit ce mardi semaine sainte (22 mars)[3]. »

Sur le dos de la lettre était écrit : « Entendez les nouvelles de Dieu et de la Pucelle. »

Jeanne suivit de près sa lettre : le 27 avril, elle sortit de Blois avec un assez gros corps de troupes, escortant un grand convoi.

---

1. Il importe de remarquer ce témoignage direct de Jeanne sur sa mission : *Hors de toute France*, et non pas seulement hors de l'Orléanais et de Reims.

2. Ces paroles de Jeanne attestent qu'elle rêvait un projet de croisade après la délivrance de la France.

3. Cette lettre avait été écrite à Poitiers un mois avant d'être envoyée. M. Quicherat en donne cinq versions qui diffèrent très peu entre elles; *Procès*, t. I, p. 240; IV, 139, 215, 306; V, 96.

A côté d'elle chevauchaient le maréchal de Boussac, le grand-maître Gaucourt, l'amiral de Culant, le sire de Retz[1], La Hire, Baudricourt, arrivé de Vaucouleurs. Jeanne « portoit le harnois aussi gentiment que si elle n'eût fait autre chose de sa vie. » Elle avait fait défendre les jurements et blasphèmes, exhorter les soldats à se confesser, et chasser toutes les « folles femmes » qui suivaient les gens de guerre. En tête de l'armée marchait la cohorte des prêtres, chantant pour chant de guerre le *Veni, Creator Spiritus*, cette hymne sublime de l'Esprit de vie, qui semble n'être d'aucun temps ni d'aucune secte, tant l'éternelle vérité y brille d'une splendeur sans nuage. L'Esprit invoqué avait répondu : son souffle emportait cette armée du Seigneur.

Les troupes campèrent la nuit en pleins champs. Le lendemain matin, Jeanne, quoique fatiguée et malade d'avoir pour la première fois reposé tout armée sur la dure, fut sur pied la première et reçut la communion devant l'armée en bataille ; une multitude de soldats, passant brusquement de la débauche et de l'indifférence à l'enthousiasme et à la foi, vinrent s'agenouiller devant les prêtres qui entouraient Jeanne et se mettre « en état de grâce » (*in bono statu*). Le convoi retarda la marche de l'armée, qui arriva en vue d'Orléans seulement le troisième jour (29 avril). Ces prêtres, ces chants, ces bannières inconnues, cet appareil inusité, frappèrent les Anglais d'une crainte superstitieuse : les généraux, voyant la disposition de leurs troupes, les tinrent enfermées dans leurs parcs et dans leurs bastides. Les Français défilèrent devant les ruines du Portereau et les postes ennemis de la rive gauche de la Loire, et gagnèrent le bord du fleuve au-dessus de la bastide anglaise de Saint-Jean-le-Blanc : la Pucelle avait insisté pour qu'on allât droit où était la plus grande « puissance » des Anglais, c'est-à-dire du côté de Beauce ; mais les « chevetaines » français, jugeant l'entreprise trop hardie, avait trompé Jeanne et l'avaient menée du côté où l'ennemi était le moins fort, c'est-à-dire par la route de la Sologne. L'événement donna raison à Jeanne : l'armée, en se présentant par la rive gauche, avait le fleuve entre elle et la ville; les communications n'étaient possibles que par eau ; or,

1. Ou Raiz; Gilles de Laval. C'était le démon à côté d'un ange. Nous reviendrons sur cet horrible personnage.

les grands bateaux à voiles préparés dans Orléans pour recevoir le secours ne pouvaient, à cause des basses eaux, prendre port qu'à Chéci, à deux lieues à l'est de la ville, et le vent contraire les empêchait de remonter la Loire vers Chéci.

L'embarras était extrême. « Vous m'avez cru décevoir, dit Jeanne, et vous vous êtes déçus vous-mêmes. Le conseil de Dieu, notre sire, est plus sûr que le vôtre. Sachez que je vous amène le meilleur secours qu'ait jamais reçu ville ni armée, le secours du roi du ciel! » S'il en faut croire un des hommes qui lui furent le plus contraires, Raoul de Gaucourt, elle annonça expressément que le temps et le vent allaient changer[1]. Le vent, en effet, sauta brusquement à l'ouest : les bateaux, conduits par le bâtard d'Orléans, arrivèrent à toutes voiles après avoir passé sans obstacles et sans dommages sous le canon des bastides anglaises. Les plus enthousiastes des compagnons de Jeanne crurent voir les eaux monter et s'enfler subitement sous les nefs qui venaient au-devant de la Pucelle. On rejoignit la flotille à Chéci. Jeanne descendit dans les nefs avec le convoi et deux cents lances ; le reste des troupes reprirent le chemin de Blois afin d'y traverser la Loire, et de revenir « devers la Beauce ». Jeanne leur laissa son chapelain et ses prêtres, comme pour leur laisser son inspiration religieuse et une portion d'elle-même. Une sortie des Orléanais fit utilement diversion et empêcha les Anglais de réunir leurs forces pour arrêter la flotille au retour. La Pucelle entra le soir dans Orléans, armée de toutes pièces, montée sur un cheval blanc, et faisant porter devant elle sa blanche bannière ; elle alla droit à la cathédrale, aux acclamations des « bonnes gens de la ville, hommes, femmes et petits enfants, qui faisoient telle joie comme s'ils vissent Dieu descendu entre eux[2] ».

L'effet moral de cette première journée fut immense ; la confiance, qui naguère encore animait les assiégeants, avait passé dans le cœur des citoyens et de la garnison ; Jeanne eût voulu dès

---

1. *Procès*, t. III, p. 18.
2. Dépositions du comte de Dunois, de frère Pasquerel, de J. d'Aulon, etc., etc., *Procès*, t. III, p. 5 ; 105, 210. — *Chroniq. de l'établissement de la fête du 8 mai* ; ibid. t. V, p. 290. — *Journal du siége*. — *Chronique de la Pucelle*. — *Histoire abrégée des gestes de la Pucelle*.

le lendemain les mener à l'assaut des bastides anglaises; la plupart des capitaines se récrièrent contre cette témérité. Il fut décidé, au grand mécontentement de Jeanne, qu'on ne prendrait sérieusement l'offensive qu'après le retour de l'armée. Jeanne envoya une seconde lettre aux Anglais par l'intermédiaire de ses deux hérauts. Les généraux ennemis, sans respect pour le droit des gens, retinrent prisonnier l'un des hérauts et renvoyèrent l'autre en le chargeant de « vilaines paroles » pour la Pucelle, « l'appelant ribaude, vachère, et la menaçant de la faire brûler s'ils la pouvoient prendre ». Ils voulaient, en attendant, brûler le héraut captif comme hérétique et complice d'une sorcière, et écrivirent à l'université de Paris pour la consulter à ce sujet[1]. On ne leur accorda pas le loisir de recevoir la réponse! Jeanne, du haut du boulevard qu'on avait construit sur le pont d'Orléans, à portée de la voix des Tournelles, leur adressa en personne une troisième sommation. Le commandant des Tournelles, Glansdale, et ses gens, répondirent par de brutales injures : la chaste fille en pleura de honte et de colère, et leur cria qu'ils mentaient, et que, « malgré eux tous, ils partiroient bien bref (bientôt) », mais que lui, *Glacidas* (Glansdale), ne le verrait point[2].

Le troisième jour après sa venue à Orléans (2 mai), Jeanne sortit dans la plaine et chevaucha lentement tout le long des bastides, des parcs et des boulevards anglais « du côté devers Beauce », examinant les positions ennemies avec le coup d'œil d'un capitaine expert aux armes. Le peuple l'avait suivie en foule, comme si la présence de la Pucelle eût été une protection plus sûre que les remparts de la cité : les Anglais ne tentèrent pas de troubler cette audacieuse reconnaissance, ni de charger cette multitude désordonnée. Ces hommes intrépides, dit Alain Chartier, semblaient changés en femmes, tandis que les femmes se changeaient en héros contre eux : « on eût dit qu'ils avoient tous les mains liées ». « Avant que la Pucelle arrivât, deux cents Anglois chassoient, aux escarmouches, huit cents ou mille de l'armée du roi, et, depuis sa

---

1. Berri, roi d'armes. — *Journal du siége*.
2. *Journal du siége*. — *Bourgeois de Paris*. — Le page de Jeanne, Louis de Contes, témoin oculaire, ne parle pas de cette prédiction dans sa déposition. *Procès*, t. III, p. 68.

venue, quatre ou cinq cents François combattoient toute la puissance des Anglois, et les contraignoient à se renfermer dans leurs refuges et bastilles » (Dépos. de Dunois). Les soldats français n'étaient plus reconnaissables : l'exaltation religieuse de Jeanne avait saisi ces âmes rudes et sauvages, mais susceptibles de fortes impressions; il n'y avait pas jusqu'à La Hire qui n'allât à confesse! La Hire, habitué à maugréer et à renier Dieu toute la journée, n'osait plus « renier que son bâton » devant Jeanne[1].

La petite armée de Blois reparut le 4 sur la rive droite de la Loire. Jeanne alla au-devant avec une partie de la garnison. Les Anglais, supérieurs en nombre à toutes les forces françaises réunies[2], ne firent aucun mouvement pour empêcher la jonction, et les troupes de secours, passant entre les bastides des assiégeants, entrèrent dans la ville sans coup férir. Jeanne, fatiguée de sa chevauchée, se jeta sur le lit de son hôtesse[3] pour prendre quelque repos; mais à peine avait-elle fermé les yeux, qu'elle se réveilla brusquement avec de grands cris : « *Mes voix* m'appellent... nos gens ont bien à besogner!... le sang de nos gens coule par terre!... Mes armes! mes armes! mon cheval!... » Son page accourt[4]. « Ah! sanglant garçon (méchant garçon), vous ne me disiez pas que le sang de France fût répandu. » Elle se fait armer précipitamment, saisit son étendard, s'élance sur son cheval et court à toute bride, en « faisant jaillir le feu des pavés », droit à la porte orientale de la ville, qu'on appelait la porte de Bourgogne. Une sortie avait été entreprise à son insu, probablement par ordre de Gaucourt et d'autres chefs qui ne voulaient pas qu'elle

---

1. Dépositions de frère Séguin et de divers chanoines d'Orléans. Jeanne elle-même, à la manière des enfants de son village, jurait « par mon martin! » (par mon bâton!). *Chroniq.* de Perceval de Cagni; ap. *Procès*, t. IV, p. 4.

2. Du moins le comte de Dunois le dit positivement dans sa déposition. *v.* aussi la déposition du frère Pasquerel; *Procès*, t. III, p. 5; 105. Mais il semble que les Français se soient exagérés le nombre des ennemis.

3. Elle était logée chez une des bourgeoises les plus notables et les mieux famées de la ville. Jeanne comprenait combien il lui importait d'écarter d'elle tout soupçon : partout où elle s'arrêtait, elle s'entourait des femmes les plus irréprochables et passait la nuit avec deux ou trois d'entre elles, afin qu'on ne pût, dit M. Lebrun de Charmettes, « calomnier son sommeil ».

4. C'est lui-même qui a raconté le fait. *v.* les dépositions concordantes du page Louis de Contes, de la femme Milet, de l'avocat Aignan Viole, de l'écuyer Jean d'Aulon, de Simon Beaucroix, ap. *Procès*, t. III, p. 68, 79, 124, 126, 212.

eût l'honneur de la victoire. Un premier assaut avait été donné sans succès à la bastide anglaise de Saint-Loup, voisine de la porte de Bourgogne, et l'on rapportait en ville beaucoup de blessés : Jeanne frémit et versa des larmes : « Jamais, s'écria-t-elle, jamais je n'ai vu sang de François que les cheveux ne me dressassent à la tête ! » Elle poussa son cheval droit à la bastide anglaise.

A son aspect, les fuyards jetèrent une grande clameur, et « tournèrent visage » : le bâtard d'Orléans arriva au même instant, suivi d'une grosse bande de gens d'armes, et l'assaut recommença avec furie. Talbot essaya de conduire les troupes des bastides les plus proches au secours de Saint-Loup; mais, suivant l'expression du chroniqueur, « tout homme issit hors Orléans pour aller enclore les Anglais[1] ». Talbot craignit d'être englouti par ce flot furieux, et rentra dans ses forts. La garnison de la bastide Saint-Loup, forte de trois ou quatre cents hommes d'élite, soutint mieux la vieille gloire des armes anglaises : elle se défendit opiniâtrément pendant trois heures; mais rien ne put résister à l'ardeur des assaillants, et la bastide fut enfin forcée, brûlée et démolie. Jeanne, une fois la chaleur du combat refroidie, ne vit pas sans émotion ce boulevard jonché de cadavres anglais : la femme reparut sous le héros; elle pleura, et regretta surtout que tant d'hommes « fussent morts sans confession ». Aucun d'eux n'avait reçu la mort de sa main. Par une contradiction touchante, elle qui se disait « chef de guerre », qui venait comme un ange exterminateur contre les tyrans de sa patrie, elle avait horreur du sang; elle ne pouvait, comme elle l'a souvent répété, se résoudre à « tuer personne » : risquant sa vie sans attaquer celle des autres, elle se jetait à travers la mêlée, son étendard à la main, et ne tirait l'épée qu'à la dernière extrémité[2].

Les Anglais rendirent, le lendemain, le héraut de la Pucelle, de peur qu'on ne mît à mort les prisonniers qu'on avait faits sur eux : c'était le jour de l'Ascension (5 mai). Jeanne ne voulut pas

---

1. *Chroniq. de la fête du 8 mai;* Procès, t. V, p. 292.
2. « Je n'ai oncques tué homme. » Interrogatoire du 27 février, *Procès*, t. I, p. 78. — Déposition de frère Séguin. — Déposition de frère Pasquerel. — *Journal du siége.*

qu'on en profanât la solennité par l'effusion du sang humain ; mais, le 6 mai au matin, la Pucelle, le bâtard d'Orléans, Boussac, Gaucourt, La Hire, traversèrent la rivière en bateaux, et se portèrent contre les bastides du côté de la Sologne. Glansdale, qui commandait en chef le siége de la rive gauche, désempara et incendia la bastide de Saint-Jean-le-Blanc, et en retira la garnison aux Augustins et aux Tournelles. La Pucelle, avant que tous ses compagnons eussent passé l'eau, courut droit à la bastide des Augustins et planta son étendard sur le bord du fossé ; mais, en ce moment, « il survint un cri » que les Anglais de la rive droite venaient « en grand puissance » au secours de Glansdale : les gens de la Pucelle reculèrent en désarroi jusqu'à leurs bateaux, et entraînèrent Jeanne dans ce mouvement de retraite ; les Anglais sortirent de leurs forts et coururent sur la Pucelle avec « grande huée et paroles diffamantes ». L'instant était décisif ; un seul échec allait dissiper le prestige qui environnait Jeanne et renverser tout l'espoir de la France. L'incertitude ne fut pas longue : Jeanne fit volte-face, « coucha la lance » et s'élança contre les Anglais avec son cri ordinaire : *En nom Dieu !*[1] La Hire courut après elle, puis bien d'autres ; une terreur panique s'empara des Anglais ; « ils prirent la fuite laide et honteuse » et ne s'arrêtèrent qu'à l'abri de leurs boulevards. On les y suivit ; la bastille des Augustins fut attaquée sur-le-champ : fossés, glacis semés de chausse-trapes, palissades, parapets garnis d'artillerie, tout fut inutile : les assaillants pénétrèrent de toutes parts dans la bastide et passèrent au fil de l'épée tous ceux de ses défenseurs qui ne purent se réfugier aux Tournelles.

Jeanne fut aussi sage dans la victoire qu'elle avait été audacieuse dans le combat : voyant les soldats « trop attentifs au pillage », et craignant que Glansdale ne profitât de leur désordre, elle ordonna d'évacuer et de brûler la bastide conquise, avec tout ce qu'elle renfermait « de vivres et de richesses » : on obéit. Jeanne, qui avait été légèrement blessée au pied par une chausse-trape, retourna dans Orléans par la rivière avec une partie des

---

[1]. « En nom Dé ! » — *Chroniq. de la Pucelle*, ap. *Procès*, t. IV, p. 226. — Jean d'Aulon (t. III, p. 214) ne parle pas du moment de déroute : il dit seulement que les chefs voulaient se retirer et que la Pucelle attaqua malgré eux.

troupes; le reste demeura en observation devant les Tournelles et le boulevard voisin, que Jeanne avait résolu d'attaquer le jour suivant. La plupart des capitaines n'étaient pas de cet avis : ils craignaient de compromettre les avantages obtenus; ils craignaient peut-être plus encore des avantages trop décisifs qui les effaceraient tous devant Jeanne[1] : ils tinrent conseil, le soir, sans y appeler Jeanne, et lui envoyèrent signifier leur résolution d'attendre de nouveaux renforts. « Vous avez été en votre conseil, répondit-elle, et j'ai été au mien : le conseil de *Messire* s'accomplira; celui des hommes périra! Nous combattrons demain[2]. »

Pendant la nuit, les Anglais de la rive gauche abandonnèrent encore une de leurs bastides, celle de Saint-Privé, et se concentrèrent entièrement dans les Tournelles et dans la grande redoute ou boulevard qui couvrait cette forteresse du côté de la Sologne; c'était ce même boulevard qui avait été si vaillamment défendu par les Français au commencement du siége. Au point du jour, la Pucelle monta à cheval, annonçant à ses hôtes qu'avant le soir elle rentrerait victorieuse à Orléans par les Tournelles et le pont de la Loire. Le conseil des chefs avait résolu de l'empêcher d'exécuter son dessein, et Gaucourt, bailli de la ville, avait fait fermer les portes, et gardait en personne la porte de Bourgogne : il déclara que personne ne passerait. Jeanne commanda au peuple d'ouvrir la porte. Les bourgeois et les soldats qui la suivaient en foule se précipitèrent à sa voix avec une telle furie que Gaucourt faillit être mis en pièces : le peuple, traînant après lui canons et couleuvrines, sortit à grands flots de la ville, traversa la

---

1. Un jour que Dunois lui annonçait la venue de Falstolf pour ravitailler les Anglais : « Bâtard, bâtard, s'écria-t-elle toute réjouie, en nom Dieu, je te commande que tantôt que tu sauras la venue dudit Falstolf, que tu me le fasses savoir; car, s'il passe sans que je le sache, je te promets que je te ferai ôter la tête. » Déposition de J. d'Aulon; ap. *Procès*, t. III, p. 212. Cette parole, quoique dite par forme de « gausserie », atteste de quelle grande manière elle traitait les gens du « plus haut état ». Dunois, brave cœur et bon esprit, n'en fut pas moins du petit nombre des chefs qui acceptèrent loyalement son ascendant.

2. Suivant le témoignage de son chapelain Pasquerel, elle ajouta qu' « il sortiroit du sang de son corps au-dessus de la mamelle » (*suprà mammam*) (*Procès*, t. III, p. 109), renouvelant ainsi la prédiction faite à Charles VII. La *Chroniq. de la fête du 8 mai* dit que les bourgeois voulaient l'attaque, et en avaient requis Jeanne; *Procès*, p. 292.

rivière et rejoignit les gens de guerre qui étaient restés la nuit à l'autre bord. Les capitaines soutinrent le mouvement qu'ils n'avaient pu empêcher. Les positions anglaises de la rive gauche se trouvèrent prises entre deux feux : une troupe de bourgeois et de gens d'armes, logés derrière les retranchements du pont, ouvrirent contre le fort des Tournelles une terrible canonnade, tandis que, du côté opposé, Jeanne donnait le signal de l'attaque du boulevard. Ce fut un combat de géants. Glansdale avait autour de lui « la fleur des meilleures gens de guerre d'Angleterre », dit Monstrelet : les Anglais, animés par la force de leur poste, par l'espoir d'être secourus des troupes de la rive droite, par l'orgueil de leurs anciennes victoires et la colère de leurs récentes défaites, se défendirent avec un courage opiniâtre et une sombre fureur. Quant aux Français, ils se ruaient à l'assaut « comme s'ils eussent cru être immortels ». (Journal du siége.) A travers les boulets, les flèches, les carreaux, les pierres, ils arrachaient les palissades, ils comblaient les fossés, ils gravissaient au plus haut des fortifications, mais pour en retomber aussitôt, renversés par les haches, les piques et les maillets des Anglais...

La lutte durait depuis trois grandes heures : Jeanne s'était tenue jusqu'alors sur la contrescarpe, exhortant ses gens à « avoir bon cœur et bon espoir en Dieu ». Elle voit les Français mollir et hésiter ; elle se précipite dans le fossé, saisit une échelle, et y monte la première : au même instant un carreau d'arbalète la frappe au-dessus du sein, entre le gorgerin et la cuirasse, et la rejette dans le fossé.....

On emmena Jeanne et on la désarma pour panser sa blessure, qui était profonde ; quand elle vit couler son sang, le cœur lui faillit, et elle pleura. Mais l'émotion qu'elle ressentait provoqua bientôt une extase qui lui rendit toute son énergie ; elle arracha elle-même le trait de la plaie. Cependant la nouvelle de sa chute avait répandu le découragement dans l'armée : les chefs faisaient sonner la retraite. Jeanne court à eux, les conjure d'attendre encore, se retire à l'écart et rentre en extase. Sa bannière était restée plantée devant le boulevard : « Regardez, dit-elle à un gentilhomme qui l'avait suivie, quand la queue de mon étendard touchera contre le boulevard. » Un moment après, le vent fait flotter la pointe de la bannière du côté des Anglais. « Jehanne, elle y touche ! — Tout est vôtre, et y entrez ! » s'écrie-t-elle en s'élançant sur son cheval et en galopant vers le boulevard[1].

A son aspect un frissonnement d'épouvante parcourut les rangs des Anglais : les Français revinrent à la charge avec l'impétuosité de l'ouragan ; ils se sentaient comme enlevés par une puissance surhumaine ; ils montèrent « contremont » le boulevard aussi aisément que par les degrés d'un escalier (Chron. de la Pucelle) ; un furieux combat « main à main » recommença sur le parapet même. L'audace des compagnons de la Pucelle sembla se communiquer à la troupe orléanaise qui canonnait les Tournelles du côté opposé. Glansdale avait coupé deux ou trois arches du pont de la Loire, entre les Tournelles et le boulevard français établi sur ce pont : les Orléanais jettent une longue solive d'une pile à l'autre, passent ce pont fragile sous le feu de l'ennemi et emportent les défenses extérieures des Tournelles, au moment où la Pucelle et ses gens pénètrent dans le grand boulevard. Les Anglais, frappés de vertige, s'imaginent voir dans les airs des armées de fantômes ; les Français, saisis de l'enthousiasme extatique de la Pucelle, s'écrient que les patrons d'Orléans, saint Aignan et saint Euverte, accourent sur des chevaux blancs au secours de leur cité ; d'autres croient voir planer sur le pont d'Orléans le chef des armées célestes, le conseil de Jeanne, l'archange Michel, et voler sur l'étendard de la Pucelle la Colombe Blanche, symbole de l'Esprit saint. L'étendard de la Pucelle flotte au haut du boulevard. « Rends-toi, *Glacidas!* crie Jeanne ; rends-toi au roi des cieux ! J'ai pitié de ton âme et de celle des tiens ! » Toute résistance a cessé. Glansdale et ses compagnons s'enfuient vers les Tournelles, par le pont-levis qui joint le boulevard à cette forteresse : un boulet lancé par une bombarde française brise le pont-levis, et Glansdale est englouti dans le fossé inondé par la Loire. Bientôt après, les deux divisions françaises se rejoignent dans les murs des Tournelles.

Presque toute la garnison anglaise fut tuée ou prise ; la grandeur de la perte ne devait pas ici se mesurer au nombre ; les cinq ou six cents hommes de guerre que les Anglais perdirent

---

1. Déposition de Louis de Contes, ap. *Procès*, t. III, p. 70. — *Journal du siège*; ibid. t. IV, p. 161.

dans cette journée, et ceux qui avaient péri aux Augustins et à Saint-Loup, étaient l'élite de leur chevalerie. L'inaction de Suffolk et de Talbot, ces braves et habiles capitaines, durant les journées des 6 et 7 mai, ne peut s'expliquer que par la complète démoralisation de leurs soldats. Ils pouvaient, ou faire une diversion en attaquant la ville, ou se porter directement au secours de Glansdale en traversant la Loire. Ils ne donnèrent pas signe de vie ; ils assistèrent immobiles au massacre de leurs frères d'armes, comme s'ils eussent été cloués dans leurs bastilles par un pouvoir magique[1].

Les chefs anglais de la rive droite tinrent conseil, au bruit des cloches dont les joyeuses volées célébraient la victoire de leurs ennemis : ils résolurent la levée du siége, tandis que la Pucelle, selon sa prédiction, rentrait dans Orléans par le pont des Tournelles, rétabli en quelques heures, parmi des cris d'allégresse et un délire populaire qu'il est plus facile de sentir que de peindre. Dix mille voix chantèrent en chœur le *Te Deum* sous les voûtes et sur les parvis de Sainte-Croix.

Le lendemain dimanche, 8 mai, au lever du soleil, toutes les troupes anglaises quittèrent leurs retranchements et se formèrent en deux batailles : à cette vue, peuple et soldats sortirent en foule d'Orléans pour les assaillir. Jeanne se leva malgré la douleur de sa blessure, passa une légère cotte de mailles *(jaseran)*, et courut arrêter « ses gens » : « Pour l'amour et honneur du saint dimanche, leur dit-elle, s'ils veulent partir, laissez-les aller et ne les occiez point ! Qu'ils se départent ! leur partement me suffit. » Elle fit dresser un autel et célébrer deux messes sous le ciel, en présence des deux armées : comme la seconde messe finissait, Jeanne, toujours prosternée, demanda « si les Anglois avoient le visage ou le dos tourné vers les François. — Ils ont le dos tourné :

---

1. Sur ces divers combats, *v.* les dépositions de Dunois, Gaucourt, d'Aulon, Louis de Contes et de divers bourgeois d'Orléans, au procès de révision, deuxième enquête, dite d'Orléans ; *Procès*, t. III ; — la *Chronique de la fête du 8 mai* ; — *ibid.* t. V, p. 292-294 ; — le *Journal du siége* ; — la *Chronique de la Pucelle* ; — le *Journal du Bourgeois de Paris* ; — Jean Chartier, *Histoire de Charles VII* ; — Lemaire, *Histoire d'Orléans* ; — Dubreton, *Histoire du siége d'Orléans* ; — Jollois, *id.* — Monstrelet exagère beaucoup en parlant de six ou sept mille Anglais mis à mort dans les combats du 4 au 7 mai : il n'y en eut pas plus d'un millier. Il y a des circonstances où quelques gouttes de sang décident du destin d'un empire.

ils s'en vont. — Or, laissez-les partir, et allons rendre grâces à Dieu![1] »

Les deux batailles anglaises, conduites par Suffolk et par Talbot, se dirigèrent, l'une vers Meung, l'autre vers Jargeau, abandonnant presque tous leurs malades, leurs bagages et leur artillerie. Les bastides furent pillées, saccagées, rasées ; les canons et les bombardes furent ramenés dans la ville par une multitude ivre de joie. Les vainqueurs sentirent mieux tout le merveilleux de leur victoire, lorsqu'ils examinèrent à loisir les formidables ouvrages qu'ils avaient emportés d'assaut ou qu'on leur livrait sans combat : ils avaient forcé dans des positions inexpugnables ces fiers Anglais habitués à dissiper en plaine, avec une poignée d'hommes, les grandes armées de la monarchie féodale. Aussi Orléans n'attribua-t-il sa délivrance qu'à Jeanne et au Dieu qui l'avait envoyée : une procession solennelle parcourut la ville et les remparts, avec des cantiques d'allégresse et de reconnaissance. Cette cérémonie, renouvelée chaque année, le jour anniversaire de la levée du grand siége (8 mai), s'est perpétuée de siècle en siècle jusqu'à nous sous le nom de *Fête de la Pucelle*[2].

Toute la France attendait avec anxiété l'effet des promesses de Jeanne Darc. Le bruit des grands événements qui s'étaient passés devant Orléans se répandit avec une rapidité inouïe, ranima les cœurs fidèles à la cause nationale, ébranla ceux qu'avait égarés l'esprit de faction ou qui s'étaient résignés à la domination étrangère. On se disait que Dieu s'était enfin lassé de châtier la France ; qu'il envoyait son ange pour la tirer de l'abîme.

Tandis que les premières victoires de la Pucelle volaient de

---

1. Dépositions de Dunois, de Simon Beaucroix ; *Procès*, t. III, p. 9, 80. Suivant la déposition du frère Pasquerel, Jeanne avait annoncé, le 3 mai, que le siège serait levé dans cinq jours (*ibid.* p. 106), ce qui est avoué par le chroniqueur anglo-bourguignon Jean de Wavrin ; *ibid.* t. IV, p. 410.
2. *Chroniq. de l'établissement de la Fête du 8 mai* ; *Procès*, t. V, p. 296. — La *Fête de la Pucelle* a été célébrée avec plus d'éclat que jamais cette année (1855), à l'occasion de l'érection de la statue équestre de Jeanne Darc, par M. Foyatier. — Une fête analogue fut instituée dans la petite ville de Châteaudun, que ses habitants et son gouverneur, Florent d'Illiers, avaient vaillamment conservée à la cause nationale parmi les garnisons ennemies qui l'environnaient de toutes parts. — Godefroy, *Histoire de Florent d'Illiers*, dans le *Recueil des Historiens de Charles VII*. — La ville de Bourges a longtemps célébré, à l'imitation d'Orléans, la *Fête de la Pucelle*, le premier dimanche après l'Ascension. *Procès*, t. V, p. 297.

bouche en bouche, Jeanne s'apprêtait à en conquérir d'autres et à remplir l'attente universelle : elle ne perdit point de temps après avoir accompli le premier objet de sa mission. Dès le lendemain de la levée du siège d'Orléans (9 mai), toute blessée qu'elle fût, elle repartit pour aller porter au roi « les nouvelles de la noble besogne » et le presser de marcher avec elle droit à Reims. Elle prit congé des Orléanais, qui pleuraient de joie et de tendresse et la « remercioient très humblement, » et se rendit par Blois à Loches, où était Charles VII. Un enthousiasme inexprimable l'accueillit partout sur son passage : les populations entières se jetaient à genoux autour d'elle; ceux qui n'étaient pas assez heureux pour pénétrer jusqu'à elle et pour baiser ses mains et ses vêtements, baisaient la trace des pas de son cheval. La simplicité, l'abnégation de Jeanne ne se démentirent pas un instant parmi ces enivrants hommages; elle eût voulu se garder de ces *adorations;* elle craignait que Dieu ne s'en offensât, et, avec son admirable bon sens, elle en sentait le péril pour elle-même : « En vérité, disait-elle, je ne saurois me garder de telles choses, si Dieu ne me gardoit ! [1] »

Jeanne fut reçue « à grand honneur » par le roi; mais ce n'étaient pas des honneurs qu'elle demandait, c'étaient des soldats, de l'argent et des armes; c'était que le roi lui-même montât à cheval et la suivît ! Elle tenta en vain de communiquer à cette nature à la fois aride et molle, faible et fermée, le feu héroïque de son âme : Charles, depuis l'instant fugitif où le Saint-Esprit, comme dit Alain Chartier, s'était manifesté à lui, n'eut pas un élan, pas un éclair, et Jeanne retrouva autour de lui et en lui les mêmes obstacles le lendemain que la veille de la victoire ! Ces *voix* du ciel qui parlaient si haut à Jeanne, il y a des âmes qui ne savent jamais les entendre, lors même que la parole éclate en merveilles !

Quand la Pucelle annonça que « il étoit temps que le roi fût prêt de soi mettre en chemin de son couronnement à Reims », Charles et tout son conseil se récrièrent sur l'impossibilité de l'entreprise. « Les ennemis du roi ont trop grande puissance ! le roi n'a mie assez de finances pour soudoyer son armée ! — *Par mon martin*, répliqua-t-elle, je conduirai le gentil roi Charles

---

1. Interrogatoire du 5 mars 1431, *Procès*, t. I, p. 102. — Dépositions de Barbin et de Beaucroix; *ibid*. t. III, p. 82, 84.

jusques à Reims sûrement et sans détourbier, et là le verrez couronner! » Un autre jour, elle vint frapper à la porte de la « chambre de retrait » (cabinet) du roi, et, lui embrassant les genoux : « Noble dauphin, ne tenez point tant et de si longs conseils; venez au plus tôt à Reims prendre votre digne couronne ! Je ne durerai guère qu'un an, répéta-t-elle souventes fois; il faut songer à me bien employer[1]. » Les incertitudes, les fluctuations du roi la désolaient. « Quand elle étoit trop affligée, elle se tiroit à part et se plaignoit à Dieu de ce qu'on ne la croyoit point, et, son oraison faite, elle entendoit une voix disant : *Fille Dé* (fille de Dieu), *va, va, va ; je serai à ton aide ; va!* Et lors elle étoit grandement réconfortée[2]. »

Jeanne l'emporta enfin à demi : le roi promit de marcher sur Reims, mais quand on aurait reformé une armée. On avait laissé se disperser les libérateurs d'Orléans, faute d'action immédiate. Jeanne supplia le roi de lui donner, en attendant, quelques gens de guerre pour débarrasser des garnisons anglaises le cours de la Loire. Trois semaines se passèrent encore avant qu'elle eût pu obtenir les moyens d'agir. Le roi, cependant, avait publié son mandement de guerre et assigné le rendez-vous général à Gien. La noblesse et les gens d'armes des provinces du centre et de l'ouest se mettaient de toutes parts en mouvement[3]. Le duc d'Alençon, qui n'avait pu prendre part aux premiers combats de Jeanne, parce qu'il n'avait point encore alors achevé de payer sa rançon[4], reçut le commandement du corps qui allait agir sur la Loire,

---

1. Déposition du duc d'Alençon; *Procès*, t. III, p. 99; du comte de Dunois, *ibid.* p. 10-12; *Chroniq.* de Perceval de Cagni, *ibid.* t. IV, p. 11.
2. Déposition du comte de Dunois; *ibid.* III, 12.
3. Une charmante lettre d'un des jeunes seigneurs qui obéirent au ban de Charles VII, le sire Gui de Laval, est parvenue jusqu'à nous : cette naïve et généreuse épître (du 8 juin) exprime bien le mouvement des esprits dans cette renaissance de la France, et l'impression que produisait Jeanne sur le peuple et sur la jeune noblesse. « C'est chose toute divine de son fait, et de la voir et de l'entendre ! » s'écrie Gui de Laval. « J'allai à son logis la voir : elle fit venir le vin et me dit *qu'elle m'en feroit bientôt boire à Paris.* » (*Procès*, t. V, p. 105.) Rien de plus gracieux que le portrait que fait Gui de Laval de la belle guerrière sur son grand cheval noir, armée à blanc, tête nue, une petite hache à la main, et parlant d'une claire et douce voix de femme.
4. Le droit des gens ne permettait pas à un prisonnier de reprendre les armes tant qu'il n'était pas quitte envers son *maître*.

avec ordre exprès du roi de « faire et user entièrement par le conseil de la Pucelle [1] ».

Jeanne, Alençon, le bâtard d'Orléans, se remirent en mouvement dans les premiers jours de juin : ils arrivèrent, le 10, à Orléans à la tête de douze cents lances, y rallièrent des milices bourgeoises accourues avec transport autour de Jeanne, et quelques autres troupes, avec le comte de Vendôme, le maréchal de Boussac, l'amiral de Culant, Graville, grand-maître des arbalétriers, et se portèrent sur Jargeau. Le gros des troupes anglaises, après la levée du siége d'Orléans, s'était réparti dans les places des environs pour y soutenir une guerre défensive. Le comte de Suffolk tenait en personne Jargeau avec six ou sept cents hommes d'élite. On lui avait laissé tout un mois pour relever le moral de ses soldats. A l'approche des Français, il fit une brusque sortie sur les assaillants, qui ne s'attendaient pas à voir ainsi changer les rôles : il y eut un moment d'hésitation et de désordre; la gendarmerie commençait à plier; mais la Pucelle saisit son étendard, et lança son coursier au plus fort de la mêlée. A cette vue, les Français reprirent toute leur audace; les Anglais furent refoulés dans les murs de Jargeau (11 juin). On les y assiégea : dès le lendemain, l'artillerie française foudroya la ville. C'était Jeanne qui avait indiqué la position des batteries avec une justesse de coup d'œil extraordinaire. La puissance de ses perceptions extérieures égalait celle de ses intuitions intérieures : elle sauva la vie au duc d'Alençon en l'écartant brusquement de la ligne de tir d'un *veuglaire* (sorte de couleuvrine) qui allait faire feu sur lui; le duc « n'étoit pas reculé de deux toises » que le boulet emporta la tête d'un gentilhomme à la place que le duc venait de quitter [2].

---

[1]. *Journal du siége d'Orléans.* Cette chronique continue, après le lever du siége, jusqu'à la fin de la campagne.

[2]. Déposition du duc d'Alençon; *Procès*, III, p. 96. « Tous s'émerveilloient que si hautement et sagement elle se comportât en fait de guerre comme si c'eût été un capitaine qui eût guerroyé l'espace de vingt ou trente ans, et surtout en l'ordonnance de l'artillerie. » *Id. ibid.* p. 100. « Elle se comportoit de telle sorte qu'il n'étoit possible à homme quelconque de mieux agir en fait de guerre. » Déposition du sire de Termes, *ib.* 119. « Quand elle doit en venir aux mains avec l'ennemi, elle conduit l'armée, choisit la position, forme les lignes de bataille, et combat en brave soldat après avoir ordonné en habile capitaine. » Lettre d'Alain Chartier, *ibib*, t. V, p. 135.

Le troisième jour du siége (14 juin), Suffolk demanda une capitulation, avec quinze jours de délai pour rendre la place s'il n'était pas secouru : ces conditions furent refusées, et l'assaut fut donné. Il fut aussi terrible que le combat des Tournelles, et offrit des incidents analogues : après quatre heures d'une lutte désespérée, la résistance des Anglais ne faiblissant pas encore, Jeanne monta elle-même sur une échelle, son étendard en main, « là où la défense étoit la plus âpre ». Une grosse pierre vint frapper sa bannière et son casque, et la fit rouler au pied du rempart ; mais elle se releva aussitôt, en criant : « Sus, sus, amis ! Notre Sire a condamné les Anglois ; à cette heure ils sont tous nôtres ! » Les Français, électrisés par la voix et par les gestes de la Pucelle, s'élancèrent de toutes parts avec une furie qui renversa tous les obstacles : la ville et son pont fortifié furent « gagnés » de vive force, et presque tous les Anglais furent passés par les armes. Le comte de Suffolk rendit son épée à un écuyer d'Auvergne ; son frère John Pole fut pris, et un autre de ses frères fut tué à ses côtés. Les « gens du commun » (des communes) massacraient entre les mains des gentilshommes tous les prisonniers anglais que ceux-ci avaient pris à rançon, et l'on eut grand'peine à sauver le général ennemi. Les bourgeois et les vilains ne voulaient pas que les Anglais vaincus pussent acheter à prix d'argent la liberté de recommencer à désoler la France.

La Pucelle et ses compagnons rentrèrent en triomphe à Orléans la nuit suivante ; ils marchèrent dès le lendemain sur Meung par la rive gauche de la Loire. Le pont de Meung, défendu par le capitaine Scales, fut pris d'assaut (15 juin) ; l'armée passa la Loire sans attaquer le château de Meung, et se dirigea contre Beaugenci. Talbot, qui commandait dans cette place, venait de la quitter pour joindre Falstolf, qui ramenait un convoi de Paris. Le lieutenant de Talbot évacua la ville de Beaugenci et se retira dans le château, qui fut assiégé sur-le-champ. A peine le siège était-il assis qu'un incident qui pouvait avoir de dangereuses conséquences jeta l'armée dans une vive agitation : l'on apprit que le connétable arrivait au camp malgré les ordres du roi. Richemont, qui s'était cru l'homme indispensable, le sauveur prédestiné de l'État, avait vu toutes ses espérances déjouées par les événements :

l'imminence du péril ne l'avait pas fait rappeler à la cour, et maintenant le péril était écarté, et la fortune de la France relevée par d'autres mains que les siennes. Il ne put rester les bras croisés devant un tel spectacle; il résolut de reprendre sa place à tout prix dans les armées françaises : il manda ses amis et alliés de Bretagne, d'Anjou et de Poitou, et marcha vers la Loire avec quatre cents lances et huit cents archers. Le roi lui fit signifier « qu'il s'en retournât à sa maison et qu'il ne fût tant hardi de passer en avant, et que, s'il passoit outre, le roi le combattroit. — Ce que j'en fais, répliqua Richemont, est pour le bien du royaume et du roi, et je verrai qui me voudra combattre[1] ».

Il continua sa route à travers la Touraine, et arriva aux portes d'Amboise, sans que le roi, ou plutôt la Trémoille, essayât d'accomplir sa menace. Le gouverneur d'Amboise livra passage au connétable, qui franchit la Loire et qui envoya deux de ses gentilshommes « demander logis à ceux du siége » devant Beaugenci. La Chronique de la Pucelle dit qu'il fit « supplier » Jeanne « en toute humilité » de le recevoir au service de la couronne, malgré les « sinistres rapports » pour lesquels le roi l'avait pris en haine. Le message de Richemont excita de grands débats parmi les chefs. La Pucelle et le duc d'Alençon, qui ne connaissaient pas le connétable, et qui avaient reçu du roi défense formelle de communiquer avec lui, voulaient exécuter leurs instructions et repousser la jonction avec Richemont; mais les capitaines qui avaient servi sous le connétable se prononcèrent énergiquement en sa faveur. On parvint enfin à convaincre Jeanne que Richemont était bon Français, et qu'il fallait le recevoir en dépit des courtisans; tous les seigneurs et capitaines se rendirent cautions de sa loyauté. Le duc d'Alençon menaçait de quitter l'armée : Jeanne le décida à rester. Le connétable arriva le 17 juin : la Pucelle, du moins au rapport du biographe de Richemont, Guillaume Gruel, salua Richemont comme on saluait les princes, en lui embrassant les genoux. « Jeanne, dit le connétable, on m'a dit que vous me vouliez combattre; je ne sais si vous êtes de par Dieu ou non; si vous êtes de par Dieu, je ne vous crains en rien,

---

1. Guill. Gruel, *Hist. de Richemont.*

car Dieu sait bien mon vouloir; si vous êtes de par le diable, je vous crains encore moins. » Richemont, un des hommes les plus superstitieux de ce temps[1], ne doutait aucunement du pouvoir surnaturel de Jeanne; mais il doutait de la nature et de l'origine de ce pouvoir : ses doutes furent bientôt dissipés quand il eut vu de près la Pucelle.

Le château de Beaugenci capitula dans la nuit qui suivit la venue du connétable, et la garnison sortit le lendemain matin avec harnais et chevaux. Peu d'instants après, on reçut l'avis qu'un corps d'armée anglais avait attaqué le pont de Meung pendant la nuit : c'étaient Talbot, Falstolf et Scales, qui, à la tête de cinq ou six mille combattants, restes de l'armée anglaise de la Loire récemment renforcés, tentaient trop tard une diversion pour sauver Beaugenci. La joie éclata sur le visage de Jeanne, quand elle sut les Anglais si près. « Ah! beau connétable, s'écria-t-elle, vous n'êtes pas venu de par moi; mais, puisque vous voilà, vous serez le bienvenu. » On marcha rapidement sur Meung; mais les Anglais, sachant Beaugenci rendu, s'étaient déjà retirés, emmenant la garnison qu'ils avaient dans le château de Meung. Plusieurs des capitaines français laissèrent voir de l'hésitation lorsqu'on proposa de poursuivre l'ennemi et de le forcer à recevoir la bataille. Par une singulière contradiction, ces mêmes hommes, qui avaient forcé les Anglais dans des positions formidables, hésitaient à les attaquer en plaine avec l'avantage du nombre. L'idée de la supériorité des Anglais en bataille rangée avait été enracinée par tant de victoires! Beaucoup des « gens du roi », au rapport du duc d'Alençon, avaient peur, et disaient qu'il ferait bon d'avoir des chevaux. « Combattrons-nous, Jeanne? demanda le duc d'Alençon. — Avez-vous de bons éperons? répliqua-t-elle. — Quoi! pour fuir? — Non, pour poursuivre. Ce seront les Anglais qui fuiront, et grand besoin aurez-vous d'éperons pour courir après. En nom Dieu, chevauchez hardiment contre eux; quand ils seroient *pen-*

---

[1]. La crainte et l'horreur que lui inspiraient les sorciers étaient poussées jusqu'à la monomanie : il poursuivait partout, avec un acharnement incroyable, les charlatans et les visionnaires qui passaient pour s'adonner à la magie, et il fit brûler un grand nombre de ces malheureux en France et en Bretagne; ce que son biographe, Guillaume Gruel, présente comme un de ses plus beaux titres de gloire.

dus aux nues, nous les aurons. Nous les aurons quasi sans perte de nos gens. *Mon conseil* m'a dit qu'ils sont tous nôtres[1]. »

On ne perdit pas de temps : on mit à l'avant-garde les hommes d'armes et les archers les mieux montés, quatorze ou quinze cents chevaux, sous La Hire, Saintrailles et autres, et on leur recommanda d'empêcher, sur toutes choses, que les Anglais ne s'établissent en « lieu fort » et ne se formassent en bataille à l'abri de leurs palissades mobiles. Le connétable, le duc d'Alençon et le bâtard d'Orléans retinrent avec eux la Pucelle, à son grand regret, et suivirent l'avant-garde du plus près qu'ils purent avec « la grosse bataille », forte de six à sept mille hommes. On chevaucha ainsi pendant cinq lieues sans rien voir, et l'on commençait à craindre d'avoir perdu la trace des Anglais, quand les éclaireurs de l'avant-garde firent lever un cerf qui s'enfuit à travers les taillis. Un instant après, de grandes huées, poussées par plusieurs milliers de voix, retentirent à quelque distance : le cerf s'était jeté au milieu de l'armée anglaise. L'avant-garde française précipita sa course.

Les capitaines anglais, en ce moment même, débattaient la question de savoir s'ils recevraient ou non le combat. Falstolf, remontrant « comme leurs gens étoient ébahis et effrayés », conseillait de les retirer dans les places fortes des environs, « jusqu'à ce qu'ils fussent mieux rassurés » et qu'on eût reçu les renforts attendus d'outre-mer. L'orgueil anglais se souleva chez la plupart des chefs contre ce conseil de prudence. Le fier Talbot ne put se résoudre à tourner le dos une seconde fois devant les Français, et déclara que « si les ennemis venoient il les combattroit ». La discussion durait encore quand on aperçut la tête de colonne de la cavalerie française qui arrivait au grand trot. Il n'y avait plus qu'à se défendre : les soldats anglais se mettaient en devoir de descendre de cheval et de s'adosser à une longue haie, lorsque plusieurs des capitaines crièrent que ce poste ne valait rien, et qu'il fallait reculer d'un demi-quart de lieue et s'établir entre un bois et l'église fortifiée du village de Patai : ce mouvement fut exécuté. Une telle manœuvre, en présence d'ennemis aussi auda-

---

1. Déposition de Dunois, *Procès,* t. III, p. 11; du duc d'Alençon, *ib.* p. 98; du sire de Termes, p. 120.

cieux et aussi intelligents que La Hire et Saintrailles, était d'une imprudence inouïe : avant que tous les Anglais eussent mis pied à terre[1] et eussent planté devant eux les pieux aiguisés dont ils se « remparoient », quinze cents cavaliers tombèrent sur eux comme la foudre.

Le sort de la journée fut décidé en un instant : le vainqueur de Rouvrai, Falstolf, et tous ceux des Anglais qui étaient encore à cheval tournèrent le dos sans coup férir et « s'enfuirent à pleine course pour sauver leurs vies ». Les autres, enfoncés et rompus du premier choc, se jetèrent dans le bois et dans le village, et essayèrent de s'y rallier : ils furent poursuivis et forcés par le corps de bataille des Français, qui n'avait pas tardé à suivre l'avant-garde. Talbot se rendit aux gens de Saintrailles; tous les autres capitaines anglais, tous les riches *Godons* (*Goddem*, sobriquet des Anglais), desquels on pouvait espérer de bonnes rançons, furent faits prisonniers; on fit main-basse sur les gens de « petit et de moyen état », sur ces hommes d'armes et archers « qu'ils ont coutume d'amener de leur pays mourir en France », dit Monstrelet. Il en resta bien trois mille morts sur la place[2]. Les Français, suivant la prédiction de Jeanne, n'avaient perdu presque personne. Telle fut la fin de cette belle armée qui s'était crue destinée à achever la conquête de la France : les champs de l'Orléanais l'avaient dévorée tout entière (18 juin).

« Eh bien! sire de Talbot, dit le duc d'Alençon au général vaincu, vous ne vous attendiez pas ce matin qu'il vous en adviendroit ainsi. — C'est la fortune de la guerre, répondit Talbot avec l'impassibilité anglaise. » On lui montra, ainsi qu'à Suffolk, la prophétie de Merlin sur la *vierge du Bois-Chesnu*. (Déposition de

---

1. Il semblerait, d'après Monstrelet, que tous les archers des deux armées fussent à cheval comme les gens d'armes.
2. Il ne tint pas à Jeanne qu'on ne traitât les vaincus avec moins de rigueur : elle montra une humanité touchante après la victoire. Un soldat ayant abattu sanglant à ses pieds un de ces malheureux, qui avait rendu les armes et qui demandait merci, elle sauta à bas de son cheval tout indignée, souleva le mourant dans ses bras, lui fit amener un confesseur, le consola et l'aida à mourir. Déposition de Louis de Contes, *Procès*, t. III, p. 72. Sur la bataille, voyez les dépositions du duc d'Alençon, de Dunois, la *Chronique* de Perceval de Cagni, celle de Jean de Wavrin (*Procès*, t. III, p. 11, 98; IV, p. 15, 412-424), tous témoins et acteurs, et Monstrelet, Jean Chartier, la *Chronique de la Pucelle*.

Dunois.) Talbot ne resta pas longtemps captif : ce chef anglais était un homme d'un mérite éminent et d'un noble caractère, et ses ennemis lui portaient une haute estime. Saintrailles, qui l'avait pris, eut la générosité de le renvoyer sans rançon ; Talbot reconnut plus tard le bienfait de Saintrailles par un service semblable.

L'effet de cette campagne de huit jours fut prodigieux : peuple et soldats ne connurent plus que Jeanne. La sublime enfant ne changeait pas seulement la fortune ; comme Jésus lui-même, elle changeait les âmes. Le soldat oubliait son avidité et ses passions brutales ; il venait sans « folle femme », sans pillage, sans marché pour sa solde, vivant de ce qu'on lui donnait, content de tout, pourvu qu'il suivît la Pucelle. Le gentilhomme mettait bas son orgueil. Trop pauvre pour avoir destrier et armure, il arrivait sur un petit roussin, équipé en archer ou en coutillier. Ce n'était qu'un cri dans le peuple et dans l'armée : « A Reims ! à Reims ! [1] »

Il n'y avait qu'un lieu, dans le parti de la France, où le cri public n'eût point d'écho : c'était le cabinet du roi. Là, Jeanne s'était heurtée d'abord contre l'incrédulité ; maintenant c'était contre la peur des trop grands services. Le roi ressentait une sourde jalousie contre cet ascendant impétueux qui entraînait tout : un dévouement si éclatant l'offusquait ; il sentait qu'il n'avait rien à rendre à qui lui donnait tant. Jeanne, aussitôt après la bataille, avait couru chercher le roi à Sulli-sur-Loire, château de La Trémoille, pour l'amener à Orléans et le réconcilier avec le connétable ; elle échoua dans l'un et l'autre de ces desseins. Les Orléanais, qui avaient déjà tendu leurs rues et paré leur ville, ne reçurent point la visite de l'ingrat monarque : La Trémoille ne lui permit pas de se rendre à leurs vœux : le favori écartait du roi tout spectacle qui eût pu ressusciter au fond de son âme quelque émotion virile et généreuse. Les instances de Jeanne, secondées par le duc d'Alençon et par tous les capitaines, n'eurent pas plus de succès en ce qui concernait Richemont. Le connétable, au dire de son biographe, avait été jusqu'à prier La Trémoille « qu'il lui plût le laisser servir le roi, et qu'il feroit

---

1. *Chroniq.* de Perceval de Cagni ; — *Chroniq. de la Pucelle* ; ap. *Procès*, t. IV, p. 18, 245.

tout ce qu'il lui plairoit, *fût-ce jusqu'à le baiser aux genoux* ». Il s'humilia en vain : on lui réitéra l'ordre de « retourner en sa maison ». Charles déclara qu'il aimerait mieux n'être jamais couronné que de voir Richemont à son sacre. Le connétable se retira donc avec cette belle troupe de gens de guerre qui avaient si bien servi la cause nationale à Patai et qui n'eussent pas rendu de moindres services dans les plaines de la Champagne ou de l'Ile-de-France. Richemont, malgré tant d'outrages, n'abandonna point le parti de la France, et se vengea noblement en faisant la guerre aux Anglais dans l'ouest, pour son propre compte. Un des Bourbons, le comte de La Marche, ennemi de la Trémoille, fut renvoyé comme le connétable : le favori eût volontiers traité de même tous ces gens de guerre qui arrivaient de jour en jour au camp, servant à leurs dépens, et ne reconnaissant d'autre nom et d'autres ordres que ceux de la Pucelle[1].

Le roi, cependant, s'était transporté à Gien, rendez-vous général assigné à l'armée. Mais, lorsque tous les chefs y furent réunis, le 24 juin, le conseil du roi remit tout en question. « Il y a, disait-on, entre Gien et Reims, trop de cités, trop de châteaux, trop de places fortes bien garnies d'Anglois et Bourguignons! Mieux vaut assiéger premièrement Cosne et La Charité, parachever de nettoyer le fleuve de Loire..... » D'autres princes du sang et capitaines voulaient qu'on allât en Normandie, c'est-à-dire partout ailleurs qu'à Reims. Jeanne, « par dépit, se délogea et alla loger aux champs » (27 juin)[2].

Elle ne doutait pourtant pas qu'on ne finît par la suivre; l'avant-veille (25 juin), elle avait mandé à la vaillante et fidèle cité de Tournai les triomphes des Français sur la Loire et l'avait invitée à envoyer des députés au sacre du roi à Reims[3], puis, le 26, elle avait fait partir pour la Flandre un héraut porteur d'une lettre où elle conjurait le duc de Bourgogne de rompre avec les ennemis de sa patrie et de venir au sacre.

1. J. Chartier, ap. *Procès*, t. IV, p. 70-71.
2. Perceval de Cagni; *Procès*, t. IV, p. 17-18. — *Chroniq. de la Pucelle*, ib. p. 246. — Déposition de Dunois, *ib.* t. III, p. 12.
3. « Gentils loyaux François de la ville de Tournai, la Pucelle vous fait savoir des nouvelles de par deçà, etc. » *Procès*, t. V, p. 125. Elle envoya des lettres semblables à plusieurs bonnes villes. Les Tournaisiens déférèrent à l'invitation.

Le cri de l'armée était trop fort. Elle se fût débandée plutôt que de se laisser conduire à une autre entreprise. Il fallut céder. Le roi se mit en route, le 29 juin, à la tête de douze mille combattants, presque tous à cheval. On ne distribua aux gens d'armes que trois francs d'or par tête pour leur entrée en campagne ; rien ne rebuta les soldats. L'armée prit la route d'Auxerre. Quatre mois à peine s'étaient écoulés depuis que Jeanne était entrée, humble et ignorée, dans cette même ville de Gien, et avait vu pour la première fois cette belle Loire dont elle devait immortaliser les rivages : en quatre mois, la bergère de Domremi avait changé la face d'un empire !

Il ne fallait pas moins que les prodiges accomplis pour répondre des prodiges à accomplir. L'expédition de Reims était, de vrai, un « hardi voyage » : plus de soixante lieues de pays occupé par l'ennemi, et plusieurs « grosses villes », dont chacune pouvait arrêter le roi durant toute la saison, si elle voulait se défendre, séparaient le point de départ du but, et l'on se lançait à l'aventure, sans argent, sans provisions, sans artillerie de siége. L'audace même de l'entreprise était ce qui enivrait le soldat. L'armée se présenta d'abord devant Auxerre, cité dévouée au duc de Bourgogne, à qui le régent anglais l'avait engagée : les bourgeois d'Auxerre agirent avec prudence et « cautelle » ; ils offrirent de vendre des vivres à l'armée et prièrent le roi de passer outre et de leur accorder provisoirement « abstinence de guerre », s'engageant à lui « faire telle obéissance que feroient les villes de Troies, Châlons et Reims ». Leurs députés donnèrent sous main deux mille écus d'or à La Trémoille. Le roi octroya la requête, au grand mécontentement de la Pucelle et des capitaines, qui eussent voulu soumission entière ou l'assaut. On s'éloigna d'Auxerre ; on entra sans résistance à Saint-Florentin, d'où l'on marcha sur Troies. Dès qu'on eut mis le pied en Champagne, l'attitude des populations justifia les promesses de Jeanne et les espérances de l'armée : non-seulement les Français étaient salués sur leur passage comme des libérateurs, mais l'élite de la noblesse et du peuple accourait grossir leurs escadrons.

Il n'en fut pourtant pas de même à Troies : dans cette capitale de la Champagne, la population était divisée : le « commun peuple » et le clergé inclinaient à « se tourner François »; mais les gentilshommes d'alentour et les notables bourgeois croyaient avoir à redouter la vengeance de Charles VII : leur ville avait donné son nom au trop fameux traité d'exhérédation et y avait souscrit la première; ils étaient d'ailleurs encouragés à la résistance par une petite garnison de cinq à six cents Anglais et Bourguignons. Le clergé ne savait trop que penser de la Pucelle. Le fameux cordelier frère Richard, qui avait récemment prêché avec tant d'éclat à Paris, était alors à Troies. L'évêque et le doyen de la cathédrale l'envoyèrent au-devant de Jeanne pour voir si c'était bien « chose de par Dieu ». Il la joignit comme l'armée arrivait devant Troies; à son aspect, il se mit à faire des signes de croix et à jeter de l'eau bénite. « Approchez hardiment, dit-elle en souriant : Je ne m'envolerai pas[1] ». Frère Richard, convaincu par cette épreuve, rentra en ville avec le héraut porteur de la sommation du roi et de celle de Jeanne, et commença de travailler en faveur des Français; mais les magistrats municipaux le firent arrêter, et jetèrent au feu la lettre de la Pucelle[2]. Durant cinq jours, l'armée resta campée au pied des murs de Troies, sans que la ville parût disposée à ouvrir ses portes : le conseil du roi et les chefs de guerre étaient fort en alarme. L'abondance régnait dans la ville; la disette, dans le camp : les vivres étaient si rares et si chers que les soldats se voyaient réduits à égrainer les épis de blé sur leurs tiges. On fut fort heureux de trouver aux portes de Troies de grands champs de fèves. Le conseil s'assembla sans que la Pucelle fût appelée, et mit en délibération si l'on ne retournerait pas vers la Loire. La Trémoille y poussa de tout son pouvoir, secondé par le chancelier. On eût dit que l'archevêque de Reims aimait mieux

---

1. *Procès*, t. I, p. 99-100; interrogatoire du 3 mars 1431.
2. On a retrouvé cependant une copie de la sommation de la Pucelle « aux seigneurs, bourgeois et habitants de Troies », en date du 4 juillet.

« Jehanne la Pucelle vous mande et fait savoir, de par le roi du ciel, son droiturier et souverain seigneur, duquel elle est chacun jour en son service royal, que vous fassiez obéissance au gentil roi de France QUI SERA BIEN BRIEF (bientôt) A REIMS ET A PARIS, qui que vienne contre, et en ses bonnes villes du saint royaume, à l'aide du roi Jhésus, etc. ». *Procès*, t. IV, p. 287, et *Archives législatives de la ville de Reims*, publiées par M. Varin, 2ᵉ partie, Statuts, t. I. Cette pièce est extraite de la très intéressante relation de Jean Rogier, écrite d'après les chartes et titres de l'hôtel de ville de Reims.

ne pas recouvrer sa cité archiépiscopale que d'en devoir la recouvrance à Jeanne : il était de ceux qui ont « des yeux pour ne point voir » et devant lesquels s'accomplissent en vain les miracles des forces morales. Il assurait au roi que ce serait folie de s'opiniâtrer davantage devant Troies, ou d'essayer de prendre d'assaut cette grande et forte cité.

Le chancelier demanda successivement les opinions des assistants, en commençant, suivant une bonne et louable coutume depuis longtemps en usage dans le conseil, par les personnages les plus jeunes et les moins considérables. La plupart opinèrent pour le retour à Gien; d'autres pour qu'on allât droit à Reims en laissant Troies; mais le vieux Robert Le Maçon, sire de Trèves sur Loire, qui avait été chancelier du temps des Armagnacs, et qui était parvenu à éviter de partager l'exil de ses amis Tannegui et Louvet, demanda qu'on ne décidât rien avant d'avoir entendu la Pucelle. Les signes d'en haut qui laissaient insensible l'âme aride du chef de l'Église et de la Justice avaient touché ce vieux factieux, qui avait gardé un cœur d'homme. Tandis qu'on discutait encore, on entendit frapper rudement à la porte : c'était Jeanne, qui arrivait sans avoir été prévenue. On l'introduisit, et le chancelier la requit de donner son avis. « Serai-je crue de ce que je dirai? demanda-t-elle, en se tournant vers le roi. — *Je ne sais,* répondit-il : si vous dites chose raisonnable et profitable, je vous croirai volontiers. — Serai-je crue? reprit-elle avec force. — Oui, selon ce que vous direz. — Noble dauphin, ordonnez à votre gent d'assiéger la ville, et ne tenez pas plus longs conseils; car, en nom Dieu, avant trois jours, je vous introduirai en la ville de Troies par amour ou par puissance. — Jehanne, dit le chancelier, si l'on étoit certain de l'avoir dans six jours, on attendroit bien, mais je ne sais si ce que vous dites est vrai. — Ne doutez de rien! s'écria-t-elle en s'adressant de nouveau au roi; vous serez *demain* maître de la cité! »[1]

On résolut de suspendre le départ et de la laisser faire. Le soir approchait; Jeanne n'attendit pas jusqu'au lendemain : elle monta à cheval, fit mettre l'armée sur pied, avancer les tentes

---

1. Dépositions de Dunois et de Simon Charles, *Procès*, t. III, p. 13-117. — Chartier, *ibid.* t. IV, p. 73-75. — *Journal du siége d'Orléans, ibid.* p. 182.

jusqu'aux bords du fossé de la ville, et préparer des fascines pour le combler. Chevaliers, écuyers, archers, manouvriers travaillèrent pêle-mêle à arracher, dans les maisons des faubourgs, portes et tables, fenêtres et chevrons, à construire des « taudis » avec ces débris pour protéger les approches, et à établir en batterie le peu de menue artillerie qu'on avait amené. Jeanne, au rapport du comte de Dunois, « fit si merveilleuses diligences que tant n'en auroient pu faire deux ou trois hommes de guerre des plus expérimentés ». Le tumulte nocturne de ces préparatifs commença d'agiter grandement la ville. Ce fut bien pis, au lever du soleil, quand on vit flotter devant les remparts ce mystérieux étendard de la Pucelle qui passait pour doué d'une « vertu » surhumaine, et qu'on entendit Jeanne crier à l'assaut d'une voix retentissante. Les bataillons français, chargés de fascines et d'échelles, s'avançaient déjà vers le fossé avec autant d'assurance que si les hautes murailles et les fortes tours de la cité eussent été incapables de les arrêter un instant. Une terreur soudaine glaça les assiégés : quelques-uns crurent voir voltiger autour de la bannière de Jeanne une multitude d'esprits sous la forme de papillons blancs ; le peuple en masse cria qu'il voulait traiter, « voulussent ou non les seigneurs, chevaliers et écuyers[1] ».

La garnison céda : l'évêque, les principaux bourgeois et les « chevetaines » des gens d'armes se rendirent à la hâte auprès du roi, qui, dans sa surprise et dans sa joie, se montra peu difficile sur les conditions : les gens d'armes obtinrent de sortir avec tous leurs biens; les bourgeois se mirent en l'obéissance du roi, et reçurent « abolition » (amnistie) générale; les bénéficiaires nommés par le gouvernement anglais gardèrent leurs bénéfices. Il fut stipulé que ceux des bourgeois, s'il en était, qui refuseraient de prêter serment au roi, auraient huit jours pour emporter leurs meubles et se défaire de leurs immeubles : la ville ne reçut point de gouverneur ni de garnison; le roi promit que les impôts ne seraient plus affermés, et les Troyens conservèrent la liberté de commercer avec Paris, la Bourgogne et les autres pays

---

1. Relation de Jean Rogier, ap. *Procès*, t. IV, p. 296-297.

qui n'étaient point encore réduits en l'obéissance de Charles VII[1].

La garnison anglo-bourguignonne évacua Troies le lendemain au point du jour : la précipitation avec laquelle on avait conclu le traité avait fait oublier qu'un certain nombre de prisonniers français se trouvaient entre les mains des ennemis; les gens d'armes, aux termes de la capitulation qui leur octroyait la conservation « de tous leurs biens », voulurent emmener leurs captifs, pour ne pas perdre les rançons : la lettre du traité était en leur faveur, et le roi eût laissé partir les prisonniers; mais, lorsque ces pauvres gens, au sortir de la ville, aperçurent la Pucelle debout près de la porte, ils se jetèrent à genoux et appelèrent Jeanne à leur aide en pleurant. Le sang monta au visage de Jeanne : « En nom Dieu, s'écria-t-elle, ils ne les emmèneront pas! » Et elle ordonna au convoi de s'arrêter. Il n'y eut pas moyen de dédire Jeanne. Le roi donna aux ennemis quelque argent dont ils se contentèrent, et les captifs s'en allèrent libres, en comblant la Pucelle de bénédictions[2].

Le roi fit son entrée à Troies dans la matinée, aux acclamations populaires. Dès le lendemain, 11 juillet, sur les vives instances de Jeanne, l'armée se remit en marche et se dirigea rapidement sur Châlons, « la Pucelle allant toujours devant, armée de toutes pièces ». Le peuple de Châlons, son évêque en tête, se porta joyeusement au-devant du roi et de la Pucelle : tout ce pays était français de cœur. Jeanne retrouva à Châlons quelques-uns de ses compatriotes de Domremi, accourus de leur village pour la voir passer dans sa gloire. Elle les accueillit avec autant de bienveillance et de simplicité qu'elle l'eût pu faire sous le chaume paternel : ces bonnes gens ne se lassaient pas de la contempler et de la questionner; comme ils lui demandaient où elle prenait tant de hardiesse, et si elle ne craignait pas la mort quand elle allait au combat : « Je ne crains que la trahison! » répondit-elle[3]. Paroles prophétiques, qui attestent que sa candeur n'ôtait

---

1. Voir, dans le t. XIII des *Ordonnances*, p. 142, le traité du roi avec la ville de Troies, en date du 9 juillet 1429.

2. Martial de Paris, *Vigiles de la mort du roi Charles le septième*. — *Chroniq. de la Pucelle*. — *Journal du siège d'Orléans*.

3. Déposition de Gérardin d'Épinal, paysan de Domremi. — *Procès*, t. II, p. 423.

rien à sa pénétration, et qu'elle lisait, avec l'intuition du génie, dans les âmes perverses qui entouraient le roi. Elle ne conservait d'illusion que sur Charles.

L'armée n'hébergea qu'une nuit à Châlons, et, le dix-huitième jour de son voyage, elle aperçut enfin les tours de Notre-Dame de Reims (16 juillet). Charles VII avait encore peur d'échouer au port : la ville avait pour gouverneur le sire de Châtillon-sur-Marne, Bourguignon opiniâtre, qui poussait les habitants à la résistance. Jeanne affirma qu'on n'aurait point à tirer l'épée. L'événement, comme à Troies, justifia sa prédiction : à la nouvelle de l'approche des Français, les Rémois montrèrent de telles dispositions, que Châtillon quitta la place. Les bourgeois expédièrent à Charles VII des députés chargés des clefs de la ville : l'archevêque-chancelier Regnauld de Chartres, qui n'avait pu jusqu'alors prendre possession de son siége archiépiscopal, fit aussitôt son entrée dans Reims; puis le roi entra le soir en grande pompe à la tête de l'armée. La nuit fut employée aux préparatifs du sacre ; à force de diligence, tout fut prêt pour le lendemain; c'était le dimanche 17 juillet. La journée commença heureusement : quelques heures avant la cérémonie, on vit arriver un nombreux renfort de cavalerie barroise et lorraine, conduit par René d'Anjou, duc de Bar et gendre du duc de Lorraine : la Lorraine et le Barrois, comme nous l'avons déjà dit, s'étaient réconciliés au profit de la France, et Jeanne n'avait peut-être pas été sans influence sur ce rapprochement. La Pucelle avait à cœur une autre réconciliation plus décisive, et, avant l'heure du sacre, elle dicta une seconde lettre au duc de Bourgogne, qui n'avait point répondu à sa première dépêche, expédiée de Gien. On a conservé cette pièce intéressante[1] : la forme en est analogue à celle de la sommation envoyée aux généraux anglais devant Orléans; la lettre, comme toutes les dépêches de Jeanne, est écrite au nom de *Jhesus Maria*. La Pucelle y prie et requiert le duc Philippe, « à mains jointes, de par le roi du ciel, de faire bonne paix avec le roi de France ; — Par-

---

1. Elle est à Lille, aux archives de la chambre des comptes de Lille, aujourd'hui réunies à celles du département du Nord. — On n'a plus la première lettre de Jeanne, qui se trouve rappelée dans celle-ci, et où Jeanne convoquait le duc Philippe au sacre.

donnez l'un à l'autre de bon cœur, comme doivent faire loyaux chrétiens ! » Elle lui fait « à savoir que tous ceux guerroient au saint royaume de France guerroient contre le roi Jhésus, et ne gagneront plus de batailles à l'encontre des loyaux François ».

Le sacre eut lieu dans Notre-Dame de Reims, selon les rites accoutumés : le duc d'Alençon, les comtes de Clermont et de Vendôme, les sires de la Trémoille et de Laval, et un autre seigneur, représentèrent les six pairs laïques de l'ancienne monarchie : les regards des assistants se portaient bien moins sur les acteurs de cette imposante cérémonie, que sur Jeanne la Pucelle, debout, près de l'autel, son étendard en main [1]. Cette céleste figure, illuminée par les rayons mystérieux qui tombaient des vitraux peints, semblait l'ange de la France présidant à la résurrection de la patrie : on eût dit qu'autour d'elle, à l'appel des trompettes qui sonnaient « à faire fendre les voûtes de la cathédrale [2] », s'animait tout ce peuple immobile et muet de séraphins, d'évêques et de rois qui remplit et environne l'auguste basilique.

Après que les pairs eurent proclamé le roi et que Charles VII eut reçu l'onction sainte [3], Jeanne s'avança vers lui et lui embrassa les genoux, en « pleurant à chaudes larmes » : « Gentil roi, lui dit-elle, ores est exécuté le plaisir de Dieu, qui vouloit que vous vinssiez à Reims recevoir votre digne sacre, en montrant que vous êtes vrai roi, et celui auquel le royaume doit appartenir ! » Des acclamations entrecoupées de pleurs sympathiques firent retentir de toutes parts les voûtes de la cathédrale. Qu'importait l'indignité personnelle du roi et de l'archevêque de Reims, du consécrateur et du consacré ? C'était la France renaissante qui se sacrait elle-même ! On sentait que rien de si grand ne s'était accompli dans la cité de saint Remi, depuis le jour où l'apôtre des Franks avait initié Clovis et son peuple à la foi du Christ. La pâle et froide figure de Charles VII disparaissait dans l'auréole de la libératrice.

La gloire de Jeanne était parvenue au-dessus de toutes les gloires, était surtout d'une autre nature que toute autre gloire, de

---

1. *Il avoit été à la peine*, dit-elle plus tard elle-même, *c'étoit bien raison qu'il fût à l'honneur*. Procès, t. I, p. 304.

2. *Lettre de trois gentilshommes angevins*, etc., ap. Procès, t. V, p. 129.

3. Le roi reçut, après le sacre, l'ordre de chevalerie de la main du duc d'Alençon.

même que sa sainteté était, aux yeux du peuple, autre que la sainteté ordinaire : c'était la sainteté d'un être descendu du ciel plutôt que d'un être qui lutte pour gagner le ciel. Le peuple la béatifie de son vivant sans attendre l'épreuve de la mort ni la consécration de l'Église. Les gens de guerre, les nobles hommes, abandonnent en foule leurs armes, leurs blasons, pour se faire faire des étendards pareils à celui de la Pucelle[1]. Le peuple porte au cou des médailles à son effigie « comme c'est la coutume pour les saints canonisés[2] »; il place ses portraits et ses statues dans les églises[3]; il fait introduire en son honneur, dans les offices de l'Église, des *collectes* où l'on remercie Dieu « d'avoir délivré son peuple par la main d'une femme[4] »; il l'élève au-dessus de tous les saints, hormis la seule Vierge Marie; c'est pour lui comme Notre-Dame armée. Il croit qu'elle ressuscite les morts[5]. Il se croit gouverné directement par le ciel. Par elle, transporté, en quelque sorte, dans un autre monde, le peuple vit dans le surhumain comme dans son atmosphère naturelle. La France redevient une nation de voyants, comme la Gaule des druides ou l'Israël des prophètes. Des légions surnaturelles combattent avec les hommes de France. Jeanne commande à une double armée. Au moment de la marche sur Reims, les pays de l'ouest ont vu chevaucher vers le nord de grands chevaliers blancs parmi les airs tout en feu[6].

La véritable histoire de la mission de Jeanne, obscurcie dès la génération suivante, était restée jusqu'à nos jours voilée de nuages, qui se dissipent enfin pour la gloire éternelle de l'envoyée de Dieu, pour l'éternelle flétrissure de ceux qu'elle avait sauvés et qui l'ont trahie. On a cru, durant des siècles, d'après une version accréditée, lors du *procès de réhabilitation,* par la politique du gouverne-

---

1. *Procès*, t. I, p. 97.
2. Interrogatoire du 3 mars 1431 ; *Procès*, t. I, p. 291. M. Rollin a donné le dessin d'une de ces médailles dans la *Revue de numismatique*, t. I, p. 413. Elle est en plomb, et représente, sur la face, une tête de femme grossièrement dessinée; sur le revers, une épée entre deux fleurs de lis.
3. *Ibid.*, p. 290-291. On a retrouvé une de ces statuettes en bronze. M. Vallet de Viriville l'a fait graver dans l'*Illustration* du 15 juillet 1854.
4. Deus, auctor pacis, qui sine arca (arcu) et sagitta inimicos in te sperantes elidis, subveni, quæsumus, Domine, ut nostram propitius tuearis adversitatem, ut sicut populum tuum per manum feminæ liberasti, etc. *Procès*, V, 104.
5. *Procès*, t. I, p. 105, 290.   6. *Procès*, t. V, p. 121.

ment de Charles VII, que Jeanne, après le sacre de Reims, avait considéré sa mission comme accomplie, et n'était restée auprès du roi que par déférence pour lui[1]; que désormais elle n'avait plus manifesté la même certitude d'être conduite au but, la même foi dans l'infaillible protection d'en haut. Tout cela n'est qu'erreur ou mensonge : Jeanne n'avait exécuté que les premières parties de sa mission; elle avait toujours, pour l'achever, même ardeur, même inspiration, même puissance. L'attente immense que le peuple avait d'elle, elle sentait en elle de quoi la remplir. Comme elle avait annoncé la délivrance d'Orléans et le sacre de Reims, elle annonçait la recouvrance de Paris et de la France entière; elle était assurée de pouvoir l'accomplir.

C'était là ce qu'elle annonçait en toute certitude; mais ce n'était pas tout ce qu'elle entrevoyait, sinon comme promesse formelle de *ses voix*, du moins comme espérance. Elle devait diriger au dehors l'action de la France délivrée. Le monde n'était pas trop grand pour les ailes de ce jeune aigle. Dans ses lettres au régent anglais, au duc de Bourgogne, on aperçoit la pensée de réunir toute la chrétienté contre les Turcs, contre les « Sarrasins », comme elle dit dans la vieille langue des croisades. Ainsi elle rêve de prévenir la chute imminente de Constantinople. Elle mande aux hussites de la Bohème, qu'on lui a dit être devenus d'hérétiques païens et sarrasins, que, s'ils continuent à détruire les saintes images et les églises, elle les visitera « avec son bras vengeur ». « Si vous revenez vers la lumière qui luit maintenant,

---

1. Le point de départ de cette erreur est la déposition du comte de Dunois, déposition pleine de lacunes, et dans laquelle l'ancien compagnon d'armes de Jeanne cherche évidemment à accommoder sa vénération pour la mémoire de la Pucelle avec ses ménagements envers d'*autres*; ses souvenirs sont, sans nul doute, altérés par cette préoccupation. « Quoique Jehanne, dit-il, parlât quelquefois, par manière de jeu, pour animer les gens d'armes, de maintes choses touchant la guerre, lesquelles peut-être ne sont point venues à effet, néanmoins, quand elle parloit sérieusement de la guerre, de son fait et de sa vocation, elle n'affirmoit jamais rien, sinon ceci : « Qu'elle avoit été envoyée pour lever le siége d'Orléans et secourir le peuple opprimé en cette ville et lieux circonvoisins, et conduire le roi à Reims pour qu'il y fût consacré. » (*Procès*, III, 16.) Cette déposition, écrite en 1456, sous l'empire de sentiments très complexes, ne saurait balancer en aucune façon les témoignages surabondants de l'année 1429, la déposition du duc d'Alençon, le plus intime confident de Jeanne, la *Chronique* de Perceval de Cagni, écrite en 1436, ni surtout la parole de Jeanne elle-même. *v.* ci-dessus, p. 160.

adressez-moi vos envoyés : je vous dirai ce que vous avez à faire [1]. »

Le sentiment public en France et bientôt dans une partie de l'Europe était réellement disposé à la croire en toutes choses sur « ce qu'il y avoit à faire ». L'Italie, l'Allemagne, les Pays-Bas, l'Espagne étaient en émoi par les nouvelles de la « Sibylle de France [2] ». Bonne Visconti, prétendante au duché de Milan, présentait requête à « Jehanne, envoyée du roi des cieux », pour être remise en sa seigneurie ! [3] Le comte d'Armagnac, fils du trop fameux Bernard, écrivait à Jeanne du fond de l'Aragon, où il s'était retiré, pour lui demander « qui étoit vrai pape », de Martin V, élu au concile de Constance, ou des deux successeurs que quelques cardinaux avaient donnés, dans les montagnes de Valence, aux vieux pape déposé, Benoît XIII [4]. Jeanne répondit au comte qu'elle ne pouvait rien lui « faire savoir au vrai, pour le présent », parce qu'elle était « trop empêchiée au fait de la guerre », mais que, quand elle serait à Paris, « à requoi (en repos) », elle lui ferait « savoir tout au vrai auquel il devroit croire », et ce qu'il aurait à faire, après qu'elle l'aurait su « par le conseil de son droiturier et souverain seigneur, le roi de tout le monde [5] ».

1. *Procès*, t. V, p. 156. — La lettre est postérieure de quelques mois à l'époque du sacre : elle est du 5 mars 1430. Jeanne ne pressentait pas alors qu'elle aurait le sort de Jean Huss !
2. *Sibylla francica. v.* le curieux traité écrit par un clerc de Spire sous ce titre (juillet, septembre 1429); les *Propositions* de Henri de Gorkum, vice-chancelier de l'université de Cologne, sur la *Pucelle*. *Procès*, t. III, p. 411-422; les poésies latines d'Antoine Astesan (Antonio d'Asti); *ib.* t. V, p. 22, etc. Les lettres écrites par des princes étrangers en France, pour s'informer au vrai du fait de la Pucelle, nous ont valu deux réponses très importantes : la lettre de Perceval de Boulainvilliers, sénéchal de Berri, au duc de Milan (21 juin 1429), et la lettre d'Alain Chartier (fin juillet 1429), à un prince qui n'est pas désigné (peut-être le duc de Savoie, suivant les conjectures de M. Quicherat); *Procès*, t. V, 114; 131. La lettre d'Alain est dans un latin très chargé de rhétorique, mais qui sent déjà plutôt la Renaissance que la barbarie des scolastiques contemporains. Sous cette forme un peu artificielle éclate un enthousiasme entraînant.
3. *Procès*, t. V, p. 253.
4. Après la mort du pape schismatique Benoît XIII, les cardinaux qui lui étaient restés attachés avaient divisé leurs suffrages sur deux têtes. Quelques seigneurs d'Aragon et de Gascogne s'obstinaient à soutenir l'un ou l'autre de ces deux prétendus papes. L'un des deux, sur ces entrefaites, fit sa soumission à Martin V.
5. *Procès*, t. I, p. 243-246. Nous citons d'après le texte donné au procès : il faut dire, cependant, qu'il y a des doutes sur l'exactitude du texte, Jeanne n'ayant pas entièrement avoué cette réponse.

La croyance se propageait par tout que c'était tout le moins qu'elle eût à faire

> De détruire l'Englescherie ;

qu'elle empêcherait « que la foi ne fût périe »; que

> En chrestienté et en l'Église
> Seroit par elle mis concorde ;

enfin, qu'elle conquerrait la Terre-Sainte et y finirait sa vie dans la double gloire de la terre et des cieux [1].

---

1. On a retrouvé un témoignage très précieux de ce qu'on peut nommer le diapazon des esprits à l'égard de la Pucelle immédiatement après le sacre. Ce sont les derniers vers qu'ait écrits la vieille Christine de Pisan, l'historien-poëte de Charles V, sortie du cloître, où elle s'était enfermée depuis les calamités de 1418, pour saluer, d'une voix près de s'éteindre, la renaissance de la France.

> Je Christine, qui ai plouré
> Onze ans en abbaye close...
> Ore à prime* me prends à rire.
> . . . .
> L'an mil quatre cent vingt et neuf
> Reprit à luire le soleil ;
> Il ramène le bon temps neuf
> . . . . et la très belle
> Saison que printemps on appelle
> Où toute rien** se renouvelle.

* Pour la première fois.   ** Toute chose.

Tout le petit poëme qui suit, en date du 31 juillet 1429, n'est qu'une hymne à la Pucelle et à sa « divine mission. »

> Jehanne, de bonne heure née*,
> Béni soit cil** qui te créa !
> Pucelle de Dieu ordonnée,
> En qui le Saint-Esprit réa***
> Sa grand grâce, et qui ot* et a
> Toute largesse de haut don,
> Qui te rendra assez guerdon** ?

* Née dans une heure fortunée.   ** Celui.   *** Irradia, rayonna.   * Eut.   ** Récompense.

Elle la met au-dessus de tous les preux, au-dessus d'Hector et d'Achille, au-dessus de Josué, de Gédéon et de toutes les femmes fortes de la Bible, et ne trouve que Moïse à lui comparer.

> Merlin et la Sybille et Bède*,
> Plus de mille ans a, la vélrent**
> En esperit, et pour remède
> A France en leurs escrits la mirent
> Et leurs prophéties en firent.
> . . . .
> Donc, dessus tous les preux passés,
> Ceste*** doit porter la couronne
> Car ses faits jà montrent assez,
> Que plus prouesse Dieu lui donne
> Qu'à tous ceux de qui l'en* raisonne,
> Et n'a pas encor tout parfait.
> . . . .
> Ne sai si Paris se tiendra
> . . . .
> Ne si la Pucelle attendra ;
> Mais, s'il en fait son ennemie,
> Je me doubt que dure escremie**
> Lui rende, si qu'ailleurs a fait.
> S'il résiste heure ne demie,

* L'historien des Anglo-Saxons, à qui le moyen âge attribuait un esprit de prophétie.   ** Virent.   *** Celle-ci.   * L'on.   ** Dur assaut.

[1429] IMMENSE ATTENTE POPULAIRE. 193

Pour résumer cette fortune inouïe, on peut dire que cette bergère de dix-huit ans tenait dans sa main l'État et l'Église ; qu'entre sa parole et celle de tous les prélats de France le peuple n'eût pas hésité un instant.

Là était le péril, là était l'écueil, non pas de sa sainteté ou de son génie, mais de sa prospérité.

L'ennemi que Jeanne avait à redouter, ce n'était pas celui auquel elle faisait la guerre. L'Anglais est impuissant contre elle. Si on la laisse agir, la marée montante du peuple armé, qu'elle soulève et qu'elle sait conduire, submergera toute résistance. L'Anglais ne doute pas, lui, de la puissance surhumaine de Jeanne : si son orgueil refuse de s'humilier sous la main de Dieu, sa superstition [1] accuse l'enfer de sa défaite [2]. Il s'épouvante de ses

Mal ira, je crois, de son fait.
Car ens* entrera, qui qu'en grogne !
. . . . . Par elle Anglois
Seront mis jus sans relever.
. . . .
Si est tout le moins qu'affaire ait
Que destruire l'Englescherie,
Car elle a ailleurs plus haut hait :
C'est que la foi ne soit périe.
. . . .
En chrestienté et en l'Église
Sera par elle mis concorde.
Les mescréants dont on devise

Et les hérites** de vie orde
Destruira, car ainsi l'accorde
Prophétie qui l'a prédit.
. . . .
Des Sarrasins fera essart ***
En conquérant la Sainte Terre ;
Là menra ,*, Charles que Dieu gard !
Ains qu'il muire fera tel erre ****.
Cilz est cil* qui la doit conquerre.
Là doit-elle finer sa vie
Et l'un et l'autre gloire acquerre :
Là sera la chose assovie **.

* Dedans. ,*, Menera. * Il est celui.
** Hérétiques. **** Avant qu'il meure, il ** Accomplie.
*** Fera défrichement : elle fera ce voyage.
fauchera les Sarrasins.

Cette pièce, si importante pour l'histoire de Jeanne Darc, a été publiée, en 1838, par M. Jubinal, d'après un ms. de la bibliothèque de Berne. M. Quicherat l'a reproduite dans le t. V du *Procès*, p. 3-21.

1. « Superstitieux comme un Anglois », disait un proverbe cité par un des témoins du procès de réhabilitation ; *Procès*, t. II, p. 370. Les Français, au contraire, passaient pour peu crédules, ce qui fit penser en Europe qu'on n'avait pas admis légèrement la mission de Jeanne.

2. Ces deux idées contradictoires se mêlent singulièrement dans une lettre de Bedford à Henri VI, ou plutôt au conseil d'Angleterre, écrite vraisemblablement durant la marche sur Reims. « Toute chose a prospéré pour vous jusqu'au temps du siège d'Orléans, entrepris Dieu sait par quel conseil. Auquel temps, après l'aventure arrivée à la personne de mon cousin de Salisbury, que Dieu absolve ! arriva par la main de Dieu, comme il semble, un grand méchef sur vos gens qui étoient là assemblés en grand nombre, lequel provint en grande partie, comme je pense, par enlacement des fausses croyances et folles craintes qu'ils ont eues d'un disciple et limier de l'*Ennemi* (de Satan), appelé la Pucelle, lequel a usé de faux enchante-

propres clameurs contre « la sorcière de France », clameurs qui n'excitent que la risée de ses adversaires. Quand on pouvait douter encore, les prélats, les docteurs n'avaient-ils pas garanti qu'il n'y avait « que tout bien et nul mal en la Pucelle ? » Une voix plus révérée qu'aucune autre dans l'Église de France, la voix de Jean Gerson, ne s'était-elle pas élevée du fond du cloître pour remercier Dieu et déclarer qu'on pouvait « pieusement et salutairement » accepter l'aide et « soutenir le fait » de la Pucelle ? dernière manifestation de l'illustre vieillard qui allait mourir, comme Siméon, après avoir vu le Sauveur envoyé de Dieu [1], et qui eut le bonheur de quitter la terre avant d'être témoin de l'opprobre ineffaçable dont allait se couvrir sa chère université de Paris [2].

Mais maintenant, qu'importaient au peuple de France tous ces témoignages, celui de Gerson même ! Jeanne n'avait plus à demander caution à personne sur la terre. Sa vie et ses victoires se confirmaient mutuellement ; on la voyait si pure que son aspect suffisait à bannir du cœur des hommes toute pensée charnelle [3] ; à la fois si impérieuse dans tout ce qui était de sa mission, « de sa charge », comme elle disait avec tant d'énergie, et si modeste en toute autre chose, réprimandant doucement les bonnes gens qui lui apportaient des anneaux à toucher et à bénir [4] et attendaient de ce contact des *vertus* miraculeuses ; simple comme les enfants parmi

---

ments et *sorcerie*. Lesquels méchefs et déconfiture ont non-seulement fort diminué le nombre de vos gens, mais abattu en merveilleuse façon le courage de ceux qui restent, et ont encouragé vos adversaires et ennemis à s'assembler incontinent en grand nombre. »

Rymer, *Acta*, t. X, p, 408. C'est la traduction littérale. La lettre est en anglais, suivant l'usage introduit sous Henri V.

1. L'opuscule de Gerson fut publié à Lyon le 14 mai, à la nouvelle de la levée du siége d'Orléans. Gerson mourut le 12 juillet.

2. Gerson rejeta ainsi d'avance la solidarité du sang de Jeanne Darc. C'était déjà trop du sang de Jean Huss ! Il n'était malheureusement pas converti. Il parle encore, dans cet opuscule, de la nécessité d'exterminer l'erreur par le fer et par le feu. L'*Imitation de Jésus-Christ* associée aux bûchers ! Les juges de Jeanne Darc ne devaient pas tenir un autre langage. Gerson. *Oper.* t. IV, p. 864 ; Paris, éd. Ellies du Pin ; et *Procès*, t. III, p. 298.

3. *v.* les détails saisissants des dépositions de Dunois, de Gobert Thibault, du duc d'Alençon, de Jean d'Aulon. *Procès*, t. III, p. 15, 76, 100, 219.

4. « Touchez-les vous-mêmes », disait-elle aux femmes qui l'entouraient, « cela sera aussi bon. » Déposition de Marguerite la Touroulde.

lesquels elle aimait à recevoir la communion dans les églises des moines mendiants.

Quelques évêques, quelques docteurs, une partie du bas clergé, s'étaient sincèrement inclinés devant la révélation nouvelle. Tout ce qui subsistait de foi et de vie chez les ordres mendiants, fortement atteints, mais non pas entièrement gangrenés par la corruption de l'Église, s'était rallumé à cette pure flamme. Les disciples d'Elie ou de François d'Assise, ceux mêmes de Dominique sentaient frémir le souffle de l'Esprit dans leurs sombres nefs, quand elle venait le soir s'y agenouiller en extase au son des cloches tintant lentement[1].

Là où la religion est encore un sentiment, un principe de vie, le prêtre est pour Jeanne; mais, là où elle n'est plus qu'une forme, qu'une règle extérieure, qu'une doctrine d'école, dans le haut clergé politique, dans la tourbe scolastique, le Messie de la France ne soulève qu'une effroyable jalousie; jalousie des dépositaires de l'autorité officielle contre la libre inspirée qui vient directement de Dieu et non des prêtres; jalousie des docteurs, des hommes de la glose et du syllogisme contre l'ignorante sublime qui lit, comme elle le dit, dans un livre où il y a plus que dans les livres des hommes; âpre et sourde colère de cette église desséchée et sophistique contre l'Esprit qui vient troubler ses morts dans leurs sépulcres blanchis! enfin, il faut bien le dire, frayeur sincère de l'étroite orthodoxie, des esclaves de la lettre, devant cette intervention irrégulière de la Providence qui s'opère en dehors de toute forme établie!

Même scission parmi les chefs de guerre. Les jeunes gens, le duc d'Alençon, le bâtard d'Orléans, les Laval, et, parmi les vieux capitaines, ceux qui ont conservé, à travers les vices et les violences de cet âge de fer, le vieux cœur gaulois, la générosité native, La Hire, par exemple, sentent comme le peuple, et suivraient Jeanne au bout du monde; mais, chez bien d'autres, il y a révolte intérieure, humiliation de ce règne d'un enfant, d'une fille, impatience de cette interdiction absolue du pillage, de ce frein imposé à tous les vices; que sera-ce donc chez ces monstres d'or-

---

1. Déposition de Dunois; *Procès*, t, III, 14.

gueil, de barbarie et de dépravation, tels qu'en a faits une interminable guerre signalée, entre toutes, par le mépris de l'humanité[1], et tels que le maréchal de Retz en fournira l'épouvantable type !....

Le vieux Gerson avait laissé tomber, dans son patriotique opuscule, des paroles prophétiques. « S'il arrivoit, écrivait-il, que la Pucelle ne remplît pas toute son attente et la nôtre, il n'en faudroit pas conclure que les choses qui ont été faites soient l'œuvre de l'esprit malin plutôt que de Dieu ; mais il pourroit arriver, par la colère d'en haut, ce qu'à Dieu ne plaise, que nous soyons trompés dans notre attente à cause de notre ingratitude et de nos blasphèmes ! [2]... »

Cette ingratitude, elle était à l'œuvre ! L'arrogance, l'égoïsme, la rapacité, tous les vices foulés aux pieds de cette vierge étaient conjurés contre elle avec le scepticisme et la foi pharisaïque, sous le favori La Trémoille et l'archevêque Regnauld de Chartres, sous le noir courtisan et le prêtre sans entrailles, et la conjuration avait pour complice le roi restauré par de si grands miracles ! Charles VII semblait préférer d'être le *roi de Bourges* avec La Trémoille que le roi de France par la Pucelle.

Deux principes se combinent, pour gouverner le mystère de ce monde, la providence de Dieu et la liberté de l'homme. Dieu permet que, dans des proportions inconnues, l'homme puisse seconder ou entraver l'œuvre souveraine : dans les faits extérieurs comme dans le phénomène intérieur de la grâce, l'homme peut s'unir ou se refuser à Dieu. Quand l'homme, par un sacrilége suprême, emploie sa liberté et sa volonté à empêcher les promesses divines de s'accomplir, n'est-ce pas là cet irrémissible *péché contre le saint Esprit* dont parle l'Écriture ?

Il y eut, dans la France du quinzième siècle, des hommes qui conspirèrent pour repousser de leur peuple le bras du Sauveur et pour faire MENTIR DIEU !

---

1. « Les hommes les plus féroces peut-être qui aient jamais existé », dit M. Michelet.
2. *Procès*, t. III, p. 303.

LIVRE XXXVI

GUERRES DES ANGLAIS (SUITE).

JEANNE DARC (suite). Conjuration de La Trémoille et de Regnauld de Chartres contre Jeanne. Le roi complice. Entraves systématiques à la recouvrance de Paris. Délivrance d'une partie de la Brie, de l'Ile-de-France et de la Picardie. Journée de Mont-Espilloi. Jeanne à Saint-Denis. Le roi et les favoris font manquer l'attaque de Paris. Retour de l'armée sur la Loire. Le roi et les favoris empêchent la délivrance de la Normandie. Douleur de Jeanne. Prise de Saint-Pierre-le-Moûtier. Echec de La Charité. Jeanne quitte le roi. Le duc de Bourgogne attaque Compiègne. Jeanne à Lagni et à Compiègne. Jeanne est prise par les Bourguignons. Lettres du duc de Bourgogne et de Regnauld de Chartres sur sa prise. L'Inquisition et l'évêque de Beauvais la réclament. Rôle de l'université de Paris et de Pierre Cauchon. Politique de Bedford et de Winchester. Politique du duc de Bourgogne. Affaire de l'héritage de Brabant. Les Bourguignons livrent Jeanne aux Anglais. — Levée du siége de Compiègne et défaite des Bourguignons. — Les Anglais font juger Jeanne par l'Inquisition et par l'évêque de Beauvais. Jeanne à Rouen. Procès de Jeanne. La FILLE DE DIEU et les nouveaux Pharisiens. Jeanne maintient sa mission contre toute autorité humaine. PASSION DE JEANNE. Conséquences de sa mission et de sa mort.

1429 — 1431.

Il faut maintenant jeter un coup d'œil dans le camp ennemi pour y retrouver le contre-coup des victoires de Jeanne et apprécier la suite des événements. Nous avons vu la lettre désespérée du régent Bedford au conseil d'Angleterre. La fermeté de Bedford avait été un moment surprise et abattue par de si foudroyants revers. Il était à Corbeil le jour de la bataille de Patai (18 juin) : quand il vit arriver Falstolf et ses bandes fugitives, qui ne s'arrêtèrent qu'à Corbeil, il éclata en transports de douleur et de colère : il accabla de reproches Falstolf; il lui ôta l'ordre du *bleu gertier* (la jarretière). Il reprit bientôt, néanmoins, l'empire sur lui-même; il réhabilita le général qu'il avait dégradé, et s'apprêta à opposer les infatigables efforts d'une âme opiniâtre et d'un esprit habile et fécond à l'heureuse témérité de l'enthousiasme et du génie. Il sentait la Champagne perdue : les Anglais n'avaient jamais que nominalement occupé cette grande province à peu près livrée à la foi de ses habitants et à l'influence bourguignonne. Il s'agissait de sauver Paris et la Normandie. Mais comment? Peu de soldats, point d'argent! Exaspérer par de grandes exactions les provinces encore anglo-françaises était trop périlleux. Il n'y avait que deux ressources, bien dures toutes deux à l'amour-propre de Bedford : s'humilier devant son beau-frère le duc de Bourgogne, qu'il avait récemment offensé, qu'il avait autrefois projeté de faire tuer en trahison, et qui le savait[1]; lui livrer Paris après lui avoir refusé Orléans! acheter à tout prix l'assistance de son oncle le cardinal de Winchester, et se subordonner de fait, en France même, à l'orgueilleux cardinal, déjà maître de l'Angleterre, alors gouvernée par une oligarchie d'évêques, sous sa présidence effective[2]. L'argent n'était plus que dans les mains de cet épiscopat qui profitait de tous les bénéfices et se soustrayait à toutes les charges.

Winchester n'eût pas donné, mais il pouvait prêter ; Bedford n'était pas en état de disputer sur les conditions. Durant la rapide campagne de la Loire et la marche sur Reims, Bedford n'avait cessé de conjurer le cardinal d'amener le jeune roi Henri VI avec de l'argent et des soldats, de faire sacrer Henri en France afin d'agir sur l'esprit du peuple : c'était s'y prendre un peu tard; mais ce n'était pas la faute du régent anglais. Winchester, après s'être fait longtemps marchander, consentit enfin à vendre ses secours, et le pacte de l'oncle et du neveu se conclut aux dépens des intérêts du catholicisme romain. Winchester, sur les instances du pape, avait levé en Angleterre une dîme et des gens de guerre pour une croisade contre les hussites; il emmena en Picardie argent et croisés au lieu de les emmener en Allemagne, et promit de les employer contre les « rebelles » de France.

Winchester arriva donc à Calais avec des soldats et des écus;

---

1. En 1424, la question avait été agitée entre Bedford et son frère Glocester; celui-ci voulait prendre Philippe de Bourgogne, celui-là voulait le tuer. Michelet, *Hist. de France*, t. V, p. 189, d'après les archives de Lille.

2. C'était là qu'avait abouti la révolution qui avait fondé la dynastie de Lancastre. Les évêques s'étaient subordonné l'aristocratie féodale et la royauté même, et avaient enlevé à la cour de Rome « les droits utiles ». *v*. les considérations très intéressantes de M. Michelet, *Hist. de France*, t. V, p. 93.

mais il n'était point à Paris, et Bedford tremblait pour cette capitale. Le peuple était agité et incertain ; la magistrature bourgeoise mal assurée. Bedford changea le prévôt des marchands et les échevins, livra toutes les fonctions municipales aux hommes les plus irrévocablement compromis dans la faction étrangère, et commença de faire fortifier puissamment la capitale. Mais à quoi servaient ces fortifications, si le peuple de Paris ne s'unissait aux Anglais pour les défendre? et c'était là chose fort douteuse. Le duc de Bourgogne seul avait autorité pour maintenir les Parisiens dans l'obéissance du roi Henri. Bedford fit au duc Philippe un appel désespéré : il lui envoya, tant en son nom qu'au nom des Parisiens, une ambassade composée de l'évêque de Noyon, de deux docteurs en théologie et de plusieurs des principaux bourgeois de Paris, afin de solliciter instamment ses conseils, ses secours, sa présence; il n'épargna rien pour ranimer les vieux ressentiments de Philippe contre Charles VII et pour intéresser son amour-propre à soutenir la cause du jeune Henri.

La fastueuse générosité de Philippe eût peut-être relevé Charles VII vaincu et terrassé ; son orgueil s'irrita de voir Charles se relever avec éclat sans son aide. Il répondit favorablement aux députés de Bedford, partit de Hesdin en Artois avec sept ou huit cents chevaux, arriva à Paris le 10 juillet, et renouvela ses engagements et ses alliances avec le régent. Bedford tira un grand parti du séjour de Philippe à Paris; il fit prêcher à Notre-Dame un sermon passionné par un prêtre dévoué au parti anglo-bourguignon, devant le parlement, l'université, le corps de ville et les notables bourgeois ; puis tous les assistants furent invités à se rendre en procession au Palais. Là, on relut devant eux le traité solennel autrefois conclu entre Jean-sans-Peur et le dauphin, avec un récit pathétique de la violation de ce traité et du cruel meurtre du duc Jean, égorgé tandis qu'il tâchait de rétablir la paix dans le royaume. Le duc Philippe, remué par ces funestes souvenirs, se leva et demanda de nouveau justice des assassins de son père. On lui répondit par des cris contre les *Armignacs*. Bedford espéra avoir atteint son but; les passions bourguignonnes et cabochiennes paraissaient réveillées, et l'assistance promit, en « levant les mains, que tous seroient bons et loyaux au régent et au duc de Bourgogne » (15 juillet)[1]. Bedford donna la capitainerie de Paris à l'Ile-Adam, qui avait conservé quelque chose de son ancienne popularité aux halles et chez les bouchers ; les Anglais s'effacèrent le plus possible derrière les Bourguignons. Le duc Philippe repartit dès le lendemain de la scène du Palais, mais en promettant son assistance.

Tiendra-t-il parole efficacement? Cette assistance arrivera-t-elle à temps? La masse parisienne soutiendra-t-elle le nouveau corps de ville imposé par l'étranger ? Voudra-t-elle combattre, si l'armée de France paraît au pied des remparts avant les renforts anglais et bourguignons? Il semble que Paris soit à gagner à la course ! « A Paris! à Paris ! » crie Jeanne, comme elle criait naguère : « A Reims! » Et toute l'armée crie avec elle. Le départ pour Paris est annoncé, le jour même du sacre, pour le lendemain 18 juillet. « Demain s'en doit partir le roi tenant son chemin vers Paris... La Pucelle ne fait doute qu'elle ne mette Paris en l'obéissance[2]. »

Le 18 juillet, Bedford quitte Paris pour courir chercher lui-même ses renforts. Le roi ne part pas!... Il retient l'armée à Reims trois jours, trois siècles..... Il ne déloge que le 21 pour aller à Saint-Marcoul toucher les écrouelles. L'effet du sacre, cependant, se produit dans toute la contrée. Le 21, Charles VII reçoit, à Saint-Marcoul, les clefs de la ville de Laon, où il envoie La Hire comme bailli de Vermandois; le 22, il reçoit à Vailli-sur-Aisne les clés de Soissons ; le 23, il fait son entrée à Soissons. De bonnes nouvelles arrivent de toutes parts. La Champagne orientale s'est tournée française. Les villes de la Brie se remuent. Le roi reste cinq ou six jours immobile à Soissons...

Pendant ce temps, le duc de Bedford et le cardinal de Winchester rentrent à Paris avec 4,000 hommes d'armes et archers anglais (25 juillet) : L'Ile-Adam amène quelques Picards ; puis arrivent d'autres troupes anglaises tirées des garnisons de Normandie, et grossies par ceux des « nobles et autres » de l'Ile-de-France et de la Normandie, qui répondent encore au ban du

---

1. *Journal du Bourgeois de Paris.* — Monstrelet.
2. Lettre écrite de Reims, le soir du sacre, 17 juillet, par trois gentilshommes de la maison du roi à la reine de France et à sa mère, la reine douairière de Sicile. C'est une pièce en quelque sorte officielle. *Procès*, t. V, p. 127-131.

roi Henri. Des Picards au service de Bourgogne viennent occuper Meaux, que Bedford a remis en gage au duc Philippe pour garantie du prix de ses services très peu gratuits.

Jamais peut-être on n'avait vu un roi s'ingénier de la sorte à trahir sa couronne. Il n'y a rien de pareil dans l'histoire.

Tandis que Bedford se refait à loisir une armée dans Paris, Charles VII se décide enfin à quitter Soissons; mais ce n'est pas pour tourner vers la capitale, c'est pour se porter sur Château-Thierri, qui capitule (29 juillet). L'armée espère se dédommager de tant de retards; on dit que Bedford va venir présenter la bataille. Il ne paraît pas, et le roi repasse la Marne et mène l'armée à Provins (2 août), marchant parallèlement à Paris, au lieu de marcher sur Paris. Le roi et ses conseillers avaient résolu d'aller repasser la Seine au pont de Brai, et de retourner sur la Loire, afin que ne s'accomplît point la parole de celle qui avait dit : « Je rendrai Paris au roi après son couronnement! »

Les habitants de Brai-sur-Seine avaient promis de mettre leur ville en l'obéissance du roi. Ils manquèrent de parole; ils donnèrent entrée, durant la nuit, à un gros détachement d'Anglais et de Bourguignons, et, le lendemain matin, les premiers Français qui se présentèrent pour passer le pont furent pris ou tués.

Jamais échec ne fut accueilli si joyeusement par une armée. Il fut impossible de décider les soldats à attaquer le pont de Brai; impossible d'empêcher l'armée de tourner tête vers Paris. L'autorité revenait tout entière aux mains de Jeanne : les jeunes princes et la fleur des capitaines, Alençon, René d'Anjou, les Bourbons, le bâtard d'Orléans, les Laval, La Hire, étaient avec elle comme la multitude. La Trémoille et Regnauld de Chartres ne virent plus qu'un seul expédient pour arrêter le torrent; ils entretenaient depuis le sacre une négociation avec des agents du duc de Bourgogne, qui, malgré les scènes théâtrales de Paris, ne se pressait pas de secourir sérieusement les Anglais, et ne demandait guère qu'à user les deux rois l'un par l'autre. Ils signent une trêve de quinze jours avec les Bourguignons, et annoncent que le duc Philippe, à l'expiration de la trêve, promet de faire rendre Paris au roi. Selon toute apparence, les agents de Philippe n'avaient pas fait cette promesse dans de pareils termes, et avaient seulement promis que la trêve serait employée à préparer une paix qui rendrait Paris au roi.

Une précieuse lettre de Jeanne atteste qu'elle ne fut pas la dupe de ses ennemis. Elle écrit à ses « chers et bons amis les loyaux François de la cité de Reims » de ne point s'émerveiller si elle n'entre à Paris « si brièvement » qu'elle le devait faire; que le roi a fait trêve de quinze jours, dont elle n'est point contente. « Je ne sais si je tiendrai ces trêves », ajoute-t-elle; « et, si je les tiens, ce sera seulement pour garder l'honneur du roi... Et je tiendrai et maintiendrai ensemble l'armée du roi pour être toute prête au chef des dits quinze jours, s'ils (les Bourguignons) ne font la paix.

« Écrit ce vendredi 5e d'août, emprès un logis sur champ ou (au) chemin de Paris[1]. »

Ce fier langage aide à comprendre et la jalousie du roi et la sourde rage des favoris.

L'armée anglaise, sur ces entrefaites, s'était portée vers Corbeil et Melun. Les Français avancèrent de Provins et de Brai jusqu'à Nangis, espérant y avoir bataille; mais ils n'eurent point de nouvelles de Bedford, qui, en ce moment, marchait sur Montereau. On ne pouvait se rapprocher de Paris sans franchir la Marne; l'armée se dirigea donc au nord, repassa cette rivière à Château-Thierri, et entra en Valois. L'enthousiasme des populations, durant cette marche, apporta de grandes consolations au cœur de Jeanne, si douloureusement atteint par la défiance et l'ingratitude royales. A la Ferté-Milon, à Crespi en Valois, tout le peuple accourut au devant du roi, criant Noël, chantant *Te Deum laudamus*, et regardant et admirant la Pucelle comme l'ange de Dieu. Jeanne en versa des larmes de tendresse. Comme elle chevauchait entre l'archevêque de Reims et le bâtard d'Orléans: « En nom Dieu, dit-elle, voici un bon peuple! Plût au ciel que je fusse assez heureuse, quand je devrai mourir, que d'être ensevelie dans cette terre! — Jehanne, dit l'archevêque, savez-vous quand vous mourrez et en quel lieu? — Quand il plaira à Dieu, répondit-elle, car je ne sais pas plus que vous le temps ni le lieu. Et plût à Dieu, mon créateur, que je pusse maintenant partir, abandonner les armes,

---

1. *Procès*, V, p. 140.

et retourner près de mes père et mère, garder leurs brebis et bétail avec ma sœur et mes frères, qui tant se réjouiroient de me voir¹. »

C'est la première fois qu'elle ait exprimé un regret de sa paix et de son obscurité! la première plainte de la femme, sous le terrible fardeau du Messie! La grandeur de l'œuvre n'accablait aucunement son génie; mais son cœur se déchirait aux épines que d'indignes mains semaient sur sa route. Ses vœux ne devaient point être exaucés! la libératrice de la France ne devait pas revoir le chaume paternel, ne devait pas mourir entourée d'un peuple affranchi et reconnaissant!...

Charles VII reçut à Crespi, le 11 août, une dépêche de Bedford, écrite à Montereau le 7. Le régent anglais, avec la dévote hypocrisie des Lancastre, reprochait à « Charles de Valois » de séduire et abuser « le simple peuple » en s'aidant de gens « superstitieux et réprouvés, comme d'une femme désordonnée et diffamée, étant en habit d'homme et gouvernement dissolu, et aussi d'un frère mendiant, apostat et séditieux², tous deux, selon la sainte Écriture, abominables à Dieu. » Il prétendait avoir poursuivi « Charles de Valois de lieu en lieu sans l'avoir encore pu rencontrer », le sommait « d'avoir pitié du pauvre peuple chrétien, tant inhumainement traité et foulé à cause de lui, et de prendre, au pays de Brie ou en l'Ile-de-France, place aux champs convenable, à brief jour, pour procéder par bonnes voies de paix non feinte, corrompue, dissimulée, violée ni parjurée, comme fut à Montereau où faut Yonne, ou par journée de bataille, si l'on ne peut profiter au bien de paix³. » Suivant un historien anglais (Hollinshed), Charles VII aurait répondu au héraut de Bedford : « Ton maître aura peu de peine à me trouver; c'est bien plutôt moi qui le cherche! »

---

1. Déposition du comte de Dunois; *Procès*, t. III, p. 14.
2. Le cordelier Richard. — A la nouvelle que frère Richard chevauchait avec les *Arminaz*, les gens de Paris, du moins les Bourguignons, avaient recommencé, en dépit de lui, les jeux de tables (dames), boules, dés et autres qu'il leur avait fait quitter : ils laissèrent un *mériau* (merreau) d'étain, au nom de Jésus, qu'il leur avait fait prendre, et reprirent la croix bourguignonne de Saint-André. — *Journal du Bourgeois de Paris*, ap. Collect. Michaud. 1ʳᵉ sér. t. III, p. 255.
3. Monstrelet, l. II, c. 55; ap. *Procès*, IV, 382. — Berri, roi d'armes; *ibid.*, p. 46.

Les outrages de l'Anglais avaient enfin ému quelque peu le roi, et il parut désirer la bataille. L'armée, à sa grande allégresse, avança vers Paris jusqu'à Dammartin, le 13 août, et y attendit l'ennemi. Bedford avait ramené ses troupes de Montereau au nord de Paris, et s'était établi dans un bon poste, à Mitri, entre Claie et Dammartin. Il resta sur la défensive, et le conseil de guerre ne fut point d'avis de l'attaquer dans ses lignes. Le roi se replia sur Crespi; la Pucelle et les principaux capitaines, avec une grosse bataille de 6,000 ou 7,000 hommes d'élite, poussèrent du côté de Senlis, jusqu'à Mont-Espilloi. Bedford vint couvrir Senlis, et se logea, avec 8,000 à 9,000 combattants[1], sur la petite rivière de Nonette, près de l'abbaye de la Victoire, entre Senlis et Mont-Espilloi. Le nom et les souvenirs de cette célèbre abbaye, fondée par Philippe-Auguste en mémoire de Bovines, semblaient d'un heureux augure pour les Français (14 août).

Le lendemain matin (15 août), les Français descendirent des hauteurs en bel ordre de bataille. Ils trouvèrent leurs ennemis couverts, en front, par des tranchées, des palissades, des lignes de chariots; en flancs, par des fossés, des haies et des halliers épais; sur les derrières, par un étang profond que forme la Nonette. Ils tâtèrent les Anglais par des escarmouches. Les Anglais ne sortirent qu'en petits détachements: le gros de l'armée garda son poste. Jeanne, alors, prit son étendard en main, se mit en tête de l'avant-garde et vint planter sa bannière devant le fossé des Anglais. Bedford ne bougea pas. Jeanne fit retirer l'avant-garde, et manda aux ennemis que, s'ils voulaient « saillir hors de leur place pour donner la bataille, nos gens se reculeroient et les laisseroient mettre en leur ordonnance. » Bedford ne répondit pas. On conçoit ce qu'il dut lui en coûter de n'oser répondre au défi d'une femme, et quel trésor de haine et de vengeance dut s'amasser dans cette âme superbe. Il eut la force de rester fidèle à son plan jusqu'au bout; il laissa sortir les plus braves de ses gens, tant qu'ils voulurent, pour escarmoucher et s'aguerrir à voir la terrible Pucelle en face; ces engagements s'accrurent jusqu'à devenir de

---

1. Il avait un assez bon nombre de Picards, et sept ou huit cents des gens du duc de Bourgogne, ce qui était une singulière façon, pour ceux-ci, d'observer la trêve.

petits combats assez meurtriers, car on n'y prenait personne à merci ; mais toujours les Anglais, quand ils étaient trop pressés, se réfugiaient dans leurs lignes. Un incident signala une de ces passes d'armes. La Trémoille, voulant apparemment se réhabiliter dans l'esprit de l'armée, se risqua à faire le coup de lance. Son cheval s'abattit, et il courut grand risque de la vie ; malheureusement il fut secouru à temps.

A la nuit tombante, les Français, voyant l'impossibilité d'avoir bataille, regagnèrent leur logis de Mont-Espilloi, et le roi, qui était venu entre Mont-Espilloi et l'abbaye de la Victoire avec l'arrière-garde, retourna à Crespi[1].

Le jour d'après (16 août), Bedford décampa et reprit par Senlis la route de Paris, renonçant à tenir la campagne, soit pour quelques alarmes sur les dispositions de la capitale, soit pour les mauvaises nouvelles qu'il recevait du côté de la Normandie. Au lieu de le suivre l'épée dans les reins, le roi rappela l'armée à Crespi, d'où il alla s'établir à Compiègne, qui venait de lui envoyer ses clefs (18 août). Senlis, sommé par un détachement français, se rendit « au roi et à la Pucelle ». Beauvais en fit autant, après avoir chassé son évêque Pierre Cauchon, qui se montrait « extrême et furieux pour le parti des Anglois », quoiqu'il fût natif des environs de Reims et dût sa mitre épiscopale au duc de Bourgogne et non aux étrangers. La soif de vengeance que la révolution de Beauvais alluma dans cette âme haineuse et dépravée ne contribua pas moins que l'ambition et la cupidité au rôle infâme que Cauchon accepta plus tard de ses maîtres.

Ces faciles succès ne doivent pas faire illusion sur la faute énorme ou plutôt sur le crime que commettaient le roi et ses conseillers en refusant d'écouter Jeanne et de pousser droit à Paris. C'était toujours le même système. La trêve de quinze jours avec les Bourguignons était expirée sans que le duc Philippe eût fait rendre Paris ; mais les négociations continuaient ; l'archevêque-chancelier, Raoul de Gaucourt et d'autres membres du conseil

---

1. Perceval de Cagni, ap. *Procès*, t. IV, p. 22-23. — Berri, roi d'armes, *ibid.* p. 47. — Jean Chartier, *ibid.* p. 80-84. — Monstrelet, *ibid.* p. 386. — *Journal du siége d'Orléans*, ibid. p. 195. Le récit de Perceval est de beaucoup le plus digne de foi, ici comme partout.

étaient allés trouver Philippe à Arras, et l'archevêque avait fait au duc, de la part du roi, « offres de réparation plus qu'à la majesté royale n'appartenoit, excusant par sa jeunesse ledit roi de l'homicide jadis perpétré en la personne de feu le duc Jehan de Bourgogne ; alléguant que lors, avec sa dite jeunesse, il étoit au gouvernement de gens qui point n'avoient de regard et considération au bien du royaume ni de la chose publique, et ne les eût pour ce temps osé dédire ni courroucer[1] ». L'archevêque et ses collègues firent de grandes offres au duc, l'exil des auteurs ou complices du meurtre de Jean-sans-Peur ; la dispense pour le duc, sa vie durant, de toute obligation de vassalité envers le roi ; diverses cessions de territoire. Philippe les « ouït bénignement », dit Monstrelet. La majeure partie des conseillers du duc « avoient grand désir et affection que les deux parties fussent réconciliées l'une avec l'autre ». C'était le vœu de la grande majorité des populations artésiennes et picardes, surtout des gens « de moyen et de bas état » ; toutes les villes de la Somme « ne désiroient autre chose au monde que de recevoir le roi Charles à seigneur ». Les bourgeois picards « alloient en la ville d'Arras devers le chancelier de France impétrer en très grand nombre rémission, lettres de grâces, offices et autres mandements royaux, comme si le roi fût pleinement en sa seigneurie et de ce fussent acertenés (assurés)[2]. »

Philippe, un moment, sembla près de signer le traité ; mais deux de ses conseillers, l'évêque de Tournai[3] et Hugues de Lannoi, accoururent de la part de Bedford pour « l'admonester de faire entretenir le serment qu'il avoit fait au roi Henri ». Ils obtinrent qu'on ne conclût rien et que le duc envoyât à son tour une ambassade au roi Charles afin de débattre plus amplement la paix générale[4]. Gagner du temps, pour le parti anglais, c'était tout gagner.

Jeanne ne le sentait que trop, elle dont l'inspiration, dont l'infaillible instinct parlait plus haut que jamais. Elle se dévorait elle-

---

1. Monstrelet, l. II, c. 57.
2. Monstrelet, *ibid*.
3. Évêque sans diocèse ; ses diocésains l'avaient chassé comme Cauchon.
4. Monstrelet, l. II, c. 59.

même en voyant son roi si mal répondre à « la grâce que Dieu lui avoit faite[1] ».

Après cinq mortels jours perdus à Compiègne, elle n'y put tenir. Un matin (le 23 août), elle appela le duc d'Alençon : « Mon beau duc, faites appareiller vos gens et ceux des autres capitaines. Par mon martin, je veux aller voir Paris de plus près que je ne l'ai vu![2] »

L'élite de l'armée la suivit sans le congé du roi. Elle rallia en passant l'avant-garde qui occupait Senlis, et, le 26, elle entra dans Saint-Denis sans coup férir. Les bourgeois lui livrèrent la ville. Elle rendit ainsi à la royauté, malgré le roi, la ville des tombeaux après la ville du sacre.

Les fautes passées étaient encore réparables. La puissance qui avait envoyé Jeanne ne se lassait pas de tendre la main à Charles VII. Il suffisait que le roi n'empêchât pas, pour que l'œuvre de délivrance s'accomplît. Les partisans français faisaient merveilles. Ils venaient d'enlever Creil, et l'on avait appris coup sur coup la surprise de quatre importantes forteresses de Normandie, Aumale, Torci, Estrepagni et le fameux Château-Gaillard d'Andeli. La Hire, qui s'était détaché de l'armée pour aller prendre Château-Gaillard, trouva, dans le donjon, le brave Barbasan, le défenseur de Melun, qui languissait depuis neuf ans dans les fers des Anglais, sans que Charles VII eût rien fait pour obtenir sa liberté par rançon ou par échange : ce vaillant capitaine n'en recommença pas moins à servir énergiquement la France de sa tête et de son bras. Il était encore des hommes qui savaient se dévouer à la cause de l'État sans être rebutés par l'ingratitude et la nullité de son chef. Le connétable de Richemont, qui avait continué la guerre pour son compte dans l'ouest, après avoir emporté plusieurs places dans le Maine et le Perche, menaçait en ce moment

---

1. Perceval de Cagni, *Procès*, t. IV, p. 24.
2. Perceval de Cagni, *Procès*, t. IV, p. 24. — Jeanne (interrogatoire du 1ᵉʳ Mars) dit que ce fut au moment de monter à cheval qu'elle reçut du comte d'Armagnac la lettre dont nous avons parlé ci-dessus (p. 191). Il y aurait là une légère erreur de mémoire ; sa réponse au comte est datée de la veille, du 22. Jeanne ajoute que le messager faillit « être jeté dans la rivière. » Elle n'explique pas si ce fut par des courtisans jaloux de l'éclatant hommage qu'on lui rendait, ou par de vieux ennemis de la maison d'Armagnac. *Procès*, t. I, p. 244.

Évreux, et s'apprêtait à seconder les petits corps qui avaient entamé la Normandie. La connivence des populations normandes avec les troupes françaises était flagrante : les émigrés normands rentraient les armes à la main ; les places fortes étaient dégarnies ; le péril croissait de jour en jour pour les Anglais. La Normandie était la base de leur domination : la Normandie perdue, le reste s'écroulait de soi-même. Bedford prit un grand parti : ce fut de tout abandonner pour courir au secours de la province que Henri V mourant lui avait recommandé de conserver à tout prix à son fils. Il laissa dans la capitale Louis de Luxembourg, évêque de Térouenne, chancelier de France pour le roi Henri, avec l'Ile-Adam, le prévôt Morhier, un capitaine anglais nommé Radley, et 2,000 combattants, la plupart Français ou Bourguignons, et quitta Paris avec tout le reste de ses troupes, n'espérant plus y jamais rentrer. Il venait de partir lorsque Jeanne s'empara de Saint-Denis.

Le roi, sur ces entrefaites, délogea enfin de Compiègne : on l'attendait en grande joie à Saint-Denis ; il s'arrêta à Senlis !

Ce n'était pas pour attaquer Paris qu'il avait changé de gîte, mais pour abandonner Compiègne. Il n'avait pas conclu la paix avec les envoyés du duc de Bourgogne, Jean de Luxembourg, l'évêque d'Arras et autres, mais il avait conclu une nouvelle trêve jusqu'à Noël pour tous les pays au nord de la Seine, Paris et les villes de la Seine non compris (28 août). Les Bourguignons ne donnaient point Paris, mais on leur donnait Compiègne ; du moins on le leur avait promis en gage : heureusement, les habitants refusèrent avec tant d'énergie d'ouvrir leur ville aux Bourguignons, qu'il fallut reculer devant leur patriotique désobéissance, et que les ambassadeurs de Philippe, pour assurer aux Bourguignons un poste sur l'Oise, durent se contenter de Pont-Sainte-Maxence[1]. Ils promirent que, durant la trêve, le duc ménagerait la reddition de Paris au roi. Tel fut le chef-d'œuvre diplomatique de Regnauld de Chartres. C'était son incrédulité même, autant que son orgueil de pharisien et de vieux politique, qui rendait l'archevêque-chancelier dupe des illusions les plus grossières : il

---

1. *Procès*, t. V, p. 174.

avait compté que sa diplomatie recouvrerait Paris sans le concours de Jeanne ; encore est-ce pour lui l'interprétation la plus favorable que de le croire dupe. Au fond, comme La Trémoille et comme le roi lui-même, il préférait de beaucoup ajourner indéfiniment la recouvrance de Paris que de la devoir à la Pucelle.

Une impatience fiévreuse consumait Jeanne : elle tournait autour de Paris comme un jeune lion autour d'une bergerie, menant les escarmouches tantôt à une porte, tantôt à une autre, examinant l'assiette de la ville, cherchant l'endroit « le plus convenable à donner assaut[1] ». Hélas! on ne pouvait attaquer sans le roi. On ne prend point Paris malgré lui ; et, pour que Paris se décidât à se laisser prendre, pour que le parti national entraînât la masse de la population, flottante encore entre le sentiment français et les vieilles rancunes contre les Armagnacs et les Dauphinois, il fallait que toutes les forces morales et matérielles agissent ensemble, et que Charles VII se montrât en personne au pied des remparts.

La Pucelle, le duc d'Alençon et leurs compagnons envoyaient au roi message sur message. Il ne venait pas! Alençon courut, le 1er octobre, à Senlis, le presser, le supplier de venir. Il promit de partir le lendemain, et manqua de parole! Alençon y retourna le 5 : quant à Jeanne, elle n'eût pu se décider à perdre de vue, même pour un jour, les clochers de Paris ; elle était comme enchaînée devant la grande cité par une force surhumaine. Le roi arriva enfin, le 7, à Saint-Denis. Jeanne oublia tous ses griefs et toutes ses douleurs : sur son visage reparaissait une héroïque joie que partageait toute l'armée, tous les soldats du moins! Le cri général était : « Elle mettra le roi dedans Paris, SI A LUI NE TIENT![2] » Une immense acclamation salua l'annonce de l'assaut pour le lendemain.

Les voix de Jeanne, toutefois, se seraient tues en ce moment solennel, s'il en fallait croire le témoignage qu'elle porta elle-même dix-huit mois plus tard, lorsque les événements avaient pu troubler sa mémoire et ébranler son âme, non sur le fond, mais

---

1. Perceval de Cagni, *ib.* p. 25.   2. Perceval de Cagni, *ibid.* p. 25-26.

sur certaines particularités de sa mission[1], et surtout lorsqu'il se faisait en elle, à son insu, un continuel effort pour empêcher que les hommes ne pussent accuser ses *voix* d'avoir failli. Un incident tout récent avait jeté dans son cœur un moment de tristesse et d'inquiétude vague. L'élan d'enthousiasme belliqueux et patriotique qu'elle avait imprimé aux gens de guerre s'était pleinement maintenu jusqu'alors, mais non pas l'élan de dévotion et de pureté chrétienne : les soldats n'avaient pas tardé à retomber dans leurs habitudes. La chaste Jeanne ne pouvait s'accoutumer au spectacle de ces mœurs grossières, et la seule vue d'une femme « folle de son corps » la mettait hors d'elle-même; parfois, cependant, elle « prêchoit » ces malheureuses avec douceur et les voulait convertir; mais, un jour, à Saint-Denis, elle perdit patience et frappa une fille de joie du plat de son épée. La lame se rompit[2]. C'était la fameuse épée de Fierbois, désignée naguère à la Pucelle par révélation de *ses voix*[3]. La perte de cette arme mystérieuse parut un mauvais présage. C'était un symbole, tout au moins, si ce n'était point un signe. Comme l'épée mystique, allait se briser la force divine que Dieu avait envoyée aux hommes et dont les hommes n'étaient pas dignes.

Cette impression avait passé comme une ombre rapide sur l'esprit de Jeanne : elle était inspirée de trop haut et trop au-dessus de toute superstition pour dépendre de signes extérieurs. Ce qui est certain, c'est que jamais elle n'avait montré une ardeur plus entraînante qu'aux approches de ce nouveau combat.

L'entreprise, cependant, infaillible au lendemain du sacre, infaillible encore immédiatement après le dernier départ de Bedford, était devenue bien difficile et périlleuse. Les quinze jours perdus par le roi, depuis que le régent anglais avait quitté la place, avaient donné au parti anglo-bourguignon tout le loisir de se remettre de sa stupeur et d'organiser la défense. Dès le 26 août, le jour de l'entrée de Jeanne à Saint-Denis, l'évêque de Té-

---

1. Interrogatoires des 13 et 15 mars, ap. *Procès*, t. I, p. 147, 169, 262.
2. Déposition du duc d'Alençon, ap. *Procès*, t. III, p. 99. *Id.* de Louis de Contes, *ibid.* p. 73.
3. Suivant la tradition, l'on ne put jamais venir à bout de la ressouder. Jean Chartier, ap. *Procès*, t. IV, p. 93.

rouenne, chancelier de France pour le roi Henri, avait fait renouveler les serments de la magistrature et du clergé « de vivre en paix et union sous l'obéissance du roi de France et d'Angleterre ». Le corps de ville, composé d'hommes irrévocablement compromis dans la faction, avait refusé d'entrer en négociations avec le duc d'Alençon, et, d'accord avec le chancelier et les capitaines anglo-bourguignons, prenait les mesures les plus énergiques. On levait des emprunts forcés sur le clergé et la bourgeoisie, on saisissait jusqu'aux dépôts, pour entretenir les deux mille soldats de la garnison et cette milice de la ville, triée entre les cabochiens invétérés, qui s'était signalée naguère à la *Journée des Harengs*. On faisait venir des vivres de la Beauce et de la Brie. On fortifiait les portes de boulevards, de barrières; on creusait plus profondément les fossés; on « affûtoit canons et queues (tonneaux) pleines de pierres sur les murs ». Enfin, pour contrebalancer l'irritation causée par les exactions des « gouverneurs », on s'efforçait d'épouvanter le peuple sur ce qu'il avait à attendre du retour des « Armignacs »; on représentait le roi comme un tyran altéré de vengeance, et la Pucelle, comme une sorcière, un démon « en forme de femme »; on répandait le bruit que « messire Charles de Valois » avait abandonné à ses gens la ville de Paris et les habitants; qu'il voulait faire passer la charrue sur le sol de la grande cité[1].

Le roi avait fait, disions-nous, tout ce qu'il fallait pour aider ses ennemis. Il ne se démentit pas jusqu'au bout. Le gros de l'armée vint coucher à La Chapelle, devant Paris, le 7 septembre; le roi resta à Saint-Denis, au lieu de suivre l'armée. On se mit en mouvement, néanmoins, le 8 au matin; il avait été décidé qu'on attaquerait par la porte Saint-Honoré. L'armée, forte d'une douzaine de mille hommes, se divisa en deux batailles. L'une, sous le duc d'Alençon et le comte de Clermont, se posta derrière « une grande butte » appelée le Marché aux Pourceaux ou la butte des Moulins[2], pour servir de réserve et empêcher les sorties de la place. L'autre, conduite par la Pucelle, marcha droit aux remparts. Jeanne, par

---

1. *Registres du parlement de Paris*, ap. *Procès*, t. IV, p. 454-456. — *Journal du bourgeois de Paris*, ap. Collect. Michaud, 1re série, t. III, p. 225.
2. C'est la butte Saint-Roch, aujourd'hui presque aplanie.

une généreuse confiance et comme gage de réconciliation, avait appelé auprès d'elle ce Gaucourt qui lui avait toujours fait obstacle et qui, dernièrement encore, était allé négocier avec le duc de Bourgogne. A la première bataille était aussi le sire de Retz, que le roi avait fait maréchal à Reims : c'était l'enfer associé au ciel.

L'assaut commença vers midi. Un gentilhomme dauphinois, Saint-Vallier, mit le feu à la barrière et au boulevard de la porte Saint-Honoré. Jeanne prit son étendard, s'élança dans la mêlée et y « gagna l'épée » d'un homme d'armes ennemi. Le boulevard fut emporté d'emblée. Jeanne passa le premier fossé de la place, qui était à sec, escalada le « dos d'âne » qui le séparait du second fossé, et somma les assiégés de se rendre. Comme à Orléans, on ne lui répondit que par des injures. Elle s'avança au bord du second fossé. « Elle n'étoit pas bien informée de la grande eau qui étoit ès fossés, et, toutefois, il y en avoit aucuns audit lieu qui le savoient bien, et lesquels, selon ce qu'on pouvoit considérer et conjecturer, eussent bien voulu par envie qu'il fût méchu à icelle Jehanne[1]. » Qui donc savait ici ce qu'ignorait Jeanne? Il semble que le soin des informations regardait surtout les maréchaux. Le maréchal de Retz était auprès de Jeanne, et l'on n'a point à craindre de calomnier le maréchal de Retz.

La prudence de Jeanne déçut l'espoir des traîtres. Elle sonda le fossé avec sa lance et cria qu'on apportât des fagots et des bourrées pour le combler.

En ce moment, de grandes clameurs s'élevèrent dans les divers quartiers de la ville : « Tout est perdu! l'ennemi est dans Paris; sauve qui peut! » C'étaient les gens du parti de France, qui tentaient de jeter la panique dans le parti de l'étranger et de soulever le peuple. La multitude, entassée dans les églises (c'était le jour de la nativité de Notre-Dame[2]), en sortit tumultueusement, mais ne se souleva point; la plupart coururent se renfermer dans leurs maisons, et attendirent l'événement; un certain nombre, les Bourguignons, les vieux cabochiens, allèrent joindre la milice aux remparts[3].

---

1. *Chroniq. de la Pucelle*, ap. Collect. Michaud, 1re série, t. III, p. 108.
2. Plus tard, on fit un crime à Jeanne d'avoir donné l'assaut en « ce saint jour. »
3. *Registres du parlement; Procès*, t. IV, p. 457.

Jeanne, cependant, continuait ses efforts pour combler et franchir le fossé. Les fascines manquaient ; les préparatifs n'avaient pas été suffisants, soit imprévoyance, soit mauvais vouloir des maréchaux. Jeanne cependant persévérait avec une entière confiance, sous une tempête de boulets, de flèches et de carreaux d'arbalètes, et les soldats s'encourageaient les uns les autres, en remarquant le peu d'effet de toute cette artillerie. Perceval de Cagni, qui était avec le duc d'Alençon, prétend qu'aucun des Français n'avait été frappé à mort, et que l'on ne voyait guère parmi eux que de légères blessures. « C'est la grâce de Dieu et l'heur de la Pucelle ! » se disaient-ils[1]. Vers le soleil couchant, Jeanne, toujours debout sur le bord du fossé, et devenue le point de mire de tous les ennemis, fut enfin atteinte profondément d'un trait d'arbalète à la cuisse. Elle s'étendit sur le talus du fossé, et de là elle ne cessait d'exhorter les soldats de ne pas quitter l'entreprise, d'aller quérir partout du bois pour remplir le fossé, d'approcher du mur, quoi qu'il en coûtât, et toujours elle affirmait que la place serait prise[2]. « Les pertes de l'armée ne sont pas grandes... Sans doute les bons François qui sont dans la ville tenteront quelque chose cette nuit... Le roi ! le roi ! que le roi se montre ! »

Si Retz et Gaucourt l'eussent secondée de tout leur pouvoir, si le roi était venu de Saint-Denis, il est très probable que la nuit eût servi l'attaque plus que la défense, et que le mouvement qui ne s'était pas déclaré à l'intérieur de Paris dans la journée eût éclaté à la faveur des ténèbres.

Le roi ne vint pas : les chefs ne firent rien pour ranimer la lassitude des soldats; à plusieurs reprises, ils invitèrent Jeanne à se retirer; enfin, entre dix et onze heures du soir, Gaucourt et d'autres la vinrent prendre, et, contre son vouloir, l'emmenèrent hors des fossés. « Et avoit très grand regret d'elle ainsi soi départir, en disant : « Par mon martin, la place cût été prise ! »

« Ils la mirent à cheval » et la ramenèrent à La Chapelle avec

---

1. Perceval de Cagni, *ibid.* p. 27.
2. Perceval de Cagni, *ibid.* p. 27. — Jean Chartier, *ibid.* p. 87. — *Journal du siége d'Orléans*, *ibid.* p. 199.

l'armée[1]. Jeanne goûtait pour la première fois au calice d'amertume qu'elle devait épuiser jusqu'à la lie. Pour la première fois, elle avait échoué dans une de ses entreprises. Cette nuit-là, on se réjouit dans le conseil du roi de France à Saint-Denis, autant que dans le conseil du régent anglais à Paris.

Tout était ébranlé; rien n'était perdu. Le lendemain, Jeanne, sans se soucier de sa blessure[2], se leva de grand matin, fit venir le duc d'Alençon et le pria de faire sonner les trompettes pour retourner devant Paris : « Jamais n'en partirai-je tant que j'aurai la ville. » Un grand débat s'éleva entre les chefs : tandis qu'ils discutaient, on vit une troupe de gens d'armes arriver du côté de Paris. C'était le premier baron de l'Ile-de-France, le sire de Montmorenci, qui, jusqu'alors attaché au parti anglo-bourguignon, se trouvait encore la veille dans les rangs des ennemis. Il venait, avec cinquante ou soixante gentilshommes, joindre la Pucelle, après avoir franchi une des portes, qu'il eût probablement livrée la nuit précédente, si l'assaut eût continué[3]. Des cris de joie accueillirent ces nouveaux alliés, qui en promettaient d'autres. On monta à cheval; déjà l'on était en marche, quand deux des princes du sang accoururent de la part du roi. Charles priait la Pucelle et le duc d'Alençon de revenir, et commandait à tous les autres capitaines de ramener la Pucelle à Saint-Denis!

Ce coup fut affreux pour Jeanne. La plus grande partie de l'armée en resta atterrée comme elle. Jeanne obéit, mais en se rattachant passionnément à une dernière espérance. C'était de tourner Paris par un pont que le duc d'Alençon avait fait jeter sur la Seine à Saint-Denis, et d'aller renouveler l'attaque par la rive gauche. Le mot fut donné à tous les « gens de bon vouloir ». Le 10 septembre, « bien matin », la Pucelle, avec le duc d'Alençon et l'élite de l'armée, se mit en mouvement afin de passer la Seine. Le pont de Saint-Denis n'existait plus! Le roi l'avait fait « dépecer toute la nuit[4] ».

---

1. Perceval de Cagni; *ibid.* p. 27.

2. « J'avois mille milliers d'anges qui m'eussent emportée en paradis si je fusse morte! » dit-elle. *Procès*, t. I, p. 298.

3. Perceval de Cagni, *ibid.* p. 28. Perceval, témoin oculaire, est bien plus croyable ici que l'historiographe Jean Chartier ou que Monstrelet.

4. Perceval de Cagni, *ibid.* p. 28.

Toute réflexion serait au-dessous des faits. Il n'y a pas, dans l'histoire moderne, de crime contre Dieu et contre la patrie comparable à celui de Charles VII et de ses favoris, de même qu'il n'y a pas de grandeur comparable à celle de Jeanne Darc.

Après trois jours de débats dans le conseil du roi, débats où les Bourbons abandonnèrent le duc d'Alençon et inclinèrent au « vouloir » de Charles VII, le retour sur la Loire fut décidé. « Au partement du roi la Pucelle ne put trouver aucun remède. »

Le complot impie avait réussi. Le roi, le favori, l'archevêque de Reims étaient parvenus à repousser la main de la Providence et à FAIRE MANQUER LA MISSION DE JEANNE, sauf à ajourner indéfiniment la délivrance de la France. L'infaillibilité de la Pucelle était démentie aux yeux du peuple et de l'armée, « non par sa faute, ni par l'abandon de la fortune ou l'affaiblissement de son inspiration, mais par les manœuvres de ceux-là mêmes au profit de qui elle avait accompli tant de miracles[1] ». Leur art devait consister désormais à garder le bénéfice des premières parties de sa mission, qui avaient réussi malgré eux, à nier le reste, et à empêcher Jeanne de se relever de l'échec qu'ils lui avaient préparé.

Ce fut alors, et non point après le sacre, que Jeanne, sentant l'œuvre de Dieu faillir par l'ingratitude et l'impiété des hommes, voulut se séparer du roi; mais ce n'était pas pour retourner sous le chaume paternel : elle n'espérait déjà plus une fin paisible et obscure; elle ne pouvait se décider à perdre de vue ce grand Paris qu'elle s'était sentie appelée à rendre à la France; *ses voix* lui criaient de rester à Saint-Denis. Elle offrit son armure à l'église de Saint-Denis et appendit, devant l'image de Notre-Dame et les

---

1. Quicherat, *Aperçus nouveaux sur Jeanne d'Arc*, p. 35. — « Et certes aucuns dirent depuis que, si les choses se fussent bien conduites, qu'il y' avoit bien grand apparence qu'elle en fût venue à son vouloir (touchant Paris). » *Journal du siége d'Orléans; Procès*, t. IV, p. 200. « Et étoient les assaillants si près des murs qu'il ne falloit que lever les échelles dont ils étoient bien garnis, et ils eussent été dedans..... et croi qu'ils eussent gagné la ville de Paris si l'on les eût laissés faire. » *Chronique normande* de 1430; ap. *Procès*, t. IV, p. 342-343. Ainsi, à Rouen comme à Orléans, dans les provinces encore anglaises comme dans les cités délivrées par Jeanne, les gens avisés croyaient que Paris eût été pris si l'on eût voulu le prendre.

reliques de l'apôtre de Paris, « son harnois complet[1] » avec l'épée qu'elle avait conquise au boulevard Saint-Honoré. Elle voulait demeurer là auprès de ses armes. Était-ce pour y attendre le martyre? La sympathie des uns, la politique des autres s'unirent contre sa résolution : princes et capitaines la comblèrent d'éloges « pour le bon vouloir et hardi courage qu'elle avoit montrés[2] » : on lui remontra le grand besoin que la France avait encore d'elle ; on l'emmena enfin, suivant ses propres paroles, « contre le vouloir du Seigneur même[3] », et, « à très grand regret, elle se mit en la compagnie du roi[4] ». Elle se reprocha grandement, plus tard, cette première désobéissance à *ses voix*, et, si jamais ne se démentirent son héroïsme, sa piété et son génie, elle n'eut plus désormais cette perpétuelle et absolue certitude du succès qui avait rendu son ascendant irrésistible sur les masses d'hommes. A la retraite de Saint-Denis commence, dans la courte carrière de Jeanne, une période pleine de troubles d'âme et de douleurs ignorées, transition obscure entre les splendeurs de la victoire et celles du martyre. La nuit du *Jardin des Oliviers* devait durer huit mois pour la Pucelle !

Cette belle armée de volontaires, qui avait quitté les bords de la Loire deux mois et demi auparavant, avec la ferme confiance de délivrer la France entière, et qui avait fait la campagne sans solde et sans pillage, le plus grand miracle de Jeanne! repartit donc tristement de Saint-Denis, le 13 septembre, laissant son œuvre inachevée. Le roi, si lent quand il s'était agi de marcher en avant, trouva de la célérité pour la retraite. Il reconduisit l'armée « aussitôt que faire se put... en manière de désordonnance[5] », presque comme une armée battue, et ne mit que huit jours pour regagner son point de départ, Gien-sur-Loire, après avoir fait un détour pour aller passer la Marne à Lagni, qui lui avait envoyé sa soumission à Saint-Denis. Charles VII franchit la Seine à Brai,

---

1. Une tradition fort douteuse veut retrouver ce « harnois » de la Pucelle dans l'armure qui porte le n° 14 dans la salle des armures, au Musée de l'artillerie, à Paris.
2. *Journal du siège d'Orléans*, p. 199-200.
3. *Procès*, t. I, p. 57.
4. Perceval de Cagni, *Procès*, IV, 29.
5. Perceval de Cagni, *ibid.* p. 29.

qui, cette fois, livra son pont, puis l'Yonne à gué près de Sens, encore anglais, et repasse la Loire le 21 septembre. L'armée se dispersa.

Peu de jours après l'éloignement de l'armée, un détachement que le roi avait laissé à Saint-Denis évacua cette ville devant les Anglo-Bourguignons, sortis de Paris, et se replia sur Senlis. Les ennemis châtièrent durement les habitants d'avoir ouvert la place aux Français, et emportèrent l'armure de la Pucelle, sans respect pour la consécration qu'elle en avait faite à Notre-Dame et à l'apôtre de Paris.

Charles VII et ses favoris, surtout l'archevêque de Reims, avaient emporté avec eux leur rêve d'accommodement avec le duc de Bourgogne, et Philippe les y entretenait fort habilement. En même temps qu'il publiait son ban de guerre dans ses provinces du nord, il mandait au roi qu'il se rendait à Paris « pour travailler à l'avancement du traité ». La trêve entre le roi et le duc fut prorogée jusqu'à la Pâque de 1430, et Pont-Sainte-Maxence fut remis, par ordre de Charles VII, à Philippe, qui passa l'Oise avec un corps d'armée, et qui entra dans Paris le 30 septembre. Le régent anglais, revenu de Normandie à la nouvelle de l'attaque de Paris, alla au-devant de son beau-frère avec les notables de la capitale. Les Parisiens accueillirent le duc Philippe de manière à faire comprendre aux Anglais que ce n'était pas par amour pour eux qu'on avait résisté au roi Charles : le peuple cria Noël sur le passage du duc de Bourgogne, et l'université, le parlement et le corps de ville demandèrent nettement que la régence fût transférée à Philippe. Bedford comprit la situation avec sa sagacité ordinaire : loin de se roidir contre le vœu des Parisiens, il se joignit à eux pour prier Philippe d'accepter, ne se réservant que le gouvernement de la Normandie. La régence, devenue plutôt charge que profit, tentait médiocrement Philippe ; Bedford fit plus, et, de concert avec le cardinal de Winchester, il offrit au Bourguignon l'investiture de la Champagne. La possession de cette province eût réuni en un tout compact les deux moitiés de la « seigneurie » de Philippe, la Bourgogne et les Pays-Bas[1]. Le

---

1. Les offres de Bedford furent ratifiées par le conseil d'Angleterre. *v.* dans Rymer un acte daté du 9 mars 1430, t. X, p. 454.

duc de Bourgogne accepta, bien qu'on ne lui offrît que le droit de conquérir un pays presque entièrement occupé par l'ennemi. Il promit de seconder puissamment les Anglais à l'expiration de la trêve.

La trêve, étendue à la ville de Paris et aux ponts de Charenton et de Saint-Cloud, n'existait que de nom : les Anglais avaient refusé d'y être compris, et les bandes bourguignonnes s'associaient à eux pour faire, sous la croix rouge, ce qui leur était interdit sous la croix de Saint-André. Les Français, qui tenaient Senlis, Creil, Compiègne, Beauvais, Lagni, n'observaient pas mieux la suspension d'armes, et, de part et d'autre, on pillait, on brûlait, on ravageait le pays à l'envi. Jeanne n'était plus là pour protéger le pauvre peuple, et les soldats, un moment transformés par sa sainte influence, revenaient à leurs habitudes rapaces et cruelles. L'hiver fut affreux pour les populations de l'Ile-de-France, qui, après quelques années d'un repos si chèrement acheté sous la domination étrangère, se retrouvaient en proie à des calamités dont rien ne faisait plus prévoir la fin. La Normandie n'était guère plus heureuse : le mouvement de « recouvrance » qui semblait devoir expulser l'étranger de cette belle contrée, n'étant pas soutenu, s'arrêta et recula. Le duc de Bedford eut tout le loisir de reconquérir les forteresses normandes enlevées par les aventuriers français : Château-Gaillard et Torci se rendirent par défaut de vivres, après six ou sept mois de blocus. Aumale et Estrepagni avaient été repris auparavant. Les Normands qui avaient aidé les Français à se saisir de ces places fortes, furent exceptés des capitulations et impitoyablement mis à mort. Les vengeances des Anglais ne découragèrent pas le parti national : un complot se trama pour introduire dans Rouen même les troupes françaises. Les Anglais en eurent vent : un riche bourgeois, Richard Mites, et beaucoup d'autres citoyens de Rouen furent traînés au supplice[1]. Bedford ne réussit pourtant point à chasser entièrement les Français de la Normandie; l'infatigable La Hire surprit Louviers, au commencement de l'année 1430, et s'y cantonna.

---

1. *Chroniq. de la Pucelle.* — Chéruel, *Rouen sous les Anglais*, p. 84. — Monstrelet. A cette époque doit se rapporter la mort patriotique du poète Olivier Basselin. Nous reviendrons sur les *compagnons du vau-de-vire*.

La cause de la France avait été trahie par le roi et par ses conseillers en Normandie comme devant Paris. Après la séparation de l'armée à Gien, le duc d'Alençon était allé dans sa vicomté de Beaumont en Anjou « assembler gens pour entrer au pays de Normandie, et pour ce faire, requit et fit requerre le roi qu'il lui plût lui bailler la Pucelle ». Il était sûr qu'elle lui vaudrait une armée; qu'au nom de Jeanne les volontaires reviendraient en foule[1]. Livrée en toute liberté à ses inspirations, loin du roi et des favoris, et lancée dans une grande entreprise où le connétable de Richemont l'eût volontiers secondée, Jeanne eût infailliblement effacé l'échec de Paris par des coups éclatants. C'est ce que ne pouvaient permettre ceux qui s'étaient placés en travers de sa mission. « Messire Regnauld de Chartres, le seigneur de La Trémoille, le sire de Gaucourt, qui lors gouvernoient le corps du roi et le fait de sa guerre, ne vouldrent (voulurent) oncques consentir, ne faire, ne souffrir que la Pucelle et le duc d'Alençon fussent ensemble[2]. » Jeanne et le duc ne se revirent jamais.

On retint Jeanne dans l'inaction à la suite du roi durant plusieurs semaines. Depuis son retour à Gien, « le roi passa temps ès pays de Touraine, de Poitou et de Berri. La Pucelle fut le plus du temps vers lui, très marrie de ce qu'il n'entreprenoit à conquêter de ses places sur ses ennemis[3] ». Le conseil du roi céda enfin à demi et consentit à la laisser remonter à cheval, mais pour aller faire, avec le seigneur d'Albret, beau-frère de La Trémoille et lieutenant du roi en Berri, une petite et obscure campagne contre quelques forteresses que des compagnies anglo-

---

1. ... « Que, par le moyen d'elle, plusieurs se mettroient en sa compagnie, qui ne se bougeroient si elle ne faisoit le chemin. » Perceval de Cagni, *Procès*, t. IV, p. 30.
2. Perceval de Cagni, *ibid.* p. 30. — Berri, roi d'armes, *ibid.* p. 48.
3. Perceval de Cagni, *ibid.* p. 32. — « Quand le roi se trouva au dit lieu de Gien, lui et ceux qui le gouvernoient firent semblant qu'ils fussent contents du voyage que le roi avoit fait, et, depuis, de longtemps après, le roi n'entreprit nulle chose à faire sur ses ennemis où il vousit (voulût) être en personne. On pourroit bien dire que ce étoit par son (soi?) conseil, si lui et eux eussent voulu regarder la très grande grâce que Dieu avoit faite à lui et à son royaume par l'entreprise de la Pucelle, message (messagère) de Dieu en cette partie, comme par ses faits pouvoit être aperçu. Elle fit des choses incréables à ceux qui ne l'avoient vu, et peut-on dire que encore eût fait, si le roi et son conseil se fussent bien conduits et maintenus vers elle. » *Ibid.* p. 30.

bourguignonnes avaient conservées sur le cours supérieur de la Loire et qui inquiétaient le Bourbonnais et le Berri. On attaqua Saint-Pierre-le-Moûtier, qui commande le Bec d'Allier, ou la presqu'île que forment l'Allier et la Loire avant de se joindre au-dessous de Nevers. La garnison ennemie, nombreuse et vaillante, repoussa si vigoureusement le premier assaut, que les assaillants reculèrent en masse loin des remparts; la Pucelle resta délaissée au bord du fossé avec quelques hommes d'armes. « Jehanne, lui cria-t-on, retirez-vous de là, vous êtes toute seule! — Je ne suis pas seule », répondit Jeanne en ôtant son heaume et en tournant vers les fuyards sa belle tête inspirée; « j'ai encore avec moi cinquante mille de mes gens!... Je ne partirai pas d'ici que je n'aie pris la ville!... Aux fagots et aux claies tout le monde! qu'on fasse un pont sur le fossé! »

Les soldats crurent qu'une armée céleste, visible pour elle seule, arrivait à leur secours : ils revinrent à la charge avec furie, comblèrent le fossé, s'élancèrent à l'escalade et renversèrent tous les obstacles[1] (fin octobre).

Les favoris prirent peur. Jeanne n'avait rien perdu de son élan et ressaisissait sa puissance. Déjà elle suppliait, elle criait qu'on la laissât rentrer dans l'Ile-de-France[2]. Le roi s'y refusa absolument. On l'envoya, elle, Albret et le maréchal de Boussac, « avec bien peu de gens », devant La Charité-sur-Loire, forte place défendue par un fameux aventurier bourguignon, Perrinet Grasset. Jeanne marcha à contre cœur : *ses voix* se taisaient; elle se sentait encore une fois jetée hors de sa route. Les assauts furent repoussés : le siège languit près d'un mois; l'hiver et les mauvais temps étaient venus; on ne recevait ni vivres ni argent[3]; les soldats se découragèrent; Boussac et Albret levèrent le siège en désordre, en abandonnant la meilleure part de l'artillerie (décembre 1429)[4].

La Trémoille compta pour peu la part qu'avait son beau-frère

1. Déposition de Jean d'Aulon; *Procès*, t. III, p. 218-218.
2. Interrogatoire du 3 mars; *Procès*, t. I, p. 109.
3. Trop peu, du moins; la ville de Bourges avait expédié quelque argent. *v. Procès*, t. V, p. 356.
4. Perceval de Cagni, *Procès*, t. IV. p. 31. — Berri, *ibid.*, p. 49. — J. Chartier, *ibid.* p. 91.

d'Albret à ce second échec de Jeanne : il y avait là pour lui une trop grande victoire! On avait désormais un prétexte pour empêcher Jeanne de rien entreprendre. On affecta de la consoler par de vaines faveurs de cour : « On la persécuta de prévenances et d'honneurs[1] » : Charles VII lui décerna des lettres de noblesse pour elle, ses père, mère et frères, et toute leur postérité « mâle et femelle » ; clause tout à fait inusitée et qui semblait un acte de justice envers le sexe auquel appartenait l'héroïne. Deux de ses frères avaient fait à ses côtés une partie de la campagne de 1429 : le roi donna pour armes aux frères de la Pucelle une épée d'argent entre deux fleurs de lis d'or sur un champ d'azur. Est-il besoin de dire que Jeanne reçut ces priviléges avec indifférence[2] (décembre 1429) ?

Il y eut, pour Jeanne, depuis le retour de La Charité, quatre mois d'angoisses que les langues humaines ne sauraient exprimer. Sentir que l'on porte en soi le salut d'un peuple, que Dieu nous pousse et que les hommes nous enchaînent! Il faudrait pouvoir s'identifier à ces êtres extraordinaires pour comprendre le fardeau qu'ils portent quand ils se chargent ainsi des douleurs d'un monde !

Non-seulement les pharisiens et les courtisans, les hypocrites et les vicieux, mais les faux prophètes, conspirent contre le vrai Messie. Depuis les triomphes de Jeanne, les visionnaires, les prétendus révélateurs se multiplient. Maints extatiques ne sont que des âmes pieusement exaltées qui confirment la mission de la Pucelle et qui s'inclinent devant l'envoyée de Dieu, mais

---

1. Quicherat, *Aperçus*, etc., p. 36.
2. Ce fut « sans sa requête et sans révélation de ses voix », dit-elle expressément. Interrogatoire du 10 mars; *Procès*, t. I, p. 118. La seule demande que Jeanne eût présentée à Charles VII était l'exemption d'impôts pour Domremi et Greux, paroisse de laquelle relevait Domremi. *Procès*, t. V, p. 139. L'exemption, en date du 31 juillet 1429, a duré jusqu'au siècle dernier. La généreuse ville d'Orléans reçut aussi, sur ces entrefaites, quelques faveurs du roi : Charles VII n'alla pas visiter la cité qui partageait avec Jeanne l'honneur d'avoir sauvé sa couronne, mais il lui octroya l'exemption de tous impôts tant qu'il vivrait (16 janvier 1430). Montargis, qui avait montré un dévouement inébranlable à la cause nationale, fut affranchi perpétuellement de tous impôts, sauf la gabelle du sel, et reçut le nom de Montargis-le-Franc (le libre). Les citoyens de Montargis eurent le droit de porter une M couronnée en broderie sur leurs habits (mai 1430). *Ordonnances des rois*, t. XIII, p. 144-152.

il y a aussi des fanatiques égarés par l'esprit d'imitation et par l'esprit d'orgueil, et des imposteurs qui parodient l'inspiration. Dans le courant de l'automne, une certaine Catherine, de La Rochelle, était arrivée à la cour, prétendant qu'une dame blanche vêtue de drap d'or lui apparaissait chaque nuit, et l'avait chargée d'aller par les bonnes villes commander à chacun de livrer au roi tout ce qu'il avait d'or ou d'argent pour payer les gens d'armes de Jeanne. Elle saurait bien, disait-elle, découvrir les trésors cachés. On présenta Catherine à Jeanne, qui pressa en vain cette prétendue prophétesse de lui faire voir sa dame blanche. Jeanne consulta *ses voix*, qui lui dirent que ce n'était que *folie et néant :* elle empêcha le roi de se servir de Catherine, au grand déplaisir de frère Richard, qui eût voulu associer Catherine à Jeanne et les « gouverner » toutes deux [1]. L'ambition d'un grand rôle avait tourné la tête au cordelier; l'espoir de « gouverner » Jeanne était de la démence; mais la folie devint criminelle, et l'enthousiaste, dégénéré en intrigant, tomba dans les bas-fonds où s'agitait sa protégée. Tous deux furent les instruments des ennemis de la Pucelle qui toutefois ne s'en contentèrent point, et qui commencèrent à chercher quelque agent moins discrédité que Catherine, et capable, à ce qu'ils imaginaient, de remplacer Jeanne. Ceux qui avaient conspiré pour FAIRE MENTIR DIEU songeaient maintenant à CONTREFAIRE DIEU!

L'élan donné par Jeanne à la France avait été si puissant qu'il continuait de lui-même, malgré tous les efforts du roi et des favoris pour l'étouffer. Dans les premiers mois de 1430, de bonnes nouvelles arrivèrent des bords de l'Yonne et de la Seine : Sens, qui avait fermé ses portes au roi quelques mois auparavant, venait de « se tourner françois ». Melun s'insurgea et se débarrassa de sa garnison anglo-bourguignonne. Paris, rançonné au dedans par les soldats picards du duc de Bourgogne, harcelé au dehors par les bandes françaises qu'une garnison insuffisante ne pouvait écarter de sa banlieue, et qui venaient de s'emparer de Saint-Maur, se désabusait de ses espérances obstinées dans le Bourguignon : un nouveau complot fut tramé pour introduire les

---

1. Interrogatoires du 4 au 9 mars; *Procès*, t. I, p. 107.

troupes françaises dans la ville ; plusieurs membres du parlement et du Châtelet y trempaient avec un grand nombre de marchands et de gens de métiers. Un carme leur servait d'émissaire auprès des capitaines français. Ce moine fut arrêté et contraint par les tortures à dénoncer ses complices : on en prit plus de cent cinquante ; plusieurs furent décapités ; d'autres furent noyés ou moururent dans les tourments de la « question » ; quelques-uns des plus riches sauvèrent leur vie au prix de leur fortune (fin mars). La plupart étaient restés enfermés à la Bastille : un jour, l'un d'eux déroba les clefs et délivra ses camarades ; ils tuèrent les geôliers et faillirent s'emparer de la Bastille ; malheureusement, le gouverneur de Paris, l'Ile-Adam, était dans la forteresse, et accourut avec ses gens d'armes ; les prisonniers furent massacrés et jetés à la rivière (commencement de mai 1430).

Les ennemis, cependant, se préparaient à un grand effort : le conseil d'Angleterre venait d'ordonner à tout Anglais qui possédait depuis trois ans quarante *livrées* de terre, ou un revenu équivalent, de recevoir au plus tôt l'ordre de chevalerie ; en même temps il publiait une proclamation contre les capitaines et soldats qui, après s'être enrôlés pour le « voyage de France », ne voulaient plus partir, terrifiés qu'ils étaient « par les enchantements de la Pucelle (3 mai)[1] ». Le cardinal de Winchester s'était enfin décidé à faire amener en France le petit roi Henri VI, qui débarqua, le 23 avril, jour de Saint-Georges, à Calais, avec un nombreux cortége, où figurait Pierre Cauchon, l'évêque exilé de Beauvais : le cardinal de Winchester amena le roi, son petit-neveu, à Rouen, et l'installa dans le palais, ou plutôt dans la forteresse que Henri V avait commencée au bord de la Seine en 1420 pour tenir Rouen en bride[2]. Le duc de Bourgogne, de son côté, tenait la parole qu'il avait donnée à Bedford, et se jouait de toutes ses promesses à Charles VII : tout en rendant à Bedford, après Pâques, la régence, qui n'était pour lui qu'un embarras, il armait « à grand force », au sortir des fêtes splendides par lesquelles il venait de solenniser son mariage avec une princesse de Portugal[3] : il

---

1. Rymer, t. X, p. 449-459.
2. C'est le Vieux Palais de Rouen.
3. C'était sa troisième femme. La première, Michelle de France, sœur de

avait regagné, non sans peine, la Picardie chancelante, en lui promettant de solliciter pour elle, près du roi Henri, l'abolition des impôts ; il détermina les Picards à suivre encore une fois ses bannières, et monta à cheval, peu après Pâques, avec une nombreuse gendarmerie bourguignonne, picarde, artésienne et belge.

C'était pour lui, au fond, et non pour les Anglais qu'il entendait travailler. Il tenait la Marne par Meaux : il voulait à tout prix tenir l'Oise par Compiègne, position bien plus importante encore. Charles VII lui eût livré cette ville ; les habitants la lui avaient refusée ; il essaya de l'acheter du gouverneur, Guillaume de Flavi, gentilhomme du Vermandois. Flavi répondit que sa place n'était pas à lui, mais au roi, et garda Compiègne au roi malgré le roi lui-même[1]. Philippe, résolu d'enlever par force ce qu'il ne pouvait obtenir de bon gré, commença de menacer Compiègne, et ne renouvela plus la trêve après Pâques.

Jeanne savait les périls qui allaient assaillir ses compagnons

---

Charles VII, était morte du chagrin que lui causaient les malheurs de sa famille et la sanglante rupture des maisons de France et de Bourgogne. Le duc avait ensuite épousé Bonne d'Artois, veuve de son oncle Philippe, comte de Nevers, tué à Azincourt, avec laquelle il fut uni peu de temps. Il donna à ses troisièmes noces, célébrées à Bruges le 10 janvier 1430, une solennité extraordinaire, et déploya dans les fêtes du mariage une magnificence qui effaçait celle de tous les rois de l'Europe. La riche Flandre, dont la prospérité inouïe semblait insulter aux misères de la France, se para de toutes les splendeurs du luxe et des arts pour faire honneur à son prince ; le grand peintre Van-Eyck avait été un des envoyés de Philippe en Portugal auprès de sa fiancée ; les bourgeois de Bruges et de Gand luttèrent de faste avec les barons de Bourgogne et des Pays-Bas. Ce fut au milieu de ces fêtes que Philippe institua l'ordre de la Toison d'Or, qui rivalisa bientôt avec la Jarretière d'Édouard III. Ces deux ordres furent également créés par la galanterie au profit de la politique. Philippe, qui ne se piqua jamais de fidélité conjugale, comme l'attestèrent ses quinze bâtards, était fort amoureux d'une belle dame de Bruges au moment où il recevait si splendidement sa nouvelle duchesse. Quelques seigneurs s'étant permis des plaisanteries messéantes sur la *toison d'or* de la belle Brugeoise, qui avait les cheveux roux, le duc jura, dit-on, que les plus fiers seraient trop heureux de porter au cou la *toison d'or*. Quoi qu'il en soit, Philippe sut se faire de cette institution chevaleresque un instrument politique très efficace : il s'attribua, pour lui et les ducs de Bourgogne, ses successeurs, la grande maîtrise de l'ordre, composé de trente-un chevaliers, qui juraient, entre autres choses, de servir loyalement le chef de la confrérie et de lui révéler « tout ce qui lui seroit contraire. » *v.* Barante, t. VI, p. 38-56.

1. Au moment où Compiègne avait appelé le roi, en août 1429, La Trémoille en avait demandé le gouvernement, afin de le remettre au duc de Bourgogne ; mais il trouva Flavi installé par lui-même et par les habitants, et il fallut que le roi confirmât Flavi. *Procès*, t. V, p. 173.

d'armes : elle voyait le roi immobile, depuis des semaines et des mois, dans un des châteaux de La Trémoille, à Sulli sur Loire, comme enchanté par le génie malfaisant du maître de ce lieu. Jeanne ne put tenir davantage à ce supplice. Les voiles s'étaient déchirés, les illusions étaient tombées. Ce que la généreuse fille ne dira jamais, on le sent trop, elle connaît le roi désormais! Quels déchirements elle a dû endurer avant de subir cette vérité fatale, avant de reconnaître ou tout au moins d'entrevoir que ce roi, « la racine de son cœur[1] », le type vivant de la France, que ce roi est un néant devant Dieu; qu'il n'a point d'âme! Quel effort terrible que de briser ces personnifications où l'on s'est complu à résumer l'être collectif, la patrie! Les nations entières s'obstinent dans ces illusions durant des siècles. Qu'est-ce donc quand il faut qu'une seule et même âme élève et abatte l'idole aimée!

Vers le milieu d'avril 1430... « le roi étant en la ville de Sulli sur Loire, la Pucelle, qui avoit vu et entendu tout le fait et la manière que le roi et son conseil tenoient pour le recouvrement de son royaume, elle, très mal contente de ce, trouva manière de soi départir d'avec eux, et, sans le sû du roi ni prendre congé de lui, elle fit semblant d'aller en aucun ébat, et, sans retourner, s'en alla à la ville de Lagni sur Marne, pour ce que ceux de la place faisoient bonne guerre aux Anglois de Paris et ailleurs[2]. »

Il n'y avait que treize mois qu'elle avait abordé, à Chinon, rayonnante de foi et d'amour, l'ingrat qu'elle quittait aujourd'hui pour ne plus le revoir. Quels prodiges, quelles joies et quelles angoisses également inouïes avaient rempli ce court intervalle!

Suivie d'une petite troupe de braves gens attachés à elle jusqu'à la mort, elle partit donc sans congé, sans retour, l'âme divisée contre elle-même, disputée entre les éclatantes promesses du passé et les pressentiments funèbres de l'avenir. La vision, naguère

1. Quichera'.
2. Perceval de Cagni; *Procès*, t. IV, p. 31, 32. — Il y a deux dates différentes assignées, dans deux chapitres de Perceval, au départ de la Pucelle, à savoir : le..... mars et la fin d'avril. Une date intermédiaire concorde mieux avec deux documents authentiques. La dernière lettre qu'on ait de Jeanne, adressée aux Rémois, est du 28 mars, à Sulli; *Procès*, t. V, p. 161; et Jeanne, suivant son propre témoignage, était à Melun dans la semaine de Pâques, c'est-à-dire entre le 17 et le 23 avril, Pâques étant tombé, cette année, le 16 avril; *Procès*, t. I, p. 115; interrogatoire du 10 mars.

si resplendissante, descendait maintenant à traits sombres. *Ses voix* se firent entendre à elle sur les fossés de Melun : « Jehanne, tu seras prise avant la Saint-Jehan ! Il faut qu'il soit ainsi fait ! Ne t'étonne point ; prends tout en gré ; Dieu t'aidera [1] ! »

Prise, elle qui devait « chasser les Anglois de toute France ! » Vaincue, elle, l'ange de victoire ! Fallait-il encore une fois qu'une pure hostie rachetât l'ingratitude et l'incrédulité des hommes ? Elle s'inclina devant ce mystère et s'apprêta au martyre comme naguère au triomphe, demandant seulement à « ses frères de Paradis » de lui épargner les misères d'une longue captivité et de lui obtenir la grâce d'une prompte mort. Elle garda le silence sur la triste révélation, et montra jusqu'au bout à ses compagnons même sérénité et même vaillance, plus admirable encore par une telle force d'âme qu'elle ne l'était auparavant par l'enthousiasme d'une victoire assurée. Seulement elle cessa désormais d'imposer ses impérieuses inspirations aux autres capitaines, et, d'après son propre témoignage, elle « s'en rapporta le plus souvent à eux du fait de la guerre [2] ».

Elle eut cependant encore la conduite et l'honneur du premier fait d'armes qui signala son retour sur le théâtre des combats. A peine arrivée à Lagni [3], elle eut avis que la campagne était infestée par une compagnie anglo-bourguignonne aux ordres de Franquet d'Arras, aventurier aussi redouté pour sa cruauté que pour sa bravoure. Elle monta à cheval avec ses gens et l'élite de la garnison de Lagni, courut sus à Franquet, et, après une lutte très acharnée, le défit et le fit prisonnier. Le bailli de Senlis et les juges de Lagni réclamèrent Franquet comme s'étant mis en dehors du droit de la guerre par ses crimes. Jeanne voulait l'échanger contre un prisonnier français. Le bailli lui dit « que c'étoit faire grande

---

1. *Procès*, t. I, p. 115.   2. *Procès*, t. I, p. 147.
3. Son passage à Lagni fut signalé par un incident qui attesta que le peuple n'avait rien perdu de sa foi en elle. Un enfant de trois jours n'avait pas donné signe de vie depuis sa naissance ; il était « tout noir », et l'on n'osait le baptiser, le croyant mort. On vint quérir Jeanne pour qu'elle priât Dieu et Notre-Dame, « afin que la vie fût donnée à l'enfant. Elle alla et pria, et la vie apparut en l'enfant ; il bâilla trois fois ; la couleur lui revint, et il fut baptisé ; puis il mourut et fut inhumé en terre sainte. » (*Procès*, I, 105.) Le peuple crut que Jeanne avait ressuscité l'enfant.

injure à justice que de délivrer un tel meurtrier, larron et traître[1] ». Jeanne céda. Le prisonnier fut remis aux magistrats, condamné et décapité. Les ennemis firent un crime à Jeanne d'avoir obéi à justice et d'avoir écouté plutôt son horreur pour ces impitoyables bourreaux du pauvre peuple que les préjugés de la profession militaire.

Les nouvelles arrivèrent, sur ces entrefaites, à Lagni, des entreprises du duc de Bourgogne, qui commençait à attaquer les forteresses des environs de Compiègne. Il avait pris Gournai sur Aronde et assiégeait Choisi[2], qui commande le confluent de l'Aisne et de l'Oise. Jeanne partit pour Compiègne. Elle y retrouva un des Bourbons, le comte de Vendôme, commandant pour le roi dans les pays au nord de la Seine, et, sinistre présage! l'archevêque de Reims, qui tâchait de renouer, depuis l'expiration de la trêve, ses dérisoires négociations avec le duc de Bourgogne[3].

On essaya de secourir Choisi. Le camp bourguignon était couvert par l'Oise et par l'Aisne. Jeanne, Saintrailles et quelques autres capitaines tentèrent sans succès de forcer le passage de l'Oise à Pont-l'Évêque, au-dessous de Noyon; ils revinrent à Compiègne, puis remontèrent l'Aisne pour aller la passer à Soissons. Le gouverneur de Soissons, secrètement vendu au duc de Bourgogne, persuada aux Soissonnais qu'on venait leur imposer une grosse garnison, ce qui était le grand effroi des communes, et se fit interdire par eux d'ouvrir les portes. La petite armée réunie pour « recourre » Choisi se dispersa, et le gouverneur reçut dans Soissons Jean de Luxembourg, principal lieutenant du duc de Bourgogne. Choisi se rendit, et le duc Philippe, repassant l'Oise, vint asseoir son camp devant Compiègne, du côté de Beauvaisis.

Jeanne était retournée à Compiègne. Son cœur était avec cette ville et sa population « si bonne françoise ». Mais la voix intérieure gémissait toujours plus triste. Presque chaque jour se renouvelait la prophétie de la prochaine captivité[4]. Suivant une tradition conservée à Compiègne, « la Pucelle, un bien matin, fit

---

1. *Procès*, t. I, p. 158.
2. Le *Cauciacum* des rois franks.
3. Le mot de Jeanne sur le duc de Bourgogne, c'était qu'on n'en aurait rien « qu'au bout d'une lance », et rien n'était plus vrai alors. *Procès*, t. I, p. 108.
4. *Procès*, t. I, p. 115; interrogatoire du 10 mars.

dire messe à Saint-Jacques[1] et se confessa et reçut son créateur, puis se retira près d'un des piliers de ladite église, et dit à plusieurs gens de la ville qui là étoient (et y avoit cent ou six vingts petits enfants qui moult désiroient à la voir) : — Mes enfants et chers amis, je vous signifie que l'on m'a vendue et trahie, et que, de brief, serai livrée à la mort. Si vous supplie que vous priez Dieu pour moi ; car jamais n'aurai plus de puissance de faire service au roi ne au royaume de France[2] ».

Ces paroles, interprétées à faux par les historiens, ont servi à corroborer l'opinion d'une trahison imaginaire, qui a trop longtemps détourné sur une tête sacrifiée[3] la flétrissure éternelle due aux vrais coupables, aux vrais traîtres.

Jeanne fit jusqu'au dernier moment tout ce qu'elle eût pu faire avec la conviction de la victoire. Elle repartit pour aller chercher du secours, réunit à Crespi trois ou quatre cents hommes d'élite et se hâta de les amener à « ses bons amis de Compiègne ». Elle rentra dans la ville au soleil levant, le 23 mai, par la forêt, qu'on appelait encore alors la forêt de Cuise. Une sortie fut préparée d'accord entre elle et le gouverneur Guillaume de Flavi.

Une fois dans l'action, l'ardeur guerrière, la fièvre des héros la reprenait et chassait loin d'elle les sombres pressentiments. Elle n'eut, ce jour-là, aucun avertissement particulier, aucun noir présage[4].

La ville était séparée de l'ennemi par la rivière d'Oise. Le pont de l'Oise n'avait pas été coupé ; mais il était protégé par un boulevard ou tête de pont fortifiée. Du boulevard partait une chaussée d'un quart de lieue de long, qui traversait la prairie de l'Oise et

---

1. Cette église existe encore.
2. *Le Mirouer* (miroir) *des femmes vertueuses;* cité ap. *Procès,* t. IV, p. 272. Ce livre n'a paru que sous Louis XII, mais voici la caution que donne l'auteur :
« Ces paroles ai ouïes à Compiègne, l'an 1498, à deux vieux et anciens hommes de la ville, âgés l'un de 98 ans et l'autre de 86, lesquels disoient avoir été présents en l'église de Saint-Jacques de Compiègne, alors que la dessusdite Pucelle prononça celles paroles. »
3. Guillaume de Flavi. Nous reviendrons là-dessus.
4. Un historien bourguignon, Lefèvre de Saint-Remi, copié par Georges Chastellain, prétend même qu'elle se vanta de ramener le duc de Bourgogne prisonnier dans Compiègne; mais le fait est faux et mêlé chez Saint-Remi à d'autres circonstances non moins inexactes; Monstrelet, qui était présent, et qui donne beaucoup de détails sur cette journée, ne dit pas un mot de cela. *v. Procès,* t. IV, p. 438, 444.

aboutissait au village de Margni ou Marigni. Les quartiers ennemis étaient largement espacés dans la prairie. Un détachement bourguignon, aux ordres de Baudot de Noyelles, maréchal de l'armée, occupait Margni. A une demi-lieue de Margni, vers le sud, un corps anglais, commandé par Montgommeri, était posté à Venette, le lieu de naissance de notre patriotique historien du quatorzième siècle[1]. A trois quarts de lieue, au nord, dans le village de Clairoi, était logé avec ses Picards Jean de Luxembourg, seigneur de Beaurevoir. Enfin, le duc de Bourgogne s'était établi, avec une réserve, à Coudun sur l'Aronde, en arrière de Clairoi.

Cette disposition parut favorable à un coup de main. Jeanne résolut de couper les positions ennemis par le centre et d'enlever le quartier de Margni. Flavi se chargea d'empêcher les Anglais de secourir les Bourguignons. Les Anglais ne pouvaient venir prendre en flanc et en queue la sortie qu'en s'emparant de la chaussée : Flavi garnit de couleuvriniers, d'archers et d'arbalétriers le boulevard qui commandait la chaussée, et prépara sur la rivière des bateaux couverts pour aider, en cas de besoin, à accélérer la rentrée des troupes[2].

Vers cinq heures du soir, Jeanne sortit de Compiègne à la tête de cinq cents hommes d'élite, partie à cheval, partie à pied, et se jeta sur Margni. La garnison de Margni sortit à sa rencontre, fut culbutée et rejetée dans le village, où Jeanne la suivit. Les Bourguignons se rallièrent. Jean de Luxembourg et plusieurs barons de Picardie et d'Artois venaient d'arriver à Margni pour conférer du siége avec Baudot de Noyelles ; ils aidèrent à la défense et envoyèrent quérir en toute hâte le gros de leurs gens à Clairoi. Le détachement de Margni ne tarda pas à recevoir assistance. Les Bourguignons grossissaient à chaque instant. Ils devinrent bientôt très supérieurs en nombre ; mais l'élan des assaillants était si grand qu'ils repoussèrent encore, dans une seconde et dans une troisième charge, cette multitude toujours croissante.

Cinq cents Anglais, cependant, arrivaient du côté opposé, de Venette. Les compagnons de Jeanne les aperçurent de loin sur

---

1. Le carme Jean de Venette.
2. *Mémoire sur Guillaume de Flavi*, ap. *Procès*, t. V, p. 176-177.

leurs derrières. Ils oublièrent que les Anglais ne pouvaient se placer entre eux et la ville sans se faire cribler par l'artillerie du boulevard. Ils se crurent coupés. Les derniers rangs se débandèrent. Les fuyards se précipitèrent vers la barrière du boulevard et masquèrent les Anglais, qui alors à l'abri du tir de la place, les chargèrent hardiment et gagnèrent la chaussée[1].

Les plus braves, les plus dévoués des compagnons de Jeanne, ceux qui ne l'avaient pas quittée depuis son départ d'auprès du roi, un de ses frères, son écuyer Jean d'Aulon et d'autres combattaient toujours autour d'elle. Quand ils virent ce qui se passait derrière eux : « Mettez peine de recouvrer la ville, lui crièrent-ils, ou vous et nous sommes perdus ! »

Mais Jeanne était transportée de cette extase héroïque que lui inspirait le danger. « Taisez-vous ! cria-t-elle, il ne tiendra qu'à vous qu'ils ne soient déconfits ! Ne pensez que de *férir* sur ceux ! »

« Pour chose qu'elle dit, ses gens ne la *vouldrent* (voulurent) croire » : ils prirent la bride de son cheval et la firent retourner de force vers la ville[2].

Il était trop tard. Des flots de cavaliers bourguignons et picards les suivaient têtes sur croupes : devant eux, entre eux et la place, d'autres Bourguignons, mêlés aux Anglais, poussaient l'épée dans les reins les premiers fugitifs et assaillaient déjà la barrière. La barrière venait d'être fermée et le pont-levis du boulevard levé par ordre de Flavi. Le gouverneur de Compiègne avait craint de voir le boulevard et le pont de l'Oise envahis par l'ennemi[3]. Res-

---

1. M. Quicherat (*Aperçus nouveaux*, etc., p. 85-89) éclaire avec une sagacité supérieure les relations des chroniqueurs, incomplètes et peu explicites sur le point essentiel de l'affaire ; il faut les comparer avec le témoignage de Jeanne elle-même. Interrogatoire du 10 mars ; *Procès*, t. I, p. 116.

2. Nous suivons Perceval de Cagni ; *Procès*, t. IV, p. 33-34 ; mais nous devons dire que Monstrelet, qui était au quartier-général du duc de Bourgogne, montre la Pucelle moins guerrière enthousiaste, mais plus capitaine, dirigeant la retraite, « faisant grand'manière d'entretenir ses gens et les ramener sans perte »; *ibid.*, p. 401. « ... Commencèrent François avec leur Pucelle à eux retraire tout doulcement... La Pucelle, passant nature de femme, soutint grand faix, et mit beaucoup de peine à sauver sa compagnie de perte, demorant derrière comme chief et comme la plus vaillant du troupeau. » Georges Chastellain ; *ibid.*, p. 446.

3. « Le capitaine de la place, véant (voyant) la grand multitude de Bourgoignons et Anglois prêts d'entrer sur son pont, pour la crainte que il avoit de la perte de sa place, fit lever le pont de la ville et fermer la porte. » Perceval de Cagni ; *Procès*, IV, 34.

tait la ressource des bateaux garnis de gens de trait : la plupart des fantassins de la troupe de Jeanne y avaient déjà trouvé un refuge ; mais Jeanne, qui ne reculait que pas à pas, tout en combattant, et qui ne se résignait à rentrer que la dernière, ne put gagner le bord de l'Oise. Elle fut poussée, avec ses amis, dans l'angle formé par le flanc du boulevard et par le talus de la chaussée[1].

Tous les ennemis se ruaient à la fois contre elle. La bannière, bien autrement sacrée que l'oriflamme, qui avait été le salut de la France, la bannière d'Orléans, de Patai et de Reims s'agita en vain pour appeler à l'aide. La fidèle armée de Jeanne n'était plus là. Le saint étendard tomba, renversé par des mains françaises. Les derniers défenseurs de la Pucelle étaient morts, captifs ou séparés d'elle par la foule des assaillants. Jeanne luttait toujours. Cinq ou six cavaliers l'entourèrent et mirent la main, tous à la fois, sur elle et sur son cheval. Chacun d'eux lui criait : « Rendez-vous à moi ! Baillez la foi ! — J'ai juré, répondit-elle, et baillé ma foi à autre que à vous ; je lui en tiendrai mon serment[2]. »

Un archer la tira violemment « par sa huque (casaque) de drap d'or vermeil ». Elle tomba de cheval.

L'archer et « son maître » le bâtard de Wandomme[3], homme d'armes artésien au service de Jean de Luxembourg, s'emparèrent d'elle. Elle fut emmenée prisonnière à Margni.

La prédiction de *ses voix* était accomplie. La période de la lutte était achevée pour elle. La période du martyre commençait[4].

---

1. Quicherat, *Aperçus nouveaux*, etc., p. 89.
2. Perceval de Cagni ; *Procès*, IV, 34.
3. Et non Vendôme. *Procès*, t. I, p. 13. L'archer était attaché « à la lance » du bâtard, comme on disait alors.
4. Il n'est pas vrai que Jeanne, comme le dit Monstrelet et comme l'ont répété la plupart des historiens, « se soit rendue et ait donné sa foi » au bâtard de Wandomme ; c'est la seule inexactitude de l'excellente étude de M. Quicherat (*Aperçus nouveaux*, etc.). Ici comme ailleurs, Perceval de Cagni a dit la vérité. Son témoignage est corroboré par la parole de Jeanne elle-même : « Je n'ai jamais donné ma foi à personne », dit-elle dans son interrogatoire du 21 février ; *Procès*, t. I, p. 47. Jeanne fut prise et entraînée, tout étourdie de sa chute. — Par suite des découvertes qui ont été faites depuis nos premiers travaux, notre récit actuel de la catastrophe du 23 mai 1430 diffère essentiellement, sur un point capital, de notre édition précédente. Nous avions accepté la tradition accréditée sur la trahison de Guillaume de Flavi. Cette accusation ne peut plus se soutenir. Cet homme fut poussé plus tard à de grands crimes par ses passions effrénées, et en fut puni par une fin tragique : sa femme, dont il avait fait périr le père, et dont il menaçait la

Les vainqueurs étaient ivres de joie : ils faisaient « plus grands cris et resbaudissements », dit Monstrelet, que s'ils eussent pris toute une armée. Le duc de Bourgogne arriva de Coudun à Margni, au moment où l'on amenait Jeanne. Hélas! c'était un autre rendez-vous qu'elle lui donnait l'an passé à Reims! Que se dirent-ils? Philippe ni les siens ne l'ont jamais répété. Le duc, dit Monstrelet, « parla à elle aucunes paroles, dont je ne suis mie bien recors, jaçoit ce que je y étoie présent » (l. 11, c. 86). Sans doute, le chroniqueur bourguignon fut trop bon courtisan pour « se recorder » de telles choses. Quels sentiments éprouva ce prince français qui venait de remporter ce triomphe sacrilège sur la France! Y eut-il quelque doute, quelque trouble dans son âme? On ne sait : il n'y avait guère plus de sens moral chez « le bon duc Philippe » que chez Charles VII lui-même. Ce qui domina, ce fut la satisfaction de son détestable orgueil[1]. Il avait vaincu, accablé par le nombre, peu importe, l'héroïne victorieuse des Anglais, et croyait voir sous ses pieds la France et l'Angleterre. Les lettres qu'il fit expédier partout pour annoncer la grande nouvelle exultent d'emphase sous leurs formules de dévotion hypocrite[2].

vie, lui fit couper la gorge par son barbier, et l'acheva en l'étouffant avec un coussin. Les frères de Flavi poursuivirent sa vengeance durant des années, et firent tuer leur belle-sœur et son amant ; les meurtriers furent mis à mort à leur tour. Toute cette sanglante histoire laissa de terribles impressions dans l'esprit du peuple ; on en profita pour charger la mémoire de Flavi du crime de coupables plus puissants. Il fallait à l'opinion populaire une victime expiatoire pour l'abandon de la Pucelle ; on lui jeta le gouverneur de Compiègne : il sembla naturel d'admettre qu'un démon eût trahi un ange. Plus tard les historiens, faute d'une connaissance suffisante des faits et des intérêts du temps, ne comprirent pas que, quelque opposition qu'il y eût entre les vertus de Jeanne et les vices de Flavi, celui-ci avait les mêmes ennemis que l'héroïne, et ne pouvait la trahir sans s'exposer à se perdre lui-même. Flavi, d'une famille très influente dans le Vermandois et le Beauvaisis, ne songeait qu'à se faire de Compiègne un gouvernement considérable et à peu près indépendant. Il avait disputé victorieusement Compiègne à La Trémoille et à l'archevêque Regnauld de Chartres, qui voulaient livrer la place au duc de Bourgogne, et il n'avait à attendre d'eux que mauvais vouloirs et sourdes trahisons, tandis que Jeanne était pour lui une auxiliaire inappréciable. En résumé, ici comme presque partout, la tradition populaire a raison dans le fond et se trompe dans la forme et dans le détail. Jeanne a été trahie et sacrifiée, mais ce n'est pas devant Compiègne ; Flavi n'est pas le vrai coupable. Les démonstrations de M. Quicherat ne laissent rien à désirer sur ce point. *Aperçus nouveaux*, etc., p. 77-85.

1. « Qui en fut joyeux? Ce fut il. » G. Chastellain ; *Procès*, t. IV, p. 447.
2. On a retrouvé celle qu'il adressa, le soir même, aux habitants de Saint-Quen-

Les Anglais n'avaient pas lieu d'être si satisfaits : ce n'était pas eux qui avaient abattu le terrible étendard ; mais leur haine fit taire leur orgueil ; d'ailleurs, le duc Philippe voulut bien dire, dans ses lettres, qu'il avait vaincu pour son seigneur le roi Henri. Les chefs anglais crurent que le « charme » qui avait changé soudainement leurs triomphes en désastres était enfin rompu[1] ; qu'ils allaient reprendre le cours de leur conquête un moment suspendu par un accident étrange, et que la France était captive avec Jeanne. Ils se résignèrent à accepter ce bienfait d'une main étrangère, et firent aussi grande fête de la prise d'une « pastoure » de dix-huit ans que de la captivité du roi Jean à Poitiers ou de la destruction de la noblesse française à Azincourt : « ils ne l'eussent donnée pour Londres », dit énergiquement le poëte Martial de Paris[2].

Le deuil des populations françaises répondit à l'allégresse de leurs ennemis : une morne stupeur se répandit parmi le pauvre peuple des campagnes, qui avait cru que tous ses maux allaient prendre fin par les mains de cet ange libérateur ; la consternation fut inexprimable dans les cités que la Pucelle avait conservées ou rendues à la France ; à Orléans, à Tours, à Blois, où Jeanne était adorée, on ordonna des prières publiques et des processions pour sa délivrance : tout le peuple de Tours, pieds nus, tête découverte, promena dans les rues les reliques de l'apôtre des Gaules au chant lugubre du *Miserere*[3]. Les pauvres gens accusaient hautement les seigneurs et les capitaines d'avoir trahi la sainte fille qui « supportoit » les faibles et réprimait les vices des puissants !

Quelle part prit-on, autour du roi, à la désolation publique, et de quelle façon intervinrent les hommes du pouvoir dans ces

---

tin. « ... De laquelle prise (de la Pucelle), ainsi que tenons certainement, seront grands nouvelles partout, et sera connue l'erreur et folle créance de tous ceux qui ès faits d'icelle femme se sont rendus enclins et favorables ; et cette chose vous écrivons pour vos nouvelles, espérant que en aurez joie, confort et consolation, et en rendrez grâces et louanges à notre Créateur, qui tout voit et connoît, etc. » *Procès*, t. V, p. 166-167 ; d'après les archives de Saint-Quentin.

1. « Beaucoup d'entre eux ont affirmé, sous les serments les plus saints, que, lorsqu'ils entendoient retentir le nom de la Pucelle, ou qu'ils apercevoient son étendard, ils perdoient soudain force et courage, et ne pouvoient plus bander leurs arcs ni frapper l'ennemi. » Thomas Basin, *Hist. de Charles VII*, t. I, p. 72.
2. *Vigiles du roi Charles le septième* ; *Procès*, t. V, p. 74.
3. Maan, *Histor. S. Ecclesiæ Turonensis*, p. 164 (1667).

tristes et pieuses intercessions de l'âme de la France? — Nous n'en sommes plus aux suppositions. Un document accusateur est sorti des archives de Reims : tandis que le duc de Bourgogne expédiait ses lettres aux bonnes villes anglo-bourguignonnes, le chancelier de France envoyait les siennes aux bonnes villes françaises. On a retrouvé, dans une relation écrite d'après les chartes de l'hôtel de ville et échevinage de Reims[1], l'analyse de la dépêche de Regnauld de Chartres aux habitants de sa ville archiépiscopale.

« Il donne avis de la prise de Jehanne la Pucelle devant Compiègne, et *comme elle ne vouloit croire conseil; ains* (mais) *faisoit tout à son plaisir.* — Qu'il étoit venu vers le roi un jeune pastour, gardeur de brebis des montagnes du Gévaudan en l'évêché de Mende, *lequel disoit ne plus ne moins que avoit fait Jehanne la Pucelle*, et qu'il avoit commandement de Dieu d'aller avec les gens du roi, et que, sans faute, les Anglois et Bourguignons seroient déconfits. Et, sur ce que on lui dit que les Anglois avoient fait mourir Jehanne la Pucelle[2], il répondit que tant plus il leur en mécherroit; et *que Dieu avoit souffert prendre Jehanne la Pucelle pour ce qu'elle s'étoit constituée en orgueil, et pour les riches habits qu'elle avoit pris*[3], *et qu'elle n'avoit fait ce que Dieu lui avoit commandé, ains avoit fait sa volonté.* »

Le mystère d'iniquité nous est enfin dévoilé. Après avoir trahi Jeanne et empêché l'accomplissement de sa mission, non « parce qu'elle faisoit sa volonté de préférence à celle de Dieu », mais parce qu'elle faisait la volonté de Dieu et « ne vouloit croire conseil », c'est-à-dire se faire l'instrument de quelques hommes, on avait avisé à la remplacer. Les inspirés foisonnaient; on n'avait

1. Relation de Jean Rogier, déjà citée; ap. Varin, *Archives de Reims*, 2ᵉ part. statuts, t. I, p. 596, et *Procès*, t. V, p. 168.

2. C'était un faux bruit qui courut apparemment dans les premiers jours.

3. Les pédants sanguinaires qui jugèrent la Pucelle ne manquèrent pas de s'emparer de l'arme que leur fournissait l'archevêque de Reims, et le goût des costumes élégants et des beaux chevaux devint un des crimes de Jeanne. Le sens droit et les instincts délicats de cette admirable créature se retrouvaient en toute chose. Elle gardait, dans sa pureté, les grâces et l'élégance de la femme, et son mysticisme élevé, associant le sentiment du beau à celui du bien, n'avait rien de commun avec cette espèce d'ascétisme qui fait une vertu de la négligence corporelle et de l'extérieur sordide, et qui semble poursuivre l'idéal du laid; faux christianisme qui n'a certainement point sa source dans l'Évangile, ni dans les exemples personnels de Jésus-Christ.

eu qu'à choisir; on était allé chercher, parmi les bergers des Cévennes, population sujette aux phénomènes de l'extase, un enfant visionnaire qui « montroit ses mains et pieds et son côté tachés de sang, comme saint François[1] »; on lui suggérait ce qui convenait aux desseins de ceux qui l'avaient aposté, et l'on s'apprêtait à opposer ce nouveau prophète, humble et docile, à la prophétesse qui avait outrepassé sa mission et perdu l'inspiration d'en haut, comme l'attestaient ses revers de Paris et de La Charité. L'art du mal, on doit l'avouer, n'a jamais été poussé plus loin que dans cette trame infernale, mais jamais non plus la démence des méchants; ces hommes s'imaginaient reproduire les miracles de Jeanne avec une machine de théâtre!

La catastrophe de Compiègne épargna aux favoris la lutte dangereuse qu'ils s'étaient préparé à entreprendre ouvertement contre Jeanne, et la réunion probable de Jeanne au connétable et au duc d'Alençon, réunion qui eût été irrésistible. La Trémoille et Regnauld de Chartres conservèrent toutefois l'instrument qu'ils s'étaient donné, et nous verrons plus tard comment ils essayèrent de mettre en œuvre le pâtre du Gévaudan.

Quel va être, cependant, le sort de Jeanne? C'est en réalité le duc de Bourgogne qui en décidera. Le bâtard de Wandomme, qui l'a prise, dépend de Jean de Luxembourg; Jean de Luxembourg dépend du duc Philippe. Comment ce prince, si affectionné aux formes et aux dehors pompeux de la chevalerie, traitera-t-il celle qui est « la chevalerie vivante[2] »? Celui qui a livré la France aux Anglais leur livrera-t-il aussi la libératrice de la France? Ses lettres, écrites sous la première impression de la victoire, sont déjà d'un triste présage!

Provisoirement, Jeanne a été remise par le bâtard de Wandomme à « son maître » Jean de Luxembourg, qui l'a fait conduire au château de Beaulieu, dans les environs de Noyon.

Avant les Anglais, d'autres se sont hâtés d'intervenir dans la destinée de la captive. Nous avons vu le chef du clergé du parti français, après avoir préparé le malheur de Jeanne, s'efforcer de lui arracher, dans ce malheur, l'appui de la sympathie publique.

1. *Journal du bourgeois de Paris,* ad an. 1431.
2. Michelet.

Le clergé français du parti anglais se jette sur la victime que lui livre l'archevêque de Reims. Dès le 26 mai, le lendemain de l'arrivée de la « grande nouvelle » à Paris, le vicaire général du grand inquisiteur de France écrit au duc de Bourgogne pour le « supplier » et lui « enjoindre, sur les peines de droit », d'envoyer prisonnière à lui, vicaire général susdit, « certaine femme nommée Jehanne, que les adversaires de ce royaume nomment la Pucelle, soupçonnée véhémentement de plusieurs crimes sentant hérésie, pour ester à droit par-devant le promoteur de la sainte inquisition ; répondre et procéder, comme raison devra, au bon conseil, faveur et aide des bons docteurs et maîtres de l'université de Paris[1] ».

Le greffier de l'université avait écrit et signé cette pièce, et une lettre de l'université appuyait la sommation de l'inquisiteur. Le sanglant tribunal du saint office, presque oublié et perdu dans l'ombre depuis longues années, reparaît au grand jour pour réclamer la plus glorieuse victime qui ait jamais été mandée à sa barre, et c'est l'université de Paris, ce foyer jadis si respecté des lettres et de la philosophie, qui ravive l'inquisition et s'identifie avec elle[2], dernière et terrible conséquence des principes que nous avons signalés chez les grands docteurs du treizième siècle[3]. A cette logique fatale, dont le Dante montre le type chez Satan même[4], s'unit volontiers le péché par excellence, l'implacable orgueil. Tous ces sophistes scolastiques ont vu avec rage une femme relever, au nom du ciel, la cause qu'ils avaient crue perdue, qu'ils avaient condamnée comme telle, et ils ont soif de venger sur cette femme leur infaillibilité compromise, en établissant judiciairement que tout ce qui ne vient pas d'eux vient de l'enfer.

Le duc de Bourgogne ne répondit pas. Il ne voulait point s'engager à la légère ni se dessaisir si facilement d'un tel gage.

L'université s'apprêta à renouveler ses instances ; mais elle ne garda pas longtemps la conduite de l'entreprise, et ne fut bientôt

---

1. *Procès*, t. I, p. 12.
2. Le vicaire général de l'inquisition était un moine fort obscur, qui ne reparaît plus dans l'affaire, et nous verrons que les agents officiels de l'inquisition n'y jouèrent qu'un rôle subalterne.
3. *v.* notre t. IV, passim.
4. « Tu ne savais pas que je fusse logicien ! »

plus que l'instrument là où elle avait cru être la puissance dirigeante. Sa démarche spontanée avait prévenu les dispositions et comblé les vœux des deux hommes qui gouvernaient l'Angleterre et la France anglaise, le cardinal de Winchester et le duc de Bedford. Ce n'était pas assez pour eux de tirer Jeanne des mains des Bourguignons : qu'en faire, quand ils la tiendraient ? Sa captivité ne pouvait suffire ni à leur vengeance ni à leur politique. Et, cependant, mettre à mort « une personne de si grande chevalerie[1] », pour avoir vaillamment soutenu son parti par les armes, eût soulevé par toute la chrétienté une indignation qu'ils n'osaient braver. D'ailleurs, sa mort même, si ce n'était qu'un fait de force brutale, ne défaisait pas son œuvre. Il fallait qu'elle mourût, mais déshonorée, en déshonorant avec elle son œuvre, son roi et son parti. Une seule voie s'offrait pour ce but : un procès d'hérésie ou de sorcellerie, qui montrât dans les miracles de Jeanne des prodiges néfastes, dans la mission qu'elle s'attribuait une révolte contre l'Église, dans le sacre de Charles VII un ouvrage de l'enfer, dans le supplice de la Pucelle la conséquence légale d'un jugement de l'autorité ecclésiastique; qui, enfin, s'il était possible, obtînt une victoire plus décisive encore que la condamnation et que le supplice, c'est-à-dire une rétractation, un désaveu de la mission de Jeanne par elle-même ! C'était là précisément ce que l'université de Paris venait offrir à l'Angleterre.

Bedford et Winchester saisirent l'arme qu'on leur présentait, mais se réservèrent d'en modifier l'usage. Avoir affaire à tout un corps n'était pas sans inconvénients : on pouvait craindre les fluctuations, les variations, les retours. Winchester avait précisément sous la main un excellent intermédiaire pour traiter avec l'université et user d'elle sans se livrer à elle. C'était l'évêque exilé de Beauvais, Pierre Cauchon. Célèbre docteur en droit canon, nous l'avons vu[2] chargé des intérêts du parti de Bourgogne au concile de Constance contre Gerson et les autres docteurs « orléanois » : de retour de Constance, il s'était associé à toutes les fureurs des cabochiens; il s'était fait nommer commissaire, en 1418, pour juger les prêtres *armagnacs;* puis, en 1420, élevé au

1. J. Quicherat.
2. *v.* notre t. V, p. 555.

siége épiscopal de Beauvais, il avait transformé la cour de chrétienté de Beauvais en un tribunal de persécution politique [1]. Chassé de sa ville épiscopale, en août 1429, par l'insurrection nationale, il ne respirait que vengeance, et le conseil d'Angleterre s'était d'ailleurs assuré de son dévouement sans réserve en sollicitant auprès du pape sa translation au siége de Rouen alors vacant [2].

Or, l'évêque de Beauvais était en mesure de servir la politique anglaise de la manière la plus efficace. D'une part, il était conservateur en titre des priviléges de l'université, exerçant sur ce corps une haute influence officielle; de l'autre part, il était, selon le droit ecclésiastique, le coopérateur nécessaire de l'inquisiteur dans le procès projeté contre Jeanne, la Pucelle ayant été prise sur la rive beauvoisine de l'Oise, c'est-à-dire dans le diocèse de Beauvais. Cauchon n'hésita pas : il se hâta d'écrire officiellement au roi « de France et d'Angleterre » pour réclamer son droit, et, dès le 12 juin, le conseil d'Angleterre informa l'université que l'évêque et l'inquisiteur jugeraient concurremment [3].

Un mois se passa en intrigues dont la trace a disparu. Pendant ce temps, le duc de Bourgogne, renforcé par les comtes de Huntindon et d'Arundel, assiégeait Compiègne des deux côtés de l'Oise, et le gouverneur et les habitants, sans se laisser abattre par la catastrophe du 23 mai, continuaient à se défendre avec vaillance. Jeanne n'était plus à Beaulieu. Elle avait tenté de s'échapper, et réussi à enfermer ses gardiens par surprise; mais, malheureusement, elle avait été rencontrée et arrêtée par le concierge de la tour [4]. Jean de Luxembourg l'envoya hors du théâtre de la guerre, à Beaurevoir en Vermandois, sur les confins du Cambraisis.

Le 16 juillet, Pierre Cauchon, accompagné de notaires apostoliques, se présenta à Philippe de Bourgogne et à Jean de Luxembourg, en la *bastille* du duc (*in bastiliâ sud*) devant Compiègne, et leur remit la sommation du roi Henri, la sienne propre, comme

1. J. Quicherat, *Aperçus nouveaux*, etc., p. 98-99.
2. *Procès*, t. I, p. 1, note. Le pape ne l'accorda pas.
3. Michelet, *Hist. de France*, t. V, p 115. Nous ne retrouvons pas cette date dans le procès.
4. *Procès*, t. I, p. 163.

évêque de Beauvais, et de nouvelles lettres de l'université de Paris. L'université se plaignait fort que le duc n'eût pas répondu à sa première lettre, adjurait le duc et Luxembourg au nom du serment de l'ordre de chevalerie, et parlait de Jeanne comme si c'eût été un nouveau Manès ou un autre Mahomet, ayant introduit « en ce royaume idolâtries, erreurs, mauvaises doctrines et autres maux innumérables ». « S'il advenoit que icelle femme fût délivrée ou perdue, comme on dit aucuns adversaires se vouloir efforcer de le faire et appliquer à ce tous leurs entendements par voies *exquises* (recherchées, subtiles), et, qui pis est, par argent ou rançon, si étoit fait délivrance d'icelle, par telles voies damnées, par fausseté et séduction de l'ennemi d'enfer, sans convenable réparation, ce seroit déshonneur irréparable à votre grande noblesse[1], et à tous ceux qui de ce se seroient entremis... Si énorme péril, inconvénient et dommage pour toute la chose publique de ce royaume ne seroient advenus de mémoire d'homme... » L'université requiert la remise de Jeanne, soit à l'inquisiteur de la foi, soit à l'évêque de Beauvais.

Quant à Pierre Cauchon, il déclame moins, et va plus vite au fait : il voit bien que les chefs bourguignons sont peu sensibles au « grand dommage » que Jeanne a porté à l'Église, et il recourt à des arguments plus efficaces. Après avoir requis le duc, Jean de Luxembourg et le bâtard de Wandomme d'envoyer au roi la « femme que l'on nomme communément Jehanne la Pucelle » pour la délivrer à l'Église, afin de lui faire son procès, comme soupçonnée de sortilége, idolâtrie, invocation d'*ennemis* (de démons), etc., il déclare que, bien que Jeanne, « considéré ce que dit est », ne doive pas être réputée prisonnière de guerre, le roi « veut bailler libéralement » à ceux qui l'ont prise et détenue (Luxembourg et le bâtard) la somme de 6,000 fr., plus deux à trois cents livres de rente « pour le dit bâtard ». Puis, les capteurs de Jeanne ne paraissant pas disposés à accepter, il élève la somme jusqu'à 10,000 fr. « Selon le droit, usage et coutume de France », le « chef de la guerre », c'est-à-dire le prince

---

1. Ceci est la formule de la lettre à Jean de Luxembourg. Au duc, ils disent : « Ce seroit grandement au préjudice de votre honneur et du très chrétien nom de la *maison de France* ! »

au nom duquel on portait les armes, pouvait racheter aux « preneurs » tel prisonnier que ce fût au prix de 10,000 francs, et les « preneurs » n'avaient pas droit de refuser l'offre[1].

La sommation du « roi de France et d'Angleterre » posait le droit strict; mais le droit strict n'était guère de mise envers un sujet tel que le duc de Bourgogne. Il fallait persuader Philippe pour qu'il permît à Luxembourg d'obéir. On ne sait quelle fut la réponse immédiate. Sans doute le duc et son vassal tâchèrent encore de gagner du temps. Pour apprécier les motifs de leur conduite, il faut connaître l'état de leurs affaires.

Jean de Luxembourg, sire de Beaurevoir, était un personnage de grande naissance et de grande ambition, mais de petite fortune : cadet de famille, il s'était fait choisir pour héritier par sa tante, la comtesse de Saint-Pol et de Ligni, au détriment de son frère aîné, et travaillait à se faire en Picardie une haute position, intermédiaire en quelque sorte entre le duc de Bourgogne et les Anglais. Il avait donc à la fois deux maîtres à ménager et à balancer l'un par l'autre.

Le duc Philippe avait, de son côté, de graves soucis. Le grand effort qu'il avait combiné, au printemps de 1430, pour refouler le parti français, n'aboutissait pas, malgré un trop éclatant début. Compiègne tenait toujours. A l'autre bout du royaume, les Bourguignons venaient de tenter contre le Dauphiné une expédition à laquelle s'étaient joints les Savoyards, si longtemps neutres ou même favorables à la cause française. L'entreprise avait échoué : les agresseurs, conduits par le prince d'Orange, avaient été mis en pleine déroute à Authon, sur le Rhône, par Raoul de Gaucourt et par le bailli de Lyon (juin 1430). La situation des Pays-Bas se compliquait. Le conseil de Henri VI, sans doute pour forcer la main au duc en ce qui regardait Jeanne, l'attaqua dans les intérêts commerciaux de ses provinces en interdisant l'importation des toiles et draps des Pays-Bas en Angleterre (19 juillet). Pendant ce temps, les Liégeois, excités par les agents de la France, contraignaient leur évêque à défier Philippe, et venaient audacieusement assiéger Namur, sa récente acquisition, attaque qui obligea le duc

---

1. *Procès*, t. I, p. 8-14.

à laisser le siége de Compiègne à ses lieutenants pour aller en personne repousser les Liégeois (août).

Au moment où Philippe rentrait dans les Pays-Bas, la succession de Brabant s'ouvrait, dans les premiers jours d'août, par la mort de son cousin et homonyme Philippe de Bourgogne, duc de Brabant et de Limbourg, trépassé sans enfant [1]. C'était la plus grande affaire qui pût survenir au duc de Bourgogne. Il ne manquait plus à Philippe que le Brabant, la vaste province centrale de la Gaule du nord, avec ses puissantes cités de Bruxelles, Anvers, Louvain, Malines, pour se faire le vrai roi des Pays-Bas. Le droit était fort douteux : la tante de Philippe, la vieille douairière de Hainaut [2], ses cousins, les deux fils du comte de Nevers tué à Azincourt, avaient de sérieuses prétentions à élever : il y avait lieu tout au moins à partage. Philippe prit tout. Mais, pour n'être pas troublé dans cette prise de possession, pour que les cohéritiers lésés ne trouvassent pas de point d'appui chez des voisins armés d'une vieille influence sur la Flandre et la Hollande, il fallait être en bonne intelligence avec les Anglais, et n'avoir pas d'embarras sur ses derrières [3]. Les chefs du conseil d'Angleterre surent exploiter la situation. Pierre Cauchon fit, pour leur compte, voyage sur voyage auprès du duc et de Jean de Luxembourg [4].

A l'activité des Anglais répondirent, de la part du conseil de France, l'inaction et le silence. Il n'existe, dans aucune pièce, dans aucune lettre, dans aucune chronique, une trace quelconque d'un mot, d'un geste du roi de France ou de l'archevêque de Reims, métropolitain de l'évêque de Beauvais, et investi, selon les canons, du droit et du devoir d'intervention dans les actes de cet évêque, en cas de suspicion légitime. On ignore qui désigne l'allusion des lettres de l'université à ces « mauvaises personnes, ennemies et adversaires, qui mettent toute leur cure, comme l'on dit, à vouloir délivrer celle femme dite la Pucelle ». Il s'agit, selon

---

1. C'était lui qui avait été comte de Saint-Pol et gouverneur de Paris; le second des fils du duc Antoine, tué à Azincourt.

2. Marguerite de Bourgogne, sœur de Jean-sans-Peur.

3. M. Michelet a lumineusement exposé toutes ces considérations. *Hist. de France*, t. V, p. 109-118.

4. *v.* la quittance de ses frais de voyage soldés par le conseil d'Angleterre; *Procès*, t. V, p. 174.

toute apparence, de quelques-unes des cités dévouées à Jeanne, qui essayèrent en vain de négocier son rachat avec les Bourguignons.

Le duc de Bourgogne et Jean de Luxembourg cédèrent. Luxembourg promit de remettre la Pucelle aux Anglais contre le paiement de 10,000 francs d'or. La vente du nouveau Messie fut conclue.

Au mois d'août, le duc de Bedford avait assemblé à Rouen les États de Normandie. Il en tira 120,000 francs, sur lesquels furent pris les 10,000 fr. de Jean de Luxembourg et du bâtard de Wandomme[1]. Ce fut avec de l'argent français qu'on paya le sang de Jeanne Darc[2].

Jeanne, du mois de juin au mois d'octobre, avait été tenue « en prison honorable » à Beaurevoir, château situé au milieu des bois, entre Saint-Quentin et Cambrai[3]. La femme et la tante de Jean de Luxembourg, qui habitaient ce château, avaient traité l'illustre captive avec égards et sympathie : sachant qu'un des griefs des ennemis de la Pucelle était son habillement d'homme, elles l'avaient pressée maintes fois de reprendre les vêtements de son sexe ; mais Jeanne refusa de quitter, « sans le congé de Son Seigneur », les habits qu'elle n'avait pris que par l'ordre d'en haut. Les dames de Luxembourg furent saisies d'horreur, lorsqu'elles connurent le fatal marché de messire Jean, et que Pierre Cauchon arriva au château, comme Satan venant réclamer son pacte. La vieille comtesse de Ligni supplia son neveu de ne pas souiller d'une tache ineffaçable le blason impérial et royal des Luxembourg[4]. Il était trop tard. Jean de Luxembourg ne s'appartenait plus ! il s'enfonça en désespéré dans son crime.

La Pucelle avait pris jusqu'alors son malheur en patience : ses

---

1. *v.* les pièces dans le t. V du *Procès*, p. 178-192.

2. En attendant une plus illustre victime, l'inquisition brûla à Paris, le 3 septembre, une pauvre visionnaire de la Basse-Bretagne, nommée Pierronne, qui prétendait que Dieu lui apparaissait avec une robe blanche et une « huque » vermeille ; son vrai crime fut d'avoir dit que « dame Jehanne étoit bonne et agissoit selon Dieu » (*Bourgeois de Paris*). Catherine de La Rochelle (*v.* ci-dessus, p. 222) tomba aussi dans les mains des Anglo-Bourguignons ; mais, lorsqu'elle fut interrogée par l'officialité de Paris, elle dit que « Jehanne sortiroit de prison par l'aide du diable, si on ne la gardoit bien ». (*Procès*, I, 295). On s'empressa de relâcher Catherine.

3. Ce château n'existe plus.

4. *Procès*, t. I, p. 231.

voix la consolaient dans sa prison : elle s'ocupait beaucoup plus du sort de Compiègne que du sien ; il lui semblait que la fortune de la France fût attachée à cette loyale cité, comme naguère à Orléans. Elle n'aspirait à être libre que pour retourner à l'aide de « ses bons amis de Compiègne ». Elle ouït dire, tout ensemble, qu'elle était vendue aux Anglais, « ses adversaires », et que « tous ceux de Compiègne, jusqu'aux petits enfants, devoient être mis à feu et à sang quand ils seroient pris ».

Une affreuse angoisse s'empara de cette âme si haute et si tendre : deux idées, qui se confondirent en une seule, absorbèrent tout son être : échapper à tout prix aux Anglais ; tâcher à tout prix d'aller secourir Compiègne. Une violente tentation survint : c'était de sauter du haut du donjon où elle était enfermée [1]. C'était tenter Dieu et chercher la mort. La *voix* intérieure protesta : « Prends tout en gré, répétait la *voix*, Dieu secourra ceux de Compiègne ». Pour la première fois, Jeanne douta. « Oh ! mieux aimerois-je mourir que d'être mise en la main des Anglois ! — Est-il possible que Dieu laisse mourir ces bonnes gens de Compiègne, qui ont été et sont si loyaux à leur seigneur ?... »

L'épreuve était trop forte. Pour la première fois l'ange faillit. Après plusieurs jours de lutte contre elle-même, elle « ne se put tenir » davantage, et, se recommandant à Dieu et à Notre-Dame, elle sauta...

On la retrouva évanouie au pied de la tour. Quand elle revint à elle, des paroles de désespoir lui échappèrent. Ses ennemis en voulurent faire plus tard des paroles de blasphème. Cette chute énorme [2] n'avait lésé aucun organe. Elle n'eut d'autre mal qu'un ébranlement nerveux qui, durant deux ou trois jours, lui rendit impossible de prendre aucune nourriture. Dieu ne l'abandonna pas. La *voix* [3] la réconforta : « Confesse-toi ; demande pardon à

---

1. « ... Du donjon de Beaurevoir... » Interrogatoire du 15 mars ; *Procès*, t. I, p. 169. — *A summitate unius altæ turris*, etc. ; *ibid.* p. 266. On la laissait libre apparemment de se promener sur la plate-forme.

2. « Soixante à soixante-dix pieds sont la moindre élévation qu'on puisse supposer à un édifice de cette importance. » Quicherat, *Aperçus nouveaux*, etc. p. 58.

3. Suivant elle, c'était la voix de sainte Catherine, la même qui lui avait défendu de sauter.

Dieu! Sans faute, ceux de Compiègne auront secours avant la Saint-Martin d'hiver ».

La foi se raffermit dans son cœur. Rassurée sur le salut de ceux qu'elle aimait, elle se résigna pour ce qui ne concernait qu'elle; elle fut promptement guérie [1].

Luxembourg ne la livra point directement aux Anglais. Il sembla vouloir que son seigneur et son complice, le duc de Bourgogne, eût devant les contemporains et devant l'histoire sa part bien constatée de la honte commune. Jeanne fut envoyée sur terre bourguignonne, à Arras, et, de là, au Crotoi, près de l'embouchure de la Somme [2]. Ce fut là que les Bourguignons, vers les premiers jours de novembre, la remirent aux officiers du roi d'Angleterre.

Ses mortels ennemis avaient son corps; mais son âme avait repris la pleine possession d'elle-même, et elle reçut la plus forte confirmation et la consolation la plus chère qu'elle eût demandée au ciel. Une heureuse nouvelle perça les murs de sa prison. La parole de *ses voix* était accomplie. Une quinzaine « avant la Saint-Martin » (24 octobre), le comte de Vendôme, le maréchal de Boussac et Pothon de Saintrailles arrivèrent avec un petit corps de gens d'élite à travers la forêt de Compiègne (ou de Cuise), et tombèrent sur les quartiers qu'avaient les assiégeants sur la rive gauche de l'Oise : tous les habitants, les femmes même, s'élancèrent hors de la ville et assaillirent avec furie les bastides picardes et bourguignonnes; deux ou trois de ces postes furent emportés avec un grand carnage, et les troupes de secours et les gens de Compiègne se rejoignirent victorieux au milieu des lignes ennemies. L'esprit de Jeanne avait conduit « ses amis de Compiègne » à la victoire. La nuit, Anglais, Picards et Bourguignons délogèrent et se dis-

---

[1]. C'est à ce moment qu'il faut rapporter le passage suivant de Perceval de Cagni : « Celui qui étoit son maître d'hôtel (Jean d'Aulon) ayant sa prise, et qui la servit en sa prison, lui dit : — Cette pauvre ville de Compiègne que vous avez moult amée, à cette fois sera remise ès mains et en la sujétion des ennemis de France. Et elle lui répondit : — Non sera, car toutes les places que le roi du ciel a réduites et remises en la main et obéissance du gentil roi Charles par mon moyen, ne seront point reprises par ses ennemis, en tant qu'il fera diligence de les garder ». *Procès*, IV, 35. Sur l'incident de Beaurevoir, *v. Procès*, t. I, p. 150, 152, 160, 169, 259, 261, 266.

[2]. D'après les traditions locales, elle aurait reçu de vifs témoignages de sympathie des populations du Ponthieu. *Procès*, t. V, p. 360-362.

persèrent, en dépit de leurs généraux. Les munitions, le bagage et le parc d'artillerie du duc de Bourgogne tombèrent au pouvoir des Français. Le duc Philippe apprit la déroute à Bruxelles : il accourut en Picardie, rassemblant sur son passage noblesse et gens de guerre, et s'avança entre la Somme et l'Oise : son avant-garde fut surprise et battue à Germigni par Saintrailles, et un détachement anglais que Bedford lui envoyait fut taillé en pièces par Vendôme et Boussac. Les capitaines français vinrent jusqu'aux portes de Roie offrir la bataille au duc : les conseillers de Philippe l'empêchèrent d'accepter le défi, et l'*host* du duc se sépara sans avoir tenté de réparer ses revers (fin novembre).

Le parti anglo-bourguignon n'était pas plus heureux dans l'Est que dans le Nord. Le brave Barbasan, que Charles VII avait nommé gouverneur de Champagne, prenait l'une après l'autre les forteresses qui restaient à l'ennemi dans cette province. Les Anglais et les Bourguignons voulurent « recourre » leurs garnisons, et deux corps d'armée, partis, l'un de Bourgogne, sous le sire de Toulongeon, l'autre des marches de Normandie, sous le comte d'Arundel et le maréchal de l'Ile-Adam, se dirigèrent vers la Champagne. Barbasan les battit coup sur coup, le premier à Chappes, près de Troies, le second, à Anglure, entre Troies et Châlons. Le duc Philippe voyait ainsi s'évanouir le rêve auquel il avait immolé sa patrie : la Champagne lui échappait. La commune de Châlons eut grande part à la victoire d'Anglure : les communes du parti français se mêlaient partout activement à la guerre, et la faisaient impitoyable ; elles ne visaient pas aux rançons, comme les gens d'armes ; elles aimaient mieux un Anglais mort que dix Anglais prisonniers[1]. Les villes encore soumises à l'étranger étaient loin de montrer en faveur du parti anglo-bourguignon cette énergie de passion politique ; Paris se mourait de langueur et de misère[2].

La mauvaise fortune redoublait la fureur des ennemis de Jeanne et de la France. Les Anglais, voyant que la prise de Jeanne ne

---

1. Monstrelet. — Saint-Remi. — Chartier. — Berri.
2. Le cours de la justice y fut suspendu plusieurs semaines. La régence anglaise ne payait plus les gages du parlement : le greffier qui rédigeait les registres du parlement interrompit son travail faute de parchemin. (*Registres du parlement*, t. XV. Février 1431.)

rappelait pas la victoire sous leurs drapeaux, s'imaginaient que le « charme » était attaché à sa vie, et « n'avoient soif que de sa mort » (*illius mortem omnibus modis sitiebant*); ils n'osaient plus rien entreprendre de sérieux tant qu'elle vivrait, et la craignaient prisonnière presque autant que libre[1]. La superstition, la peur et l'orgueil blessé les rendaient implacables; ce sombre orgueil national, principe de tous leurs crimes politiques comme de leurs grandes actions, s'était tourné en une rage féroce et aveugle chez la multitude, froide et réfléchie chez les princes. Les passions des gens d'église, leurs alliés, continuaient de concourir efficacement au même but. L'université, quand elle sut la Pucelle aux mains des Anglais, écrivit au roi de « France et d'Angleterre » pour se plaindre de la « longue retardation de justice » qui avait eu lieu, et prier le roi de faire mettre « brièvement ladite femme ès mains » de l'évêque de Beauvais et de « l'inquisiteur ordonné en France », et de l'envoyer à Paris « pour faire son procès notablement et sûrement ». Par une autre lettre, l'université reprochait à Pierre Cauchon de n'avoir pas employé plus de diligence (*acriorem diligentiam*) dans la poursuite de l'affaire, et le pressait de réparer ses lenteurs (21 novembre)[2].

Le vœu de l'université ne fut point exaucé quant au théâtre du procès : Bedford et Winchester se gardèrent bien de faire conduire la Pucelle à Paris. Ils n'étaient pas assez sûrs de la capitale, et, d'ailleurs, ils voulaient bien choisir leurs instruments dans l'université, mais non point livrer l'examen et le jugement de Jeanne au corps universitaire opérant en masse au milieu du peuple de Paris. Le conseil d'Angleterre laissa Jeanne quelques semaines au Crotoi, intervalle qu'employa Cauchon, sous la direction du cardinal de Winchester, à rassembler les éléments de la procédure. Dans la seconde quinzaine de décembre, Jeanne fut amenée du Crotoi à Rouen[3] : le chef-lieu de la Normandie, arsenal de la puissance anglaise en France, résidence de la cour depuis la venue de

---

1. Rymer, t. X, p. 472. Les soldats avaient toujours même répugnance à passer d'Angleterre sur le continent.

2. *Procès*, t. I, p. 15-18.

3. Par Saint-Valeri, Eu et Dieppe, suivant une *histoire ms. du Ponthieu*, citée ap. *Procès*, t. V, p. 360.

Henri VI, était le théâtre préparé par Bedford et Winchester pour le grand drame d'iniquité.

Le séjour au Crotoi, dans ce donjon d'où elle pouvait promener au loin ses regards sur les grèves mélancoliques de la Somme et sur la mer brumeuse, avait été le dernier répit de Jeanne, sa dernière halte sur la route du Calvaire. Arrivée à Rouen, les portes du château se fermèrent sur elle pour ne la rendre qu'à l'échafaud[1]. On la jeta dans une cage de fer, avec des chaînes au cou, aux pieds et aux mains. Ainsi commença la passion de « la Fille de Dieu, » comme la nommaient *ses voix* dans ses extases : cette passion devait durer cinq mois !

Le 28 décembre, le chapitre de Rouen accorda territoire et juridiction à l'évêque de Beauvais, pour qu'il pût diriger le procès de Jeanne dans un diocèse qui n'était pas le sien. Le chapitre avait paru d'abord très-peu disposé à cette concession ; mais la majorité des chanoines cédèrent à la pression du conseil d'Angleterre[2].

Le 3 janvier 1431, ordre du roi « de France et d'Angleterre » à ses officiers ayant en garde « Jehanne, dite la Pucelle, » de la « bailler et délivrer » à l'évêque de Beauvais, « toutes et quantes fois que bon lui semblera. Toutefois, c'est notre intention de ravoir et reprendre par devers nous icelle Jehanne, se ainsi étoit qu'elle ne fût convaincue ou atteinte des cas... touchant notre foi catholique[3]. »

Le conseil d'Angleterre entendait bien ne rien risquer : si Jeanne, par impossible, était acquittée au tribunal d'église, on la retenait comme prisonnière de guerre, et l'on pouvait, à la rigueur, si l'on se sentait assez fort, la juger comme « rebelle. »

Le 9 janvier, l'évêque de Beauvais convoqua quelques théologiens et juristes, et, de leur avis, choisit les officiers qui devaient fonctionner au procès, un promoteur (accusateur), deux notaires (ou greffiers), un commissaire examinateur des témoins, un ap-

---

1. La tour où elle fut enfermée a été détruite en 1780. Les ruines du Crotoi ont disparu sous les sables.
2. Registres capitulaires de Rouen, cités par M. Chéruel, ap. *Revue de Rouen*, juin 1845.
3. Procès I, 18.

pariteur. Le promoteur fut un chanoine de Beauvais, chassé de son église avec l'évêque, Jean d'Estivet, l'âme damnée de Cauchon, aussi pervers que Cauchon même, avec la grossièreté et la brutalité de plus. Les autres étaient des hommes timides, traînés malgré eux dans ce gouffre, et qui, d'abord complices par peur, essayèrent tardivement de mettre les formes les plus régulières qu'il leur fut possible sur un fond monstrueux [1]. Quand le premier des deux notaires, Manchon, arriva, l'évêque de Beauvais lui signifia qu'il fallait « servir le roi », et qu'il s'agissait de « faire un beau procès contre Jehanne [2] ».

Le 13 janvier, Cauchon fit lire, en présence de six théologiens et juristes, parmi lesquels un secrétaire du roi d'Angleterre, les informations qu'il avait fait faire au pays natal de Jeanne et « en maints autres lieux. — Du conseil et délibération desdits assesseurs », Cauchon décida [3] que « certains notables hommes » rédigeraient, avec les notaires, des articles en due forme, d'après lesdites informations, afin de voir plus clairement la matière.

Les données fournies par les informations ne suffisaient point, cependant, pour assurer une base solide au procès. Les témoignages recueillis à Domremi étaient, même au point de vue ecclésiastique, tout à l'avantage de Jeanne [4], et Cauchon avait fort mal

---

1. Les notaires, Guillaume Manchon et Guillaume Colles, étaient deux prêtres, notaires apostoliques de l'officialité de Rouen. Tous deux, ainsi que l'appariteur (huissier) Jean Massieu, doyen des curés de la chrétienté de Rouen, ont fait d'importantes dépositions lors du procès de réhabilitation, de 1450 à 1456.

2. Déposition de G. Manchon, *Procès*, III, 137.

3. Il importe d'observer que, dans les procès de foi, toutes les décisions, jusqu'au jugement inclusivement, sont prises par les deux juges, l'évêque et l'inquisiteur. Dans le droit romain primitif, dans le droit barbare, dans le droit féodal, dans le droit moderne, le préteur, le graf, le seigneur, le magistrat qui préside le tribunal ou les assises, ne juge pas le fait : ce sont les assesseurs, citoyens, *bons hommes*, anciens, jurés, qui jugent. Ici, la jurisprudence est retournée. Le juge décide le fait au lieu de *dire le droit* : ceux qui doivent juger ne sont que des *consulteurs*.

4. Une « information » d'un autre genre avait eu lieu à Rouen, en dehors du procès. Des matrones avaient, par ordre de la duchesse de Bedford, constaté la virginité de Jeanne; « ensuite de quoi ladite duchesse fit défendre aux gardiens et à tous autres de se porter contre elle à aucune violence ». Déposition de l'appariteur J. Massieu, *Procès*, t. III, p. 155. Le duc de Bedford eut la curiosité d'assister caché à l'examen : cette lâche surprise faite à une femme qu'il destinait à l'échafaud, ce mélange de cynisme et de froide cruauté, caractérise suffisamment la moralité de ce personnage tant vanté par les historiens anglais. *Ibid.* p. 163.

accueilli le porteur du procès-verbal, « l'appelant traître et mauvais homme¹ ». D'autres renseignements prêtaient matière à incriminer l'orthodoxie de Jeanne ; on avait acheté des dénonciateurs dans le parti français ; une copie de la réponse de Jeanne à la question du comte d'Armagnac « sur les trois papes » avait été livrée à Cauchon. Mais on ne pouvait citer à Rouen des témoins de cette sorte : ils n'eussent osé comparaître pour soutenir leur dire.

La procédure inquisitoriale offrit à Cauchon le moyen de simplifier la situation en amenant Jeanne à fournir directement des armes contre elle-même.

« Que nul n'approche l'hérétique (en prison), si ce n'est, de temps à autre, deux fidèles adroits qui l'avertissent avec précaution, et comme s'ils avoient compassion de lui, de se garantir de la mort en confessant ses erreurs, et qui lui promettent que, s'il le fait, il pourra échapper au supplice du feu². »

Cauchon perfectionna le procédé de l'inquisition. De concert avec le comte de Warwick, gouverneur de Rouen, il décida un des assesseurs, chanoine de Rouen, Nicolas L'Oiseleur, à s'introduire dans la prison de Jeanne en « habit court » (en costume laïque), et à se présenter à elle comme un prisonnier français du « bon parti ». Jeanne donna dans le piége, et répondit sans défiance aux questions de L'Oiseleur sur *ses voix* et sur une foule de choses qu'il importait à ses ennemis de connaître. Ce misérable lui apprit qu'il était prêtre, afin d'obtenir d'elle, dans le secret de la confession, la révélation de ses plus intimes pensées. On aposta les notaires, avec des témoins, dans une chambre voisine, « où étoit un trou par lequel on pouvoit écouter, » afin qu'ils écrivissent « ce qu'elle disoit ou confessoit audit L'Oiseleur³ » On obtint de la sorte d'amples sujets d'interrogatoires.

---

1. L'information avait été faite à Domremi par les soins du bailli de Chaumont. v. les dépositions du tabellion Bailli, *Procès*, t. II, p. 451 ; et de J. Moreau, t. III, p. 192. L'information n'avait pas eu de caractère officiel ; les témoins, qui ne reconnaissaient pas l'autorité du bailli anglo-bourguignon de Chaumont, n'avaient pas prêté serment.

2. *Doctrina de modo procedendi contrà hæreticos.* v. notre t. IV, p 154.

3. Déposition du notaire Manchon ; ap. *Procès*, t. II, p. 10-11. Manchon, dans une déposition postérieure, voulut revenir sur cet aveu, et prétendit s'être refusé à la complicité exigée de lui ; il n'est malheureusement pas possible de l'en croire.

Cinq semaines se passèrent encore à préparer les ressorts de la sinistre machine.

Le 19 février, l'information préparatoire du commissaire examinateur fut lue devant douze docteurs, entre lesquels plusieurs des hommes les plus considérables de l'université de Paris. Cauchon entendait impliquer les noms les plus éminents possible dans la solidarité de son œuvre. Il y avait là trois anciens recteurs de l'université[1], des délégués au nouveau concile qui allait s'ouvrir à Bâle, Jean Beaupère, Nicole Midi, Pierre Morice, et ce jeune Thomas de Courcelles, qui passait pour un grand homme à l'université, et qui allait jouer au concile général un rôle si actif et si influent[2]. Les plus distingués par le savoir et par l'intelligence, il faut bien l'avouer, furent les pires! Ils apportèrent à la violence servile et à la cupidité de Cauchon le concours du fanatisme à froid et de la dureté pharisaïque.

« Sur les conseils et délibérations desdits sires et maîtres », Cauchon décréta qu'il y avait matière suffisante pour citer « ladite femme en cause de foi », et, « pour la révérence du saint siége apostolique, qui a spécialement commis les seigneurs inquisiteurs de la dépravation hérétique à la correction des erreurs qui s'élèvent contre la foi orthodoxe », il conclut à appeler et sommer, en l'absence de l'inquisiteur général de France, son vicaire, résidant à Rouen, de s'adjoindre à lui évêque dans le procès.

C'est la première mention que fassent de l'inquisition les pré-

---

1. Il y en eut plus tard jusqu'à cinq.
2. Æneas Sylvius (depuis le pape Pie II) l'a comblé d'éloges dans ses *Commentaires sur le concile de Bâle* : « Thomas de Courcelles, illustre entre les docteurs ès lettres sacrées, qui eut plus de part que personne aux décrets du saint concile, homme aimable et vénérable par sa doctrine, mais toujours baissant modestement les yeux vers la terre et semblable à un homme qui se cache. » Était-ce modestie... ou remords ? Dans ses *Mémoires*, terminés durant son pontificat, en 1463, Pie II parle d'ailleurs de Jeanne avec une haute admiration, bien qu'au fond en politique et non en croyant. Il laisse en doute si le fait est divin ou humain, et, trop éclairé et trop près des événements pour voir dans Jeanne un simple instrument, comme l'imagineront plus tard les *machiavélistes* du seizième siècle, il incline à admettre la combinaison d'un grand génie chez cette fille et d'un savant stratagème chez les ministres et les capitaines de Charles VII. Telle est l'origine de cette interprétation *politique* qui finit par tomber jusqu'aux grossières absurdités de du Haillan. v, *Procès*, t. IV, p. 518. Le fond des choses est assez éclairci maintenant pour que nous n'ayons pas à le discuter de nouveau.

liminaires du procès; mais il y avait déjà eu sans doute maints pourparlers entre l'évêque et le vicaire du saint-office. Celui-ci, le dominicain Jean Lemaistre, était un moine obscur et timoré, dont le caractère offrait un singulier contraste avec ses terribles fonctions. Il fit tout ce qu'il put pour éviter de participer à une affaire qui le frappait d'épouvante. Il exprima un doute sur sa compétence, le procès regardant le diocèse de Beauvais et non celui de Rouen; il demanda du temps pour s'assurer si ses pouvoirs étaient suffisants, approuva provisoirement, à contre-cœur, que l'évêque passât outre, puis vint siéger, en attendant, non comme juge, mais comme simple assesseur, faisant, chaque jour, un pas de plus sous les menaces des lords du conseil d'Angleterre[1]. Le conseil s'impatientait et les Anglais criaient que les clercs ne « gagnoient pas leur argent ».

Le conseil d'Angleterre payait, en effet, à chacun des assesseurs une indemnité de 20 sous tournois par vacation[2]. Ceux qui rendirent les meilleurs services reçurent en outre des présents[3].

La régence anglaise, qui laissait à Paris les magistrats de la cour suprême sans moyens d'existence, savait bien trouver de l'argent pour solder les juges et les bourreaux de Jeanne Darc, et pour rouvrir l'antre de l'inquisition quand se fermait le temple de la justice.

Jeanne fut citée à comparaître le 21 février. Cauchon vint siéger en tribunal, ce jour-là, dans la chapelle du château de Rouen : autour de lui étaient assis, comme assesseurs, plus de quarante docteurs, licenciés et bacheliers en théologie, en droit canon, en droit civil[4], pris dans l'université de Paris, dans les chapitres de Rouen et des autres cités normandes et dans les grands monastères de la Normandie.

---

1. On lui fit entendre qu'il « seroit en péril de mort », s'il n'intervenait au procès. Déposition de l'appariteur Massieu; *Procès*, t. III, p. 153.
2. Plus de 6 francs de notre monnaie, égalant probablement en valeur relative 36 à 40 fr. d'aujourd'hui. *v.* l'intéressant chapitre de M. P. Clément, *sur la valeur relative des monnaies*, dans le t. Ier de son *Jacques Cœur*.
3. Déposition de Th. Marie; *Procès*, t. II, p. 370.
4. On compta jusqu'à 95 assesseurs, dont plusieurs appartenaient à la faculté des arts, ou même à celle de médecine; mais ils ne siégèrent jamais tous ensemble. *v.* la liste dans Lebrun de Charmettes, *Hist. de Jeanne d'Arc*, t. III, p. 231.

Une question préalable fort grave eût dû être vidée avant l'ouverture du procès. Jeanne, durant l'instruction, avait réclamé avec instance d'être tirée des mains des gens de guerre et remise en prison d'église. Le droit ecclésiastique était formel, et il y avait eu d'assez vifs murmures à ce sujet parmi les assesseurs; mais aucun d'eux n'osa poser nettement la question; tous savaient trop que, pour rien au monde, les Anglais n'eussent laissé sortir Jeanne de la forteresse [1].

L'appariteur fit au juge son rapport sur la citation adressée à l'accusée. Jeanne avait répondu qu'elle était prête à comparaître, mais qu'elle demandait qu'il y eût au procès autant de gens d'église du parti de France que du parti d'Angleterre.

Hélas! elle appelait à son aide ceux qui se bouchaient les oreilles pour ne pas entendre sa voix!

Un des docteurs mandés par Cauchon avait réclamé pour Jeanne plus qu'elle ne réclamait elle-même : Nicolas de Houppeville avait dit nettement à Cauchon que le procès ne valait rien; que les ennemis de Jeanne ne pouvaient être ses juges, et qu'il n'y avait pas à revenir sur l'examen qu'elle avait subi devant le clergé de Poitiers et devant l'archevêque de Reims, métropolitain de l'évêque de Beauvais [2]. La voix de cet homme courageux semblait la voix même de la conscience. Il sommait explicitement Cauchon de ne pas faire le procès, et implicitement Regnauld de Chartres d'interposer son autorité hiérarchique pour empêcher ou pour invalider le procès. Cette voix chrétienne fut étouffée; Cauchon fit jeter Houppeville en prison [3], et poursuivit son œuvre sans être in-

---

1. *Procès*, t. III, p. 137, 152.
2. Déposition de Nicolas de Houppeville, *Procès*, t. III, p. 170. — *Id.* de G. Manchon, *ibid.* p. 138.
3. Il fallut l'intervention d'amis influents pour le préserver de l'exil; *ibid.* p. 172. Un autre docteur renommé en Normandie, Jean Lohier, refusa pareillement de participer à un procès nul à ses yeux, « pour ce que le procès se faisoit en château fort et lieu mal sûr aux juges et aux conseillers; qu'il touchoit nombre de gens qu'on n'avoit point appelés, et que Jehanne n'avoit point de conseil ». Il quitta la ville et le pays pour se soustraire au ressentiment des Anglais. Déposition de G. Manchon, *Procès*, t. III, p. 138. Quant au dernier point, l'absence de conseil, Lohier parlait en homme qui ne reconnaît pas la jurisprudence inquisitoriale, et cela lui fait honneur; mais Cauchon était couvert par cette jurisprudence.

quiété par un mot, par un signe de son métropolitain ; le crime de l'action eut pour complice le crime du silence.

On ne mit pas même en délibération la demande de Jeanne.

L'accusée fut amenée.

Alors commença ce procès qui n'avait pas eu son semblable au monde depuis celui qui s'acheva sur le Calvaire. Quand on en parcourt les actes décolorés, affaiblis par la plume timide des scribes, le cœur se serre d'une insurmontable émotion ; la main tremble à feuilleter ces pages jaunies ; les yeux s'emplissent de larmes d'admiration. Que serait-ce si l'on avait les actes du martyre de la Pucelle, écrits par un témoin pénétré de sa pensée, imbu de sa mission ; si ses gestes, son accent, les mouvements de son âme, l'aspect général des débats, eussent pu être observés et recueillis, si l'on avait la vie à la place de l'aride formule officielle et de la lettre morte[1] !... A travers l'informe rédaction des notaires, la lourde latinité du traducteur[2], et les souvenirs des témoins, qui, vingt ans plus tard, vinrent révéler dans le procès de révision tant d'affreux mystères, on entrevoit cette morne nef où s'élève l'image de Jésus crucifié, comme pour essuyer une seconde fois les outrages des Pharisiens ; ces bancs pleins de sombres et sèches figures où se personnifient les mauvaises passions du prêtre aux jours de décadence, où l'avidité, la servilité violente des uns s'associent à l'implacable orgueil des autres, à l'austérité sans entrailles, pire que le vice même, à la froide cruauté du sophiste au cœur de pierre, qui s'est fait un Dieu à son image. Parmi ces odieux visages, des faces ternes et indécises, types de la faiblesse qui hait la violence, tremble devant les violents et se fait complice de peur d'être victime ; çà et là, quelques physionomies honnêtes et loyales, où se lit le combat du cœur qui se révolte contre les préjugés qui poussent ; autour de la chapelle enfin, sous l'arceau des portes, derrière les verrières des croisées, les armes reluisantes et les visages féroces des soldats étrangers, qui menacent l'accusée et parfois le tribunal même.

Jeanne paraît, pâle, chancelante, brisée par les angoisses de

1. Morte, toutes les fois que la parole de Jeanne n'y éclate pas comme la trompette qui réveille les morts.
2. Thomas de Courcelles, qui mit la minute en latin.

deux mois d'une horrible captivité[1]. A la tempête que soulève sa vue, on dirait l'entrée d'un ange dans une assemblée de démons. Les interpellations se croisent de toutes parts, les questions ne s'attendent pas l'une l'autre; chaque parole de l'accusée redouble le tumulte; l'assistance s'agite en proie à ce désordre qui, suivant l'Écriture, caractérise le *conseil des méchants*. Si l'emportement parfois semble s'apaiser, ce n'est que pour faire place à la ruse : l'interrogatoire ne cesse d'être violent que pour devenir perfide. Jeanne est seule au milieu de tant d'ennemis, sans avocat ni conseil. Ceux des assesseurs qui cherchent à la guider, à lui faire saisir la portée des questions et des réponses, sont en butte aux furieuses apostrophes de Cauchon et désignés à la vengeance des Anglais. Cette scène se prolonge durant trois ou quatre heures. On veut accabler Jeanne par la fatigue physique comme par la souffrance morale; on s'efforce de la mettre hors de défense, en jetant le trouble dans son esprit, autant par la subtilité des questions que par leur multiplicité et leur incohérence. « On lui proposoit », au rapport d'un des assesseurs (Isambard de la Pierre), « des interrogatoires tellement difficiles, subtils et cauteleux, que les plus grands clercs de l'assistance n'y eussent su répondre qu'à grand'peine ». Elle y répondit pourtant. Parfois simple et naïve comme un enfant, parfois ingénieuse et d'une charmante finesse de femme, souvent sublime, elle ne fut jamais faible; la force de son âme soutint son corps épuisé : elle redevint devant ses juges ce qu'elle avait été sur le champ de bataille, *la fille au grand cœur*. Si quelquefois, rarement, sa mémoire se troubla, rien ne mit en défaut sa présence d'esprit; sa prodigieuse lucidité stupéfia tellement les membres du tribunal, que plusieurs crurent ses réponses dictées par des êtres surnaturels; il y eut un mouvement de terreur parmi l'assistance, quand elle dit de ses esprits: « Ils sont là sans qu'on les voie ! » Mais n'anticipons pas, et suivons cette auguste tragédie dans l'ordre de son développement.

Cauchon débuta par exhorter « charitablement » Jeanne à dire la vérité et par la requérir d'en prêter serment, suivant cette barbare jurisprudence qui transportait dans les tribunaux criminels

---

1. On venait seulement de la tirer de sa cage et de lui ôter ses trois paires de fers. Après la séance, on lui remit les fers aux pieds. *Procès*, t. III, p. 154.

les maximes du tribunal de la pénitence, et qui voulait forcer l'accusé à se dénoncer lui-même.

Jeanne ne voulut jurer que sauf réserves. « Je vous dirai tout ce qui est de mon fait, sauf les révélations que j'ai eues de la part de Dieu pour mon roi seul. Quand vous me devriez couper la tête, je ne vous les révélerai pas sans le congé de *mon conseil* ».

Dans cette séance, dans les suivantes, on la pressa, on la harcela en vain. Elle ne se départit point de cette restriction.

On l'interrogea sur son pays et sa famille[1]. Il y eut là des réponses d'une naïveté touchante, comme lorsqu'elle dit n'avoir appris sa « créance » de nul autre que de sa mère, qui lui « avoit montré *Pater, Ave* et *Credo*. » L'enfant redevint l'héroïne, lorsque Cauchon, suivant les formules, lui intima défense de « se retraire de la prison à elle assignée », sous peine d'être déclarée convaincue d'hérésie.

« Je n'accepte point la défense! s'écria-t-elle. Je n'ai baillé ma foi à personne. J'ai voulu et voudrai me départir de vos prisons! Si vous étiez bien informés de moi, vous devriez vouloir que je fusse hors de vos mains[2]. »

Après quelque hésitation due à une sorte de pudeur religieuse, elle exposa avec simplicité et grandeur le mystère de sa vocation; « comment les *voix* lui étoient venues de Dieu ». Qu'elle n'eût consulté, avant d'y ajouter foi, « évêque, curé ni aucune personne ecclésiastique », ce fut là un premier crime aux yeux de ceux qui l'interrogeaient[3].

On lui représenta la copie de la sommation adressée par elle aux Anglais devant Orléans: elle en nia quelques mots; elle n'avait pas dicté : « Rendez les clefs des villes à la Pucelle », mais « Rendez au roi »; elle ne s'était pas qualifiée de « chef de guerre », et s'était bien dite envoyée de Dieu », mais non « corps pour corps ». Peut-être la mémoire de Jeanne était-elle en défaut et faisait-elle

---

1. Quand on lui demanda son *surnom* (*cognomen*), ce qui signifiait alors le nom de famille, elle dit qu'elle ne savait pas; ce qu'elle expliqua plus tard en disant qu'on l'appelait tantôt Darc, tantôt Romée, parce que dans son pays, les filles portaient le *surnom* de leur mère. *Procès*, t. I, p. 46; 190. *v.* ÉCLAIRCISSEMENT, n° 1, SUR LES NOMS DE FAMILLE.
2. Interrogatoire du 21 février; *Procès*, t. I, p. 44-48; *id.* du 22; p. 51.
3. *Procès*, t. I, p. 273.

méconnaître à la captive infortunée le cri altier de sa jeune et heureuse audace[1]. Jeanne, du reste, revendiqua fermement la dictée et la responsabilité de cette lettre et de toutes les lettres écrites en son nom. « Si j'ai été chef de guerre, dit-elle ailleurs, ce fut pour férir sur les Anglois[2] ».

Elle commença de bien grande manière la séance du 24 février. Interpellant l'évêque de Beauvais :

« Je vous le dis; prenez bien garde de ce que vous dites que vous êtes mon juge! Vous prenez là une grande charge! — Tout le clergé de Rouen ou de Paris ne sauroit me condamner, s'il ne l'a en droit. — Vous dites que vous êtes mon juge; prenez garde à ce que vous faites, parce que, en vérité, je suis envoyée de la part de Dieu, et que vous vous mettez en grand danger. — Je suis venue de la part de Dieu, et n'ai rien à faire ici. Délaissez-moi à Dieu de qui je suis venue[3]. »

Elle se laissa arracher beaucoup de détails sur *ses voix*, sans vouloir dire « à plein tout ce qu'elle savoit[4] ». — *La voix* m'a parlé trois fois hier. — Elle me parle ici même. Elle m'a dit : *Réponds hardiment : fais bon visage. Dieu t'aidera*. — Je crois, comme je crois la foi chrétienne, que *cette voix* vient de Dieu. — *Les voix* me parlent chaque jour. Si elles ne me confortoient, je serois morte! — Je ne puis toujours bien ouïr ce qu'elles me disent, pour le bruit des prisons et les noises des gardes. Ah! je les ouïrois bien, si j'étois en quelque forêt[5]!... »

L'interrogateur commis par Cauchon, Jean Beaupère, posa perfidement à Jeanne une question redoutable.

« Savez-vous être en la grâce de Dieu? »

Si elle se disait assurée de la grâce, on la déclarait hérétique.

---

1. Dans le cas contraire, l'altération n'avait pu être le fait que d'un clerc enthousiaste, qui aurait encore renforcé les paroles de la Pucelle en écrivant sous sa dictée. Toutes les copies sont d'accord.
2. Interrogatoires du 22 février, des 1ᵉʳ et 28 mars; *Procès*, t. I, p. 55, 84, 293.
3. Interrogatoire du 24 février ; *Procès*, t. I, p. 60-62.
4. « Les petits enfants », dit-elle naïvement, « disent qu'aucunes fois on pend les gens pour avoir dit vérité. » *Procès*, t. I, p. 65.
5. Interrogatoires des 22, 24, 27 février, 3, 14 mars; *Procès*, t. I, p. 52, 61, 70, 94, 153. Elle ne faisait pas la distinction qu'ont faite les mystiques métaphysiciens entre la vision spirituelle et la vision extérieure, et croyait voir ses apparitions « des yeux de son corps ». *Ibid.* p. 93.

« C'est grande chose, répliqua Jeanne, de répondre à telle demande!

— Oui, c'est grande chose, dit un des assesseurs, le théologien Fabri; l'accusée n'est pas tenue de répondre.

— Vous feriez mieux de vous taire! cria Cauchon avec colère à Fabri.

— Savez-vous être en la grâce? répéta l'interrogateur.

— Si je n'y suis, Dieu m'y mette! et si j'y suis, Dieu m'y maintienne! »

Ils restèrent tous muets et baissèrent la tête[1].

« Je serois la plus dolente de tout le monde, reprit-elle, si je savois n'être point en la grâce de Dieu. Si j'étois en péché, je crois que *la voix* ne me viendroit point. — Je voudrois que chacun comprît aussi bien que moi! »

Et elle levait au ciel ses regards inspirés.

Dans la séance suivante (27 février), comme on la pressait de nouveau sur ses apparitions : « Si vous ne me croyez, dit-elle, allez à Poitiers. Demandez copie du livre qui est à Poitiers. J'ai été interrogée, trois semaines durant, par les clercs de mon parti, qui n'ont trouvé en mon fait que tout bien.

— Est-ce Dieu qui vous a prescrit de prendre habit d'homme?

— C'est petite chose que l'habit, répondit-elle avec une sorte de dédain; mais je ne l'ai pris et n'ai rien fait au monde que par l'ordre de Dieu et des anges.

— C'est donc chose licite? c'est donc bien fait?

— Tout ce que j'ai fait est par ordre du Seigneur : j'en attends bon garant et bon aide. »

Ceux qui dirigeaient le procès ne cessèrent de la tourmenter sur son obstination à garder l'habit d'homme[2]. Cet habit était

---

1. *Procès*, t. I, p. 65. — Dépositions de J. Massieu, G. Colles, J. Fabri; *ibid.* t. III, p. 153, 163, 175.

2. Cauchon lui avait refusé la permission d'ouïr la messe tant qu'elle serait vêtue en homme, et rien ne la chagrinait davantage. L'appariteur Massieu, lorsqu'il la menait de la prison au tribunal, lui permettait, pour la consoler, de faire sa prière à l'entrée de la chapelle du château. Le promoteur d'Estivet, s'en étant aperçu, accabla de sales injures l'appariteur et l'accusée, et l'évêque de Beauvais défendit à Massieu de récidiver. Dépositions de J. Massieu; *Procès*, t. II, p. 16; III, 151. Les interrogatoires n'avaient pas continué dans la chapelle, mais dans un bâtiment situé sur une petite cour du château.

pour elle le signe de sa mission guerrière, et, tant que sa mission n'était pas terminée et les Anglais hors de France, elle ne se croyait pas en droit de le quitter. Elle avait un autre motif encore de se refuser à ce qu'on exigeait d'elle, un motif que sa pudeur l'empêchait d'avouer devant une nombreuse assemblée, et que l'évêque de Beauvais n'ignorait pas, car il avait reçu plusieurs fois ses plaintes. Les horreurs secrètes de la prison effaçaient l'horreur du procès même. Le Messie de la France n'avait pas seulement à essuyer de ses gardiens les injures et les dérisions endurées avant lui par le Christ : son sexe mettait Jeanne en butte à des abominations bien plus grandes. Plusieurs fois, les misérables qui l'avaient en garde et qui ne quittaient sa chambre ni jour ni nuit avaient menacé Jeanne des dernières violences. Un jour, elle ne fut sauvée que par l'arrivée du comte de Warvick, attiré par ses cris. Le farouche gouverneur de Rouen recula soit devant le forfait même, soit devant l'exécration du dehors ; il « fit de grandes menaces à iceux Anglois », et mit deux autres gardiens à la prison [1].

C'était pour défendre sa pudeur que Jeanne s'opiniâtrait dans ce changement d'habit prohibé par la loi de Moïse, et, depuis, par les canons de l'Église, uniquement comme favorisant le désordre. Mais le propre des pharisiens et des hypocrites est de tuer l'esprit des lois avec la lettre.

Outre l'habit d'homme, le point sur lequel s'acharnèrent principalement les interrogatoires fut la révélation faite par Jeanne à Charles VII. Non-seulement on n'obtint rien d'elle à ce sujet ; mais elle écarta, avec autant de sollicitude que d'habileté, tout ce qui pouvait impliquer son roi ou les clercs de son parti dans la responsabilité de ses actes, et surtout de son changement d'habit. Il n'y eut pas seulement une admirable générosité, il y eut dans cette âme tendre un réveil d'affection pour l'ingrat

---

[1]. Dépositions de G. Manchon, *Procès*, t. II, p. 298; III, 148. Le comte de Warwick, gouverneur du jeune roi Henri VI, capitaine de Rouen et l'homme le plus considérable du conseil après les princes, montra, du reste, dans tout le cours du procès, un acharnement implacable, pesant par ses menaces sur ceux des assesseurs qui montraient quelques dispositions bienveillantes pour l'accusée. A lui, autant qu'à Bedford et à Winchester, s'appliquait cette parole : « Les Anglois avoient soif en toute manière de sa mort ».

monarque qui l'avait trahie et qui la délaissait[1]. Aux jours de ses jeunes illusions, *ses voix* lui avaient dit que Dieu aimait son roi et le prince captif, le duc d'Orléans, plus qu'elle-même. Ce souvenir lui revenait au fond de son cachot et lui voilait les indignités d'un passé plus récent. Elle a pu pardonner : l'histoire ne pardonnera pas.

Si elle cherche à couvrir son roi et tout le parti de France, et à répondre pour tous, à plus forte raison s'efforce-t-elle d'empêcher que les hommes ne puissent blasphémer *ses voix* et mettre leurs prophéties en contradiction avec l'événement. On sent qu'elle tâche de se persuader que *ses voix* ne l'avaient pas poussée à l'attaque de Paris, puisque cette attaque n'a pas réussi ; elle veut que *ses voix* soient infaillibles, et ne comprend pas que les hommes aient pu se refuser à Dieu. Ce n'est pas, du reste, qu'elle ait renoncé à recouvrer Paris et toute la France : elle ne demande plus à *ses voix* une mort prompte, comme elle avait fait lors des premiers pressentiments de sa captivité : la jeunesse et la vie qui bouillonnent dans son sein ont chassé ces pensées funèbres : elle croit que sa mission n'est qu'interrompue et s'achèvera.

Les interrogateurs tâchèrent d'attribuer un caractère magique à tous les objets dont avait usé la Pucelle, et dont certains étaient devenus si célèbres, l'épée de Fierbois et l'étendard surtout. Ils ne réussirent qu'à faire ressortir, dans des réponses tour à tour pieuses, altières et touchantes, le mépris de Jeanne pour les préjugés qui attachaient une *vertu* surnaturelle à des paroles, à des gestes, à des rites bizarres, à des objets ou à des actes matériels étrangers aux choses de l'âme et de la conscience. La mysticité n'est pas la superstition.

« Aviez-vous des anneaux ? » lui demande-t-on.

Les anneaux jouaient un grand rôle dans les rites magiques.

« J'avois l'anneau que m'a donné mon père ou ma mère, et celui que m'a donné mon frère. Les Bourguignons m'ont pris l'un ; l'autre, vous l'avez. Montrez-le-moi ! donnez-le pour moi à l'Église.

---

1. « *La voix* m'a dit cette nuit moult de choses pour le bien de mon roi. Je voudrois qu'il les sût, et ne pas boire de vin jusqu'à Pâques : il en seroit plus joyeux à son dîner ». *Procès*, t. I, p. 63.

— Lequel aimiez-vous mieux de votre étendard ou de votre épée?

— J'aimois quarante fois mieux mon étendard que mon épée. Je le portois moi-même, pour éviter de tuer personne. Je n'ai oncques tué homme[1].

— Avez-vous dit que les panonceaux (étendards) faits à la ressemblance du vôtre étoient heureux?

— J'ai dit à mes gens : « Entrez hardiment parmi les Anglois! » et j'y entrois moi-même.

— Avez-vous dit à vos gens qu'ils portassent hardiment lesdits panonceaux, et qu'ils auroient bonheur?

— Je leur ai bien dit ce qui est advenu, et *ce qui adviendra encore!*

— Qui aidoit plus; vous à l'étendard, ou l'étendard à vous?

— De la victoire de l'étendard ou de Jehanne, c'étoit tout à Notre-Seigneur[2]! »

Jeanne n'évita pas moins heureusement ni moins dignement les piéges à elle tendus à propos du culte que lui rendait le peuple.

Quand on lui reprocha les messes et oraisons dites en son honneur :

« Si ceux de mon parti ont prié pour moi, m'est avis qu'ils ne font point de mal. S'ils me croient envoyée de par Dieu, ils ne sont point abusés.

— Quel étoit le courage (l'intention) de ceux de votre parti, quand ils vous baisoient les pieds et les mains?

— Ils me baisoient les mains le moins que je pouvois; mais venoient les pauvres gens volontiers à moi, pour ce que je ne leur

---

[1]. « Avez-vous été en lieu où des Anglois aient été occis? » lui demanda-t-on une autre fois. « En nom Dieu, si ai. Comme vous parlez doucement! Que ne se départoient-ils de France et ne s'en alloient-ils en leur pays? » « Il y avoit là un grand milord d'Angleterre qui dit, ces paroles ouïes : — C'est voirement une bonne femme. Que n'est-elle Angloise! » Déposition de J. Tiphaine; *Procès*, t. III, p. 48. Ces mouvements généreux furent malheureusement rares chez les Anglais. Un jour, comme l'appariteur Jean Massieu reconduisait la Pucelle dans sa prison, un chantre de la chapelle du roi d'Angleterre l'aborda brusquement en lui demandant si cette femme seroit *arse* (brûlée). « Jusques ici, répondit Massieu, je n'ai vu que bien et honneur en elle; mais je ne sais quelle en sera la fin : Dieu le sait! » Le prêtre anglais alla le dénoncer sur-le-champ aux *gens du roi*, et Massieu courut risque de la vie.

[2]. Interrogatoires des 27 février, 1ᵉʳ, 3 et 17 mars; passim.

faisoit point de déplaisir, mais les supportois à mon pouvoir¹. »

Les contemporains ont porté témoignage, en effet, de son ardente charité.

Les interrogateurs eussent bien voulu tirer de Jeanne l'aveu qu'elle avait pris « son fait », sa mission, sous « l'arbre des fées »; c'était, du reste, chose remarquable comme sentiment populaire, l'opinion accréditée à Domremi, chez les compatriotes de Jeanne, et ils étaient bien loin de lui en faire un crime². Jeanne reconnut seulement que *ses voix* étaient venues à elle en ce lieu comme en bien d'autres. Plus tard, Jeanne, interrogée si les fées étaient de mauvais esprits, répondit qu'elle n'en savait rien. Ce fut un grand grief que de n'être pas convenue que les fées fussent des diables (*Procès*, t. I, p. 209). Une autre fois, l'interrogateur lui demanda si elle avait été de ceux qui *vont en l'erre* (qui errant) avec les fées. Il s'agit de promenades nocturnes, de *caroles* (danses) que certaines gens menaient, disait-on, par les airs avec les *dames faées*. Cela était bien connu à Domremi, et se pratiquait, non pas comme pour les diables et les sorcières, la nuit du *sabbat* (du vendredi au samedi), mais la nuit du mercredi au jeudi, la nuit de Mercure et de Gwyon, qui est encore aujourd'hui la nuit où les nains de Bretagne dansent leurs *korols* autour des *dolmens* ³.

La lettre du comte d'Armagnac à Jeanne, et la réponse, dont une copie avait été livrée à Cauchon, fournissaient une arme redoutable. Jeanne incertaine entre les trois papes, et prenant du temps pour décider entre eux ⁴ ! Mais elle n'avoua pas la lettre telle qu'on la lui représentait, dit que, le comte d'Armagnac lui ayant demandé à quel pape Dieu voulait qu'il crût, elle l'ignorait, ne l'ayant point appris de ses voix, mais que, pour elle, elle croyait au pape qui est à Rome. Ses réponses sur cet incident offrirent de l'embarras et de l'obscurité. Elle se releva avec un terrible éclat sur ce qui était vraiment de « son fait », du fait de

---

1. Interrogatoire du 3 mars ; *Procès*, t. I, p. 100-106.
2. *Procès*, t. I, p. 68.
3. Ce fut à propos de l'arbre des fées qu'en revenant sur ses visions, on lui fit cette question ridicule et indécente :
« Saint Michel est-il nu ?
— Croyez-vous que Dieu n'ait pas de quoi le vêtir ? »
4. *v.* ci-dessus, p. 191.

la guerre et de la délivrance. Elle avait déjà prédit que les Bourguignons auraient guerre « s'ils ne font ce qu'ils doivent[1] ». Elle dit de plus grandes choses quant aux Anglais ! L'inspiration ressaisit « la sibylle de France » : ses yeux lancèrent encore la foudre comme devant les bastides d'Orléans : elle sembla juger ses juges et l'Angleterre. « Avant qu'il soit sept ans, les Anglois délaisseront un plus grand gage qu'ils n'ont fait devant Orléans, et perdront tout en France[2]. Les Anglois auront la plus grande perte qu'ils aient jamais eue en France, et ce sera par grande victoire que Dieu enverra aux François. Je sais cela par révélation, aussi bien que je sais que vous êtes là devant moi. Cela sera avant sept ans : je serois bien fâchée que cela tardât si longtemps. Avant la Saint-Martin d'hiver, on verra bien des choses, et il se pourra que les Anglois soient mis jus terre !

« Les saintes (sainte Catherine et sainte Marguerite), » poursuivit-elle, « m'ont promis que mon roi regagneroit son royaume, et qu'elles me conduiroient en paradis. Elles m'ont fait encore une autre promesse.

— Laquelle?

— Je vous le dirai dans trois mois.

— Serez-vous donc délivrée dedans trois mois?

— Dans trois mois, je vous répondrai ; il faudra bien que je sois délivrée. Ceux qui me veulent ôter de ce monde pourront s'en aller avant moi[3]. — J'ai demandé souventes fois congé à *mes voix* de me départir de prison, quand je voudrai ; mais je

---

1. Le seul mot violent qu'on ait d'elle, est contre eux. « Je ne savois à Domremi qu'un seul Bourguignon ; j'eusse voulu qu'il eût la tête coupée, pourvu que cela plût à Dieu ». *Procès*, t. I, p. 65. C'était le souvenir d'une colère d'enfant et non un sentiment actuel. On essaya d'en tirer parti contre elle. On lui demanda si elle croyait que son roi eût bien fait « de tuer ou faire tuer monseigneur de Bourgogne ». Elle répondit admirablement : « Ce fut grand dommage pour le royaume de France ; mais, quelque chose qu'il y ait eu entre eux, Dieu m'a envoyée au secours du roi de France ». *Ibid.* p. 183.

2. « Les François gagneront bientôt une grande besogne : je le dis, afin que, quand ce sera advenu, on ait mémoire que je l'ai dit. » Interrog. du 17 mars; *Procès*, t. I, p. 174. La prédiction de Jeanne ne se réalisa pas exactement dans le délai indiqué. Un *plus grand gage qu'Orléans*, Paris, fut enlevé aux Anglais *avant sept ans*, mais ils ne *perdirent tout en France* qu'après vingt et quelques années. *Les voix* de Jeanne lui avaient dit qu'elle délivrerait le duc d'Orléans avant trois ans, et qu'elle verrait le roi des Anglais, ce qui ne se réalisa pas non plus.

3. Interrogatoire du 1er mars; *Procès*, t. I, p. 84-88.

ne l'ai point encore. Peut-être essaierai-je, pour savoir si notre sire en seroit content. *Aide-toi, Dieu te aidera!* »

Cette maxime convenait bien à celle qui fut le génie incarné de la France, du peuple de l'action (*Procès*, t. I,, p. 164)..

Ses juges étaient à la fois exaspérés et terrifiés de son assurance. Elle maintint opiniâtrément ses audacieuses prédictions, et ne laissa jamais apercevoir le moindre doute sur la délivrance finale de la France. Quant à sa personne, s'identifiant, en quelque sorte, à la France, et se sentant comme une incarnation de la patrie, elle avait la conviction d'être délivrée par quelque grande victoire. Hélas! ce terme de trois mois qu'elle assignait à ses juges, par un mystérieux pressentiment, devait s'achever pour elle dans une autre délivrance, « la délivrance de la mort», suivant la parole de nos aïeux. Ce n'était plus en ce monde qu'elle devait retrouver l'auréole de victoire [1].

La première phase du procès fut terminée le 3 mars. Cauchon annonça, à la fin de la séance, qu'il allait charger quelques docteurs et experts en droit divin et humain d'extraire ce qui était à recueillir parmi les aveux de Jeanne, et qu'ensuite, s'il y avait lieu de l'interroger plus amplement sur certains articles, il n'en fatiguerait pas la multitude des assesseurs, mais déléguerait à cet effet quelques-uns d'entre eux. « On mettra tout en écrit, et, quand besoin sera, les docteurs et experts en pourront délibérer et donner leur avis. » Il leur défendit à tous de quitter Rouen sans congé [2].

Le motif de Cauchon était facile à comprendre. Lui et ses maîtres avaient intérêt à diminuer la publicité de ces émouvantes séances, et à soustraire les moins décidés des assesseurs à l'espèce de fascination qu'exerçait l'accusée. Elle présente, on ne savait ce qui pouvait arriver : elle absente, et les assesseurs donnant leur avis sur pièces, on comptait bien qu'ils seraient tous contre.

Le travail d'extraits annoncé par Cauchon fut exécuté du 4 au 9 mars. Le 10, les interrogatoires furent repris, dans la prison

---

1. Çà et là *les voix* résonnaient tristement dans son âme, sans l'éclairer encore sur le vrai sens de sa délivrance. « Prends tout en gré : ne te chaille (ne te soucie) de ton MARTYRE! » *Procès*, t. I, p. 155; interrog. du 14 mars.

2. *Procès*, t. I, p. 111.

même, par Cauchon, assisté seulement du commissaire examinateur Jean de La Fontaine, de deux assesseurs et de deux témoins. A partir du 13 mars, Cauchon put enfin s'autoriser du concours officiel de l'inquisition et donner à ses assesseurs le titre de « consulteurs du saint-office » : la délégation de l'inquisiteur général, réclamée par l'évêque de Beauvais, était arrivée, et le vice-inquisiteur Jean Lemaistre, forcé dans ses derniers retranchements, s'était résigné à siéger désormais comme juge à côté de l'évêque, sinistre association de la peur et du crime [1].

Durant toute la première partie du procès, Jeanne s'était refusée à toute explication sur le *signe* qui avait décidé son roi à reconnaître sa mission. Harcelée sans relâche sur ce point capital, après avoir tour à tour prié ses juges de ne pas chercher à l'obliger au parjure envers ses saintes [2], et repoussé leurs obsessions par des éclats d'impatience [3], elle finit par se débarrasser des questions à l'aide d'une allégorie toute biblique.

« Le signe est moult bel et honoré et bien créable (croyable), et le plus riche qui soit.

— Ce signe dure-t-il encore ?

— Il durera mille ans et plus. — Il est au trésor du roi.

— Vint-il de par Dieu ?

— Ce fut un ange de par Dieu qui le bailla à mon roi. Le roi et ceux qui étoient avec lui ont vu le signe.

— Est-ce le même ange qui vous apparut premièrement ?

— C'est toujours tout un, et oncques ne m'a failli. »

Elle ne savait pas dire si complétement vrai en identifiant *ses voix* avec elle-même, l'ange avec la FILLE DE DIEU [4].

Elle ajouta que l'ange apporta à son roi une couronne d'or pur, laquelle « signifioit le royaume de France. Elle fut baillée à un archevêque, lequel la bailla au roi, et étois-je présente.

— L'ange qui l'apporta vint-il de haut, ou par terre ?

---

1. Le vice-inquisiteur délégua, au nom du saint-office, les officiers déjà commis au procès par Cauchon de par l'autorité épiscopale.

2. Elle avait juré à *ses voix* de ne pas révéler *le signe* sans leur aveu.

3. « Le signe qu'il vous faut, c'est que Dieu me délivre de vos mains ! » *Procès*, t. I, p. 120.

4. C'est là qu'elle dit que *ses voix* l'appelaient communément « Fille de Dieu ».

— Il vint de haut, j'entends, par le commandement de Notre-Seigneur[1]. »

Jeanne échappa pour la seconde fois au piége dressé lors de la fameuse question de « l'état de grâce ». Elle avait dit que son âme serait sauvée.

« Cette parole est de grand poids. Croyez-vous ne pouvoir faire péché mortel?

— Je n'en sais rien; mais m'en attends du tout à Notre-Seigneur. — Je serai sauvée, pourvu que je garde bien ma virginité de corps et d'âme.

— Est-il besoin de se confesser quand on croit être sauvé?

— On ne sauroit trop nettoyer la conscience. »

Jeanne, avec un mélange de simplicité et d'adresse sublime, a donc passé sur presque toutes les embûches sans s'y blesser, pareille à ces vierges de nos cathédrales qui foulent aux pieds les monstres. L'habit d'homme obstinément gardé, l'allégorie du *signe* transformée par l'accusation en une fiction, en un mensonge, c'est peu pour une qualification d'hérésie ou de sorcellerie! c'est peu pour établir que les *voix* viennent de l'enfer!

Reste une question terrible et décisive! Cauchon n'a point encore osé la poser, parce que, si la réponse négative est la perte de Jeanne, la réponse affirmative l'arrache des mains de ses persécuteurs et renverse tout l'échafaudage du procès. Cauchon ne tremblerait pas devant cette question, s'il était capable de comprendre l'âme de sa captive; il saurait que la réponse affirmative est impossible.

Cette question, c'est de savoir si Jeanne soumettra à une autorité humaine quelconque l'autorité de sa révélation, l'authenticité de sa mission.

C'est ici le point culminant de toute la carrière de Jeanne, et c'est aussi un des points sur lesquels le procès de réhabilitation a accumulé le plus d'ombres. La contradiction est fla-

---

1. L'allégorie est fort claire pour l'entrevue de Chinon et le sacre de Reims; s'il y a quelque obscurité dans les détails, c'est qu'après s'être représentée elle-même comme l'ange, la Pucelle fait ensuite des allusions à l'ange Michel qui l'accompagnait, invisible, avec les deux saintes. *Procès*, t. I, p. 113-146; interrogatoires des 10, 12, 13 mars.

grante, radicale entre le procès de condamnation et les dépositions des témoins pour la réhabilitation, acteurs eux-mêmes autrefois dans ce premier procès qu'ils démentent. Suivant quelques témoins, d'ailleurs mal d'accord entre eux quant aux circonstances, Jeanne, sur cette question qui domine toutes les autres, est incertaine, presque faible, victime de son ignorance et d'une équivoque perfide, puis, même, enfin, d'une violation brutale des règles judiciaires et d'une impudente altération de la vérité dans l'instrument du procès. Suivant les actes du procès, au contraire, actes qui devraient, si les témoins disaient vrai, porter des traces d'incohérence, d'obscurité, d'incertitude, Jeanne apparaît assurée, inébranlable, lucide de pensée, précise de parole, ayant pleine conscience du principe qu'elle soutient, ne variant pas un jour, pas une heure, et le débat se résume dans la lutte entre deux logiques inflexibles, dans la lutte entre l'autorité traditionnelle et l'inspiration d'en haut, manifestée sous la forme la plus auguste qu'ait vue le monde depuis les premiers jours du christianisme.

Ce sont les amis posthumes de Jeanne qui la diminuent devant la postérité; ce sont ses ennemis qui la montrent dans toute sa force et toute sa grandeur.

Nous continuerons de suivre l'instrument du procès, en examinant, lorsque besoin sera, jusqu'à quel point on doit tenir compte des assertions des témoins.

La question fut posée, le 15 mars, en l'absence de Cauchon, par son représentant La Fontaine et par le vice-inquisiteur. — Jeanne fut requise que, « si elle a fait quelque chose qui soit contre notre foi, elle s'en doit rapporter à la détermination de l'Église.

— Que mes réponses soient vues et examinées par les clercs; et puis qu'on me die s'il y a quelque chose qui soit contre la foi chrétienne : JE SAURAI BIEN A DIRE, PAR MON CONSEIL, (ce) QU'IL EN SERA. Et toutefois, s'il y a rien de mal contre la foi chrétienne que Notre Sire a commandée, je ne (le) voudrois soutenir et serois bien courroucée d'aller encontre.

« Lui fut déclaré l'Église triomphant et l'Église militant, (ce) que c'étoit de l'un et de l'autre. Requise que, de présent, elle se mit en la détermination de l'Église de ce qu'elle a fait ou dit, soit bien, soit mal, répond : Je ne vous en répondrai autre chose pour le présent. »

Le 17 mars, la question fut réitérée par les mêmes interrogateurs.

« Quant à l'Église, je l'aime et la voudrois soutenir de tout mon pouvoir pour notre foi chrétienne... Quant aux bonnes œuvres que j'ai faites et à mon avénement, IL FAUT QUE JE M'EN ATTENDE AU ROI DU CIEL QUI M'A ENVOYÉE. »

On insista : « Vous en rapportez-vous à l'Église ?

— Je m'en rapporte à Notre-Seigneur, qui m'a envoyée, à Notre-Dame et à tous les benoîts saints et saintes de paradis. Ce m'est avis que c'est tout un de Notre-Seigneur et de l'Église. Pourquoi faites-vous difficulté que ce ne soit tout un ?

— Il y a l'Église triomphant, où est Dieu, les saints, les angles (anges) et les âmes sauvées. L'Église militant, c'est notre saint-père le pape, vicaire de Dieu en terre, les cardinaux, les prélats de l'Église et clergié, et tous bons chrétiens et catholiques ; laquelle Église bien assemblée ne peut errer, et est gouvernée du Saint-Esprit. — Vous rapportez-vous à l'Église militant, c'est à savoir à celle qui est ainsi déclarée ?

— Je suis venue de par Dieu, de par la vierge Marie et tous les benoîts saints et saintes de paradis, et l'Église victorieuse de là-haut, et de leur commandement ; et à celle Église-là je submect (soumets) tous mes bons faits et tout ce que j'ai fait ou à faire.

— Vous submettez-vous à l'Église militant ?

— Je n'en répondrai maintenant autre chose[1]. »

---

1. *Procès*, t. I, p. 162, 166, 174-176. L'appariteur J. Massieu, un des témoins de cet interrogatoire, prétend avoir ouï dire à Jeanne : « Vous m'interrogez sur l'Église triomphant et militant : je n'en entends point ces termes ; mais je veux me submettre à l'Église, comme il convient à une bonne chrétienne. » *Procès de réhabilitation* ; enquête de 1452 ; ap. *Procès*, t. II, p. 333. Isambard de la Pierre, moine augustin, témoin comme Massieu, dit, de son côté, que, « par grand espace du procès, lorsqu'on interrogeoit Jehanne de se submettre à l'Église, elle entendoit de cette congrégation de juges et assesseurs là présents et assis ans, jusqu'à ce qu'elle eût été instruite de ce que c'étoit par Pierre Morice (un des assesseurs), et, quand elle en eut connoissance, toujours se submit-elle au pape, pourvu qu'on la menât devers lui. » *Ibid.* p. 350. On vient de voir que non-seulement il n'y avait point eu d'équivoque entre l'assemblée présente et l'Église militante, mais que la distinction des deux Églises triomphante et militante avait été

Puis, comprenant parfaitement où sa réponse pouvait la conduire :

« Si ainsi est qu'il me faille mener jusques en jugement, qu'il me faille dévêtir (déshabiller) en jugement[1], je requiers aux seigneurs de l'Église qu'ils me donnent la grâce d'avoir une chemise de femme.

— Puisque vous dites porter habit d'homme par commandement de Dieu, pourquoi demandez-vous chemise de femme en article de mort ?

— Il suffit qu'elle soit longue. »

Son seul souci, pour ce moment terrible, était une préoccupation de pudeur.

Pourtant elle ne croyait pas encore à la mort.

« J'aime mieux mourir que de révoquer ce que Notre-Seigneur m'a fait faire ; mais je croi fermement que Notre-Seigneur ne laira (laissera) jà advenir de me mettre si bas, que je n'aie secours bientôt de Dieu et par miracle. — Pour rien ne ferois-je le serment de ne me point armer et mettre en habit d'homme pour faire le plaisir de Notre-Seigneur[2]. »

L'après-midi du 17 mars, Cauchon reprit l'interrogatoire.

---

fort clairement expliquée à Jeanne, et qu'elle y répondit non moins clairement. Pour s'inscrire en faux contre l'instrument du procès, il faudrait accuser de falsification tout à la fois les juges et les notaires-greffiers ; or, tous les témoins s'accordent sur la fidélité des notaires, et, quant aux juges, les deux interrogatoires des 15 et 17 mars furent conduits non par Cauchon, mais par Lemaistre, qu'on n'a jamais accusé d'acharnement contre Jeanne, et par La Fontaine, qui, au dire des témoins, se compromit, bientôt après, en cherchant à la sauver. Il n'y a donc point à hésiter entre les procès-verbaux de 1431 et les dépositions de 1452. Il y a, de plus, une objection terrible à faire à Isambard. — Quoi ! Jeanne était si bonne catholique romaine, soumise en toute chose au pape et à l'Église, et vous le saviez, et vous avez signé les délibérations qui l'ont qualifiée de schismatique et qui ont motivé sa condamnation ! (*v. Procès*, t. I, p. 339.) Isambard se calomnia lui-même, en voulant défendre, à sa manière, la mémoire de la sainte héroïne dont la mort l'avait touché. Ce moine était une bonne âme, et nous ne l'accusons nullement de mensonge volontaire ; nous tâcherons d'expliquer tout à l'heure les erreurs de sa déposition et de quelques autres.

1. Comme on faisait aux condamnés.
2. *Procès*, t. I, p. 176-177. — C'est dans cette même séance qu'on lui demanda si Dieu haïssait les Anglais.

« De l'amour ou haine que Dieu a aux Anglois, ou que Dieu leur fait à leurs âmes, je n'en sai rien ; mais bien sai-je qu'ils seront boutés hors de France, excepté ceux qui y mourront. » *Ibid.* p. 178.

« Vous semble-t-il que vous soyez tenue répondre pleinement vérité au pape, vicaire de Dieu, de tout ce qu'on vous demanderoit touchant la foi et le fait de votre conscience?

— Je requiers d'être menée devant lui, et je répondrai devant lui tout ce que je devrai répondre[1]. »

Le 18 mars, Cauchon fit lire les aveux et réponses de Jeanne devant douze des principaux assesseurs, qui convinrent d'examiner la matière et « les opinions des docteurs dans les livres authentiques ». Le rapport sur les opinions des autorités fut présenté, le 22, devant vingt-deux des assesseurs, et il fut conclu de réduire la matière à un petit nombre d'articles ou de chefs d'accusation.

Lecture fut faite à Jeanne de ses interrogatoires. Elle ne contesta rien. On lui offrit de nouveau la messe et la communion, si elle quittait l'habit d'homme. Pâques était proche, et son cœur saignait de ne pas « recevoir son Sauveur ». Elle n'en refusa pas moins.

Le procès préparatoire était terminé : il fut décidé qu'on procéderait par procès ordinaire, et que Jeanne serait interrogée derechef sur les articles susdits.

Jeanne fut ramenée, le 27 mars, devant un nombreux tribunal (38 assesseurs), pour assister à la présentation de l'acte d'accusation par le promoteur. Les plus violents voulaient qu'on l'excommuniât tout de suite, si elle ne commençait par jurer de dire vérité sur toutes choses sans restriction[2]. La majorité opina pour qu'on lût d'abord les articles ; que Jeanne fût tenue de répondre, et que, si elle demandait un délai sur certains points, elle l'obtînt « compétent ».

Cauchon offrit à Jeanne de choisir un ou plusieurs des assistants pour conseil.

Elle le remercia. « Je n'ai point intention de me séparer du conseil de Dieu. Je suis prête à dire vérité de tout ce qui touche votre procès ».

---

1. *Procès*, t. I, p. 184. Cauchon ne demandait pas en ce moment à Jeanne si elle soumettrait la vérité de sa mission au pape ; mais si elle révélerait au pape les choses qu'elle ne voulait pas lui révéler, à lui, Cauchon. On comprend que la réponse de Jeanne ait pu devenir, dans la mémoire troublée d'Isambard et de quelques autres témoins, une soumission pure et simple au pape.

2. Il est à remarquer que le commissaire La Fontaine fut de ce nombre.

Et elle jura, sans entendre se départir de sa réserve sur le secret révélé au roi, qui, suivant elle, « ne touchoit pas le procès » et dont personne n'avait droit de lui demander compte.

Deux séances furent employées à la lecture des articles (28-29 mars). — Le promoteur requérait que Jeanne fût déclarée sorcière, « devine », fausse prophétesse, invocatrice de malins esprits, magicienne, schismatique, sacrilége, idolâtre, apostate, blasphématrice, séditieuse, perturbatrice de la paix, altérée de sang humain et excitant à le verser, quittant sans vergogne la pudeur de son sexe et prenant scandaleusement habit d'homme d'armes, pour ces choses et autres abominable à Dieu et aux hommes, séductrice des princes et des peuples, usurpatrice des honneurs et du culte divins, hérétique ou véhémentement suspecte d'hérésie, etc., etc.

Les 70 articles de l'acte d'accusation[1] étaient dignes de ces conclusions. La prétention de la Pucelle à ne soumettre sa mission qu'à Dieu et à l'Église « de là-haut », si elle y persistait, suffisait bien, selon les principes de Rome et de l'inquisition, à la faire déclarer schismatique et suspecte d'hérésie, mais ne suffisait pas à la rendre un objet d'horreur et de mépris aux yeux des nations. On avait donc entassé dans cette pièce, dont la forme et le fond soulèvent le cœur, tout ce qu'une haine envenimée peut imaginer pour dénaturer les caractères et les faits et pour abuser l'opinion. Ce qu'il y a de vraiment terrible à dire, c'est que le misérable d'Estivet n'était pas le seul auteur de cet acte infâme : il avait eu pour auxiliaire ce Thomas de Courcelles qu'on appela depuis « la lumière du concile de Bâle[2] ».

Jeanne répondit article par article.

Elle s'est vantée de chasser ou exterminer tous les ennemis de son roi (art. XVII). « J'ai porté nouvelles de la part de Dieu à mon roi que Notre Sire lui rendroit tout son royaume ».

---

1. *Procès*, t. I, p. 202-313.

2. « Il ne fit presque rien du réquisitoire (*de libello*) », dit le notaire Manchon, dans une déposition très peu sincère, où il ménage fort Thomas de Courcelles. *Procès*, III, 135. La question n'est pas dans la quantité. Courcelles prit d'abord la responsabilité du réquisitoire ; car ce fut lui qui lut et exposa les articles à l'accusée. Plus tard, il est vrai, quand il traduisit en latin le procès-verbal français des notaires, il supprima son nom de la rédaction définitive. *v.* Quicherat, *Aperçus nouveaux*, p. 146.

Elle n'affirme plus si clairement que ce sera par ses mains, à elle; au fond elle le croit toutefois encore.

« Elle s'est opposée à tout traité de paix et a poussé constamment à l'effusion du sang. — J'ai écrit pour la paix au duc de Bourgogne; quant aux Anglois, la paix qu'il y faut, c'est qu'ils s'en aillent en Angleterre.

« Elle s'est attribué, à elle, créature simple et ignorante, ce qui est l'attribut de la Divinité; savoir l'avenir; connaître les choses secrètes. — Il est à Notre-Seigneur de révéler à qui il lui plaît[1]. »

Jeanne avait demandé délai pour répondre définitivement sur la question capitale, la soumission à l'Église. Jusque-là, elle avait refusé la soumission implicitement plutôt qu'explicitement : elle était restée, comme nous l'avons vu, sur ces paroles : « Je n'en répondrai maintenant autre chose ». — Le samedi saint, 31 mars, Cauchon, accompagné de quelques-uns des principaux assesseurs, se transporta dans la prison :

« Voulez-vous vous rapporter au jugement de l'Église, qui est en terre, de tout ce que vous avez dit et fait?

— Je m'en rapporte à l'Église militant, pourvu qu'elle ne me commande chose impossible à faire. Ce que j'ai dit et fait, les visions et révélations que j'ai eues de par Dieu, je ne les révoquerai pour quelque chose; et, de ce que Notre Sire m'a fait faire et commandé et commandera, ne le laisserai à faire pour homme qui vive, et me seroit impossible de le révoquer. Et, en cas que l'Église me voudroit faire faire autre chose au contraire du commandement qui m'a été fait de Dieu, je ne le ferois pour quelque chose[2] ».

« Croyez-vous point que vous soyez sujette à l'Église qui est en terre, c'est à savoir : à notre saint-père le pape, cardinaux, archevêques, évêques, et autres prélats d'Église?

---

1. *Procès*, t. I, p. 232, 233, 234, 251.
2. L'interrogateur répéta la question sous une autre forme : « Si l'Église militant vous dit que vos révélations sont illusions ou choses diaboliques, vous en rapporterez-vous à l'Église? — Je m'en rapporte à Notre-Seigneur, duquel je ferai toujours le commandement... Ce que j'ai affirmé au procès avoir fait du commandement de Dieu, me seroit impossible faire le contraire. Et, en cas que l'Église militant me commanderoit faire le contraire, je ne m'en rapporterois à homme du monde, fors à Notre-Seigneur, que je ne fasse toujours son bon commandement ». *Procès*, t. I, p. 325.

— Oui, Notre Sire premier servi.

— Avez-vous commandement de *vos voix* que vous ne vous submettiez point à l'Église militant?

— Je ne réponds chose que je prenne en ma tête : ce que je réponds, c'est du commandement de *mes voix* : elles ne commandent point que je n'obéisse à l'Église, Notre Sire premier servi[1]. »

Point d'équivoque, point d'obscurité. On a commencé par sommer Jeanne de soumettre ses faits à l'Église. Elle a répondu, sans paraître distinguer l'Église des gens d'église assemblés devant elle, que, si les clercs trouvaient dans ses faits quelque chose contre la foi, elle saurait bien, « par son conseil », dire ce qui en est, c'est-à-dire qu'elle jugerait ses juges. On lui a expliqué fort clairement qu'il s'agissait de l'Église militante, et ce que c'était que la distinction entre l'Église militante et la triomphante. Elle a dit alors qu'elle se soumettait à Dieu et à l'Église triomphante ; que, quant à l'autre, elle n'en « répondroit maintenant autre chose ». Cette réponse, ajournée, elle vient de la donner péremptoire : soumise à l'Église sur tout autre point, elle ne peut soumettre qu'à Dieu ce que Dieu lui a directement commandé, et si l'Église lui ordonnait de désavouer la mission qu'elle a reçue de Dieu, elle ne le pourrait faire.

Reconnaître à un homme ou à une assemblée le droit de décider, par oui ou par non, si Dieu lui a donné charge de sauver sa patrie, cela lui est IMPOSSIBLE [2].

---

1. *Procès*, t. I, p. 324-326.

2. Au premier abord, les dépositions des témoins du procès de réhabilitation sont absolument inconciliables avec les actes du procès de condamnation. Le notaire Manchon raconte que, dans la semaine sainte (entre le 26 et le 31 mars), Jean de La Fontaine, le « lieutenant » de Cauchon, accompagné de deux moines, Isambard de La Pierre et Martin L'Advenu, alla trouver Jeanne et la pressa de se soumettre au pape et au saint concile, où il y avait, lui dit-il, des clercs de son parti comme du parti des Anglais. « Le lendemain qu'elle fut ainsi avertie, elle dit qu'elle se voudroit bien submettre à notre saint-père le pape et au sacré concile. Et, quand monseigneur de Beauvais ouït cette parole, demanda qui avoit été parler à elle le jour de devant... et, pour ce cas, en l'absence d'iceux de *Fonte* (de La Fontaine) et religieux, se courrouça très fort... » Jean de La Fontaine, se sachant « menacé pour icelle cause, se partit de Rouen, et depuis n'y retourna ; et, quant aux deux religieux, si n'eût été... *Magistri* (le vice-inquisiteur Lemaistre) qui les excusa et supplia pour eux, en disant que, si on leur faisoit déplaisir,

Le voilà dans toute sa solennité, ce débat dont le vrai caractère a été trop longtemps voilé. Il s'agit ici de bien autre chose que des vengeances des chefs anglais ou des bassesses de leurs serviteurs français. Nous l'avons dit : c'est ici la lutte de la tradition organisée et absolue, de la règle extérieure, de l'infaillibilité constituée, contre la spontanéité individuelle, l'inspiration immédiate, la voix intérieure. Oui, certes, c'est un grand péril que

jamais ne viendroit au procès, ils eussent été en péril de mort. » Manchon ajoute que, « dans certaines séances, quelqu'un donnant avis à Jehanne sur le fait de la submission à l'Église, l'évêque lui dit : « Taisez-vous, de par le diable ! » (*Procès*, t. II, p. 13 ; III, p. 138-139.)

Le récit d'Isambard, acteur dans l'incident, diffère, sur les circonstances, avec la déposition de Manchon. Il dit qu'une fois, « lui et plusieurs autres présents, on admonestoit Jehanne de se submettre à l'Église. Sur quoi elle répondit que volontiers se submettoit au saint père, requérant être menée vers lui, et que point ne se submettroit au jugement de ses ennemis... Frère Isambert (Isambard) lui conseilla de se submettre au général concile de Bâle, et ladite Jehanne lui demanda (ce) que c'étoit que général concile... Répondit... que c'étoit congrégation de toute l'Église universelle et la chrétienté, et qu'en ce concile y en avoit autant de sa part (de son parti) comme de la part des Anglois. Cela entendu, elle commença à crier : « Oh ! puisqu'en ce lieu sont aucuns de notre parti, je veux bien me rendre et submettre au concile de Bâle. » Et, tout incontinent, l'évêque de Beauvais commença à crier : « Taisez-vous, de par le diable ! » et dit au notaire qu'il se gardât bien d'écrire la submission qu'elle avoit faite au général concile de Bâle. A raison de ces choses et plusieurs autres, les Anglois et leurs officiers menacèrent horriblement ledit Isambert, tellement que, s'il ne se taisoit, le jetteroient en Seine. » *Ibid.*, t. II, p. 4-5.

Nous ferons d'abord observer que l'incident ne saurait trouver place dans la semaine sainte, comme le veut Manchon. Il n'y eut point d'interrogatoire dans la prison durant les premiers jours de la semaine, et La Fontaine et Isambard étaient présents aux grandes séances des 27-29 mars, où fut lu le réquisitoire. Il y eut un interrogatoire dans la prison le 31 mars, et ni La Fontaine ni Isambard n'y assistèrent ; mais ce fut précisément ce jour-là que, d'après le procès-verbal écrit par Manchon lui-même, Jeanne fit sa réponse si péremptoirement négative. Or, en admettant que Cauchon, comme l'avance Isambard, eût empêché les notaires d'écrire la vraie réponse de Jeanne, il n'eût pu, tout au moins, les induire à écrire cette réponse toute contraire, à moins qu'ils n'eussent été les derniers des infâmes. Certes, les pauvres gens n'avaient ni la perversité d'un tel crime, ni le génie d'une telle réponse !

Voilà pour le récit de Manchon ; maintenant Isambard, nous l'avons vu, établit, contre Manchon, que ce fut lui, Isambard, qui donna à Jeanne l'avis relatif au concile, en pleine séance, devant Cauchon, dont il essuya en personne la colère. Mais quand cette scène a-t-elle pu avoir lieu ? Ce ne fut pas le 31 mars, puisqu'Isambard était absent. Et, à partir du 31 mars, la position de Jeanne fut tout à fait décidée par la réponse catégorique que nous avons rapportée.

Ce n'est, toutefois, que d'erreur, et non pas de mensonge, que nous accusons sur ce point des hommes dont l'un des deux au moins, Isambard, inspire une juste sympathie, et voici ce qui nous paraît l'explication probable de leurs récits.

l'individu assume une telle responsabilité ; mais le genre humain est fait pour avancer à travers les écueils : oui, sans doute, il y a mille faux prophètes pour un vrai : mais ce vrai renouvelle le monde, qui périrait étouffé sous les pouvoirs infaillibles. L'infaillibilité n'est que la révélation de Dieu dans la conscience du genre humain : elle n'est pas matériellement organisable[1] ; les majorités d'un jour peuvent dire : non, quand l'éternelle con-

---

Il y aura eu deux incidents différents relatifs, le premier à La Fontaine, le second Isambard. La Fontaine, après avoir voté contre Jeanne le 27 mars sur la question du serment, pris de scrupule ou touché de pitié, aura été la trouver en particulier pour la presser de se sauver en se soumettant à l'Église, et, bien que Jeanne n'y eût point déféré, Cauchon, irrité de voir qu'on cherchât à lui dérober sa victime, aura menacé La Fontaine, homme timide, qui s'enfuit et ne reparut plus à partir du 29 mars. Manchon aura mêlé, dans sa mémoire, la tentative de La Fontaine auprès de Jeanne, avec la demande que Jeanne avait faite, quelque temps auparavant, d'être menée devant le pape, demande qui n'impliquait nullement, ainsi que nous l'avons vu, la soumission de « son fait » au pape.

Dans tout cela, le nom du concile de Bâle n'avait pas été prononcé. Ce fut plus tard, comme nous le dirons, qu'il en fut question, et qu'Isambard aura fait, à ce sujet, un nouvel effort auprès de Jeanne ; sur quoi celle-ci n'aura pas manqué de dire : « Puisqu'il y a là des gens de notre parti, qu'on me mène devant le concile ! » comme elle avait déjà dit : « Qu'on me mène devant le pape ! » Et Cauchon aura défendu d'écrire cette parole, en la déclarant inutile et purement dilatoire, tandis qu'Isambard y voulut voir, vingt ans plus tard, un appel en forme avec promesse de soumission.

Pour apprécier l'esprit et la physionomie du procès de réhabilitation commencé en 1450, il faut se rendre compte des intentions du gouvernement qui dirigea ce contre-procès. Le gouvernement de Charles VII, quand il eut recouvré la cité et la province qui avaient été le théâtre de la condamnation de Jeanne Darc (en 1449), ne voulut pas rester sous le coup d'une sentence d'hérésie et de sorcellerie, qui enveloppait implicitement le roi avec la personne qui l'avait conduit « recevoir son sacre à Reims ». On ne songea donc qu'à démontrer à tout prix l'orthodoxie de Jeanne, et la plupart des témoins, tels qu'Isambard, Massieu, Manchon, etc., reçurent d'autant plus facilement cette impulsion, qu'ils y allaient d'eux-mêmes en toute sincérité, pour honorer, à leur façon, la mémoire de Jeanne. Ils ne s'aperçurent pas, comme nous l'avons déjà dit, qu'ils se calomniaient eux-mêmes en arguant de faux le procès de condamnation sur le point essentiel. Un autre témoin, l'assesseur Marguerie, voyant plus clair dans ses souvenirs, dit « avoir ouï dire diverses fois à Jehanne que, sur certaines choses, elle n'en croiroit ni son évêque, ni pape, ni qui que ce fût, parce qu'elle les tenoit de Dieu. » *Procès*, II, 354.

1. On a pu cependant organiser de très considérables et très imposantes autorités, dont il y a péril à ne pas tenir grand compte. Le vrai philosophe, qui ne s'enferme pas dans les abstractions et qui étudie l'homme dans le développement historique de l'esprit humain, consultera toujours avec respect les monuments des grandes assemblées des premiers siècles chrétiens.

science dit : oui. La voix infaillible ne parle que dans l'âme humaine et dans l'histoire[1].

Du 2 au 4 avril, les deux juges, de l'avis des universitaires, firent résumer en douze articles les soixante-dix chefs d'accusation du promoteur. Ce furent deux docteurs de Paris, Nicole Midi et Jacques de Touraine, qui tinrent la plume, l'un dans le projet, l'autre dans la rédaction définitive[2]. Les douze articles résumaient le procès dans un esprit très hostile à Jeanne, mais en dégageant l'accusation des impostures et des brutalités du promoteur. La lutte se dégageait de ces bas-fonds immondes, et se relevait sur son vrai terrain.

Le 12 avril, vingt-deux docteurs et licenciés délibérèrent ensemble sur les douze articles. Ils établirent, en soumettant leurs délibérations, suivant les formules consacrées, « à la sainte Église romaine et à quiconque il appartiendra », que les révélations de Jeanne n'étaient point de par Dieu, mais plutôt fictions humainement inventées ou œuvre du malin esprit ; qu'elle y avait cru sans signes suffisants ; qu'il y avait dans son fait des mensonges, des divinations superstitieuses, des faits scandaleux et irréligieux, des paroles téméraires, des blasphèmes contre Dieu et les saints ; impiété envers les parents (pour les avoir quittés sans leur aveu), dérogation, en quelques points, au précepte de l'amour du prochain (envers les Anglais et Bourguignons), idolâtrie, ou, au moins, invention mensongère ; qu'elle était schismatique touchant l'unité, autorité et puissance de l'Église, et véhémentement suspecte d'hérésie.

Ainsi les docteurs laissaient la question pendante entre une invention humaine et une inspiration de Satan. Le scepticisme et la superstition se donnaient la main contre l'envoyée de Dieu.

Parmi les signataires, on remarque Isambard de La Pierre et deux autres des témoins du procès de réhabilitation.

Un certain nombre d'autres assesseurs adhérèrent ensuite à

---

[1]. Est-il nécessaire d'expliquer que nous entendons, par l'histoire, les révélations progressives de l'intelligence et de la moralité humaines, constatées par l'histoire universelle ?

[2]. *Procès*, t. 327 et suivantes. *v.* ce que dit M. Quicherat des douze articles, sur lesquels le procès de réhabilitation a accrédité tant d'inexactitudes. *Aperçus nouveaux*, p. 124 et suivantes.

cette délibération. Le chapitre de Rouen, toujours mal disposé pour Cauchon, montra beaucoup de répugnance à se réunir et à délibérer. Il fallut, pour y décider la plupart des chanoines, les menacer de les priver de leurs distributions quotidiennes de pain et de vin. Le chapitre demanda, avant de donner son avis, que les idouze articles fussent exposés en français à Jeanne, et que la matière fût examinée par l'*alme* université de Paris (14 avril).

La victime faillit, sur ces entrefaites, échapper à ses persécuteurs : le cardinal de Winchester et le comte de Warwick, informés que Jeanne était gravement malade, mandèrent à la hâte plusieurs médecins qui figuraient parmi les assesseurs : Warwick s'exprima devant eux avec un cynisme naïvement atroce : « Pour rien au monde, leur dit-il, le roi ne voudroit que Jehanne mourût de mort naturelle. Le roi l'a achetée cher ; il ne veut pas qu'elle meure, si ce n'est par justice et qu'elle soit brûlée ! » L'enfant-roi, des volontés duquel s'autorisait Warwick, était bien innocent des forfaits qui se commettaient en son nom ! Jeanne déclara aux médecins qu'elle avait été prise de vomissements, « après avoir mangé d'une carpe envoyée par l'évêque de Beauvais » ; Cauchon ne laissait pas que de redouter les conséquences du grand meurtre juridique qui allait s'accomplir, et peut-être avait-il voulu s'affranchir par un crime secret de la responsabilité de ce crime public. Quoi qu'il en soit, une saignée tira Jeanne de péril ; mais, le promoteur d'Estivet étant venu l'accabler d'ignobles injures à cause de ce qu'elle avait dit de Cauchon, l'accès d'indignation que provoqua chez elle ce misérable détermina une rechute[1].

Jeanne était encore très malade, lorsque, le 18 avril, Cauchon, assisté de quelques assesseurs, vint lui adresser, dans sa prison, la première des monitions que la procédure inquisitoriale prescrivait à la suite des interrogatoires. Il l'exhorta « charitablement » de revenir « à la voie de vérité et sincère profession de notre foi.

— Il me semble que je suis en grand péril de mort, répondit-elle ; et, si ainsi est que Dieu veuille faire son plaisir de moi, je

---

1. Dépositions des médecins Jean Tiphaine et Guillaume de La Chambre; *Procès*, t. III, p. 48-52.

vous requiers avoir confession, et mon Sauveur aussi (et la communion), et d'être inhumée en terre sainte.

— Si vous voulicz avoir les sacrements de l'Église, il faudroit vous submettre à l'Église.

— Quelque chose qui m'en doive advenir, je n'en ferai ou dirai autre chose que je n'ai dit devant au procès.

— Vous serez délaissée de l'Église comme Sarrasine.

— Je suis bonne chrétienne et mourrai comme bonne chrétienne[1] ».

Elle ne mourut pas. Les chefs du conseil d'Angleterre eurent la joie de la voir se rétablir! Le 2 mai, eut lieu la seconde monition, avec grand appareil, en présence de soixante-trois assesseurs. Jean de Châtillon, archidiacre d'Évreux[2], avait été chargé de lui remontrer comment elle se mettrait en grand péril, si elle croyait en savoir plus en matière de foi que tant de docteurs et de lettrés.

« Je m'en attends à mon juge, répondit Jeanne : c'est le roi du ciel et de la terre.

— Voulez-vous dire que vous n'ayez point de juge en terre; et notre saint père le pape est-il point votre juge?

— J'ai bon maître; c'est à savoir Notre-Seigneur, à qui je m'attends du tout, et non à autre.

— Vous serez hérétique, et *arse* (brûlée) par sentence d'autres juges.

— Si je véoie (voyais) le feu, si n'en feroie autre chose.

— Si le conseil (concile) général étoit ci, vous y voudriez-vous rapporter et submettre?

— Vous n'en tirerez autre chose.

— Voulez-vous vous submettre à notre saint père le pape?

— Menez-m'y, et JE LUI RÉPONDRAI[3]. »

---

1. *Procès*, t. I, p. 374-381.
2. Cet assesseur avait eu plusieurs altercations avec Cauchon sur la conduite du procès et avait blâmé les pièges qu'on tendait à l'accusée par « trop difficiles questions ». Cauchon se vengea, non pas en l'excluant des audiences, comme le prétend l'appariteur Massieu, mais, au contraire, en le compromettant dans un des actes solennels de la procédure. v. *Procès*, t. II, p. 329; t. III, p. 139, 153.
3. Ici probablement doit se placer l'incident d'Isambard. Elle dit apparemment la même chose du concile que du pape.

On la pressa de nouveau sur l'habit d'homme.

« Quand j'aurai fait ce pour quoi je suis envoyée de par Dieu, je prendrai habit de femme.

— Voulez-vous vous rapporter, du signe baillé à votre roi, à l'archevêque de Reims ou autres de votre parti ? »

C'était très habile pour tourner en mensonge l'allégorie qu'elle avait employée, en la faisant discuter comme un fait matériel.

— Baillez-moi un messager, et je leur écrirai de tout ce procès.

« Et autrement », dit le procès-verbal, « ne s'y est voulu croire ni rapporter à eux. »

« Si on vous envoie trois ou quatre des clercs de votre parti, qui viennent par sauf-conduit ici, vous en rapporterez-vous à eux de vos apparitions et choses contenues en ce procès ?

— Qu'on les fasse venir, et je répondrai.

— Voulez-vous vous en rapporter et submettre à l'église de Poitiers, où vous avez été examinée ?

— Me cuidez-vous (croyez-vous) prendre par cette manière, et par cela attirer à vous ? »

Comment, en effet, celle qui avait refusé de soumettre au pape et au concile sa mission divine, c'est-à-dire l'existence de la France, le salut de notre nationalité, eût-elle pu accorder une telle autorité à quelques hommes d'église, fussent-ils de son parti ? Pour expliquer son refus, il n'est pas besoin de recourir aux terribles griefs qu'elle avait contre le chef du clergé français. Elle refusa parce qu'il était impossible qu'elle acceptât. Et Cauchon, qui l'avait enfin comprise, n'eût point hasardé de telles propositions, pleines d'embarras et de périls pour son procès, s'il n'eût été certain qu'elles seraient rejetées.

Cauchon termina en lui disant :

« Vous vous mettez en péril du feu éternel quant à l'âme et du feu temporel quant au corps.

— Il vous en prendra mal au corps et à l'âme », répliqua-t-elle.

Après cette séance décisive, la majorité du chapitre de Rouen se décida à délibérer à fond et à déclarer que Jeanne lui paraissait devoir être réputée hérétique (4 mai).

Les évêques de Coutances et de Lisieux, consultés par députés sur les douze articles, se prononcèrent contre Jeanne. « La basse condition de la personne » est une des raisons alléguées contre la vérité de ses révélations par l'évêque de Lisieux, l'Italien Zano de Castiglione, un de ces neveux de cardinaux que la cour de Rome pourvoyait volontiers des riches bénéfices transalpins[1]. Qu'eussent dit d'un tel argument les pêcheurs de Galilée ! L'évêque d'Avranches, au contraire, fut d'avis qu'on déférât la question au pape et au concile. Son opinion ne fut point consignée au procès[2].

La condamnation de Jeanne était assurée ; mais ce n'était là que la moitié de l'œuvre. Il ne suffisait pas que Jeanne mourût : il fallait qu'elle reniât sa mission, qu'elle avouât que sa révélation était un mensonge ou une inspiration de Satan ; il fallait que la cause de la France fût « infamée » dans sa personne. Les dernières horreurs de la procédure inquisitoriale avaient été tenues en réserve pour arracher cette victoire suprême.

Le 9 mai, les deux juges se transportèrent, avec huit assesseurs, dans la grosse tour du château de Rouen, et y firent amener Jeanne. Derrière les juges se tenaient les bourreaux. Dans la salle était étalé l'appareil des tortures.

« Jehanne fut requise de répondre vérité sur nombre de points de son procès, touchant lesquels elle avoit répondu négativement ou mensongèrement... Il lui fut dit que les officiers étoient présents, lesquels sur notre ordre étoient prêts de la mettre à la torture, dont les instruments étoient préparés devant elle, afin de la réduire à confesser la vérité, pour le salut de son âme et de son corps, qu'elle exposoit à de graves périls par des inventions mensongères.

— Si vous me deviez faire détraire les membres (me démembrer) et faire partir l'âme hors du corps, si ne vous dirai-je autre chose. — J'ai été confortée de saint Gabriel[3]. — J'ai demandé

---

[1]. *Procès*, t. I, p. 356.

[2]. Ce vénérable vieillard, qui siégeait à Avranches depuis plus de quarante ans, fut emprisonné, l'année suivante, par les Anglais, comme soupçonné d'avoir trempé dans une conspiration pour livrer Rouen aux Français. *Procès*, t. II, p. 5 ; déposition d'Isambard de La Pierre.

[3]. « Ses apparitions changèrent... L'ange Michel, l'ange des batailles, qui ne la soutenait plus, céda la place à Gabriel, l'ange de la grâce et de l'amour divin. » Michelet, *Hist. de France*, t. V, p. 140.

conseil à *mes voix* si je me submettrois à l'Église : — Si tu veux que Notre-Seigneur t'aide, m'ont-elles dit, attends-toi à lui de tous tes faits. — Serai-je *arse* (brûlée)? ai-je demandé. — Attends-toi à Notre Sire, et il t'aidera.

— Du signe de la couronne baillée à l'archevêque de Reims, voulez-vous vous en rapporter à lui?

— Faites-le venir et que je l'oie (l'entende) parler, et puis je vous répondrai : IL N'OSEROIT DIRE LE CONTRAIRE DE CE QUE JE VOUS EN AI DIT. »

A la fermeté de sa parole, à l'éclair de son regard, on eût dit qu'elle tenait les deux pharisiens, Regnauld de Chartres et Pierre Cauchon, face à face devant le tribunal de Dieu. Jamais elle ne s'était montrée plus grande!

Ses juges décidèrent de surseoir à la torture, « jusqu'à ce qu'ils eussent là-dessus plus ample conseil, craignant, vu l'endurcissement de son âme, que les tourments lui profitassent peu ». Cauchon, sans doute, eut peur qu'elle expirât dans les mains des tourmenteurs[1].

Douze assesseurs furent réunis, le 12 mai, pour décider s'il était expédient de mettre Jeanne à la question. Trois seulement votèrent pour l'affirmative. L'un des trois était le chanoine L'Oiseleur, qui avait servi d'espion et d'agent provocateur à Cauchon. L'un des deux autres était Thomas de Courcelles! Voilà le dernier terme où aboutit la logique de l'église des persécuteurs, de l'église du sang, comme l'appelaient les sectaires du douzième siècle. Le sage, le docteur de l'église du quinzième siècle, le successeur de Gerson à l'université, prend place entre L'Oiseleur et d'Estivet. Les sages supplicient les saints et les prophètes[2].

Les horreurs de la question furent donc épargnées à Jeanne. « Nous avons bien assez matière, sans tortures! » avait dit un des assesseurs, Guillaume Erard. C'était là le mot du fanatisme, qui ne voulait que brûler Jeanne. Ce n'était pas le mot de la politique,

---

1. *Procès*, t. I, p. 399-402.
2. *Procès*, t. I, p. 403. Nous ne connaissons le vote de Courcelles que par la minute des notaires; car il a eu soin de supprimer la mention des votes dans la rédaction définitive.

qui voulait la déshonorer. Cauchon et ses maîtres étaient dans une grande anxiété[1]

Le 19 mai, les juges communiquèrent à une nombreuse assemblée d'assesseurs les lettres de l'université de Paris sur la consultation qui lui avait été envoyée et sur la relation orale qui lui avait été faite par les docteurs Jean Beaupère, Nicole Midi et Jacques de Touraine. La réponse, délibérée en assemblée générale des Facultés aux Bernardins, le 14 mai, sous la présidence d'un recteur anglais de naissance, avait été adressée au roi de France et d'Angleterre. L'université pressait le roi de faire mener la matière à fin par justice brièvement, notable et grande réparation étant très nécessaire afin de réduire à bonne et sainte doctrine le peuple qui, « par icelle femme, a été moult scandalisé ». L'université comblait de louanges Pierre Cauchon. Le zèle du seigneur évêque de Beauvais « a arrêté les progrès du venin par lequel la femme perfide, dite la Pucelle, a infecté le bercail très chrétien de presque tout l'Occident ».

Suivaient les déterminations et qualifications données par les facultés de théologie et de décret (droit canon). La faculté de théologie déclarait les révélations de Jeanne fictions et mensonges, ou superstitions procédant des démons Bélial, Satan et Behemoth! La faculté, plus docte que les assesseurs de Rouen, savait

---

1. C'est probablement vers cette époque qu'il faut placer l'incident raconté, dans le procès de réhabilitation, par Haimond de Macy. Ce chevalier picard dit qu'il accompagna à Rouen le comte de Ligni (Jean de Luxembourg) durant le procès de Jeanne. Le comte de Ligni alla, avec le comte de Warwick, le comte de Stafford, connétable de France pour Henri VI, et le chancelier, évêque de Térouenne, visiter celle qui avait été sa captive. « Jehanne, lui dit-il, je suis venu pour vous mettre à rançon, à condition que vous promettiez de ne jamais vous armer contre nous. — En nom Dé! s'écria-t-elle, « vous vous raillez de moi : je sais bien que vous n'en avez ni le vouloir ni le pouvoir ». Et, comme il insistait : « Je sais bien », reprit-elle, « que ces Anglois me feront mourir, croyant après ma mort gagner le royaume de France; mais, fussent-ils cent mille godons (goddem) plus qu'ils ne sont de présent, ils n'auront point le royaume ». Le comte de Stafford, furieux, tira à demi sa dague pour la frapper : Warwick lui retint le bras. Déposition de Haimond de Maci. *Procès*, t. III, p. 121-122. Il est difficile d'imaginer quelque chose de plus révoltant que le rôle de Jean de Luxembourg. Judas, au moins, ne vint pas railler le Christ devant Hérode et Caïphe. La réponse de Jeanne, si elle était exacte, indiquerait qu'elle n'avait plus la conviction absolue d'être délivrée, et qu'au moins par moments, elle s'attendait à la mort ; mais peut-être dit-elle seulement : « Ces Anglois *veulent* me faire mourir, croyant, etc. »

les noms de ces démons[1]! Le reste était à l'avenant, et digne de d'Estivet! Jeanne était blasphématrice, avide de sang humain, séditieuse et provoquant à la *tyrannie* (à l'usurpation)! idolâtre, schismatique, apostate!

La faculté de décret, à son tour, qualifiait Jeanne d'hérétique; d'apostate, « pour ce qu'elle a fait couper la chevelure que Dieu lui a donnée pour voiler sa tête, et quitté l'habit de son sexe; » menteuse, « pour ce qu'elle se dit envoyée de Dieu et ne l'a point prouvé par œuvre de miracle, tandis que Moïse, quand Dieu l'a envoyé, a donné signe de changer une baguette en serpent et un serpent en baguette. — Si elle persiste, qu'elle soit abandonnée à la volonté du juge séculier, afin qu'elle reçoive la vengeance due selon la qualité de son forfait[2] ».

Ce radotage sanguinaire nous montre le corps de l'université bien au-dessous des assesseurs choisis par Cauchon dans l'élite des facultés. L'université n'était même plus capable de comprendre le sens de cette grande lutte. Quelle rapide et quelle épouvantable décadence depuis ces derniers jours glorieux de 1413, où l'université avait fait effort pour tirer la France de l'abîme! Aujourd'hui, c'est elle qui est le vrai fond de l'abîme! Elle ne s'en relèvera pas, et les sarcasmes des lettrés de la Renaissance nous apprendront, au seizième siècle, ce que seront devenus les héritiers des grands docteurs scolastiques!

On chercherait en vain une excuse au corps universitaire dans son démembrement : en vain prétendrait-on que les meilleurs ont quitté Paris pour ne pas se soumettre à l'Anglais ; qu'ils sont à Poitiers! Que font-ils, ceux-là, pendant que les autres agissent à Rouen et à Paris? Que font ces évêques, ces docteurs, cette commission de Poitiers, qui ont naguère reconnu que ce serait offenser Dieu que de repousser la mission de Jeanne, et qui ont été, depuis, les témoins de ses vertus et de sa gloire? Ils se taisent; ils s'associent à l'inaction du président de la commission de Poitiers, de l'indigne chef du clergé et de la magistrature : ils ne s'unissent pas pour sommer Regnauld de Chartres d'intervenir!

---

1. Et elle prenait pour un diable l'animal réel ou symbolique que la Bible nomme *Behemoth*.
2. *Procès*, t. I, p. 404-422.

Puisqu'ils oublient la parole de leur maître : *celui qui n'est pas pour moi est contre moi!* ils doivent partager l'anathème des bourreaux devant la postérité.

« Les docteurs et maîtres étant à Rouen » s'inclinèrent devant l'*alme* université. Les plus violents, entre les assesseurs, voulaient en finir séance tenante. La majorité opina pour une dernière monition. Isambard de La Pierre et quelques autres dirent qu'après la monition, si Jeanne ne se soumettait pas, ils s'en référeraient aux juges du mode de procéder ultérieurement; timide ouverture à des conseils plus humains; mais personne n'osa se séparer ouvertement de l'*alma mater*.

Une dernière monition fut donc adressée à Jeanne le 23 mai, par le docteur Pierre Morice, en présence de quelques assesseurs et des évêques de Térouenne[1] et de Noyon. On lui remontra comment les clercs de l'université de Paris, lumière de toutes sciences et extirpatrice des erreurs, et autres clercs de grand savoir, qualifiaient ses faits.

« Je m'en rapporte à ce que j'ai dit au procès, et le veux soutenir. Quand je serois dedans le feu, si n'en diroie-je autre chose, et le soutiendroie jusqu'à la mort. »

Le promoteur et l'accusée renoncèrent à la parole. Les juges déclarèrent la cause entendue, et renvoyèrent au lendemain « pour faire droit[2]. »

Le lendemain, 24 mai, Jeanne fut conduite au cimetière de l'abbaye Saint-Ouen. Anglais et Rouennais se pressaient en foule dans le cimetière, les uns, tumultueux et farouches, les autres, mornes et silencieux. Deux échafauds ou *ambons* (estrades) avaient été élevés. Sur l'un siégeait, à côté des deux juges, « le cardinal d'Angleterre[3] » : celui qui avait mené, d'une main invisible, tout le mystère d'iniquité se montrait au dénoûment comme une divinité infernale qui vient réclamer sa proie. Les évêques de Térouenne, de Noyon, de Norwich[4], et la masse des assesseurs étaient assis alentour, sur le même échafaud. On fit monter

---

1. Louis de Luxembourg, chancelier de France pour Henri VI.
2. *Procès*, t. I, p. 441-442.
3. Le cardinal Henri d'Angleterre, évêque de Winchester.
4. Garde du sceau privé de Henri VI.

Jeanne sur l'autre, avec l'appariteur, les notaires et Guillaume Érard, le docteur chargé de prêcher le sermon, qui, selon la procédure inquisitoriale, précédait la sentence. Le bourreau était, avec sa charrette, au pied de l'échafaud de Jeanne, attendant qu'elle fût abandonnée à la justice séculière, pour l'emmener au Vieux-Marché, lieu ordinaire des exécutions, où le bûcher était dressé.

La soldatesque anglaise, et même les chefs, Warwick et autres, haletaient après le supplice de Jeanne. Les Anglais, comme nous l'avons dit, s'imaginaient que le « charme » était attaché à la vie de Jeanne, et n'osaient pas même essayer de reprendre Louviers, en pleine Normandie, jusqu'à ce que la Pucelle eût expiré dans les flammes [1].

Ce n'était pourtant pas l'intention de Cauchon ni de ses maîtres Winchester et Bedford, que Jeanne mourût encore ; qu'elle mourût indomptée et jugeant ses juges ! Cauchon avait semblé tout à coup changer de sentiments à son égard. Lui qui menaçait naguère quiconque cherchait à la guider dans ses réponses et à obtenir d'elle des marques d'orthodoxie, il venait d'envoyer à Jeanne pour conseil ce même L'Oiseleur, qui lui avait servi d'espion près d'elle et qui tout à l'heure votait pour la torture ! Et L'Oiseleur pressait Jeanne, dans les termes les plus affectueux, de sauver son corps et son âme, de se soumettre à l'Église, de quitter son habit d'homme [2] ; il lui promettait formellement, de la part des juges, qu'on la tirerait des mains des Anglais pour la mettre en prison d'église, en prison douce ; qu'on placerait des femmes auprès d'elle. Cauchon savait trop que, si quelque chose était capable de faire impression sur Jeanne, c'était bien moins l'espoir de la vie que l'espoir de n'être plus dorénavant exposée à un horrible et infâme danger.

Pour la première fois, on peut, ce matin-là, remarquer de l'incertitude sur la physionomie de la Pucelle. Son regard est inquiet et voilé. L'immense effort qu'elle soutient depuis trois mois a

---

1. *Procès*, t. II, p. 3, 344.
2. Jean Beaupère, un des trois assesseurs qui avaient été faire le rapport du procès à l'université de Paris, dit avoir été aussi près de Jeanne, ce matin-là, dans le même but, « par congé (de Cauchon) ». *Procès*, t. II, p. 20.

épuisé ses forces; la nature ploie et la chair trouble l'âme. Elle aussi, elle demande en vain « que ce calice soit éloigné de ses lèvres »! *Ses voix* lui ont dit qu'elle faillirait[1]!

Jeanne écouta d'abord en silence le sermon où Guillaume Érard montra comme quoi elle s'était séparée de la sainte mère Église « par moult d'erreurs et de crimes. » Il passa outre : « Ha! France, » dit-il, « tu es bien abusée, toi qui as toujours été la chambre très chrétienne! Charles, qui se dit roi de toi et gouverneur, s'est adhéré, comme hérétique et schismatique, aux paroles et faits d'une femme diffamée et de tout déshonneur pleine; et non pas lui seulement, mais tout le clergé de son obéissance et seigneurie! — C'est à toi, Jehanne, que je parle, et te dis que ton roi est hérétique et schismatique! »

Jeanne releva vivement la tête : « Ne parle point de mon roi : il est bon chrétien[2]! »

Érard commanda à l'appariteur de la faire taire et reprit :

« Voici messeigneurs les juges qui, plusieurs fois, vous ont sommée et requise que voulussiez submettre tous vos faits et dits à notre mère sainte Église.

— J'ai dit que toutes les œuvres que j'ai faites, et les dits, fussent envoyés à Rome devers notre saint père le pape, auquel, et à Dieu premier (après Dieu), je me rapporte. Et, quant aux dits et faits que j'ai faits, je les ai faits de par Dieu. — De mes faits et dits je ne charge personne, ni mon roi ni autre; et, s'il y a quelque faute, c'est à moi et non à autre. »

Ainsi, jusqu'au dernier moment, la généreuse fille couvrait de sa parole, comme naguère de son glaive, l'ingrat qui l'abandon-

---

1. *Procès*, t. I, p. 456-458.
2. Déposition de Martin L'Advenu; *Procès*, t. III, p. 168. L'appariteur J. Massieu; *ib.* t. II, p. 17; 335; Isambard de La Pierre, *ibid.* t. III, p. 353, la font parler dans le même sens, mais moins brièvement et moins simplement. Dans les quelques lignes du procès-verbal, relatives à la prédication d'Érard, les notaires et Thomas de Courcelles ne font aucune mention de cet incident. Était-ce ménagement pour le clergé du parti français ou même pour Charles VII? Les deux clergés gardaient des égards réciproques. Érard lui-même restait en très bonnes relations avec Gérard Machet, confesseur de Charles VII, qui continua, après la mort de Jeanne, à le traiter, dans ses lettres, d' « homme de très éclatante vertu et de célèbre sapience », et qui lui fit obtenir, après la chute du gouvernement anglais en France, la cure de Saint-Gervais de Paris! *v.* Quicherat, *Aperçus nouveaux*, etc., p. 103-104.

naît après l'avoir trahie, et elle assumait sur elle seule la responsabilité du salut de la patrie. A elle seule, aussi, la reconnaissance et la gloire, tant que la France vivra entre les nations !

« Voulez-vous », poursuivit Érard, « révoquer vos faits et dits réprouvés ?

— Je m'en rapporte à Dieu et à notre saint père le pape.

— Il ne suffit pas : on ne peut pas aller quérir notre saint père si loin[1]. Les ordinaires (évêques) sont juges chacun en leur diocèse. Besoin est que vous vous rapportiez à notre mère sainte Église, et que vous teniez ce que les clercs et gens ayant de ce connoissance ont déterminé. »

Elle se tut, et entendit sans répondre trois monitions successives.

Cauchon commença de lire la sentence de condamnation, rédigée en son nom et au nom du vice-inquisiteur. Lorsque Jeanne comprit qu'elle allait être retranchée de l'Église et livrée au bras séculier, c'est-à-dire au bourreau, qu'elle voyait debout au pied de l'échafaud, elle défaillit ; un nuage passa sur ses yeux, et elle dit d'une voix éteinte :

« Je veux tenir ce que les juges et l'Église voudront dire... Je veux obéir du tout à l'ordonnance et volonté d'eux.

— Ne voulez-vous plus soutenir vos apparitions et révélations ?

— Je m'en rapporte aux juges et à notre mère sainte Église.

— Alors il faut abjurer et signer cette cédule », dit Érard, et il fit lire à Jeanne par l'appariteur une pièce toute préparée pour le cas où elle céderait... Elle y reconnaissait avoir grièvement péché en « feignant mensongeusement avoir eu révélations et apparitions de par Dieu ;... en faisant superstitieuses divinations ; en blasphémant Dieu, ses saints et ses saintes ; en portant habit dissolu, contre la décence de nature, et armures par grand'présomption ; en désirant crueusement (cruellement) effusion de

---

1. *Procès*, t. I, p. 444-445. On comprend que ces paroles aient pu aider la mémoire des témoins à dénaturer, après vingt ans et plus, la vraie pensée de Jeanne, soutenue durant tout le procès. On remarquera toutefois que, même en ce moment, Jeanne ne s'en rapporta au pape qu'*après Dieu*, et qu'elle ne cédait rien au fond, et n'admettait pas que le saint père pût défaire ce que Dieu avait fait. Ce qu'elle demandait, c'était d'aller s'expliquer devant le pape.

sang humain... en faisant sédition, et idolâtrant mauvais esprits... avoir été schismatique et erré en la foi »; lesquels crimes et erreurs elle abjurait et jurait de n'y jamais retourner[1].

L'agitation était extrême dans l'assistance. Les assesseurs, les officiers du procès pressaient Jeanne de la voix et du geste.

« Jehanne, signez! — Jehanne, prenez pitié de vous-même! — Jehanne, ne vous faites point mourir! »

Les Anglais frémissaient de colère en voyant que la Pucelle allait échapper au bûcher. Un grand murmure s'éleva sur l'échafaud des juges. C'était un chapelain du roi d'Angleterre qui venait d'accuser Cauchon de trahison envers le roi. Cauchon, furieux à son tour, jeta le rôle du procès à terre, et cria qu'il laisserait tout s'il n'avait réparation. Le « cardinal d'Angleterre » obligea le chapelain à des excuses.

Jeanne, dans son trouble, avait mal entendu la lecture de la cédule. Elle demanda des explications. L'appariteur Massieu lui expliqua ce que c'était qu'abjurer.

« Je me rapporte à l'Église universelle, si je dois abjurer ou non?

— Il ne suffit pas.

— Eh bien, que les clercs et l'Église, ès mains desquels je serai remise, voient la cédule et me conseillent!

— Tu abjureras présentement », dit Érard, « ou tu seras *arse* (brûlée)!

— J'aime mieux signer que d'être *arse*... »

On lui fit répéter la formule d'abjuration; elle traça une croix au bas de la cédule. Un secrétaire du roi d'Angleterre lui prit la main et lui fit écrire son nom, comme elle l'avait fait dans ses lettres[2].

---

1. *Procès*, t. I, p. 447. Plusieurs témoins, du reste mal d'accord entre eux, établissent que la cédule présentée à Jeanne n'était pas la même que celle qui est consignée au procès. — Nous pensons, avec M. Quicherat (*Aperçus nouveaux*, p. 133-138), que ce fait n'a pas toute l'importance qu'on lui a donnée, et que la différence consistait surtout dans les formules ajoutées lors de la rédaction définitive.

2. Nous n'avons pas besoin de réfuter l'absurde assertion de quelques témoins, qui, croyant faire honneur à Jeanne en reprenant la version des Anglais, que tout cela n'était qu'une *truffe* (une tromperie), prétendent que Jeanne se jouait de ce qu'elle faisait, et souriait dédaigneusement pendant ce moment d'horreur!

Elle aussi, elle avait donc dû avoir son jour de défaillance et de *reniement!* il fut promptement et glorieusement expié!

Un tumulte effroyable régnait dans le cimetière Saint-Ouen. Les Anglais faisaient pleuvoir les pierres sur l'échafaud de la Pucelle Le cardinal de Winchester eut grand'peine à faire rétablir l'ordre Cauchon lui demanda respectueusement son avis sur ce qui restait à faire. « L'admettre à la pénitence, » fut-il répondu.

On lut la sentence. De la sentence de condamnation, l'on n'avait changé que la conclusion.

« Puisque, par le secours de Dieu, revenant au giron de la sainte mère Église, d'un cœur contrit et d'une foi sincère, comme nous le croyons, tu as rétracté tes erreurs de ta propre bouche, nous te délions, par les présentes, des liens de l'excommunication, si toutefois tu observes ce qui t'a été et te sera prescrit par nous. Mais pour ce que tu as péché témérairement contre Dieu et la sainte Église, pour accomplir une salutaire pénitence, nous te condamnons, sauf (par) notre grâce et modération, à la prison perpétuelle, au pain de douleur et à l'eau d'angoisse, afin que tu y pleures les péchés commis et que tu n'en commettes plus qui soient à pleurer [1]. »

L'infortunée, une fois l'idée du supplice écartée, n'avait plus en ce moment qu'une seule pensée, c'était d'échapper à ses odieux gardiens. Elle interpella les juges :

« Or çà, gens d'Église, menez-moi en vos prisons; que je ne sois plus en la main de ces Anglois! »

La demande était si bien conforme au droit ecclésiastique, qu'il y eut un mouvement d'acquiescement parmi les assesseurs. Cauchon ne répondit que ces mots :

« Menez-la où vous l'avez prise [2]. »

On la replongea dans cet enfer d'où on lui avait promis de la tirer.

Les Anglais ne s'apaisèrent pas en la voyant rester sous leur garde. Les valets poursuivirent de leurs huées le triste cortége qui reconduisait Jeanne au château : les gens de guerre mena-

---

1. *Procès*, t. I, p. 450-452.
2. *Procès*, t. II, p. 14, 18. Dépositions de G. Manchon et de J. Massieu.

cèrent de leurs armes l'évêque de Beauvais et les docteurs, en disant que « le roi avoit mal employé son argent avec eux », et Warwick lui-même se plaignit à Cauchon et aux assesseurs que le roi « étoit mal en point », puisque Jeanne échappait. « Milord, n'ayez cure », répondit quelqu'un de l'assistance; « NOUS LA RE-TROUVERONS BIEN[1] ».

Celui qui dit cette parole avait le secret de Cauchon.

Dans l'après-midi, le vice-inquisiteur, assisté de docteurs, se transporta dans la prison, requit Jeanne de prendre l'habit de femme, comme il lui avait été ordonné par l'Église, et la prévint que, si elle retombait en ses erreurs, l'Église l'abandonnerait.

Jeanne prit l'habit de femme et se laissa raser la chevelure[2]. Le juge l'abandonna à la garde de cinq Anglais, « dont en demeuroient trois de nuit en la chambre, et deux dehors, à l'huis de ladite chambre. De nuit elle étoit couchée, ferrée par les jambes de deux paires de fers à chaîne, et attachée moult étroitement d'une chaîne traversant par les pieds de son lit, tenant à une grosse pièce de bois et fermant à clef[3]. » Elle ne pouvait se lever qu'on ne la déferrât.

Le lendemain ou le surlendemain, les juges ayant avis que Jeanne « se repentoit aucunement d'avoir laissé l'habit d'homme », Cauchon montra grand zèle, et dépêcha les docteurs Jean Beaupère et Nicole Midi pour « l'admonester qu'elle persévérât en son bon propos ». Mais on ne trouva pas le geôlier, qui, sans doute, avait le mot, et les menaces de quelques Anglais firent bien vite rebrousser chemin aux deux envoyés[4].

Le 27, les Anglais accoururent prévenir Cauchon que Jeanne était « rencheue »; qu'elle avait repris ses vêtements d'homme. L'évêque de Beauvais fit aussitôt avertir les assesseurs et les officiers du procès, qui voulurent aller sur-le-champ en grand nombre à la prison; Cauchon ne les accompagna point, et une centaine d'Anglais, armés et furieux, barrèrent le passage aux

---

1. *Procès*, t. II, p. 376. Déposition de J. Fave.
2. Elle la portait taillée en rond à la manière des hommes, ce qu'on appelle la coiffure en écuelle.
3. Déposition de G. Manchon. *Procès*, t. II, p. 18.
4. Déposition de J. Beaupère. *Procès*, t. II, p. 21.

gens d'église dans la cour du château, en les traitant de « traîtres armagneaux ». Le 28, seulement, par ordre supérieur, la prison fut ouverte aux juges accompagnés de quelques assesseurs.

Ils trouvèrent Jeanne en habit d'homme, le visage gonflé et meurtri, les larmes jaillissant à chaque parole. Que s'était-il passé, depuis que ce gouffre s'était refermé sur la victime? — Ce n'est pas dans le procès-verbal qu'il faut le chercher. Les paroles de Jeanne, consignées au procès, sont vraies; mais Cauchon n'a pas permis d'écrire toutes les paroles de Jeanne.

Les horreurs de ces trois jours ont été révélées par les témoins du procès de réhabilitation. Ils ont raconté les plaintes élevées par Jeanne, soit devant les juges, soit devant le confesseur que les juges lui donnèrent en dernier lieu[1]. L'héroïne qu'un peuple entier adorait à genoux, livrée, enchaînée, à la merci de misérables de la plus vile populace anglaise... accablée d'injures et de coups par des bandits ivres de toute la rage de cette soldatesque qui, en la voyant sauvée du bûcher, avait voulu la lapider au cimetière de Saint-Ouen... Ils l'eussent tuée s'ils n'eussent craint leurs chefs. Il y eut quelque chose de bien plus exécrable. Durant le procès, il avait été demandé à Jeanne si, au cas qu'elle perdît sa virginité, elle perdrait son « heur » (sa fortune)[2] ». Certains, parmi les Anglais, croyaient le « charme » attaché à sa virginité, comme d'autres, à sa vie. Poussé par une superstition atroce autant que par les plus hideuses passions, un « grand lord d'Angleterre » se fit ouvrir son cachot et tenta de lui faire violence[3]!... Ce fut un miracle que, dans l'épuisement de ses forces, elle eût pu encore se défendre contre cet infâme!

Une dernière scène termina ces trois jours d'abominations; et, ici, les gardiens ne firent évidemment qu'exécuter un ordre du dehors. Le 27, au matin, quand Jeanne demanda qu'ils la déferrassent pour qu'elle pût se lever, ils enlevèrent la cotte de femme qui était sur son lit, mirent à la place son habit d'homme, et

---

1. Le dominicain Martin L'Advenu.
2. *Procès*, t. II, p. 183.
3. Celui qu'on pourrait soupçonner semble être le comte de Stafford, connétable de France pour Henri VI, qui avait montré durant tout le procès un acharnement sauvage. — *V.* dépositions de Jean Toutmouillé, d'Isambard de La Pierre, de Martin L'Advenu. *Procès*, t. II, p. 4, 5, 8, 365.

refusèrent de lui rendre l'autre vêtement. Elle hésita longtemps à reprendre l'habit d'homme, puis se décida¹.

Lorsque les juges vinrent enfin, le 28 mai, ils la trouvèrent, nous l'avons dit, le corps brisé par ces horribles luttes; mais l'excès de l'indignation avait rendu à l'âme toute son énergie : *les voix* étaient revenues.

« Pourquoi avez-vous repris l'habit d'homme, et qui vous l'a fait prendre? demandèrent les juges.

— Je l'ai pris de ma volonté, et l'aime mieux qu'habit de femme.

— Vous avez promis et juré ne le point reprendre.

— Je n'ai jamais entendu avoir fait serment de ne le reprendre.

— Pourquoi l'avez-vous repris?

— Pour ce qu'il m'est mieux séant avoir habit d'homme, étant entre les hommes, que d'avoir habit de femme²... Pour ce qu'on ne m'a point tenu ce qu'on m'avoit promis, c'est à savoir que j'irois à la messe et recevrois mon Sauveur, et qu'on me mettroit hors des fers. Si l'on me veut laisser aller à la messe et ôter hors des fers, et mettre en prison gracieuse, *et que j'aie une femme* (près de moi³), je serai bonne et ferai ce que l'Église voudra.

— Depuis jeudi (le jour de l'abjuration), avez-vous entendu *vos voix?*

— Oui.

— Que vous ont-elles dit?

— Dieu m'a mandé, par saintes Catherine et Marguerite, que c'est grand pitié de la trahison que j'ai consentie en faisant l'abjuration et révocation, et que je me damnois pour sauver ma vie. *Mes voix* m'avoient dit, en l'échafaud, que je répondisse hardiment à ce faux prêcheur! Si je disois que Dieu ne m'a envoyée, je me damnerois. Vrai est que Dieu m'a envoyée! *Mes voix* m'ont dit que j'avois fait grand mauvaiseté, de confesser que je n'eusse

---

1. Déposition de J. Massieu. *Procès*, t. II, p. 18.
2. C'est ici, évidemment, qu'il faut suppléer aux réticences imposées par Cauchon au procès-verbal. Isambard de La Pierre rapporte lui avoir ouï dire : « Si vous, messeigneurs de l'Église, m'eussiez menée et gardée en vos prisons, par aventure ne me fût-il pas ainsi! » *Procès*, t. II, p. 5.
3. Thomas de Courcelles a effacé ceci de la rédaction définitive. Cette réticence en dit assez, et il n'y a rien de plus terrible contre Courcelles.

bien fait ce que j'ai fait. De peur du feu, j'ai dit ce j'ai dit.

— Vous avez dit, en l'échafaud, vous être vantée mensongeusement que c'étoient saintes Catherine et Marguerite[1].

— Je ne l'entendois point ainsi faire ou dire. Tout ce que j'ai fait, c'est de peur du feu, et je n'ai rien révoqué que ce ne soit contre la vérité. J'aime mieux mourir qu'endurer plus longuement peine en chartre (en prison). Je ne fis oncques chose contre Dieu ou la foi, quelque chose qu'on m'ait fait révoquer; ce qui étoit en la cédule de l'abjuration, je ne l'entendois point : je n'entendois point révoquer quelque chose, si ce n'est pourvu qu'il plût à Notre Sire. Si les juges veulent, je reprendrai habit de femme; du résidu, je n'en ferai autre chose[2]. »

Au sortir de la prison, « l'évêque de Beauvais avisa le comte de Warwick et grand nombre d'Anglois autour de lui, et leur dit en riant à haute voix : —*Farowelle! Farowelle!* (*Farewell* : adieu); faites bonne chère; c'en est fait[3] ! »

Le lendemain, 29 mai, Cauchon communiqua le résultat de l'interrogatoire à une quarantaine de docteurs et maîtres. A l'unanimité, moins un seul[4], ils opinèrent pour que les juges déclarassent Jeanne hérétique et relapse, et l'abandonnassent à la justice séculière, « en priant ladite justice d'agir doucement envers Jehanne ». L'hypocrisie de cette formule inquisitoriale était bien inutile; car le supplice de la condamnée n'était pas même un sous-entendu. « Que ladite femme soit charitablement avertie du salut de son âme, et qu'on lui dise qu'elle n'a plus rien à espérer quant à sa vie temporelle ».

Telle fut la forme que donna à son vote un des plus humains, assurément, et des plus consciencieux entre les hommes qui avaient pris part au procès, Isambard de La Pierre! Avec lui signèrent plusieurs des assesseurs qui devaient désavouer le procès plus ou moins radicalement vingt ans après, Martin L'Advenu, Fabri, Tiphaine, de La Chambre ; nous ne parlons pas de Cour-

---

1. C'est-à-dire qu'on lui avait fait répéter les termes de la cédule.
2. *Procès*, t. I, p. 454-458.
3. Dépositions d'Isambard de La Pierre et de Martin L'Advenu. *Procès*, t. II, p. 5. 8.
4. Pinchon, archidiacre de Rouen. Il la déclara relapse, mais s'en remit aux juges quant au reste.

celles, qui, en reniant le procès, eut à se renier lui-même et reçut du moins, en expiation, cette coupe d'ignominie à vider! Mais qu'un homme d'un aussi bon naturel qu'Isambard ait signé cette horrible délibération, lui qui avait assisté à l'interrogatoire de la veille, et qui avait entendu les plaintes de Jeanne[1]! cela dit tout sur les doctrines et sur l'enseignement qui pouvaient transformer des âmes nées pour le bien en aveugles instruments d'actions infernales!

« Les opinions entendues, les juges conclurent de procéder ultérieurement contre ladite Jehanne *selon droit et raison*[2]. »

La sentence définitive de condamnation ne suffisait point à compléter l'œuvre de Cauchon. L'assemblée du 29 mai avait demandé une dernière monition « pour le salut de l'âme de Jehanne ». Cauchon n'avait garde d'y manquer.

Il avait fallu que Jeanne, après avoir abjuré, « renchût » pour qu'on pût la condamner à mort. Cela fait, ce n'est point assez. Si elle meurt dans sa « rechute », elle confirme sa mission un moment rétractée; le doute subsiste dans les esprits. Il faut donc qu'elle abjure ou paraisse abjurer une seconde fois; maintenant que le « repentir » ne peut plus lui sauver la vie, il faut qu'elle meure « repentante ». Le signe évident, pour le public, sera qu'elle soit admise à la pénitence et à la communion. Cauchon sait le vif désir qu'elle a de « recevoir son Sauveur »; il sait la foi qu'elle a eue dans la promesse d'être délivrée, promesse de *ses voix* qui ne s'est point accomplie. Il manœuvre habilement sur cette double base.

Conformément au vœu de l'assemblée du 29, il adressera donc une monition à Jeanne, dans la prison, mais sans instrument officiel, sans notaires, car, s'il échoue, si Jeanne s'obstine, sa résistance finale ne doit pas être constatée.

Le 30 mai 1431 se leva, jour le plus auguste et le plus sombre qui eût paru sur la terre depuis le jour où la croix fut plantée au Golgotha.

Jeanne vit, de grand matin, entrer dans sa prison l'appariteur

---

1. *V.* son propre témoignage. *Procès*, t. II, p. 5.
2. *Procès*, t. I, 459-467.

qui venait la citer à comparaître devant les juges, sur le Vieux-Marché de Rouen, pour s'entendre déclarer relapse, excommuniée, hérétique ; puis le dominicain Martin L'Advenu, chargé de « lui annoncer la mort prochaine, et de l'induire à vraie contrition et pénitence, et l'ouïr en confession ». Quand elle sentit si près « la dure et cruelle mort dont il lui falloit mourir tout à l'heure », la nature se souleva ; la jeunesse et la vie débordèrent dans ce cœur de vingt ans. En prenant notre chair, elle avait pris notre faiblesse, et l'ange de la guerre, pour la seconde fois, redevint une femme. « Elle commença à s'écrier douloureusement et piteusement, à se *distraire*[1] et arracher les cheveux : — Hélas ! me traitera-t-on ainsi horriblement et cruellement, qu'il faille que mon corps net en entier, qui ne fut jamais corrompu, soit aujourd'hui consumé et rendu en cendres ! Ha ! ha ! j'aimerois mieux être décapitée sept fois, que d'être ainsi brûlée... Ah ! j'en appelle devant Dieu, le grand juge, des grands torts qu'on me fait. »

Cauchon parut, accompagné de sept ou huit des assesseurs. Dès qu'elle l'aperçut : « Évêque, s'écria-t-elle, évêque, je meurs par vous ! »

Le misérable voulut encore « lui remontrer :

« Ah ! Jehanne, prenez-en patience. Vous mourez pour ce que vous n'avez tenu ce que vous nous avez promis.

— Hélas ! si vous m'eussiez mise aux prisons de cour d'Église, et rendue entre les mains de concierges ecclésiastiques et non de mes ennemis, ceci ne fût pas advenu ; c'est pourquoi j'appelle de vous devant Dieu[2]. »

Ce qui fut dit ensuite entre Jeanne, Cauchon et ses acolytes n'a point été consigné sous forme authentique au procès. Cauchon fit écrire cet entretien, de mémoire, quelques jours après, sous la dictée des gens d'église qui y avaient pris part[3]. Les détails sont suspects, mais il y a du vrai dans le fond. Aucun genre de douleur ne devait être épargné à la grande martyre, et les

---

1. Tirer en sens divers.
2. Déposition de J. Toutmouillé. *Procès*, t. II, p. 3-4. C'était un jeune dominicain qui accompagnait L'Advenu.
3. *Procès*, t. I, p. 477-485 ; à la suite des actes du procès. Le notaire Manchon déclara avoir refusé sa signature, parce qu'il n'avait pas été présent. Déposition de G. Manchon ; *ibid.*, t. II, p. 14.

abominations dont les Anglais avaient menacé la virginité de son corps furent au moins égalées par les tortures dont les docteurs tourmentèrent la virginité de son âme, sa foi, son espérance immaculée. Ils pesèrent, avec une dureté implacable, sur une pensée qui devait briser, anéantir ce cœur désolé. Au premier mouvement d'horreur physique soulevé en elle par l'approche de la mort, avait succédé l'horreur, bien pire, de la pensée que *ses voix* l'abandonnaient à cette mort. Jusqu'au dernier jour, elle avait cru à la délivrance promise et à la victoire. Et voici qu'au lieu de la France armée qui vienne délivrer sa libératrice, elle voit l'Angleterre dresser son bûcher par des mains françaises! Quoi! déçue par son roi, elle le serait aussi par ses *frères de paradis!* — Quoi! tout ce qu'elle a aimé! tout ce qui l'a inspirée! quoi! la patrie elle-même sera-t-elle aussi un néant!...

« Jehanne », répétaient-ils tous les uns après les autres, « Jehanne, vous voyez bien que *vos voix* vous ont trompée!

— *Mes voix* m'ont trompée!... Puisqu'elles m'ont trompée... puisque les gens d'Église veulent qu'elles viennent de malins esprits, je m'en rapporte à eux... je n'y veux plus croire[1]... »

Ces paroles ont-elles été réellement prononcées? Il est probable que, sous la plume d'un rédacteur si suspect, le doute est devenu une affirmation; mais ne fût-ce qu'un doute, on peut se demander s'il y eut jamais au monde une pareille angoisse?

Tout avait réussi à Cauchon. Il avait obtenu la rétractation pour diffamer la mission de Jeanne, la rechute pour motiver le supplice; maintenant, une nouvelle rétractation, réelle ou apparente, venait confirmer le désaveu de la mission sans sauver la vie de la relapse. Il se hâta d'accepter les paroles échappées au doute ou à l'accablement de Jeanne, sans lui laisser le temps de les retirer, et au plus vite accorda la communion « à la repentance » de la condamnée.

Jeanne reçut l'eucharistie, « avec grande abondance de larmes ».

---

1. Suivant la pièce en question, Jeanne dit qu'elle-même était, dans sa pensée, l'ange qui avait porté la couronne au roi; mais que les anges l'accompagnaient, sous l'apparence d'un grand tourbillon de toutes petites figures (*In magnâ multitudine et minimâ quantitate seu minimis rebus*). Du reste, elle n'accepte aucun doute sur la réalité des apparitions. « Soit bons, soit mauvais esprits, ils me sont apparus ». *Procès*, t. I, p. 480.

L'heure était arrivée. Déjà le funèbre cortége s'assemblait dans la cour du château. On passa à Jeanne la chemise longue qui devait être son dernier vêtement; on lui posa sur la tête la mitre des condamnés de l'inquisition, sur laquelle étaient peints des diables et des flammes, avec les mots : « hérétique, relapse, apostate, idolâtre »; puis on la fit monter sur une charrette à quatre chevaux, entre l'appariteur Massieu et le confesseur L'Advenu : Isambard de La Pierre s'adjoignit à L'Advenu et ne quitta plus Jeanne jusqu'à la fin.

En ce moment, un grand tumulte s'éleva. Un homme d'église, pâle, effaré, était monté sur la charrette et adressait à Jeanne des paroles entrecoupées et des gestes suppliants. C'était L'Oiseleur, l'infâme agent des machinations de Pierre Cauchon, qui demandait pardon à sa victime. Les Anglais voulaient le mettre en pièces, et il ne dut la vie qu'au comte de Warwick[1].

Le cortége se mit en marche. Huit cents hommes d'armes escortaient la charrette ou faisaient la haie. Toutes les troupes anglaises étaient sur pied. Le peuple se pressait sur le passage de l'escorte et sur la place du Vieux-Marché. Une foule immense était accourue de toutes les villes et de toutes les campagnes environnantes. Le deuil était sur tous les visages. La sympathie populaire avait été croissant durant la dernière phase du procès[2], et l'on sentait que la sympathie eût tourné bien vite à la colère et à l'émeute, si quelque diversion du dehors eût menacé les maîtres de Rouen. Mais le conseil de Charles VII retenait les troupes françaises loin des lieux où mourait délaissée celle qui avait donné à Charles VII la couronne.

Sur le Vieux-Marché s'élevaient non plus seulement deux échafauds, comme à Saint-Ouen, mais trois échafauds et l'horrible bûcher! Le troisième échafaud était pour le juge laïque[3], le bailli

---

1. Déposition de G. Colles; *Procès*, t. II, p. 320; de Taquel, t. III, p. 162. Le malheureux ne soutint pas ce moment de repentir, et, quelques jours après, il rentra en grâce auprès de Cauchon en venant ajouter de grossiers mensonges à l'espèce d'enquête posthume dont nous avons parlé.

2. Déposition de P. Migiet; de P. Cusquel; t. II, p. 301, 306; de P. Daron; t. III, p. 202. Thomas Basin, *Histor. Caroli VII*, t. I, p. 83.

3. Ce bailli portait le nom odieux de Le Bouteiller : c'était apparemment le fils ou le neveu de ce Gui Le Bouteiller qui avait trahi Rouen en 1419.

de Rouen, intermédiaire passif entre le juge d'Église et le bourreau. Quand Jeanne aperçut l'instrument du supplice, une dernière plainte s'échappa du fond de ses entrailles. « Rouen! Rouen! mourrai-je ici!... Ah! Rouen, j'ai grand peur que tu n'aies à souffrir de ma mort[1]! »

Rouen était innocent du grand forfait qui allait s'accomplir dans ses murailles; mais cette parole révélait que la condamnée recommençait à juger ses juges.

Elle se calma : elle écouta « paisiblement et avec grande constance » le sermon de Nicole Midi, chargé de la prédication dernière. Le prêcheur termina par la formule : « Jehanne, allez en paix!... l'Église ne peut plus te défendre!... » A ces mots, Jeanne s'agenouilla et commença à haute voix une longue et ardente oraison. Tous les sentiments de la terre, toutes les passions, même glorieuses et nécessaires au combat de la vie, se sont transformées dans cette âme déjà presque dégagée de ses liens. L'ange de la guerre a déposé ses foudres pour se revêtir de la douceur du Christ. Jeanne réclame les prières de tous ceux de son parti « et de l'autre » : elle leur pardonne à tous le mal qu'ils lui ont fait, pardon qui embrasse deux rois et deux royaumes! elle s'élève au ciel d'un élan si touchant et si sublime, qu'un moment, elle semble emporter sur ses ailes ses ennemis eux-mêmes. Ces démons en soutane se retrouvent des hommes. Tout pleure, jusqu'à Cauchon, jusqu'au cardinal d'Angleterre!...

Surprise des sens. L'émotion sainte glisse à la surface de ces âmes perdues[2]. Il faut achever l'œuvre. Winchester fait un signe, et Cauchon obéit. L'évêque lit la sentence :

« Tu es revenue aux erreurs et aux crimes que tu avois abjurés, comme le chien retourne à son vomissement... Nous te déclarons rencheue en la sentence d'excommunication que tu avois encourue. Nous te retranchons, comme un membre pourri, de l'unité de l'Église, et te délaissons à la puissance séculière; *la priant*

---

1. *Procès*, t. II, p. 355.
2. Chez d'autres, au contraire, chez des hommes qui valaient mieux que leurs doctrines, l'impression fut ineffaçable. Il y eut là des âmes touchées et épurées pour jamais. *V.* les dépositions d'Isambard, de L'Advenu, de Massieu, de Fabri, de G. Colles, etc., etc.

d'adoucir son jugement envers toi, quant à la mort et à la mutilation des membres[1]. »

Jamais le monde n'a entendu retentir dans une occasion si solennelle cette formule par laquelle l'Église du moyen âge prononce sa propre condamnation ; cette formule, qui rappelle le temps où les chefs spirituels de la chrétienté, s'engageant sur la pente où devaient s'abîmer leurs successeurs, commençaient à réclamer la répression des hérétiques par l'autorité des empereurs, mais reculaient encore devant les peines de sang ; sincère alors, elle n'est plus maintenant qu'une hypocrisie sacrilége et qu'une horrible profanation.

L'enfer a jugé. Le ciel se tiendra-t-il pour condamné ? Le mal aura-t-il cette joie jusqu'au bout ? Jeanne s'est relevée au-dessus de la sentence en pardonnant à ses juges. Ce n'est point assez. Elle a douté de l'œuvre de Dieu en elle. Emportera-t-elle le doute dans la tombe ? Les prophètes, avant elle, ont failli : Jésus même, aux Oliviers, a tremblé devant la coupe d'amertume : il s'est plaint, sur la croix, de l'abandon du Père. Mais Dieu a-t-il pourtant jamais abandonné finalement ses envoyés à l'instant du grand passage ?...

Les juges étaient descendus de leur estrade. L'Église livrait Jeanne. Elle appela le Christ ; elle demanda la croix. Un Anglais en fit une avec un petit bâton. Elle la baisa et la mit dans son sein ; puis elle pria l'appariteur et le frère Isambard « d'aller en l'église prochaine (Saint-Sauveur) » et de lui apporter le crucifix, « pour le tenir élevé tout droit devant ses yeux jusqu'au pas de la mort... Elle l'embrassa moult étroitement et longuement[2].... »

Dix mille personnes fondaient en pleurs[3] ; tout ce peuple qui ne sut trouver pour Jeanne que des prières et non des armes !... Les cœurs de pierre des pharisiens scolastiques, ce qu'il y a de plus insensible au monde, s'étaient émus... Pas une fibre humaine ne remua chez les gens de guerre, ces bêtes sauvages habituées à chercher des voluptés de tigres dans les tor-

---

1. *Procès*, t. I, p. 472.
2. *Procès*, t. II, p. 6, 20.
3. *Procès*, t. II, p 324.

tures des paysans¹. Capitaines et soldats frémissaient d'impatience². Les chefs, sans attendre l'ordre du bailli, dépêchèrent deux sergents pour prendre Jeanne sur l'échafaud où elle avait ouï le sermon et la sentence. Elle descendit. Les hommes d'armes l'entraînèrent avec furie. Le bailli vit bien qu'ils n'auraient pas la patience d'entendre son arrêt, et, pour toute sentence, il fit un geste de la main, en criant : « Menez! menez³! »

Un long gémissement répondit dans la foule aux clameurs féroces des Anglais. Beaucoup de gens d'Église et autres s'enfuirent, n'en voulant pas voir davantage.

Jeanne était debout sur le bûcher, entre Isambard et L'Advenu, élevant vers le ciel des invocations mêlées de larmes... Tout à coup, au moment où le bourreau l'attache au fatal poteau, on l'entend, à plusieurs reprises, appeler saint Michel d'une voix éclatante⁴. La forme sous laquelle sa vocation lui a été révélée reparaît à la dernière heure. Le bourreau approche avec sa torche. Elle jette un cri... puis elle parle vivement à son confesseur. A travers le tumulte de la place, on entend confusément des paroles retentissantes : Mon Dieu!... Jésus! Marie! *Mes voix... Mes voix...* »

Quel fut ce testament suprême de la Pucelle? Dans quel sentiment d'elle-même sortit-elle de ce monde?...

La Providence a permis que l'homme qui reçut ses dernières paroles ait survécu vingt-cinq ans pour rendre témoignage.

« Oui, *mes voix* étoient de Dieu... Tout ce que j'ai fait, je l'ai fait par l'ordre de Dieu... Non, *mes voix* ne m'ont pas déçue!... Mes révélations étoient de Dieu⁵! »

---

1. *V.* les hideux détails donnés par les contemporains. Ce n'était plus seulement la brutalité, la débauche, la rapacité; c'était le plaisir de faire souffrir, de tuer lentement.

2. « Comment, prêtres! nous ferez-vous dîner ici ? » Déposition de J. Massieu; t. II, p. 20.

3. *Ducatis! ducatis!* Déposition de G. Manchon, t. II, p. 344. Lors du procès de réhabilitation, on voulut faire une grande affaire de cette omission, comme si la sentence du juge laïque eût été, de fait, autre chose qu'une vaine formalité qui couvrait l'hypocrisie inquisitoriale.

4. Déposition de P. Bouchier; *Procès*, t. II, p. 324.

5. *Semper usque ad finem vitæ suæ manutenuit et asseruit quod voces quas habuerat erant à Deo, et quod quidquid fecerat, ex præcepto Dei fecerat, nec cre-*

Les voiles sont déchirés. Le monde de lumière s'ouvre. Jeanne va être, suivant la promesse, « délivrée par grande victoire! » La fille des Gaules a compris la DÉLIVRANCE DE LA MORT. L'âme peut partir maintenant[1].

La flamme montait. L'Advenu et Isambard ne l'apercevaient pas. Ils ne voyaient que Jeanne. Ce fut elle qui vit le péril pour eux et qui les fit descendre. Les deux moines restèrent au pied du bûcher, qui les purifiait du reflet de ses flammes, et tinrent, jusqu'à la fin, la croix de Saint-Sauveur élevée devant les yeux de la martyre... On n'entendit plus que des invocations entrecoupées de cris arrachés par l'horrible tourment d'une longue agonie. L'échafaud, construit en plâtre, avait été élevé à une hauteur inusitée, pour que la flamme fût plus lente à envelopper la condamnée et que le supplice durât plus longtemps[2]. On n'entrevoyait plus Jeanne qu'à travers des nuages de fumée. Soudain, le vent écarta ces tourbillons ardents. Jeanne poussa un cri terrible, le cri du Messie expirant sur la croix : « Jésus! » puis elle pencha la tête, et rendit son âme au Dieu qui l'avait envoyée.

Un soldat anglais, qui la haïssait « merveilleusement », avait juré de mettre de sa main un fagot dans le bûcher, quand on la brûlerait. Tandis qu'il exécutait son serment, Jeanne jeta ce dernier cri qui fit retentir toute la place. L'Anglais tomba en défaillance. Il avait cru voir, à l'instant où Jeanne rendit l'âme, « partir de la terre de France » et s'envoler au ciel une colombe blanche, la Colombe du Saint-Esprit[3].

---

debat per easdem voces fuisse deceptam, et quod revelationes quas habuerat, ex Deo erant. Déposition de Martin L'Advenu. *Procès*, t. III, p. 170. L'Advenu n'avait rien dit en 1450, rien en 1452; il se décida enfin à acquitter sa conscience lors de la dernière enquête, en 1456 Jusque-là, Isambard et lui s'étaient également abstenus de rien dire, et sur la rétractation du matin, et sur la confirmation de la mission à l'heure de la mort. Pour comprendre l'effort que dut se faire L'Advenu, il faut se rappeler qu'il avait signé, comme Isambard, comme tous, la condamnation des révélations de la Pucelle.

1. M. Michelet a eu la gloire de comprendre, le premier, les alternatives morales et la fin de Jeanne. Le tableau de la mort de la Pucelle et les considérations qui suivent sont vraiment admirables dans son livre. C'est lui, aussi, qui a dit, le premier, avec une profonde pénétration, pourquoi il avait été naturel que la France fût sauvée par une femme. v. ci-dessus, p. 134.

2. *Procès*, t. II, p. 9.

3. *Exeuntem de Franciâ.* Déposition d'Isambard de La Pierre, t. II, p. 352. Ce fut à Isambard que cet homme alla raconter sa vision.

Ainsi finit cette femme à laquelle les fastes du genre humain ne présentent rien de comparable. Elle n'avait pas vingt ans.

Ce qu'elle a fait est prodigieux : qu'est-ce donc, lorsque l'on pense à ce qu'elle eût pu faire! Son bras a été si puissant, que ce qu'elle a ébranlé et à demi renversé, la domination étrangère, ne se raffermira plus; que ce qu'elle a relevé et comme fondé à nouveau, la nationalité, ne s'écroulera plus jamais. Que serait-ce si elle n'eût été arrêtée, au milieu de sa victorieuse carrière, par la plus monstrueuse ingratitude dont l'histoire ait offert l'exemple! On peut croire, sans témérité, qu'elle eût achevé la délivrance de la France en une seule campagne!

La France, ainsi affranchie sous les auspices de la plus haute inspiration religieuse qui ait brillé sur l'Occident, sacrée par ce pur baptême qui n'avait été donné à aucune nation, se fût élancée, dans toute sa force et sa liberté, vers ses destinées nouvelles.

La France, apparemment, n'avait pas mérité tant de bonheur et de gloire. On put dire du Messie de la France comme du Fils de l'Homme : Il est venu parmi les siens, et les siens ne l'ont pas connu.

La France eût pu être délivrée d'un élan divin et en un moment : la délivrance ne s'achèvera que par des moyens tout humains, lentement, douloureusement, à travers de cruelles souffrances populaires, dans d'équivoques et périlleuses conditions morales et politiques, et aboutira non point à une société plus libre, mais au renouvellement et à l'organisation plus énergique de la monarchie arbitraire, à l'étouffement de toute institution libre au centre de l'État. La France grandira, mais dans une voie où le progrès social sera chèrement acheté, et où le génie national, tout en perfectionnant de précieuses facultés, contractera bien des habitudes funestes.

L'œuvre de Jeanne accomplie eût pu avoir des conséquences qui éblouissent la pensée. Toute mutilée qu'elle est, elle reste le plus grand événement de notre histoire jusqu'à la révolution française.

Le procès de la Pucelle n'a pas une moins haute signification que sa mission guerrière. A Orléans, elle avait combattu pour sauver son peuple. A Rouen, c'est encore la France, en même temps que la conscience humaine, qu'elle sert en opposant si grandement l'inspiration à l'autorité, et le libre génie gaulois à ce clergé romain qui veut prononcer en dernier ressort sur l'existence de la France. Par elle, le génie mystique revendique, dans notre patrie, les droits de la personne humaine avec la même force que l'a déjà fait et que le fera encore le génie philosophique ; un lien secret unit les développements les plus divers de la pensée et du sentiment ; la même âme, la grande âme de la Gaule, éclose dans le Sanctuaire du Chêne, éclate également dans le *libre arbitre* de Lérins et du Paraclet, dans la souveraine indépendance de l'inspiration de Jeanne et dans le *Moi* de Descartes.

En condamnant Jeanne, la doctrine du moyen âge, la doctrine d'Innocent III et de l'inquisition, comme le vieux pharisaïsme, quatorze siècles auparavant, en condamnant le Christ, a prononcé sa propre condamnation. Elle avait d'abord brûlé des sectaires qui professaient des croyances étrangères au christianisme, puis des dissidents qui enseignaient une pure morale chrétienne ; maintenant, elle vient de brûler un prophète, un messie ! L'Esprit s'est retiré d'elle. C'est désormais en dehors d'elle et contre elle que s'opéreront les progrès de l'humanité et les manifestations du gouvernement de la Providence sur la terre.

La mémoire de Jeanne subira de grandes vicissitudes, parallèles aux révolutions de l'esprit de la France. Trahie en haut, pleurée en bas plus que comprise, puis réhabilitée officiellement par la politique, qui entasse les nuages sur sa mission et sur son caractère, réhabilitation qui entraîne la chute de l'inquisition en France[1], Jeanne sera méconnue et outragée, au seizième siècle, par le scepticisme des historiens politiques formés à l'école de Machiavel ; puis, défendue par d'autres écrivains avec plus de zèle

---

1. Ce fut là encore un des bienfaits de Jeanne. L'horrible tribunal, profondément ébranlé par le procès de réhabilitation (1456), fut achevé par un autre procès dont nous parlerons plus loin (1461). Il ne put jamais se relever chez nous, même dans les plus sauvages fureurs des Guerres de Religion au seizième siècle. *V.* Quicherat, *Aperçus nouveaux*, p. 154-155. La réhabilitation, œuvre de la politique, fut, il faut bien le dire, quelque chose de dérisoire au point de vue religieux. Une *réhabilitation !* quand il s'agit de la plus éclatante sainteté de l'histoire, et quand la canonisation était prodiguée à des renommées contestables et à de vulgaires ascètes !

que de lumières, elle restera longtemps enveloppée d'une sorte de crépuscule, froidement honorée des uns, raillée des autres, incomprise de tous. La conscience de la France, obscurcie par la longue habitude d'une histoire de convention, qui personnifie la nation dans ses rois, méconnaîtra les personnifications véritables du génie national, et surtout la plus grande de toutes. L'esprit classique du dix-septième siècle, l'esprit critique du dix-huitième, seront également impuissants à percer ce mystère. La France moderne, absorbée par la Renaissance, oubliera sa libératrice, comme son art national, comme sa vieille poésie, comme ses vrais ancêtres les Gaulois, qu'elle sacrifie à ses maîtres, aux Grecs et aux Romains! elle repoussera Jeanne avec ses bourreaux dans ce moyen âge qu'elle proscrit en masse sans le connaître.

Les temps changeront : la justice viendra. Après l'immense révolution qui déracine et précipite dans l'abîme le passé tout entier, toutes les traditions renaîtront, mais dégagées de leurs voiles, comme dans un vaste jubilé de l'histoire. L'œil de la France, alors, s'ouvrira sur tout ce passé qui semblait anéanti, et qui, on peut le dire, commence seulement d'exister pour elle, puisque, pour la première fois, elle le connaît et se connaît elle-même, pareille à un être qui, arrivé à un degré supérieur de l'existence, embrasse d'un regard toutes les phases de son développement.

Dans le temps comme dans l'espace, à mesure que la distance augmente, les points intermédiaires s'abaissent, et les grandes masses lointaines qu'ils cachaient se relèvent à l'horizon. Ainsi les grandes colonnes de la tradition se dégagent aujourd'hui de plus en plus parmi la multitude tumultueuse des faits, et montent de jour en jour vers le ciel. Deux figures colossales dominent toute notre histoire; loin, bien loin, à notre berceau, la vieille GAULE, notre mère; plus près de nous, sur les confins du moyen âge et de l'ère moderne, JEANNE DARC, la France incarnée.

LIVRE XXXVII.

GUERRES DES ANGLAIS (*SUITE*).

CHARLES-LE-BIEN-SERVI. — LE CONSEIL DE FRANCE. — Échecs en Beauvoisis et en Lorraine. — Trêve avec la Bourgogne. — Prise de Chartres par les Français. Échec de Bedford à Lagni. — Rupture entre Bedford et le duc de Bourgogne. — Conjuration de la belle-mère du roi avec le connétable contre La Trémoille. Chute de La Trémoille. Yolande d'Aragon. Agnès Sorel. Le Conseil du roi. Gouvernement d'Yolande d'Aragon, de Richemont et des ministres bourgeois. Jean Bureau. JACQUES CŒUR. — Insurrection des paysans normands. — Paix avec la Bourgogne. Traité d'Arras. Cession de la Picardie, de Bar-sur-Seine, Auxerre et Mâcon au duc de Bourgogne. — Mort de Bedford. — Nouvelle révolte en Normandie. Soulèvement des places de l'Ile de France contre les Anglais. Paris chasse les Anglais. — La fausse Jeanne Darc. — Le duc de Bourgogne en guerre avec les Anglais. Désordres des Flamands. Ils échouent au siége de Calais. Révolte de Bruges et guerre civile en Flandre. — Dévastations des *Écorcheurs*. Efforts de Richemont contre eux. — Prise de Montereau. Entrée du roi à Paris. — Désordre. Misère. Épidémie. — Persévérance de Richemont. Origine, fortune et influence de Jacques Cœur. — Prise de Meaux. — États-Généraux d'Orléans. LA TAILLE FIXE ET PERMANENTE. Avantages présents. Dangers de l'avenir. Marche vers l'arbitraire royal. — Ordonnance pour une armée régulière et contre l'arbitraire féodal. Résistance des seigneurs et des écorcheurs. Les factieux mettent le dauphin (Louis XI) à leur tête. La *Praguerie*. Les rebelles comprimés. — Procès du maréchal de Rez. — Affaires de l'Église. Lutte de la papauté et du concile de Bâle. Pragmatique sanction. — Répression du brigandage. — Délivrance du duc d'Orléans. — Prise de Pontoise. — Châtiment d'Armagnac. — Trêve avec l'Angleterre.

1431 — 1444.

Les chefs du conseil d'Angleterre travaillèrent, avec une énergie désespérée, à tirer parti de leur affreuse victoire. Dès que Jeanne eut expiré, ils avaient fait éteindre le bûcher, afin que soldats et peuple vissent tout à leur aise ce corps à demi consumé[1], et que personne ne pût croire « la sorcière de France »

---

[1]. Il faut voir le récit de l'universitaire mal à propos qualifié de *Bourgeois de Paris*, pour se faire une idée du cynisme et de la cruauté de ces pédants du quinzième siècle, que nous ne voyons que déguisés sous un décorum officiel dans les

envolée du milieu des flammes; puis le cardinal de Winchester avait fait rallumer le feu sur le cadavre et jeter les cendres à la Seine, de peur qu'on n'en fît des reliques. Les chefs anglais voyaient avec inquiétude l'effet moral de la catastrophe tourner contre eux dans Rouen. Les sujets de l'Angleterre disaient anathème à leurs maîtres, et les Anglais se prenaient à douter d'eux-mêmes. Le peuple criait que « dame Jehanne étoit martyre » : nombre de gens prétendaient avoir vu, au moment où elle expira, le nom de Jésus écrit dans les flammes; maints Anglais s'étaient retirés consternés. « Nous sommes tous perdus! une sainte a été brûlée! ceux qui l'ont fait mourir sont damnés! » avait dit publiquement un secrétaire du roi Henri VI. Le bourreau était allé se jeter aux pieds d'Isambard et de Martin L'Advenu. Il étoit, à ce que rapporta Isambard, « comme tout désespéré, craignant de ne jamais obtenir le pardon de Dieu pour ce qu'il avoit fait à cette sainte femme; et il racontoit qu'il n'avoit jamais pu venir à bout de brûler le cœur de Jehanne ». Les juges et les plus compromis des assesseurs étaient insultés dans les rues : le peuple les montrait au doigt et les accablait de malédictions[1]. Le gouvernement anglais n'épargna rien pour réagir contre le sentiment public. Il fit rédiger par Cauchon cette espèce d'enquête dont nous avons parlé, sur la dernière monition de la matinée du 30 mai : l'on y exagéra les derniers doutes de Jeanne et l'on fit ajouter, par L'Oiseleur, que Jeanne était morte « avec grande contrition de ses crimes » et en demandant pardon aux Anglais et aux Bourguignons[2]. Cauchon reçut pour lui, son collègue et les assesseurs et officiers du procès, des lettres de garantie du « roi de France et d'Angleterre ». Le monarque anglais s'engageait, dans le cas où quelques-uns de ceux qui s'étaient

---

actes du procès. M. Michelet les appelle « le peuple des sots »; mais ces sots étaient parfois des bêtes féroces. *Journal du Bourgeois de Paris*, ap. Coll. Michaud, 1re série, t. III, p. 263-264.

1. *Procès*, t. II, p. 307, 347, 374; III, 165. Nous avions omis un point intéressant, touchant l'opposition qu'une partie du chapitre de Rouen avait faite jusqu'à la fin du procès; c'est que l'official et le promoteur du chapitre avaient été emprisonnés à ce sujet du 9 au 23 mai. Cette honorable exception ne doit pas être négligée par l'histoire. *Procès*, t. V, p. 272.

2. *Procès*, t. I, p. 485.

entremis au procès de Jeanne seraient traduits par-devant le pape ou le concile, à les aider et défendre, en jugement et « hors jugement », à ses frais et dépens, à s'adjoindre au procès qu'on leur voudrait intenter, et requérait pour eux assistance de tous ses sujets et alliés (12 juin 1431)[1]. Ces lettres semblaient un pacte défensif entre complices, plutôt qu'une promesse de protection d'un gouvernement à ses sujets. Le conseil d'Angleterre, en même temps qu'il assumait ainsi la responsabilité du crime, essaya de le justifier aux yeux de l'Europe : deux circulaires furent expédiées, dans le courant de juin, l'une à l'empereur, aux rois, ducs et autres princes de toute la chrétienté; l'autre, aux évêques, aux églises, aux seigneurs et aux communautés du royaume de France. On y affirmait que Jeanne était morte en désavouant « les mauvais esprits qui l'avoient déçue », et l'on invitait les évêques à « faire notifier ces choses par sermons publics et autrement aux peuples de leur diocèse[2] ».

Le gouvernement anglais fit de son mieux pour soutenir la plume par l'épée. Aussitôt après la mort de Jeanne, le siége fut mis devant Louviers, afin de débarrasser la Haute Normandie. La Hire, qui avait enlevé cette place aux Anglais, venait d'être fait prisonnier dans une chevauchée, et sa prise leur semblait de bon augure. La garnison de Louviers se défendit toutefois avec opiniâtreté. Sur ces entrefaites, le conseil de Charles VII, qui avait retenu les troupes françaises dans l'immobilité durant tout le procès de la Pucelle, voulut, de son côté, faire une entreprise. Regnauld de Chartres prépara une tentative pour surprendre Rouen, quand il fut bien assuré de n'avoir plus à craindre de sauver Jeanne. Il vint à Beauvais avec le petit berger visionnaire que La Trémoille et lui avaient mandé des Cévennes[3], et qu'ils gardaient depuis plus d'un an, sans oser s'en servir tant que

---

1. *Procès*, t. III, p. 241.
2. *Procès*, t. I, p. 485-492. Voyez, dans le *Journal du Bourgeois de Paris*, l'analyse du sermon prêché à Saint-Martin-des-Champs par l'inquisiteur général Jean Graverend en personne, qui débita au peuple les contes les plus impudents sur les derniers moments de Jeanne. Le *Journal* donne auparavant l'analyse du sermon de Nicole Midi devant le bûcher de Jeanne, sermon que ne donnent pas les actes du procès. *Journal*, etc.; Coll. Michaud, 1re partie, t. III, p. 263-265.
3. *v.* ci-dessus, p. 235.

Jeanne était de ce monde : l'archevêque de Reims montra aux soldats « Guillaume le pastourel », comme un envoyé de Dieu qui devait leur ouvrir les portes de Rouen [1], et mit Guillaume en campagne avec un corps d'élite que conduisaient le maréchal de Boussac et Saintrailles.

Le coup était assez bien monté. Regnauld de Chartres avait des intelligences dans Rouen, et il était informé que le duc de Bedford partait, en ce moment, peu accompagné pour Paris. Boussac et Saintrailles faillirent enlever le régent anglais aux portes de Mantes : Bedford n'eut que le temps de mettre la Seine entre les Français et lui, tandis que ses gens se faisaient massacrer pour assurer sa fuite. Il gagna Paris à course forcée (4 août 1431). Boussac et Saintrailles, ayant manqué Bedford, rentrèrent dans le Beauvaisis : ils furent surpris, à leur tour, par Talbot et le comte d'Arundel, qui avaient quitté le siége de Louviers sur le faux bruit de la prise du régent. Les Français furent battus. Saintrailles fut pris avec Guillaume le berger, et Boussac s'enfuit jusqu'à Beauvais [2]. Telle fut la honteuse issue des projets de Regnauld de Chartres.

Les vainqueurs retournèrent devant Louviers, qui se rendit au mois d'octobre, moyennant la liberté de La Hire et une capitulation honorable pour ses gens.

Les Bourguignons avaient obtenu de leur côté un succès bien plus considérable encore : la mort du duc de Lorraine Charles II (25 janvier 1431) venait d'allumer la guerre civile en Lorraine. Le duc Charles avait légué son duché à sa fille Isabelle et à son gendre René d'Anjou, duc de Bar ; mais son neveu Antoine, comte de Vaudemont, réclamait l'héritage. La Lorraine, au dire d'Antoine, était un fief masculin, régi par la Loi Salique, et ne pouvait tomber en quenouille ; la tradition était incertaine, et il n'existait point de précédents qui décidassent la question. Les deux partis recoururent aux armes. René, qui avait servi Charles VII avec zèle et assisté au sacre, appela les Français à son aide ; Antoine appela les Bourguignons. Les chances paraissaient être pour

---

1. Berri, roi d'armes ; ap. *Procès*, t. V, p. 172.
2. *Journal du Bourgeois de Paris*. — Lefèvre de Saint-Remi. — Monstrelet. — Berri. — Jean Chartier ; ap. *Procès*, t. V, p. 169-173.

René ; les États du duché, assemblés à Nanci, s'étaient déclarés pour lui, et l'empereur Sigismond, suzerain de la Lorraine, avait reconnu ses droits : il prit l'offensive. Il somma le comte Antoine de lui rendre hommage de ses fiefs, et, sur son refus, il assiégea sa ville de Vaudemont. Antoine manda à sa solde quelques troupes anglaises et une forte bande d'aventuriers picards, et il opéra sa jonction avec la noblesse bourguignonne que lui amena le maréchal de Bourgogne, le sire de Toulongeon. Les États du duché de Bourgogne, qui craignaient de voir leur pays envahi et ravagé de toutes parts, si le parti français l'emportait en Lorraine, avaient voté 50,000 francs d'or pour les frais de cette guerre. Les Bourguignons et les Picards portèrent le fer et la flamme dans le duché de Bar. Le duc René marcha au secours du Barrois avec six mille combattants français, lorrains et allemands, la plupart à cheval. Le brave Barbasan, gouverneur de Champagne, était maréchal de l'armée ; l'évêque de Metz, le comte de Salm, le gouverneur de Vaucouleurs, Baudricourt, devenu célèbre par ses relations avec la Pucelle, presque tous les barons de Lorraine, beaucoup de grands seigneurs du Palatinat et du pays de Bade, se pressaient autour du duc René. Vaudemont et Toulongeon, qui n'avaient que quatre mille soldats, firent face entre Sandrecourt et Bullignéville. Les archers picards et les couleuvriniers furent placés « au front devant », avec des pieux fichés devant eux à la manière anglaise ; les hommes d'armes bourguignons mirent pied à terre : leurs flancs et leurs derrières étaient protégés par une petite rivière, par des fossés, par des haies et par un rempart de charrettes. Barbasan conseilla de différer l'attaque et de forcer les Bourguignons à quitter leur poste en leur coupant les vivres ; la jeune noblesse lorraine traita ce sage avis de couardise : « Qui a peur des feuilles n'aille pas au bois ! crièrent-ils à Barbasan. — Merci Dieu ! répliqua le vieux guerrier, j'ai vécu jusqu'ici sans reproche, et aujourd'hui l'on verra si j'ai parlé par lâcheté ou par sapience ! » Le duc René se laissa entraîner par ses téméraires compagnons, et l'affaire s'engagea par une charge générale de la cavalerie lorraine et allemande sur le front de l'ennemi : une grêle de boulets et de flèches foudroya la cavalerie à bout portant ; la charge fut repoussée. Le duc et tous les siens mirent pied à terre et revinrent hardiment à l'attaque : le vieux Barbasan força la ligne de chariots qui couvrait un des flancs de l'ennemi ; mais il fut presque aussitôt enveloppé, abattu et tué. La chute de sa bannière détermina la déroute de l'armée ; sept cents barons, chevaliers et écuyers périrent avec deux mille soldats : le duc René fut obligé de se rendre, ainsi que l'évêque de Metz et plus de deux cents seigneurs et gentilshommes (2 juillet 1431)[1].

L'odieuse politique de Bedford et de Winchester allait-elle donc atteindre son but? La fortune renaissante de la France avait-elle été jetée aux flots avec les cendres de Jeanne, et l'alliance victorieuse des Anglo-Bourguignons était-elle cimentée de nouveau dans le sang de la grande victime?

Il n'en fut rien. Les Anglais, s'ils avaient cru la victoire de Bulligneville remportée pour leur compte, furent promptement désabusés. Toulongeon, qui se prétendait « chef de la guerre », comme représentant le duc de Bourgogne, ne livra pas René d'Anjou à son compétiteur, et garda cet important otage à la disposition du duc Philippe. Les Bourguignons regagnèrent en hâte leur duché, menacés par un corps d'armée français réuni à Moulins, et ne tentèrent pas d'installer à Nanci leur allié Vaudemont. Quelques semaines après, les envoyés du duc Philippe signèrent avec le roi et le comte de Clermont une trêve de deux ans pour toutes les frontières de la Bourgogne, de la France royale et des domaines de la maison de Bourbon (septembre 1431) : on convint d'ouvrir des négociations pour la paix générale, sous la présidence d'un légat du pape, le cardinal de Sainte-Croix, qui montrait un zèle ardent pour la pacification de la chrétienté. La vanité de Philippe était consolée de la défaite de Compiègne par la victoire de Bulligneville, et il était moins éloigné maintenant de prêter l'oreille au cri unanime de ses sujets : « La paix, la paix avec la France! » Le principal effort des compagnies de gens d'armes se tournait contre ses seigneuries, moins ruinées et meilleures à piller que les provinces qui étaient

---

1. Monstrelet, l. II, c. 107-108. — Saint-Remi. — Jean Chartier. — Berri. — Barante.

depuis si longtemps le théâtre de la guerre, et le duc, désormais bien assis dans son empire des Pays-Bas, n'ayant plus à ménager les Anglais de ce côté, et, d'une autre part, n'espérant plus prendre la Champagne, était las d'user au profit de l'Angleterre son argent, ses soldats et le reste de sa popularité : il n'osait plus se montrer à Paris ni dans les autres villes anglo-françaises sans y porter nouvelles de paix ou de trêve.

Un sombre mécontentement régnait dans ces malheureuses cités, que le duc de Bourgogne abandonnait, et que le régent anglais opprimait sans les protéger. Bedford essaya d'éblouir les Parisiens par les pompes théâtrales d'un sacre. La visite de Henri VI était annoncée à Paris depuis dix-huit ou vingt mois : on se décida enfin à amener le jeune monarque dans la capitale de « son royaume de France ». Henri fit son entrée à Paris le 2 décembre 1431 : on ne voyait dans son escorte aucuns grands barons de France ni de Bourgogne ; des gens de la suite du roi étaient travestis en duc de Bourgogne et en comte de Nevers ; quatre évêques et quelques gentilshommes et chefs d'aventuriers, entre lesquels on remarquait le bailli de Rouen, Le Bouteillier, qui avait envoyé Jeanne au bûcher, étaient les seuls Français notables qui figurassent dans le cortége parmi les prélats et les seigneurs d'Angleterre : les quatre évêques étaient ceux de Paris, de Térouenne, de Noyon, et l'ex-évêque de Beauvais[1]. Tandis que Cauchon, l'assassin de la Pucelle, chevauchait arrogamment près du roi étranger, on traînait garrotté, à la suite du cortége, le pauvre berger visionnaire pris par les Anglais aux environs de Beauvais : on le noya dans la Seine après la fête.

Le roi Henri, reçu à la porte Saint-Denis par le prévôt des marchands, les échevins et les corps de métiers, avec le cérémonial ordinaire des entrées royales, alla descendre aux Tournelles, nouvelle résidence qui devait effacer le fameux hôtel Saint-Pol, et qu'occupait le duc de Bedford[2]. Quand le cortége passa devant

1. Le pape ne s'était pas prêté à la translation de Cauchon sur le siége de Rouen, et consentit seulement à ce qu'on lui donnât l'évêché de Lisieux. L'évêché de Beauvais, dont le temporel était séquestré depuis 1429, passa à Jean Jouvenel ou Juvénal des Ursins, fils du célèbre magistrat de ce nom, et depuis archevêque de Reims et auteur d'une Histoire de Charles VI.

2. L'hôtel des Tournelles était situé sur l'emplacement de la place Royale et

l'hôtel Saint-Pol, veuf de ses magnificences et de ses folles joies, la vieille reine Isabeau de Bavière se mit aux fenêtres avec ses dames et ses damoiselles pour voir le roi son petit-fils : l'enfant ôta son chapeau et la salua; elle s'inclina humblement et se détourna pour pleurer. Était-ce remords de son crime ou seulement regret de ses plaisirs perdus et de sa splendeur éteinte? Cette pompe éphémère qui passait devant ses yeux lui rendait sa solitude plus vide et son abandon plus amer : ces Anglais, auxquels elle avait donné un royaume, lui donnaient à peine le pain quotidien (*Journal du Bourgeois de Paris*).

Le roi Henri fut sacré le 16 décembre à Notre-Dame : ce ne fut pas même un prélat français, ce fut le cardinal de Winchester, qui, au grand déplaisir de l'évêque de Paris, conféra l'onction royale à son petit-neveu. Les fêtes du couronnement furent mesquines et mal ordonnées : les vieillards se rappelaient tristement les belles fêtes de l'ancienne cour, et l'on disait assez haut qu'un bon bourgeois qui mariait ses enfants faisait mieux les choses que ces Anglais. Le parlement, l'université, le corps de ville n'eurent pas même de places réservées au banquet royal! Le roi repartit, dès le lendemain de Noël, pour Rouen, et de là pour l'Angleterre, « sans faire aucuns des biens à quoi on s'attendoit, sans délivrer les prisonniers, ni faire cheoir maltotes, gabelles et mauvaises coutumes » (*Bourgeois de Paris*). Le conseil de Henri VI eut beau confirmer les priviléges de Paris, avec de grandes louanges de cette ville, que les « lettres-royaux » comparèrent à « Corinthe, la plus noble cité du pays de Grèce et la résidence principale du roi Alexandre, et à Rome, séjour des empereurs anciens[1] ». Les Parisiens furent peu sensibles à toute cette rhétorique anglaise, et la cour d'Angleterre les quitta plus malheureux et plus mécontents qu'auparavant. L'aspect de Paris

---

des rues adjacentes, presque en face de l'hôtel Saint-Pol : bâti par le chancelier d'Orgemont, il était devenu propriété de la couronne en 1417, après avoir passé par les mains des ducs de Berri et d'Orléans.

1. *Ordonn.*, t. XIII, p. 171. — Le jour de son départ, Henri VI confirma les priviléges de l'université : les lettres-royaux vantent avec emphase les « grands biens et œuvres fructueuses qui adviennent de jour en jour au royaume par notre chère et très amée fille l'université de Paris » ! L'université avait acheté assez cher les éloges de l'étranger ! — *Ordonn.*, t. XIII, p. 169.

www.ingramcontent.com/pod-product-compliance
Lightning Source LLC
Chambersburg PA
CBHW071505160426
43196CB00010B/1430